中国社会科学院
老年科研基金资助

中国社会科学院老学者文库

古史论丛

陈绍棣◎著

中国社会科学出版社

图书在版编目（CIP）数据

古史论丛／陈绍棣著 . —北京：中国社会科学出版社，2016.7
ISBN 978 - 7 - 5161 - 8056 - 3

Ⅰ . ①古…　Ⅱ . ①陈…　Ⅲ . ①中国历史—古代史—文集
Ⅳ . ①K220. 7 - 53

中国版本图书馆 CIP 数据核字（2016）第 084377 号

出 版 人	赵剑英
责任编辑	宋燕鹏
责任校对	王佳玉
责任印制	戴　宽

出　　版	中国社会科学出版社
社　　址	北京鼓楼西大街甲 158 号
邮　　编	100720
网　　址	http：//www.csspw.cn
发 行 部	010 - 84083685
门 市 部	010 - 84029450
经　　销	新华书店及其他书店

印刷装订	三河市君旺印务有限公司
版　　次	2016 年 7 月第 1 版
印　　次	2016 年 7 月第 1 次印刷

开　　本	710 × 1000　1/16
印　　张	32.5
插　　页	2
字　　数	428 千字
定　　价	118.00 元

序　一

张岂之

　　今年二月我收到陈绍棣同志的来信，感到亲切，引起了我的回忆。1964 年冬我随中国科学院历史研究所（今属中国社会科学院）到山东海阳县参加"四清"。当时，绍棣刚从北京大学历史系考古专业毕业不久，分配到历史研究所做研究实习员，随着下乡锻炼。从年龄看，我是属于"老师"辈的人，在"四清"中似乎没有师生辈分的划定，一律平等，我和绍棣经常谈些关于学术研究方面的事。除我们两人外，绍棣的一位同学王宇信也来参加"四清"，一起闲谈。当时在我们心里埋藏着一个想法："四清"毕竟是短期的事，我们迟早会回到学术研究的岗位上去，事先做些谋划是必要的。

　　后来我们多年不见，绍棣一直在历史研究所师从著名史学家张政烺先生，主要研究春秋战国史兼及秦汉史，涉猎过宋史，对明清史也作过研究，撰有《中国风俗通史·两周卷》。与其他学者合作有《中华文明史》《中国审计史》《中国经济通史·秦汉经济卷》《中国古代建筑技术史》《中国饮食史》。又协助张政烺先生编著《中国历史文物图集》。绍棣在历史研究所历任研究实习员、助理研究员、副研究员、研究员，2000 年退休，仍从事研究。绍棣数十年如一日，在史学研究的园地上辛勤耕耘，作出了贡献。

绍棣退休后整理他写的文稿，选出 38 篇，名《古史论丛》，准备出版，要我写一篇序言。说实在的，我不敢为绍棣的《古史论丛》写序，因为他精深研究的课题我没有研究过。转而一想，我们在几十年前，不止一次地交谈过关于史学研究方面的问题，作为一个美好的记忆，看到绍棣精心写出的书稿，我应当写一些我想说的话，哪怕是外行话，为绍棣的书作一点介绍，是不可推卸的。

绍棣早有这样的观点：学者的文章不在数量多少，主要应看质量。本次拟出版的《古史论丛》，分上编（人物）、中编（城市）、下编（风俗），而这三编准确地勾勒出绍棣学术研究所涉及的三个主要方面。

这三方面论文的特点在于"精"，而"精"的标志在于有新见；这体现了作者将考古学与历史学融合起来，具有较深的研究功力。例如，在《试论王莽改币》一文中，将文献材料与考古材料相印证，探析王莽改币的背景、内容、性质和失败的原因，试图通过对西汉后期货币发展的研究，找出"规律"来。与此相联系，绍棣在《王莽改制若干问题商榷》一文中，就学术界已有的论点进行探讨，即评价王莽的依据，对《汉书》等古籍中贬抑王莽的记载、王莽改制的动机、王莽改制的性质和王莽改制失败的原因等，提出了自己的见解。

在《人物》中，绍棣对明代建筑家进行了研究，其中有一篇，题名《论徐杲——兼及明代的匠官》，认为在中国中古时期传统社会中，以工匠身份而被拔擢为工部尚书的，只有明朝徐杲一人，分析他脱离匠籍、进入仕途的原因，澄清他受诬陷、被罢官的冤案，这对于研究明代的科技史和政治史有一定的参考意义。与此相关，绍棣在《试论明代从工匠中选拔工部官吏》一文中，分析明代为何从工匠中选拔工部官吏，是否已形成制度，对此制度应如何评价等都有所评论，给人们以启示。

与上面相联系，在《人物》中还有一篇名为《明代的油漆名匠——兼及明代油漆技术的发展》，对明代油漆名匠张德刚、杨埙、黄成、杨明、周翥作出评析，这些有助于人们对明代科技史的理解。

绍棣《古史论丛》中编为"城市"，收有论文12篇，凸显了学术研究的广度。如果没有广度，缺少不同类型研究对象的相互比较，深度也会失去依据。总之，广度与深度的内在结合，这是绍棣《古史论丛》的又一特色。

《跨湖桥文化内涵刍议》一文探讨跨湖桥的年代、彩陶、独木舟、社会面貌以及在学术史上的意义，使人对跨湖桥文化有了比较全面的认识，有一些新观点。

再如《登封王城岗城堡遗址时代试探》一文，从地望、地层关系、时代特色、文化性质等方面论证王城堡遗址可能是禹都阳城，还指出都城、档案库、王陵的探寻、发掘和研究，应成为今后夏文化探索的重点，这些都是有价值的学术献言。

《古史论丛》中关于战国时城市研究有四篇论文，我个人想法是：除《浅谈春秋战国的城市环保》略显逊色外，《略论战国城市与政治、经济和军事的关系》一文，已经不限于"略论"，对那时的城市与政治和军事的关系，以及与工商业互为条件的论述，都有相当的学术深度，是古都研究中有代表性的文章。至于论文中提出的战国城市有郡县城市与工商业城市两种类型，以及战国时诸侯国都城奠定了我国古代都城的基础，都是有说服力的论说。

《战国都城城防体系刍议》是一篇值得关注的论文，它从六个方面论述战国都城城防体系，即都城的选址、形制、规模和市里，都城城墙的形制和构筑材料，都城城墙的纵深配置，都城城墙上的作战设施，城墙重点部位的加固，都城郊区要道上的前哨据点。这些论点虽然不是首次提出，但绍棣将已有成果加以归纳，形成一个整体，使读者关于我国都城城防体系有了比较全面的认识，在学术上有归纳之功。

我还想提到《古史论丛》中《汉画所见汉代城市与政治、经济和军事关系》一文，关于城市如何促进边境上汉族与少数民族之间的经济交流，从而促进了文化和政治的联系以及不同民族间的融合，文章有深度，看后觉得有所得。我读了这篇文章，使我想起20世纪80年代带领学生到陕北进行文化考察的情景，其中对汉画像石的认识又提高了一步。

《古史论丛》中《文源阁与〈四库全书〉》一文将文献记载与实地调查材料相印证，参考当代学者的研究成果，作为恢复被八国联军侵略者焚毁的圆明园文源阁原貌的尝试，是有意义的。

绍棣《古史论丛》下编为"风俗"。

何谓"风俗"？清初大学者顾炎武说："风俗者，天下之大事。"（《日知录》卷十三"廉耻"条）因此，"论世而不考其风俗，无以明人主之功"（同上卷十三"周末风俗"条）。所谓"风俗"，包含社会舆论、士人道德、吏风、民俗等方面，这些都是历史的重要组成部分。

绍棣《古史论丛》"下篇"对先秦、秦汉时期的"物质文明"，当时汉族和少数民族衣食住行、日常用具、风俗习惯都有比较详细的分析，使人感受甚深。但我也觉得关于"风俗"的论述尚缺乏当时精神文明方面的简要论述，因而稍显不足。

我和绍棣认识至今，他给我的印象是：沉默寡言、谦虚谨慎、从不显示自己。从他的研究成果方面看，我们又看到他是如此勤于思考、勤于吸取其他学者的长处，又勤于提出自己的独立见解。总之，绍棣是一位严谨的史学家。我衷心希望他的著作《古史论丛》能得到史学家们的准确评价。

张岂之

2015 年 3 月 4 日

于西北大学中国思想文化研究所

序　二

朱绍侯

陈绍棣先生的《古史论丛》即将出版，除了已发表的十部论著（三部独著，十部合著）之外，这是他几十年来在史学研究领域又一项研究成果，值得珍视。在学术界似乎有重视专著而轻视论文集的倾向。据我所知有些高校和科研单位，只许专著评奖，不许论文集参评，即使参评，也难于入选。我认为专著自然有它的学术价值，但专著的每章每节不可能都具有独到见解，也不能都属于作者自己的研究成果。他广泛吸收学术界的研究成果，再加上自己的研究心得和见解，才能写成一部书。论文集中的文章，自然也要吸收学术界的研究成果，在每篇文章中必须有所创见和新意，否则有影响的刊物是不肯发表的。对于绍棣同志的《古史论丛》，我虽然没有深入研读，只粗读一遍，但觉得他的论文都有新见，是根据历史文献和考古资料而得出的结论，是自己的研究成果，有一定的学术价值和参考价值。

绍棣同志的《古史论丛》分上编"人物"、中编"城市"、下编"风俗"。对上、中、下三编中的论文作出评介，既不可能也无此必要。我只想在三编中各选三篇论文而略抒己见，以展示《古史论丛》的学术价值。

一、上编"人物"。（一）《秦国重农政策简论》。本文是根据

《史记·商君列传》《商君书》有关商鞅变法所建立的《秦律》与云梦出土的《秦律》进行比较研究，认为商鞅变法时所建立的重农政策，在云梦秦简中得到印证，且有所丰富和发展，并日益严密和完善，指出商鞅死后秦法未变，秦国的奴隶仍大量存在，反映了秦国的初期封建制的特征。（二）《试论王莽改币》。本文利用历史文献与考古资料相互印证法，来探讨王莽币制改革的社会背景，改革的内容、性质及失败原因等问题，并试图通过对西汉后期货币演变的考察，初步探讨我国封建社会早期的币制发展规律。本文如与下一篇《王莽改制若干问题商榷》合读，对王莽改制的动机、性质及失败原因，就会有更深刻的理解。（三）《论徐杲——兼及明代的匠官》。本人对明史并无研究，也未见明史专家对徐杲的论述，读了绍棣同志的《论徐杲》，才知明代还有一位工匠出身的徐杲当上了工部尚书，这是明代的奇迹。绍棣同志在本文中，总结了徐杲在建筑和水利工程上的成就，并分析了徐杲脱离匠籍、超登仕途的原因，对研究明代技术史、政治史都有特殊意义。本文如与下一篇《试论明代从工匠中选拔工部官吏》连读，对明代选官制中从工匠提拔为官吏并未成为常规的深刻原因，对了解明代选官制度标准，更有明确的认识。

　　二、中编"城市"。（一）《略论战国城市与政治、经济和军事的关系》。本文的重点是以当时的政治、经济、军事为核心，论述战国城市兴建的重要性，并得出以下三点认识：1. 战国城市的形成与发展适应了当时政治、军事的需要，并与经济发展，主要是工商业的发展，互相促进；2. 战国城市有郡县城市与工商城市两种类型；3. 战国诸侯城市建设，奠定了我国古代都城的基础。（二）《汉画所见汉代城市与政治、经济和军事的关系》。本文利用画像石、画像砖和壁画等图像资料，结合文献记载，从城市发展与政治、经济、文化关系的角度来研究汉代的城市，得出以下三点结论：1. 汉代的城市建筑，主要是为维护和巩固封建统治服务的；2. 汉代的城市结构及布局适应了当时政治、军事的需要，边境的城市对军事需要尤为重视；3. 汉代城市发展，为经济（主要是工商业）发展创造了条件，也促进了边境各兄弟民族间的经济、文化交流，"互市"就是民族友好的象征。本文资料运用方面颇为新颖，以画像石、画像砖来研究城市，实属罕见。（三）《汉唐长安规划之我见》。本文对汉唐都城长安的规划，从四个方面作了比较：1. 地理位置与自然条件之比较；2. 规模、形态之比较；3. 布局之比较；4. 城防设施之比较。指出唐代之长安较之西汉之长安，在规划、布局上确有明显的提高。这是对汉至唐八百年间，魏国邺城、魏晋洛阳、北魏前期平城、北魏中期洛阳等都城建设进行经验总结与继承的结果。唐代都城长安的规划、布局具有匀称、紧凑、分区明确、街道宽直、坊里整饬等特点，对唐代洛阳城的建设，乃至日本都城平城京（奈良）的建设都有深远的影响。

三、下编"风俗"。（一）《秦汉时期边郡社会物质生活初探》。本文从衣、食、住、行四个方面对秦汉边郡人民物质生活进行详细的研究，认为人们的物质生活与时代、地区、地形、气候、生态环境、物资生产、风俗传统都有直接关系，而同一个民族在不同时代，相同环境下，也可以有相当大的变迁，从中可以看到精神活动的轨迹，从这个意义上说，人们的衣、食、住、行与精神活动也有密切的关系。边郡人民是中国与域外各国、各族人民交往的中介，无论是陆上丝绸之路还是海上丝绸之路，边郡人民都起到了桥梁和纽带作用，他们都为创造秦汉文明作出了贡献。（二）《匈奴社会物质生活初探》。本文用二重证据法，从衣、食、住、行四个方面，研究了战国秦汉时期匈奴人民的物质生活，从中可以看到鲜明的北方民族生活特色，也可以看到中原文化、经济对匈奴族的影响。本文如与下文《百越与匈奴衣食住行之比较研究》参照阅读，更可开阔眼界，发现战国秦汉时期，南、北方少数民族物质生活的特征及差异，并看到其不同特征及差异形成的原因。（三）《中国古代婆媳之礼初探》。本文参考当代学者的研究成果，将中国古代婆媳之礼归纳为七点。指出婆媳之礼规定婆婆和媳妇各自的等级名分和行为准则，尽管其中也有积极、合理的一面，如媳妇要孝敬婆婆，婆婆要爱护媳妇，但其主导方面则是充满了封建说教，是媳妇精神、实体上的桎梏。

以上所评介的九篇论文，并不一定是作者的代表作，这是根据我的兴趣而选择的篇章，但从中可以看出绍棣同志在选题和资料运用上别具一格，都是从别人不太注意的角度，根据自己所掌握的资料直抒己见，其中确有精辟独到之处。尽管他的某个见解不一定为学术界所认同，但直抒己见的精神是可嘉的，值得学界同人学习、参考。

我与绍棣先生是在多次史学研讨会上认识的老朋友。听他的发言，读他的论文，感到他史学功底深厚，学识渊博，所谈所论的内容充实，而不随波逐流，令人钦佩，因他是河南人，又多一层亲切感，所以交往就多一些。现在他的大作《古史论丛》即将出版，向我索序，我当然先读为快，读后写几点心得体会，权作小序，并向绍棣同志表示祝贺。

朱绍侯

2015 年 3 月 9 日

于雏飞书屋

前　　言

我出生于河南省唐河县井楼镇一个破落的知识分子家庭。因为家境清贫，所以从小经常参加劳动，没有多少时间念书，学问基础较差。但因县里出了冯友兰、冯景兰、冯沅君、徐旭生、李季等文化名人，使我萌生了学习他们，为家乡争光的理念。

1959 年，我幸运考入北京大学历史系考古专业，依靠人民助学金维持生活。北大是有光荣传统和优良学风的名校。历史系是成立较早的大系，文化底蕴深厚，人才济济，名师荟萃。其中我对张政烺先生的印象最深。张先生是一个读书万卷、学富五车的笃实学者，有"小王国维""先秦史泰斗"和"活字典"之称。他教我们先秦史，讲课时引经据典，实证性强，有时还兼及史学界的热点、难点。课下我们不论问他什么问题，他都有问必答，毫无保留。同学们都说他人品好、学问好，对先秦史的造诣尤深。我不禁对他产生了景仰之情。

后来张先生调到中国科学院哲学社会科学部（今中国社会科学院）历史所。我本科毕业考取他的研究生也到了历史所。第一次拜见导师，他以聊天的方式，向我布置了学习任务，先生明确指出，要先读书，打好基础。从先秦的基本史料读起。先读《史记》《左传》《国语》《诗经》，要精读、细读，每字每句都要读懂。在打好基础的前提下，再练习写学术论文。为了帮助我读懂古籍，先生还在百忙中亲自带我到琉璃厂购买了一套线装武英殿本的《十三经注疏》，字大，又有标点，为我提供了阅读、理解古籍的便利条件。

然而不久，随着"左倾"思潮的泛滥，政治风云突变。就在那年秋季，历史所全体人员"连锅端"去山东省海阳县参加"四清"，我自然也不例外。"四清"结束，就地劳动锻炼，然后就是不堪回首的"十年浩劫"。因此先生布置的学习任务也就成了竹篮打水。我研究生肄业留所工作。

1976 年，平地一声春雷，"四人帮"被粉碎，科学的春天来了。历史所的业务逐渐得到恢复。可那时我已快 40 岁了。且业务荒废多年。先生对我这个老学生依然精心栽培，指点学术迷津。

那时候，历史所恢复了《甲骨文合集》的编订工作。张先生对我说：你去参加《甲骨文合集》的工作吧！写出文章来我给审，推荐发表。可是由于行政上的干预，此事未成。而长期从事《中国古代历史图谱》（以下简称《图谱》）编写这一集体工作，由于文物版权问题等原因，《图谱》编写三上三下，加以不断有新的考古发现，需要更换文物图片及其说明文字，我花费了大量时间和精力，影响了研究工作。

先生对我参与编写《图谱》的指导全面而细致。他亲自拟定提纲、体例，并指定参考书，甚至亲手修改我写的文稿。我每有些微进步，先生必给予鼓励。

先生曾谆谆教导我如何做研究工作。他语重心长地说：学术研究就像接力赛跑，是在前人研究的基础上作进一步深入的研究，"更上一层楼"，最忌讳人云亦云，做重复劳动。为此就要选择那些前人没有研究过，或研究薄弱，而又有大量新材料的题目去作。出土的甲骨文、金文、简帛、陶文都是新材料。研究这些新材料，容易出成果，但必须熟悉先秦秦汉的典籍，等等。他的真知灼见，对我的研究工作有重要的指导意义。

由于种种客观的和主观的原因，尤其是"文化大革命"特殊的时代背景①，我的研究成果时间跨度较大，涉及的问题偏多。这是需要说明的。

本书中的论文是从已发表的四十多篇论文中自选的，共分三个专题，三个专题的论文自成体系。以下按专题作些简要介绍。

上篇"人物"收入论文12篇，都是评价历史人物的。

《秦国重农政策简论——商鞅秦律与云梦出土秦律的比较研究之一》。将商鞅秦律与云梦出土秦律比较，认为商鞅的重农政策，在云梦秦律中得到反映，且有所丰富和发展，而日益完整、严密。指出商鞅死后秦国依然存在大量奴隶，可见奴隶制的残余还相当严重。

《项羽人格魅力成因试探》。将项羽的人格魅力归纳为威武勇猛，刚毅果决，豪迈慷慨，光明磊落，侠义柔情。并分析项羽人格魅力的三个成因：一、国仇家恨的复仇心理；二、尚武尚勇的文化积淀；三、游侠风尚的熏陶。

《试论王莽改币》。将传世文献材料与考古材料相印证，探析王莽改制的背景、内容、性质和失败的缘由，并试图通过对西汉后期货币发展的考察，初步探索我国封建社会早期的货币规律。本文曾被北京师范大学历史系指定为秦汉经济史专业研究生必读的论文之一。

《王莽改制若干问题商榷》。本文就王莽改制若干有争议的问题，即评价王莽的依据、《汉书》等古籍中贬抑挞伐王莽的记载、王莽改制的动机、王莽改制的性质和王莽改制失败的原因，提出了自己的见解。

《一代才女和史家班昭》。阐述了一代才女和史家班昭的业绩及其取得业绩的原因。共分五部分，即一、出身显贵诗书家；二、

---

① "文革"期间，历史所由军宣队领导，政治任务压倒一切。我因"评《水浒》"而涉猎宋史。因派我和其他同志协助已故原故宫博物院副院长单士先生编写《故宫》一书而研究明清史。

受命续撰《汉书》；三、杰出的史学成就；四、卓越的文学贡献；
五、影响深远的婚姻思想。

《高俅其人》。本文探析了高俅的发迹、为人、能力及其对北
宋军政的危害。指出他的发迹是北宋末年政治腐败的产物。他身
上集中了无耻政客的卑鄙性、封建官僚的残酷性和地主阶级的贪
婪性。他长期执掌兵权，把北宋王朝推向灾难的深渊。

《明代杰出的建筑规划家阮安》。本文阐述了明代杰出的建筑
规划家阮安，在建筑北京和治理黄河上的贡献，以及其廉洁奉公、
生活简朴的优秀品质。

《明代优秀的建筑家蒯祥》。本文论述了明代优秀的建筑家蒯
祥，在建筑上的成就和贡献，以及他的敬业精神、俭朴作风与社
会影响。

《论徐杲——兼及明代的匠官》。在中国封建社会，以工匠身
份而被拔擢为工部尚书的，只有明朝徐杲一人。本文总结他在建
筑上和水利上的成就，分析他脱离匠籍，超登仕流的原因，澄清
他遭诬陷、被罢官的冤案。

《试论明代从工匠中选拔工部官吏》。本文对明代为何从工匠
中选拔工部官吏、是否形成制度、标准是什么、有无积极意义、
经历了哪些斗争等一一进行探索。已故著名明史专家王毓铨先生
认为此文解决了明史上一个问题。

《〈髹饰录〉作者生平籍贯考述》。本文用粗线条勾画出《髹
饰录》的作者黄成的生平，并从六个方面考证黄成的籍贯是安徽
徽州。

《明代的油漆名匠——兼及明代油漆技术的发展》。本文探索
了明代油漆技术的发展，并对明代油漆名匠张德刚、杨埙、黄成、
杨明、周翥一一作了介绍。

中编"城市"收入论文12篇，包括对聚落、城市和园林的
研究。

《跨湖桥文化内涵刍议》。本文认为跨湖桥文化内涵丰富，其文化类型独特，并就以下五个问题谈了自己的见解。这些问题是：一、跨湖桥文化的年代；二、跨湖桥的彩陶；三、跨湖桥的独木舟；四、跨湖桥的社会面貌；五、跨湖桥文化在学术史上的意义。

《登封王城岗城堡遗址时代试探》。本文从地望、地层关系、时代范围和文化性质等方面论证王城堡遗址可能就是禹都阳城，并指出都城、档案库、王陵的寻找、发掘和研究，应是以后夏文化探索的重点。

《浅谈春秋战国的城市环保》。本文直面当前史学界研究的热点之一——环境史，认为中国早在春秋战国就已产生了环境的保护意识，初步形成了较为完备的合理利用自然资源的理论，在不少地方与现代的生态理论、环保思想惊人地相似。

《略论战国城市与政治、经济和军事的关系》。论述了战国城市与政治、经济和军事的关系。认为：一、那时的城市发展适应了政治和军事的需要，并与经济的发展，其中主要是工商业的发展，互为条件；二、战国城市有郡县城市与工商业城市两种类型；三、战国诸侯国都城奠定了我国古代都城的基础。

《战国楚都郢的几个问题》。对楚都纪南城的防御设施作了探研，并填补了纪南城的建制、布局和建筑技术上的空白。

《战国都城城防体系刍议》。本文从六个方面论述了战国都城城防体系。即一、都城的选址、形制、规模和市里；二、都城城墙的形制和构筑材料；三、都城城墙的纵深配置；四、都城城墙上的作战设施；五、城墙重点部位的加固；六、在都城郊区的要道上设前哨据点。

《汉画所见汉代城市与政治、经济和军事的关系》。利用汉代画像石、画像砖和壁画等图像史料，结合文献记载，从城市与政治、经济和文化关系的视觉研究汉代城市，得出以下三点结论，即一、汉代城市的主要建筑是为维护和巩固封建统治服务的；二、汉代城市的结构和布局适应了当时的政治和军事的需要，边境城市的军事性质尤为突出；三、汉代城市的发展为经济（主要是商业、手工业）的兴旺创造了有利条件，也促进了边境上各兄弟民族之间的经济、文化交流，"互市"就是民族间友好团结的象征。

《张衡城市学思想试探》。本文提出了张衡的城市学思想问题，并进行了初探。认为他重视城址的选择；在城市管理上，他主张以礼仪治理城市；在城市生活上，他提倡节俭，崇尚朴素。

《汉唐长安规划比较之我见》。本文对汉唐长安规划从四个方面作了比较，即一、位置、自然条件之比较；二、规模、形态之比较；三、布局之比较；四、城防设施之比较。指出唐长城较之西汉长安，在规划布局上确有显著提高。这是八百年间，在先后兴建曹魏邺城、曹魏洛阳、北魏平城、北魏洛阳的过程中，经过继承、创新的结果。唐长安的规划布局具有匀称、紧凑、分区明确、街道宽直、坊里整饬的特色，对唐洛阳和日本都城平城京、平安京均有深远影响。

《关于明代建筑发展的若干社会原因》。认为明代建筑在技术、艺术方面取得了不少成就，在某些方面有了进一步的发展。而明代建筑发展的社会原因有以下五点：一是经济的发展，不断向建筑提出新的、高的需求和问题；二是中央集权制度的强化，需要都城和官式建筑的发展；三是建筑材料生产水平的提高，为建筑提供了比较雄厚的物质基础；四是实行解放工奴和"纳银代役"，调动了建筑工匠的积极性；五是从工匠中选拔工部官吏取得了显著成效。

《文源阁与〈四库全书〉》。本文将文献记载与调查材料互相印证考校，并参考当代人的研究成果，对恢复被英法侵略者焚毁的圆明园文源阁的原貌作了尝试；并对《四库全书》的编纂目的、编纂方法以及《四库全书》的内容、造诣和价值，一一予以述评。

《加强城市学和城市史研究》。本文分析了加强城市学和城市史研究的必要性、迫切性，概述了城市学和城市史的内容，并就如何加强城市学和城市史研究提出了一些建议。

下编"风俗"收入论文 14 篇，涵盖了对衣食住行、婚丧嫁娶、宗教信仰、价值取向的研究。

《先秦漆器概述》。本文指出，先秦时期是漆器的发端和发展的初期阶段。揭示了漆器发展的具体原因：社会的需要；漆树的增多；铁工具的推广。阐明了漆器发展的表现，即：一、分布地址广，出土数量大；二、品种较全，式样较多；三、制造技术精巧熟练；四、装饰艺术丰富多彩。

《战国物质文明概说》。本文揭示了战国物质文明发展的原因，即社会转型、奖励耕织、百家争鸣、吸收外来文化等。展示了战国物质文明的成就：农业的发展；手工业的进步；商品经济的繁荣；科学技术的兴旺；物质生活的提高。探求了战国物质文明的特色：一、自成体系的东方文明；二、中国古代文明的第一个高峰；三、多元一体的格局；四、对外传播主要是向近邻；五、打开大门吸纳外来的文化。

《商品经济影响下的战国世风》。从拜金主义的盛行、家庭伦理道德动摇和社会刑事犯罪严重三方面，论证了商品经济影响下的战国世风。

《战国楚漆器述略》。战国时期，楚国的漆工艺最发达。本文从楚漆器的品种、胎骨、造型和装饰艺术等方面，总结楚漆器的成就，并剖析取得成就的原因。还从社会生活的新视角，揭示了楚漆器所反映的楚国社会风貌。

《东周秦国人殉、人牲与社会风貌》。本文通过对秦国人殉、人牲的身份与特征的分析，并与"山东"列国进行比较，揭示了东周秦国的社会风貌，即：一、存在较多的奴隶制残余；二、存在着君主集权的制度；三、存在着森严的等级制度；四、存在着以家庭为本位，唯父家长之命是从的社会—文化模式；五、存在着灵魂观念。

《秦漆器试探》。本文从五个方面初步探讨了秦代漆器，指出秦漆器手工业较发达，比前代有一定的进步，在我国漆工艺史上占有承前启后的地位。

《秦汉宫廷的衣食住行》。本文探析了秦汉宫廷的衣食住行，指出它就是帝王之家的衣食住行，也是等级最高的衣食住行。在秦汉社会，人们的生活消费，尤其是享乐消费，是与消费者的社会地位成正比的。

《秦汉时期边郡社会物质生活初探》。从衣、食、住、行四个方面初步探讨了秦汉边郡的物质生活，得出了以下结论：一、边郡各族都为创造秦汉文明作出了贡献。二、人们的物质生活同时代、地区、地形、气候、生态、物产和风俗传统有直接关系。而同一民族在不同时代可以有相当大的变迁，从中就可看到精神活动的轨迹。从这个意义上说，衣、食、住、行都是精神生产的一种结果。三、边郡民族是中国和域外各民族交往的中介，无论是在陆上丝绸之路，还是在海上丝绸之路，他们都起了桥梁和纽带的作用。

《秦汉社会生活器具文化概说》。述评了秦汉时期的炊具、食器、家具、文具、灯具、梳妆具的种类、功能，兼及使用礼仪。

《秦汉婚姻礼俗刍议》。本文考察了汉代的婚姻礼俗，认为尽管秦汉尚遗留某些原始婚俗，但是较稳定的一夫一妻制已占主导地位，封建伦理观念系统化了，封建的婚姻等级关系开始形成，维护地主阶级利益的婚姻法规得到确立。

《东瓯风俗初探》。本文从食、衣、住、行、婚姻、丧葬、信仰、精神等方面探索了东瓯风俗，指出东瓯风俗具有两个特征：一是扩布性和融汇性；二是传承性与变异性。

《匈奴社会物质生活初探》。用二重证据法，从衣、食、住、行四个方面，初步探索了战国秦汉匈奴的物质生活。从中既可看到鲜明的民族特色，又能发现中原先进经济、文化的影响。

《百越与匈奴衣食住行之比较研究》。从东周到秦汉，百越与匈奴分别是我国南方和北方的主要少数民族。本文将百越与匈奴的衣、食、住、行进行比较，弄清当时我国南、北方少数民族社会物质生活的特征及差异，并分析形成这些差异的原因。本文受到首届国际百越文化研究会大会的表扬。

《中国古代婆媳之礼初探》。本文参考当代学者的研究成果，将中国古代的婆媳之礼归纳为七点。指出婆媳之礼规定了婆婆和媳妇各自的等级名分和行为准则，尽管有积极、合理的一面，如媳妇孝敬婆婆、婆婆爱护媳妇，但其主导方面充满了封建说教，是媳妇精神上的桎梏。

以上是全书对三个专题论文的简要介绍，企盼能对读者鸟瞰全书有所裨益。限于才、学、识，文中不足、缺陷乃至谬误难免，恳望读者不吝赐教。

著名历史学家、西北大学名誉校长兼清华大学教授张岂之先生和河南大学教授朱绍侯先生，在百忙之中欣然为本书作序，给拙著增光添彩。两位学术大家诲人不倦和鞭策后学的良师风范，令人感佩之至，催人奋进不止。

目　　录

上编　人物

中编 城市

下编 风俗

上　编

人　物

秦国重农政策简论

—— 商鞅秦律与云梦出土秦律的比较研究之一

战国时期，秦国从商鞅变法开始，历经六世都实行重农政策，即提倡尽力于耕织以富国。结果巩固了封建制的经济基础，使秦国由贫弱变富强。关于这个问题，以前由于文献材料的疏略，得不到较为具体的阐述。云梦秦简和青川秦牍的出土，为我们提供了新的、重要的材料。对这些材料进行分析研究，并与古史记载互相参证，可以充实秦国重农政策的内容，同时对重农政策的发展获得一些初步的认识。

一

政策，作为上层建筑的一部分，是由当时的社会经济关系决定的。商鞅是秦国重农政策的谋划者和制定者，他为什么要实行重农政策呢？要回答这个问题，首先就要考察当时秦国的社会经济关系。

先进与落后，总是相比较而存在的。要弄清当时秦国的社会经济关系，将它与山东六国作一些比较是很有必要的。

商鞅（约前390—前338）生活在社会大变革的战国中叶。那时在中原地区，取得经济胜利，进而夺取政权的新兴地主阶级，已经通过改革，程度不等地完成了向封建制的转化。而秦国却依然停留在奴隶社会阶段，政权被以庶长为代表的奴隶主贵族所把持，政治腐败，得不到革新，也阻碍了经济的发展。因此，山东诸国都瞧不起秦国，不约它参加会盟。

此外，商鞅实行重农政策，与当时的军事斗争也有很大关系。那时诸侯争雄，战火不熄。国家的安危存亡，取决于自身富强与否。而粮食多、兵力足，则是国家富强的两个重要因素。秦国由于社会经济和政治制度落后，不能为军队提供充足的给养装备和兵员补充，所以军事实力江河日下，在与其他诸侯国和周围少数民族的斗争中屡吃败仗。当时对秦国威胁最大的是魏国，它攻占了秦国的河西，秦国视之为心腹之患。

国家贫弱落后的局面和被动挨打的处境，外部新兴国家的强大压力，迫使新兴地主阶级要求变革的呼声越来越高。

商鞅实行重农政策，还有思想方面的原因。商鞅"少好刑名之学"①，深受早期法家李悝所著《法经》的影响。他继承并发展了李悝的重农思想，提出"重农"是"治国之要"②，是发展经济、坐致"富强之功"的唯一途径。

二

由于上述政治的、经济的、军事的和思想的原因，商鞅在秦国推行重农政策，其内容可归纳为以下十点，即：（一）废井田，开阡陌，发展封建土地私有制；（二）奖励耕织；（三）重视垦荒；（四）发展小农经济；（五）增加农业劳动力；（六）保证农时；（七）统一管理山泽资源；（八）注意对粮食的储藏和节约；（九）实行什伍连坐和户籍制；（十）抑制末业。上述措施大都在

---

① 《史记·商君列传》。
② 《商君书·农战》。

云梦秦简中有所反映，可见秦国重农政策的连续性，即所谓"商鞅虽死，秦法未败"①。这些措施的关键之处，就在于发展土地私有制，变革旧的生产关系，使它和进一步提高了的农业生产力相适应。

三

商鞅的重农政策，虽有偏激之处，但总的来说，还是顺应了历史发展的潮流。商鞅在贯彻这一政策时，态度坚决，措施有力，加以广大农民和奴隶的辛勤劳动，因此收效显著，在十几年间就使秦国后来居上，根本改变了过去贫穷落后的面貌。

秦国农业的发展表现在以下五个方面：（一）铁农具的普遍使用；（二）牛耕的推广；（三）大型水利工程的兴修；（四）耕作技术的发展；（五）农作物品种的增加和产量的提高。

农业的发展，使国家有充足的粮食储备，有生产其他军需品的雄厚的物质基础，这样就能增强军事实力，保证在对外战争中，军队有源源不断的给养装备和兵员补充，有条件克敌制胜。事实也正是如此。在商鞅变法后的二十几年间，秦对魏五次用兵，魏对秦三次献地。秦国不仅收复了河西失地，而且攻占了魏国大片领土，重新控制了黄河、函谷关的险要地势。

总之，秦国实行的重农政策，推动了社会生产力的发展，使秦国成为当时最富强的国家，为后来秦统一中国奠定了坚实的物质基础。

秦国重农政策的实质是在经济上保护和发展封建制度。这一政策对后世有深远的影响。"重农"成为战国以后历代封建统治者的传统政治思想和富国模式。

---

① 《韩非子·定法》。

四

商鞅是秦国推行重农政策的代表人物。他作为秦始皇之前秦国的一位划时代的人物，既具有上升时期地主阶级政治家、改革家的进步性，又不可避免地带有阶级和历史的局限性。

商鞅的重农政策，对于封建制的生产关系取代奴隶制的生产关系，起了积极作用。但对此我们不能估价过高。从云梦秦简看，在商鞅死后秦国依然存在大量国有土地和奴隶，可见奴隶制的残余还相当严重。

商鞅重农政策的出发点，旨在维护地主阶级的根本利益，因而势必加强对劳动人民的压迫和剥削。商鞅变法后，劳动人民的生活虽较前略有改善，但遇到荒年依然啼饥号寒，甚至忍痛杀死亲生子女。

商鞅处在封建社会初期，就对农业有一系列较为正确的认识，诸如农业是国家的"本业"，"事本"是"立国"的前提。这些认识因具有某些合理的因素和科学成分，而成为科学的农业理论的先导，这在当时是难得的。其中农本理论适用于五种社会形态，是经济史上一条根本经验，具有普遍意义。但是这些认识还是自发的、朴素的，没有上升为关于农业经济规律的理论。例如，他没有认识到发展农业要开展多种经营，实行经营专业化，而这正是中国封建社会农业发展迟滞的原因之一。又如，他没有正确认识农业与手工业、商业之间的互相联系、互相促进、互相制约的关系，也没有充分看到手工业和商业在整个社会经济中的地位和作用，而是把农业看作唯一的社会生产活动和生财之道，从而把农业与手工业、商业绝对对立起来。由此制定的抑末措施，虽然在当时特定的历史条件下起了某种进步作用，但是在一定程度上却阻碍了手工业和商业的正常发展，造成了社会经济的畸形，也加深了封建小农在经济上的自给自足性，对商品经济的成长产生了消极的影响，并给以后秦王朝在一系列政策上的极端化开了先河，到了封建社会末期更成为摧残商品经济、扼杀资本主义萌芽的毒瘤。由于工商业与科技有关，因而又阻碍了科技的发展。

在重农政策的推行上，商鞅以强制性的法令作手段，以欺骗性的说教为舆论工具，因此必然缺乏深广的群众基础，不能把政策变成群众的自觉行动。加以商鞅实行愚农政策，把发展农业同农民学习文化知识和进行必要的娱乐活动对立起来，所以他的重农政策只是短期内可用的权宜之计，从长远来看，就不那么灵验了。

五

商鞅的"重农"政策，从基本精神到某些具体措施，都在云梦出土的秦律中得到反映，并且有所丰富和发展，而日益完整和严密。根据现有的材料，我们认为其表现有以下四点。

第一，由于大量开垦荒地的需要和牛耕的推广，国家日益重视对耕牛的饲养、保护和繁殖。当时广置苑囿牧场，进行圈养放牧。并将李悝所造的《厩法》改为《厩苑律》，又制定了《牛羊课》，予以立法管理。国家还建立了对耕牛的考课制度，奖优罚劣。公马牛的一部分，既用于国营耕地，也借给民间田作。

第二，随着农业发展到精耕细作阶段，国家将可能是商鞅制定的《为田律》改为《田律》。《为田律》是关于整治、规划土地的律令，而《田律》的内容几乎包括了农业生产的各个方面，诸如农田水利、山林保护、受田纳赋、牛马饲养、不准卖酒等。其中主要的是：管理农田生产，保护农作物的生长。

据云梦秦简的记载，秦始皇二十年（前 227 年），秦国已有《田令》。当时随着统一战争的节节胜利，秦国的法律也在愈益广大的占领区推行。由于那时存在着激烈复杂的政治、军事斗争和顽强的地方传统习惯势力,秦法律令在推行中就不可能不遇到阻力。《语书》云,当时"丹法律令者,以教道(导)民,去其淫避(僻),除其恶俗,而使之于为善殹(也)"。《田令》当不例外。《田令》对《田律》的补充和发展,由此可见端倪。

第三,随着农业的发展和积粮的增多,国家广置粮仓,大规模储粮,并颁布了《仓律》《效律》和《内史杂律》,对粮食的储存、保管、发放和保卫,都一一作了具体规定。

第四,随着统一战争的胜利进行和秦国人口的急剧增加,国家将旨在加强对农民的控制,维护封建社会秩序的什伍连坐法的应用范围,由贯彻法令、维持治安扩大到核查户口及战场杀敌等方面。

由以上所述,可知秦国的重农政策是在法家学说的指导下,从实际出发而制定的。它随着农业状况和政治、军事斗争形势的变化而变化,并与之相适应,表现了鲜明的阶级性和应变的灵活性,是秦国新兴地主阶级富国强兵和取得统一战争胜利的重要保证。需要指出的是,秦的法律种类很多,每种律的律文也非常繁复,而我们目前知道的只是其中的一部分。关于《为田律》和《田令》的全部内容,《为田律》和《田律》的关系,目前我们还不太清楚,这里只是对三者作一些粗略的比较。

（原载中国秦汉史学会编《秦汉史论丛》第三辑,陕西人民出版社1986年版）

项羽的人格魅力成因试探

秦县下相（今江苏省宿迁市宿豫区）风景秀丽，物产丰富，人杰地灵。中国历史上著名的悲剧英雄项羽就诞生在这里。项羽作为杰出的军事家和战神，在推翻暴秦的斗争中起了决定性的作用，立下了不朽的历史功勋。项羽不曾称帝，但在一段时间内实为天下主，"政由羽出"[①]。从一定意义上说，他创建了楚国，所谓"秦十五载而楚，楚五载而汉"[②]。作为过渡，楚为西汉的建立及其繁荣奠定了坚实的基础，创造了有利的条件。"成者王侯败者寇"，项羽则是悖论。项羽虽然最终失败了，但是他几千年来受到人们的怀念、敬仰和爱戴。项羽还是文学艺术作品里的英雄，他的光辉形象不断出现在历史小说乃至现代艺术舞台上，这使他的生命得以延续。

项羽并非完人，他性格复杂，有不少缺陷、错误。但他的崇高人格魅力光照千秋，震撼人们的心灵。对于项羽的崇高人格魅力，已有学者予以论述。[③] 大致可归纳为：威武勇猛，刚毅果决，豪迈慷慨，光明磊落，侠义柔情。与刘邦忘恩负义，背信弃义的劣迹和流氓无赖嘴脸形成巨大反差。但迄今还没有专文讨论项羽

① 《史记·项羽本纪》。

② 张大可等主编：《史记研究集成》卷6，华文出版社2004年版，第293页。

③ 主要有王增文《西楚霸王项羽的人格魅力》，杨燕起《项羽的性格与情怀》，均载于安平秋等主编《乌江论坛》，陕西人民教育出版社2009年版。

崇高人格魅力形成的缘由。为此笔者不揣浅陋，拟对这一问题进行探索，敬请方家指正。

一　国仇家恨的复仇心理

楚是被秦蚕食、灭亡的。据史籍记载，秦对楚的战争主要有以下七次：前 300 年，秦攻楚，大破楚师，斩首 3 万，杀其将景缺，取襄城（今河南襄城）；前 298 年，秦发兵击楚，斩首 5 万，夺取楚 16 城；前 280 年，秦司马错发陇西兵，由蜀攻取楚黔中郡（今湘西及黔东北），楚割上庸（今湖北竹溪东南）及汉水以北地予秦；前 279 年，秦白起攻楚之别都鄢（今湖北宜城东南），他引水灌鄢，溺死楚军民数十万，遂取鄢、邓（今湖北襄樊北）、西陵（今湖北宜昌西北）；前 278 年，秦将白起攻取楚都郢（今湖北江陵西北），西烧夷陵（今湖北宜昌东南），楚襄王迁都于陈；前 224 年，秦将王翦、蒙武率军 60 万大破楚军于蕲（今安徽宿县东南）南，杀楚将项燕；前 223 年，秦王翦、蒙武俘楚王负刍，以其地置楚郡，楚亡。[①] 上述史实说明：秦楚战争的规模越来越大，残酷程度与日俱增，楚国军民的伤亡亦越来越多。

战国著名诗人屈原对楚国人民的苦难深切同情。他在楚国危亡前夕写的《哀郢》中吟诵："皇天之不纯命兮，何百姓之震愆。民离散而相失兮，方仲春而东迁。去故乡就远兮，遵江夏以流亡。"诗人作为难民群中的一员，这些诗句是楚国人民妻离子散，家破人亡，四处逃亡惨状的写照。

秦对楚的伤害，除了在残酷的兼并战争中，楚人遭受了被杀害、被掠夺和破产流亡的苦难外，还有楚怀王被秦诱扣，要求他割地（巫、黔中），在逼迫下，病死于秦。楚人悲怜怀王。楚南公

---

① 《史记》《资治通鉴》《睡虎地秦墓竹简·编年记》。

曰："楚虽三户，亡秦必楚。"这说明当时已形成楚人是反秦中坚力量的社会舆论。

对于项羽来说，除了国仇，还有家恨。项羽出身楚国贵族家庭。其祖先封于项，故姓项氏。项氏世世为楚将。项羽的祖父项燕，是楚国的名将。他曾屡建战功，又爱护士卒，很受楚人拥戴。在始皇帝二十三年（前224）率楚军与秦兵激战中被秦将王翦所杀。项羽自幼丧失父母，依靠与他相依为命的叔叔项梁抚养长大。楚亡之后，与项梁避难吴中。国亡家破的奇耻大辱使项羽幼小的心田埋下了报仇的种子，奔流的热血中交融着雪恨的情感，并在青年时代就立下取代始皇的大志。后来项梁在定陶与章邯统率的秦军作战中不幸牺牲，更加强了他对秦政权和秦朝官兵的深仇大恨。这大概就是项羽英气盖世，叱咤风云，所向披靡，无坚不摧，诛殷通，斩李由，杀苏角，虏王离，取得巨鹿大捷的内在动力吧！

二　尚武尚勇的文化积淀

项羽的英勇来自于文化的积淀。《盐铁论》云："殷周以武。"这是西汉文献对殷周崇尚的概括，这里的"周"，侧重指东周，即春秋战国。春秋战国，尤其是战国，是一个战火连天、英才辈出的英雄时代。战争成了时代的主旋律和国之大事，各诸侯国无不加紧训练士卒，选拔猛将，增加军费开支，社会风尚更加崇尚武勇。所谓"当今争于气力"[1]，"武勇者长，此天之道，人之情也"[2]。

首先，各国君臣中尚武者多。齐庄公"陈武夫，尚勇力"[3]；

---

① 《韩非子·五蠹》。
② 《管子·君臣》。
③ 《晏子春秋·外篇》。

齐僖公伐宋伐鲁；齐襄公侵鲁伐卫灭纪；齐桓公伐山戎救燕，败狄存邢、卫；齐惠公两次伐莱；齐顷公与晋争霸；齐灵公灭莱（今山东昌邑东）；齐威王大败魏军于马陵（今河北大名东南）；齐宣王五旬而得全燕；齐湣王败楚，败秦，败燕，灭宋。齐臣管仲把尚武精神作为国策之一。

楚国君主积极倡导尚武精神。如据《左传·宣公十二年》，楚庄王经常向臣民进行居安思危、警戒御敌的战备教育。楚君选拔官吏，主要以晓畅军事、善于指挥为标准，如子重、子西均以战功升令尹。楚君屡屡奖胜惩败。如公孙宁以胜巴师受封，子玉因城濮战败被诛。楚君还身体力行，争做尚武的楷模。春秋十三楚君戎马倥偬，征战疆场。有病死军中者，如武王；有身先士卒者，如庄王；有因战败而自责者，如共王。战国时期的楚君也大都在武功方面有所作为，如楚惠王曾灭陈、蔡等国；楚简王曾北伐灭莒（今山东莒县）；楚悼王北胜魏国，南收扬越，取得苍梧（今广西西北角），开拓了楚国疆土；楚威王曾北伐齐，败齐于徐州（今山东滕州东南）；楚怀王曾派柱国昭阳破齐于襄陵（今河南睢县），得八邑，五年之后山东六国击秦，被推为纵长，至函谷关（今河南灵宝东北）；楚考烈王曾发兵救赵，两年之后灭鲁。春秋战国时期楚臣承担外出统兵作战等军事任务。在几乎每次重大战役中，都可看到楚令尹和司马的勇武形象。据《左传》统计，在春秋二百多年间，令尹、司马外出征战达六十三次。[①] 甚至文官也能率军征战。这说明楚臣经军重武带有普遍性。楚臣在征战中有勇敢壮烈的上乘表现。有力挽狂澜者，如养由基；有壮烈殉国者，如史皇；有因失职内疚而自杀者，如司马子反。

在晋国历史上，晋文侯、晋武公、晋献公、晋文公、晋襄公、晋景公、晋悼公等都是颇有作为的君主，同时又多是尚武的枭雄。

---

① 详见宋公文《楚史新探》，河南大学出版社1988年版，第137—142页。

如晋献公灭耿（今山西河津东南）、霍（今山西霍州西南）、魏（今山西芮城北）、虢、江、黄、虞等国。晋文公率兵大败楚国于城濮（今山东鄄城西南），称霸诸侯。晋襄公胜秦于崤（今河南三门峡市东），败狄于箕（今山西太谷东）。晋悼公欲复文公霸业，多次与郑、楚交战。晋国的三家卿大夫在春秋末战国初，瓜分晋国，各立为国。三国国君中亦不乏勇武者。如魏文侯西败秦国，占有西河（今黄河与北洛河间），东越赵境，攻取中山，遂使魏成为战国首强。又如赵武灵王改革军事，行胡服骑射，攻灭中山，破林胡、楼烦，扩地北至燕、代，西至云中（治今内蒙古呼和浩特西南）、九原（治今内蒙古包头西北）。

秦穆公"修德行武"，灭国十二（一说二十），开地千里，"西霸戎翟"①。秦孝公用商鞅实行变法，奖励耕战，兵革大强，诸侯畏惧，有窥周室、席卷天下之势。秦武王性喜武，好勇有力，重用力士任鄙等为大官；与孟说在洛阳比赛举鼎，绝膑而死。秦昭王伐三晋，攻齐、楚，大败赵军于长平（今山西高平西北），为秦统一六国奠定了基础。"秦王扫六合，虎视何雄哉。"② 秦王政充分运用上述有利条件，"奋六世之余烈，振长策而御宇内"③，果断地发动大规模兼并六国的战争，仅用了十年时间，便"初并天下"。

此外，燕国国君亦尚武。如燕昭王曾遣乐毅率军联合三晋及秦之师攻齐，大破齐军，占领齐城邑七十余座，齐湣王败死。又吴、越之君"皆好勇"④。两国都不属大国之列，然而吴能攻入郢都，越能迁都琅琊，纯是以武力取胜。

上行下效。列国君臣的尚武尚勇之风吹遍社会，成为各国的

----

① 《史记·秦本纪》。
② 李白：《古风五十九首》之三。
③ 贾谊：《过秦论》。
④ 《汉书·地理志》（下）。

社会风气。《管子·五辅》说齐国士民总是重视勇武而鄙视财利。《史记·张仪列传》说齐国“地广民众，兵强士勇”。楚国“卒民勇敢”[1]，好武乐斗。《楚辞·国殇》就是楚国士民坚毅、刚强品格和勇于献身精神的写照。秦地“迫近戎狄，修习战备，高上气力，以射猎为先”[2]，“民勇于公战”[3]。“秦之俗，大抵尚气概、先勇力，忘生轻死”[4]。“秦晋之兵，弯弓而带剑，驰骋上下，咄嗟叱坚。”[5] 赵国代地“自全晋时已患其剽悍，而武灵王又益厉之”[6]。燕人“好勇义”[7]。而吴越“士有陷坚之锐，俗有节概之风”[8]。

在尚武风俗广泛传播的背景下，列国君臣聚集天下最好的物材，研制各种兵器；春秋两季进行比试，锐利的列为上等。《国语·齐语》载管仲曾说：“美金以铸剑戟。”其意是用优质金属铜制造武器。《韩诗外传》卷八称：“齐景公为弓，三年乃成。”齐国之外，楚国以制造钢铁兵器技术发达著称。一些国君和政治家常常在讲话中赞扬楚国铁兵器锋利。秦昭王就曾慨叹过楚国的铁剑利，荀子在议兵时也讲到楚国的“宛钜铁釶，惨如蜂虿”[9]。又《左传·成公十六年》载：晋侯伐郑，楚子救郑，“潘尫之党与养由基蹲甲而射之，彻七札焉”。潘尫之子潘党和养由基均能射透七重甲，从一个侧面说明楚国弓箭制造之精良。此外，吴、越两国，产剑闻名当时。《周礼·考工记》：“吴、粤之剑，迁乎其地而弗能为良。”《战国策·赵策》：“夫吴、越之剑，肉试则断牛、马，

---

① 《淮南子·兵略训》。

② 《汉书·地理志》（下）。

③ 《史记·商君列传》。

④ 《朱子·诗传》。

⑤ 苏轼：《蜀论》。

⑥ 《汉书·地理志》（下）。

⑦ 《吴子》。

⑧ 左思：《吴都赋》。

⑨ 《荀子·议兵》。

金试则截盘、匜，薄之柱上而击之则折为三，质之石上而击之则碎为百。"虽然有些夸张，但也有事实作根据。

此外，春秋战国时代，人们佩剑成风，击剑盛行，民众的习射活动具有普遍性。

尚武尚勇作为当时广泛存在的那种自发而重复出现的行为所尚，除有其社会性的一面，还有其传承性的一面，像春雨一样无声地滋润着项羽。少年项羽学剑，学万人敌（兵法）。青年项羽举鼎，"欲以力征经营天下"①，可见项羽受这种风尚影响之大、之深。何况他还是世代习武的将门之后呢！

三　尚游侠风尚的熏陶

什么是游侠？游侠是古代好交游、轻生死、重信义、能救人于急难的人。太史公在《史记·游侠列传》里是这样说的：说到游侠，他们的行为虽然不合于大道理，可是他们言必信，行必果，忠诚地履行自己的诺言，不惜以自己的身躯去解救别人的苦难，等到出生入死救助了别人，反而不显示自己的能力，不夸耀自己的恩德，这些是应该大大地称赞的啊！

"游侠之风，倡自春秋，盛于战国。"② 苏轼据史籍记载，描述当时游侠盛况如下：

> 春秋末，至于战国，诸侯卿相，皆争养士。自谋夫说客谈天雕龙，坚白同异之流，下至击剑扛鼎鸡鸣狗盗之徒，莫不宾礼，靡衣玉食，以馆于上者，何可胜数。越王勾践有君子六千人。魏无忌、齐田文、赵胜、黄歇、吕不韦皆有客三千人，而田文招致任侠奸人六万家于薛，齐稷下谈者六千人，

---

① 《史记·项羽本纪》。

② 张亮采：《中国风俗史》，东方出版社1996年版，第33页。

魏文侯、燕昭王、太子丹皆致客无数。①

说明游侠的人数确实甚多。

春秋中期以后，西周宗法制的宗法血缘纽带对社会上各个阶层的束缚已经削弱，使作为贵族最低阶层的士，尤其是侠士，浮游于社会之上。到春秋后期，伴随着深刻的社会变革，各国统治者和公卿贵族为了加强自己的政治和军事实力，以便在激烈的兼并战争和统治阶级内部倾轧中立于不败之地，就竞相"聚士"，即好施养士。这在《左传》等史籍中不乏例证。当时所聚之士有三种作用与游侠有关：一是保护主人的安全，如越王勾践所养的君子；二是替主人除掉政敌或仇人，以便夺取政权或巩固政权，如专诸之刺王僚，要离之刺庆忌；三是凭借勇武增加主人的威势，如齐国有"以勇力搏虎闻"的三勇士——公孙接、田开疆、古冶子，他们都是齐景公的爪牙。

战国时期，韩非把侠列为危害国家的"五蠹"之一，他说："儒以文乱法，侠以武犯禁，而人主兼礼之，此所以乱也。"② 这从反面说明当时养侠风尚之盛。那时的游侠可分两类：一类是由君主卿相所豢养的士；另一类是散居民间的平民。前者如豫让、聂政、荆轲、冯谖；后者如侯嬴、朱亥、毛公、薛公、高渐离等。

战国时期，魏国的信陵君、赵国的平原君、齐国的孟尝君、楚国的春申君，皆以招养侠客闻名。他们招养侠客甚多，固然靠的是显赫的政治地位和雄厚的经济实力，同时也与他们一诺千金、不耻下交的个人品质有关。正如《汉书·游侠传》所说："皆供王公之势，竞为游侠，鸡鸣狗盗，无不宾礼。"

游侠在战国社会上有影响。如信陵君窃符救赵、荆轲刺秦王等侠义之举就受到人们的敬仰乃至仿效。这种侠义文化自然会对

---

① 苏轼：《东坡志林》卷五《游士失职之祸》。
② 《韩非子·五蠹》。

项羽有所熏陶。少年项羽要学剑,很可能就有当侠士的打算。他的叔父项梁豪爽又乐于助人。据史籍记载,项梁居吴中(今江苏省苏州市)时,每当吴中有大规模徭役和丧葬,项梁常常主持办理①。项羽少年时与项梁曾有幸两次被人侠义相助。一次是"项羽尝有栎阳逮,乃请蕲狱曹咎书抵栎阳狱掾司马欣,以故事得已"②。项梁因为栎阳罪案受到牵连,由于曹咎和司马欣的相助,事情得到了结。再一次,"项梁杀人,与籍避仇于吴中"③,被当时吴县令郑昌收留,并受到关照。此外,项羽的另一个叔父项伯在秦末杀了人,得到张良的救助。④ 不难推知,上述项羽的成长经历和耳濡目染对他侠义品德的形成起到潜移默化的作用。⑤

综上所述,国仇家恨的复仇心理、尚武尚勇的文化积淀、尚游侠风尚的熏陶和礼教作用,是项羽崇高人格魅力形成的重要因素。

（原载曹秀明、岳庆平主编《项羽研究》第一辑,
凤凰出版社 2011 年版）

---

① 《史记·项羽本纪》。

② 同上。

③ 同上。

④ 同上。

⑤ 参见杨宁宁《在"义"的视阈下看项羽的道德错位》,安平秋等主编《乌江论坛》。

试论王莽改币

　　王莽是两汉之际的一位社会改革家。币制改革是王莽改制的内容之一，也是导致王莽改制失败的原因之一。新中国成立以来，发表了不少研究王莽改制的文章，但是对王莽币制改革的专文论述不多。笔者不揣浅陋，拟将文献材料与考古材料相印证，谈谈这一经济政策的背景、内容、性质和失败的缘由，并试图通过对西汉后期货币发展的考察，初步探索我国封建社会早期的货币规律。限于水平，错误难免，望读者指正。

一

　　王莽的币制改革，不是心血来潮的偶然现象，而是中国封建社会经济曲折发展的必然产物，也是封建统治者为了解决财政困难，挽救社会危机，而采取的一项"重农抑商"政策。这项政策从一个侧面，表现了封建国家、商人和农民之间互相矛盾斗争的阶级关系。

　　为了深入探索王莽改币的原因，并正确评价这一经济措施，认清王莽改币前的币制状况是很有必要的。

　　西汉自武帝元狩五年（前118）以后，发行的货币是五铢钱。它轻重适宜，单位划一，体圜函方，便于贯串。且周围有廓，可以保护钱文不易磨损。武帝时期，由国家铸造的五铢钱，直径约

2.3 厘米，重约 3.5 克，形态一致，分量足，质地也好。由于工本较高，私铸乏利可图，因此币值稳定，交易称便。

从昭帝时期开始，在局部地区，五铢钱的实重有逐渐减轻的趋势。例如，1957—1958 年，在河南省洛阳西郊汉墓中，共出土了 10436 枚五铢钱。考古工作者根据五铢形制的分析和墓葬的佐证，将西汉五铢分为三期；再从每期中挑选精好的标准钱 10 枚，逐一实测重量，其平均数如下：武帝五铢每枚重 3.35 克；昭帝五铢每枚重 3.26 克；宣帝、平帝五铢每枚重 3.07 克。① 可见五铢钱的实重是随着时间的推移而递减的。再如，1978 年在四川省威远出土五铢钱 325 枚，其中武帝五铢 13 枚，平均每枚重约 3.1 克；宣帝五铢 20 枚，平均每枚重 2.7 克。② 后者比前者每枚减重约 0.4 克。又如，1955 年在河南省陕县刘家渠汉墓出土五铢 199 枚。其中武帝、昭帝五铢 34 枚，每枚重 3.35 克；宣帝、平帝五铢 165 枚，每枚重 3.2 克。③ 后者比前者每枚减重 0.15 克。

五铢减重的另一表现是剪轮五铢和小五铢的出现。剪轮五铢又名磨廓五铢，就是钱廓或钱肉被剪磨消镕的五铢。被剪磨的程度不一，多至三分之二，余重仅 1.2 克。剪轮五铢在西汉晚期开始在局部地区出现。1953 年，河南省洛阳烧沟共出土 1649 枚剪轮五铢，占同类型五铢钱总数的 38%，其时代应相当于元、成或成、哀之际。④ 1970 年，郑州新通桥西汉晚期画像空心砖墓出土五铢钱 200 枚，其中大多数为剪轮五铢。⑤ 此外，在北京市大葆台西汉木椁墓、江苏省海州西汉霍贺墓和盱眙东阳西汉中、晚期墓以及

---

① 中国科学院考古研究所洛阳队：《洛阳西郊汉墓发掘报告》，《考古学报》1963 年第 2 期。

② 四川省博物馆莫洪贵：《四川威远出土大量"直百五铢"钱》，《文物》1981 年第 12 期。

③ 黄河水库考古工作队：《河南陕县刘家渠汉墓》，《考古学报》1965 年第 1 期。

④ 洛阳区考古发掘队：《洛阳烧沟汉墓》，科学出版社 1959 年版，第 217、225 页。

⑤ 郑州市博物馆：《郑州新通桥汉代画象空心砖墓》，《文物》1972 年第 10 期。

郑州岗杜西汉末期墓也都有零星的剪轮五铢出土。①

小五铢直径约 1.2 厘米，重约 0.5 克，形制与五铢相同而小。1954 年在西安白家口西汉土洞墓、1974 年在江苏省盱眙东阳西汉中、晚期墓葬里均有出土。② 据说新疆一带也曾有发现。③ 1956 年，考古工作者在汉长安城西北部相家巷发现陶质小五铢范。该处出土钱范甚多而不见王莽时钱，似可证为西汉时物。④ 又官铸的小五铢，制作精好，文字遒劲，颇有西汉钱之作风。⑤ 那么是西汉什么时候的呢？从文字考订看，小五铢酷似洛阳烧沟 II 型五铢钱，而 II 型五铢钱的时代相当于宣帝、元帝时，很可能也包括成帝、哀帝、平帝时期。⑥ 又西安白家口出土小五铢的汉墓的墓形，与小五铢同出的星云纹铜镜及其他器物都是属于西汉后期。⑦ 因此，小五铢当是西汉后期所铸。小五铢的铸造，不见于记载，从其面文作五铢看，似乎不是辅币。

货币减重也见于文献记载，可以和考古材料互相印证。《盐铁论·错币》云："吏匠侵削，或不中式，故有厚薄轻重。"当时铸钱是由京师的上林三官（钟官、辨铜、均输）专门负责的官办企业。尽管昭帝、宣帝厉行法治，令吏"奉法"，"信赏必罚，综核

① 北京市古墓发掘办公室：《大葆台西汉木椁墓发掘简报》，《文物》1977 年第 6 期；南京博物院、连云港市博物馆：《海州西汉霍贺墓清理简报》，《考古》1974 年第 3 期；南京博物院：《江苏盱眙东阳汉墓》，《考古》1979 年第 5 期；河南文物工作队：《郑州岗杜附近古墓葬发掘简报》，《文物参考资料》1955 年第 10 期。

② 吴荣曾：《中国古代的钱币》，《考古通讯》1956 年第 4 期；南京博物院：《江苏盱眙东阳汉墓》，《考古》1979 年第 5 期。

③ A. Stein, Ruins of Desert Cathay 记在罗布淖尔（Lopnor，即古鄯善）曾得小五铢。转引自彭信威《中国货币史》，上海人民出版社 1958 年版，第 77 页。

④ 参见俞伟超《汉长安城西北部勘查记》，《考古通讯》1956 年第 5 期。

⑤ 参见郑家相《五铢之研究》，《泉币》1940 年第 4 期。

⑥ 洛阳区考古发掘队：《洛阳烧沟汉墓》，科学出版社 1959 年版，第 217、225 页。

⑦ 吴荣曾：《中国古代的钱币》，《考古通讯》1956 年第 4 期；南京博物院：《江苏盱眙东阳汉墓》，《考古》1979 年第 5 期。

名实"①，但是不法的官吏以至匠师总还会有的。他们损公肥私，减料牟利，使所铸五铢钱有的不合国家标准，造成减重。

减重之外，货币还有私铸的问题。武帝时的上林三官五铢，由于重如其文，名义价值与实际价值一致，伪造乏利可图，"计其费不能相当，唯真工大奸乃盗为之"②。私铸的人极少。但随着货币的减重，名义价值高于实际价值，伪造有利可图，私铸的人逐渐增多起来。尽管国家禁令很严"非三官钱不得行"，"又盗铸作弊，罪死"，也无济于事。元帝时的贡禹曾经指出："自五铢钱起已（以）来七十余年，民坐盗铸钱被刑者众。"③ 居延汉简亦有追捕铸伪钱者的记载："元康元年十二月辛丑朔、壬寅，东部候长生敢言之，候官移太守府所移河南都尉书曰，诏所名捕及铸伪钱盗贼亡未得者牛延寿、高建等廿四□，书到□。"④ 未捕得者就有"牛延寿、高建等廿四□（人——引者注）"，已捕得者想必更多。居延地区当时属于边塞，连边塞地区都收到追捕私铸者的公牍，可见私铸之风相当严重。

当时货币存在的第三个问题是贬值。这是与前两个问题相关联的。武帝以后，适应商品经济的发展和市场扩大的需要，铸钱的规模庞大，"铸钱采铜，一岁十万人不耕"⑤。铸钱的数量惊人，"自孝武元狩五年，三官初铸五铢钱，至平帝元始中，成钱二百八十亿万余云"⑥。加以私铸钱币成风，致使流通过程中货币充斥，史载豪富大贾"积钱满室"⑦ 资"十千万"或"五千万"或"巨

① 《汉书·宣帝纪》。
② 《汉书·食货志》。
③ 《汉书·贡禹传》。
④ 《居延汉简》甲乙编（下册），肆释文，14 页"二〇·一二 A"，中华书局 1980 年版。
⑤ 《汉书·贡禹传》。
⑥ 《汉书·食货志》。
⑦ 《汉书·贡禹传》。

万"①，货币的投放量大大超过了商品流通的需要量。因而币值不断下跌，物价持续上涨。例如谷价，宣帝元康四年（前62），"谷石五钱"②；神爵元年（前61），"金城、湟中谷斛八钱"，"张掖以东粟石百余，刍稿数十"③。到了元、成时代，谷价回涨。《汉书·食货志》云："元帝即位，齐地饥，谷石三百余。"《汉书·冯奉世传》云："永光二年，京师谷石二百余，边郡四百，关东五百。"较之宣帝时高三四倍，与其最低价值比，约高十倍。④ 虽然上述文献中关于米谷价格的记载，多是特殊价格，而非正常价格（宣帝时遇着丰年，而元帝时遇着荒年），但也在一定程度上反映了当时谷价上涨的趋势。我们再从官俸的折算上看正常米价，西汉的官俸以谷粟为标准，用钱支付一部或全部。如果根据颜师古所注的俸谷和如淳所注的俸钱，参照汉简中一些关于官俸的资料，那么每石米的价格，大概昭帝时是八九十文，宣帝时是一百一二十文，元帝时是一百六七十文，成帝、哀帝时是二百一二十文。⑤我们将西汉这四个时期的米价加以对比，不难看出：米价是随着时间的推移而持续上涨的。而米价的上涨则是货币贬值的反映。

综上所述，可知王莽进行货币改革是有其客观依据的。此外，还有其他一些社会原因。

首先是财政经济方面，王莽生活在西汉晚期，那时候，地主阶级巧取豪夺，土地兼并恶性发展。到哀帝时，"诸侯王、列侯、公主、吏二千石及豪富民多畜奴婢，田宅无限"⑥。造成了"强者

---

① 《汉书·货殖传》。

② 《汉书·宣帝纪》。

③ 《汉书·赵充国纪》。

④ 参见胡寄窗《中国经济思想史》中，上海人民出版社1963年版，第133、134页。

⑤ 参见彭信威《中国货币史》，上海人民出版社1965年版，第185、186、120—121页。

⑥ 《汉书·哀帝纪》。

规田以千数，贫者曾无立锥之居"①的严重后果。土地兼并在考古材料中也有反映，例如，1969 年在河南省济源泗涧沟发掘了三座西汉末年的大型砖券墓，每座墓都随葬陶仓十多件，还有井、灶、磨、践锥、风车、猪圈以及牛、羊、猪、狗等陶模型明器②，生动地再现了这几个地主生前良田成片、牛羊成群的情景。商人势力也大为抬头，他们囤积居奇，垄断财货，发放高利贷，牟取重利，资财多达数千万。为了维护并扩大自己的产业，他们因其富厚，交通王侯，依其权力，取得保护。同时规陂池，求田宅，侵吞农民的土地，大商人秦杨"以田农而甲一州"③。大商人与地主、官僚结合在一起，吮吸着人民的膏血。封建国家的赋税徭役也加重了。元帝时农民"已奉谷租，又出稿税；乡部私求，不可胜供"④。成帝时"大兴徭役，重增赋敛，征发如雨"⑤。加以"贪吏并公，收取不已"，"苛吏徭役，失农桑时"⑥，给广大农民带来了极大的痛苦。

由于土地兼并的加剧、赋税徭役的加重和高利贷的盘剥，加以自然灾害的袭击，自耕农纷纷贫困破产。他们连生活都无法维持，更无力维持和扩大再生产。失去土地的农民，有的被迫租种地主的土地，由自耕农转化成佣农，依对分制向地主缴纳沉重的地租。他们缺乏劳动的积极性和主动性，也无力购买农具和耕畜，其再生产规模越来越小，于是佃农经济日益萎缩。失去土地的农民，有的"弃本逐末"，从事小工商；有的离乡背井，变成流民，或沦为奴婢，流民在荒年往往多达数十万甚至数百万。于是农业劳动力减少，耕作粗放，田地荒芜，单位面积产量下降。总之，

---

① 《汉书·王莽传》。
② 河南省博物馆：《济源泗涧沟三座汉墓的发掘》，《文物》1973 年第 2 期。
③ 《汉书·货殖传》。
④ 《汉书·贡禹传》。
⑤ 《汉书·谷永传》。
⑥ 《汉书·鲍宣传》。

由土地兼并引起的基本经济矛盾的尖锐化，使租佃关系日益扩大，社会再生产的规模逐渐变小，农业受到沉重的打击和破坏，"连年不收"①，"岁比不登"②的记载屡见不鲜。生产不足，经济陷入危机。

随着经济发生危机，必然引起财政危机。早在武帝时已是"财赂衰耗而不赡"，"府库益虚"③，到西汉后期更加严重。由于自耕农和佃农的贫困化，他们无力纳税，而官僚地主往往享有多种免赋免役的特权④，通过合法与非法的途径逃税，致使国家的税源濒于枯竭，收入日益减少。由于募兵代替征兵和官僚集团的膨胀，兵饷、官禄与日俱增，加以统治集团的挥霍浪费，使国家的开支激增。⑤国家支出激增而收入锐减，当然会入不敷出，出现财政赤字，于是昭、宣时期的积蓄消耗殆尽。史载当时"天下空虚"⑥，"国家空虚"⑦，"仓廪空虚"⑧，"空虚内藏"⑨，"用度不足"⑩，"四方咸困"⑪，"百姓失职，重困不足"⑫，甚至"公家无一年之畜，百姓无旬日之储。上下俱匮，无以相救"⑬。

王莽执政以后，为了笼络人心，他恢复了汉宗室和功臣后裔的封爵，给年老退职的高级官吏以三分之一故禄的终身享受，并

①《汉书·元帝纪》。
②《汉书·薛宣传》。
③《史记·平准书》。
④ 参见郭沫若主编《中国史稿》第二册，人民出版社1979年版，第164页。
⑤ 参见胡如雷《中国封建社会形态研究》，生活·读书·新知三联书店1979年版，第336—338页。
⑥《汉书·孔光传》。
⑦《汉书·鲍宣传》。
⑧《汉书·薛宣传》。
⑨《汉书·谷永传》。
⑩《汉书·食货志》。
⑪《汉书·元帝纪》。
⑫《汉书·哀帝纪》。
⑬《汉书·谷永传》。

发展教育，优待学者，这势必增加政府的开支。代汉以后，"常苦枯旱，亡有平岁"①，"比年饥馑"②，农业歉收。加以轻启边衅，与边疆少数民族之间不断发生战争，军费开支庞大，耗费了大量人力、物力和财力，破坏了社会经济，"内郡愁于征发，民弃城郭"③，"益州虚耗"④，"北边虚空，野有暴骨矣"⑤。因此财政仍很困难。当时"府帑空虚，百姓匮乏"⑥，"官民俱竭，用度不足"⑦，以致"上自公侯，下至小吏，皆不得俸禄"⑧。为了改变这种窘状，王莽大概想效法汉武帝用货币贬值的办法，由国家发行成本低的大额货币，代替足值铸币执行流通手段的职能，去购买豪富大贾手中的黄金，搜刮他们的财富，与他们争夺劳动人民的劳动果实，以补救生产减少造成的物资匮乏，弥补财政赤字。并试图通过不断改币，减少货币流通，阻滞商业活动，以驱民归农⑨，稳定农业生产，即《盐铁论·错币》所说："畜利变币，欲以反（返）本（农）。"从而增加国家的财政收入，解决其开支的困难。

在政治上，王莽为了肃清汉朝在人们心目中的影响，巩固新朝的统治，就需要除旧布新，破除汉朝旧制，推行新政，其中当然也包括废除汉朝钱制，创建新莽钱制，以便使人耳目一新。

王莽改币，亦有其思想根源。王莽自幼受传统的儒家思想教育，"受礼经，师事沛郡陈参"，他深受儒家思想的影响，曾经虔

① 《汉书·食货志》。
② 《汉书·匈奴传》。
③ 《汉书·王莽传》。
④ 同上。
⑤ 同上。
⑥ 同上。
⑦ 《汉书·食货志》。
⑧ 同上。
⑨ 参见萧立岩《略论王莽及其改制》，《齐鲁学刊》1981 年第 6 期。

诚地信仰过儒学，"折节行仁，克心履礼"。① 当政以后，基于儒家思想占统治地位，认为必须紧紧抓住儒家这面大旗，以便用离经叛道的罪名，打倒自己的政敌。② 于是"每有所兴造，必欲依古得经文"③，依据《周礼》《礼记》等儒家经典，再加上穿凿附会，进行拟古改制，以为制定则天下平。他就是这样从政治需要出发，利用圣经贤传，给自己的改制披上神圣的外衣，使改制带上浓厚的复古色彩。中郎区博批评他"今欲违民心，追复千载绝迹"，可谓一语中的。

不尊重货币规律，认为货币的名义价值是国家或政府凭借政治权力赋予的，与它本身实际价值的有无和大小没有关系，这种货币思想在春秋战国就产生了。到了汉代，贾谊、晁错、桑弘羊都持这种看法。例如晁错说："夫珠玉金银，饥不可以食，寒不可以衣。然而众贵之者，以上用之故也。"④ 在他看来，货币本身是没有价值的；货币之所以被人们所贵重，是君主使用它的缘故。这种观点到元帝时甚至表现为废除货币的主张。这就是贡禹提出的"宜罢采珠玉金银铸钱之官，亡（无）复为币，市井勿得贩卖，除其租铢之律，租税禄赐皆以布帛及谷，使百姓一归于农"⑤。哀帝时，又有人提出改币的建议，"会有上言古者以龟贝为货，今以钱易之，民以故贫，宜可改币"⑥。这种建议同贡禹的废币主张大同小异，都是违反货币规律的，但却为王莽所承袭。

---

① 《汉书·王莽传》。

② 参见翦伯赞《秦汉历史上的若干问题》，《翦伯赞历史论文选集》，人民出版社1980年版，第420页。

③ 《汉书·王莽传》。

④ 《汉书·晁错传》。

⑤ 《汉书·贡禹传》。

⑥ 《汉书·师丹传》。

二

由于上述经济、政治和思想的原因，王莽在辅政和执政期间，先后对币制进行了五次改革。

第一次改革是在居摄二年（7）。王莽以效法周钱子母相权为名，下令增造三种货币：错刀，值五千；契刀①，值五百；大泉，值五十，与原来的五铢钱（值一），代四品并行。由于新币的名义价值远远高于其实际价值，因此"民多盗铸"②。为了防止私铸者盗铸名价高昂的错（金）刀，并攫取民间的黄金，王莽下令："禁列侯以下不得挟黄金"；有黄金者，"输御府受直"。但又"卒不予直"，因而引起了包括商人、地主在内的人们的怨恨。

第二次改革是在始建国元年（9）。王莽以五铢为汉朝钱制，又汉朝皇帝姓刘，刘字有金、刀，故废错刀、契刀和五铢钱，另铸小泉，重一铢，值一，与以前的大泉，为二品并行。为防民盗铸，"乃禁不得挟铜炭"③。

第三次改革是在始建国二年（10）。当时新莽政权与匈奴之间爆发了战争，军费开支庞大，原有的大、小泉并行币制已不能适应形势的需要。于是借口"宝货皆重，则小用不给；皆轻，则儳载烦费"，实行差品不等的"宝货"制，凡五物（金、银、铜、龟、贝）六名（金货、银货、泉货、布货、龟货、贝货）二十八品（黄金、普通银、朱提银、小泉、么泉、幼泉、中泉、壮泉、大泉、小布、么布、幼布、序布、差布、中布、壮布、第布、次布、大布、子龟、侯龟、公龟、元龟、贝、小贝、么贝、壮贝、

---

① 莽币契刀应作契刀，此为《汉书》传写之误，出土契刀可证。
② 《汉书·王莽传》。
③ 同上。

大贝）。种类繁多，换算复杂，当然行不通。王莽被迫废除新币，但行大泉、小泉而已。

第四次改革是在天凤元年（14）。金、银、龟、贝之货，增减其名价，再次发行。废大泉、小泉，铸货布、货泉。货泉重五铢，值一；货布重二十五铢，值二十五。但以大泉行久，后又令大泉值一，与货泉并行六年。

新发行的货泉，其形制、大小、重量和作价都与五铢钱相同，这实质上是以另一种形式恢复了五铢钱制。货泉流通的时间久，遗留下来的也多。从这个意义上看，这次改制较以前有进步之处，但是币制依然比较混乱。由于货币、货泉和大泉之间比值的规定不合理，必然引起对货币的盗铸。

第五次改革是在地皇元年（20）。当时已经爆发了绿林、赤眉等农民起义，王莽为形势所迫，不得不开始整顿币制，以挽回人心。他下令禁行大泉，并行货布、货泉。货币品种只剩下两种，较之第四次改制稍有进步。

钱币中有两种不见于记载的货币——"布泉"和"国宝金匮直万"。据彭信威先生考证，从其形制、文字和书法看，应属于王莽时代的。[①]

王莽的五次改币显示出一定的阶段性。前三次改币是完全荒唐的，其中以第三次最荒唐；后两次改币有进步之处，其中以第五次较为明显。

考古发现为研究王莽改币提供了丰富的实物资料，河南、陕西、四川和辽宁等地，曾发现新莽时期铸造大泉、货泉和小泉的遗址；西安北郊还发现了烧制大泉钱范的窑址。这是在中央统一管理下，当时除在国都长安铸钱外，还分别在各地铸钱的反映。这与《汉书·王莽传》关于始建国元年，王莽"又遣谏大夫五

---

① 参见彭信威《中国货币史》，上海人民出版社1965年版，第185、186、120—121页。

十人，分铸钱于郡国"① 的记载是相吻合的。新中国成立后在西安地区发现的新莽钱范，名目很多，形制多从古。②

各地这一时期的墓葬中，出土了不少新莽的钱币（见"王莽货币出土简表"一、二）。但是金货、银货，发现极少③；至于龟货、贝货，根本就没有发现过，可能造的很少。从考古发现看，在新莽钱币中，最常见的是大泉、小泉、货泉、布泉和货布等，其中数量最多的，是形制同五铢钱接近的大泉，和五铢钱复活的另一形式——货泉，而不是那些当百、当千、当万的大额货币。王莽在币制上变来变去，因为到处碰壁，行不通，最后被迫基本上恢复了原状。这是货币规律对王莽教训的结果，与人民大众对新莽货币的抵制也是不可分的。

新莽的货币，模仿先秦的制度：布货平首有孔，方肩方足，其形制显然是模仿战国时期的"殊布当鍔"或"四布""当鍔"布钱；刀货环首直背，其形制显然是仿效战国时期赵国的"邯郸"直刀钱；贝货、龟货系物品，早已失去货币性能，无非是上古使用的原始货币龟与贝的复活。

不仅品种、形制效法上古，而且名文由来也古旧，动辄引据先秦儒家经典，或以周钱文为蓝本。"宝货"制取名于周景王时所铸大钱文"宝货"，并采用周钱的子母相权之法，分货币为小钱和大钱。凡圆钱皆名为"泉"，而"泉"是周代对钱的称谓。又"泉"文从古，皆篆文。布货十品，自"中布"至"次布"，皆用筹算式号码记数，如六、七、八、九等字，分别铸为 丅、丅丅、丅丅丅、丅丅丅丅，皆以一作五数，丨 作一数。这种号码，追本溯源实源于《左传》

---

① 《汉书·王莽传》。

② 参见蔡永华《解放后西安附近发现的西汉、新莽钱范》，《考古》1978 年第 2 期。

③ 清光绪二十八年（1902）在河南省洛阳出土有朱提银三块，匋斋藏，可能是王莽银币。见陈仁涛《金匮论古初集》，1952 年初版于香港，第 121 页。

所载的"亥有六首二身"①，发明于春秋或更早一些时候。其中"次布"取名于《周礼·地官·廛人》之"㳄布"。陆德明《音义》云："㳄，音次。本或作次。"又如，"元龟"取名于《诗经·鲁颂·泮水》之"元龟"。"公龟""侯龟""子龟"取《礼记·王制》"王者之制禄爵，公、侯、伯、子、男，凡五等"之意，以示其宝贵。此外，错刀"以黄金错其文"，乃因袭春秋战国的错金技术。

当然，这种模仿，并非机械地照搬，依样葫芦，在枝节上，在局部上，也有所变革，有所创新，如圜钱铭文，改纪重为纪值；刀钱，布钱铭文，改实值为名值。② 但是，它的主流和基本倾向是复古。

王莽的币制改革，同"秦皇汉武"对币制的整齐划一相比，是历史的倒退。秦始皇统一六国后，为了改变过去币制混乱、换算困难的状况，他废除了六国的原始形态的铸币，把货币法定为二等：黄金称上币，以镒（二十两）为单位，主要用于皇帝赏赐和大宗支付及储藏；铜钱称为下币，以半两（十二铢）为单位，主要用于日常交易；而"珠、玉、贝、银、锡之属，为器饰宝藏，不为币"③。从而确立了金铜货币体系。"汉承秦制"，西汉继续用黄金作货币④，但单位由镒改为斤，并继续铸造半两钱，不过重量减轻。建元元年（前140），武帝颁行三铢钱。元狩五年（前

---

① 《左传》襄公三十年云：晋悼公时，有绛县老人，或问其年，曰："臣，小人也，不知纪年，臣生之岁正月甲子朔，四百有四十五甲子矣。"师旷曰："七十三年矣。"史赵曰："亥有二首六身，下二如身，是其日数也。"士文伯曰："然则二万六千六百有六旬也。"按：亥篆以三个六字为其身，即㐬，若以二首下加于身，作㐭，即二万六千六百六十。六十日一甲子，合四百四十甲子，余二日，其第一日即甲子日，故曰四百四十五甲子。亻与丁同。

② 参见张絅伯《新莽货币制》，《泉币》第7期。

③ 《汉书·食货志》。

④ 西汉的黄金，具有价值尺度、支付手段、储藏手段和世界货币等职能，但不具备流通手段的职能，因此不是十足的货币。

118），又行五铢钱，罢半两钱。元鼎四年（前113），武帝取消郡国铸钱的权力，专令水衡都尉所属的钟官、辨铜、均输三官，负责督造五铢钱。他还责成各郡国销毁以前所铸钱币，将铜料输给三官。上述秦始皇、汉武帝简化币制的改革，适应了当时商品经济发展，要求币制划一的历史趋势，对于稳定币值，安定人民的生产和生活，促进社会经济的发展，起了积极的作用。可是王莽却反其道而行之，他逆历史潮流而动，恢复秦以前的币制，使币制复杂化、烦琐化，光怪陆离，无论币材还是货币品种、形状，都由少变多，多达五物六名二十八品，严重影响了商品生产和商品交换。这种违背货币发展规律和否认价值规律的倒行逆施，显然是开历史倒车的表现。但王莽货币在炼铜、制作和书法等方面，技艺精美，水平较高。

三

恩格斯曾经指出："在发展的进程中，以前的一切现实的东西都会成为不现实的，都会丧失自己的必然性、自己存在的权利、自己的合理性。"[1] 先秦的货币也是这样。它在秦以前原是合理的；随着时间的推移，随着商品经济的发展，随着商业的活跃和交易的频繁，需要大量轻便的货币，到了秦汉它就失去了自己存在的合理性。可是王莽却要恢复它，走回头路。然而"历史决不倒退"[2]，倒退是没有出路的。因为脱离实际，不顺民心，不合潮流，王莽的改币免不了失败。那么失败的具体原因如何呢？我们认为，有主观和客观两个方面，其中前者是主要的，尤其是币制

---

[1]　恩格斯：《路德维希·费尔巴哈和德国古典哲学的终结》，《马克思恩格斯选集》第四卷，人民出版社1972年版，第212页。

[2]　鲁迅：《准风月谈·"中国文坛的悲观"》，《鲁迅全集》第五卷，人民文学出版社1959年版，第199页。

本身的缺欠。

（一）主观原因

第一是随意妄为，币制失误。前述西汉晚期，货币贬值，物价上涨，入不敷出，财政危机。在当时的历史条件下，要解决这些经济问题，就需要发展生产，丰富物资，增加收入，节约开支，使社会生产和社会需要基本适应，通过税收、信贷等杠杆控制物价，加强市场管理的同时，整顿币制，坚决打击减料牟利、坐地分赃的铸钱的官吏、匠师，使货币加重，重如其文，并缩减市场货币流通量，以提高货币购买力，恢复五铢钱的信誉。可是王莽却凭着手中的权力，随意废除或改变币制，致使新币本身存在着许多缺欠，其中尤以"宝货"制为最。

币制本身的缺欠之一是品种繁杂，换算困难。例如，"宝货"制就有五物六名二十八品。流通中存在两种不同币材的货币，已与货币作为价值尺度的基本职能相矛盾，何况币材和名品如此之多。而同一名不同品的货币，其大小和重量又都相差不多。加以当时老百姓大都不识字，当然不易识别。他们深感不便，难以接受，不愿使用，私下仍以五铢钱交易。由于广大人民的抵制，新币流通困难。

币制本身的缺欠之二是重文不符，比值极不合理。新莽的货币，除货泉外，都是重量轻而名价高，名义价值和实际价值悬殊。例如："大泉五十"重十二铢，是五铢钱的二点四倍，可是钱文却是五铢钱的五十倍；"么泉一十"至"壮泉四十"，各相长一分，各相重二铢者，值各加十。又如：十布各相长一分，各相重一铢者，值各加一百；"泉布"重二十五铢，是"货泉"的五倍，可是作价却是货泉的二十五倍。王莽发行这种名价大大高于实价的大额货币，实质上是变相地滥发货币，加以在当时的社会经济中，自然经济占主导地位，商品不足，市场狭小，对货币的需求范围和程度有限，因此货币的发行量超过商品流通的需要，就必然引起货币贬值，物价飞涨。新莽末年，米价每石自二千①到一万②，甚至黄金一斤只能易粟一斛③，给广大人民带来深重的灾难。列宁曾经一针见血地揭露了滥发货币的实质及其危害，指出"这是一种最坏的强迫性公债"，"它是财政混乱的祸根"。④

币制本身的缺欠之三是发行原始货币。龟币、贝币是早已失去货币性能的原始货币，可是王莽却下令制造发行。此类货币，使用时需随时测量，很不方便。其中有的品种体积较大，如"元龟"长一尺二寸，"大贝"长四寸八分，不便携带。加以名义价值与实际价值悬殊，人们普遍不愿使用和储藏。因此不能正常发挥货币的价值尺度、流通手段和储藏手段等职能，不利于商品交换和社会经济的发展。

币制本身的缺欠之四是对旧币的处理失当。王莽每次改变币制，对旧币总是简单地予以废弃不用，而无任何善后办法，既不收回，也不以新币兑换，致使人民手中的旧币变成废物，在经济上蒙受重大的损失，甚至破产失业。

对于上述币制本身的缺欠，王莽在其晚年似乎有所觉察和认识，并试图进行整顿，加以纠正，如发行类似五铢钱的货泉。但为时已晚，这时国内大乱，大势已去，虽有灵丹妙药，也无济于事了。

第二是严刑峻法，强制推行。王莽不懂得货币流通有它自身的客观规律，必须按规律办事，反而认为依靠封建法权，就可以

---

① 《汉书·王莽传》。
② 《东观汉纪》卷一八《第五伦传》。
③ 《后汉书·光武帝纪》。
④ 列宁：《大难临头，出路何在?》，《列宁选集》第三卷，人民出版社1965年版，第149页。

解决货币流通问题。于是用严酷的法令，强制推行。他下令："诸挟五铢钱，言大钱当罢者，比非井田制，投四裔。"① 即流放边远的地方。由于盗铸钱者多，乃实行连坐法："一家铸钱，五家坐之，没入为奴婢。"② 同时强制推行布币。人民出入，必须携带布币，才得通行；否则，"厨传勿舍，关津苛留"。甚至公卿进宫也须持有布币。因为"法禁烦苛"，犯罪的人很多。他们被"郡国槛车铁锁，传送长安钟官"。③ 不但要做苦工，还要遭到夫妇拆散、重加匹配的命运，"愁苦死者什六、七"，从而增加了汉末以来奴婢问题的严重性，也加重了人民的痛苦。因此，人民对这项法令仇恨最大，反抗最力。

第三是用人不当，吏治腐败。王莽代汉后，对西汉腐败的吏治，未加任何整顿，整个机构行政效率很低。当时封建官吏大都欺上瞒下，消极怠工，假公济私，贪赃枉法，可谓腐败透顶。其中到各郡督察铸钱的命士，都是大商贾出身，对于损害本阶级利益的币制改革，他们当然不会积极，而王莽又无力控制这些人，致使改制在贯彻过程中弊端四出。例如，官吏往往把挟铜炭者当作私铸钱者，连同其五家邻里一同治罪，借机敛取民财。以致老百姓"闭门自守"，还要"坐邻伍铸钱挟铜"。④ 由于"吏缘为奸"，扩大打击面，以致"天下警警然，陷刑者众"。⑤ 那时候，负责铸钱的谏大夫和命士等官吏，都得不到俸禄，因与地方官互相勾结，互相利用，敲诈勒索，收受贿赂，鱼肉人民，大获奸利。《汉书·食货志》说这些人"乘传求利，交错天下，因与郡县通奸，多张空簿，府藏不实，百姓愈病"；而郡尹县宰等地方官，也

---

① 《汉书·王莽传》。
② 同上。
③ 《汉书·食货志》。
④ 《汉书·王莽传》。
⑤ 《汉书·食货志》。

往往"家累千金"。① 因而王莽实行币制改革，同武帝一样都用商人，其结果也就不同了。

第四，是贪多求快，求成心切。王莽为了达到预期的目的，频繁地变革币制，从居摄二年（7）到地皇元年（20），其间不过十四年，他却五次变改币制，致使人民对新币缺乏信念，不愿使用，怨声载道，"讹言大钱当罢"。

此外，王莽的币制改革是他整个改制的一部分，而改制的各部分是互相联系、互相制约的。王莽改制的其他部分——"王田""私属""五均""六筦"等，或完全失败，或不能奏效，币制改革当然也就不会成功。

（二）客观原因

首先是豪富大贾的反对和破坏。王莽的币制改革，同西汉的货币改制一样，是在"重农抑商"的名义下进行的，其矛头首先指向豪富大贾。由于改制损害了他们的既得利益，因而引起了他们的仇恨和反抗。加以实行"五均""六筦"，豪富大贾囤积居奇，垄断财货和高利贷盘剥，都受到一定程度的抑制，于是他们便乘王莽屡变币制，新币来不及发行之机，纷纷盗铸大钱。在盗铸时又不按国家规定的标准，而是偷工减料，粗制滥造，以假乱真，借以破坏新莽钱币的信誉，同时牟取暴利，补偿因改币而受的经济损失。从考古发现看，这种私铸钱具有重量轻、尺寸小、质地劣、铸造粗、数量多等特点，在当时充斥社会，广为流通，到王莽后期愈益严重。例如，1957 年至 1958 年在洛阳西郊出土的大泉五十共有 1635 枚，其中大小、轻重与《汉书·食货志》记载基本一致的，即国家法定的标准钱，只占总数的 22%，其余 78% 都是不合钱制的非标准钱，即私铸钱。该地同一时间出土的货泉

---

① 《汉书·王莽传》。

共有 1885 枚，其中标准钱仅占总数的 12.3%，而私铸钱竟占总数的 87.7%。① 在洛阳北郊烧沟、洛阳东方红拖拉机厂、河南陕县刘家渠和甘肃武威擂台等地，也有类似的情况②。这势必使当时的货币更加混乱，物价更加不稳，人民受害更大。

其次是连年自然灾害的袭击。王莽执政期间，枯旱霜蝗，连年灾荒，农业歉收，物资匮乏，"谷价翔贵"③，"百姓饥穷"，甚至"人相食"④，"流民入关者数十万人……饿死者十七、八"⑤。经济凋敝，社会动乱，人心动摇，给他的币制改革造成很大困难。

由于上述种种原因，王莽的币制改革失败了。地皇三年（22），王莽以"天下溃畔，事穷计迫"，准备"除井田奴婢山泽六管之禁，即位以来诏令不便于民者皆收还之"⑥。这当然也包括罢废币制改革，然而未及正式罢废，新莽王朝即于次年覆灭。

王莽的币制改革，虽使豪富大贾手中的黄金和一部分财富变为国家的收入⑦，但却造成了"农商失业，食货俱废，民人至涕泣于市道"⑧ 的可怕后果。农业生产和商品交换受到严重破坏，也给广大人民带来极大的损失和痛苦，"每一易钱，民用破业，而

---

①　中国科学院考古研究所洛阳队：《洛阳西郊汉墓发掘报告》，《考古学报》1963年第 2 期。

②　洛阳区考古发掘队：《洛阳烧沟汉墓》，科学出版社 1959 年版，第 221、222 页；洛阳博物馆：《洛阳东汉光和二年王当墓发掘简报》，《文物》1980 年第 6 期；黄河水库考古工作队：《河南陕县刘家渠汉墓》，《考古学报》1965 年第 1 期；甘肃省博物馆：《武威擂台汉墓》，《考古学报》1964 年第 2 期。

③　《汉书·食货志》。

④　同上。

⑤　同上。

⑥　《汉书·王莽传》。

⑦　《汉书·王莽传》说王莽垮台前夕，"时省中黄金万斤者为一匮，尚有六十匮、黄门、钧盾、臧府、中尚方处处各有数匮。长乐御府、中御府及都内、平准帑藏钱帛珠玉财物甚众"。这些黄金和钱财，固然一部分是西汉皇室和政府的积累，一部分是搜刮聚敛劳动人民的血汗，但是也有一部分是王莽实行币制改革和"五均"、"六筦"的结果。

⑧　《汉书·王莽传》。

大陷刑"①，因而引起人民的极大愤恨。王莽企图以币制改革来挽救财政危机，缓和阶级矛盾，巩固封建统治，结果适得其反。新莽王朝终于被农民起义的熊熊烈火所埋葬。

王莽货币出土简表（一）

1953—1969 年

出土时间	出土地点	名称	尺寸	重量	数量	资料出处
1953 年	河南省洛阳烧沟	大泉五十	钱径 2.5 厘米、廓径 1.8—2.9 厘米、肉厚 0.1 厘米、廓宽 0.2 厘米、厚 0.25 厘米	?—8.3 克（不等）	865	《洛阳烧沟汉墓》，科学出版社 1959 年版
1953 年	河南省洛阳烧沟	契刀	钱径 2.4 厘米、廓径 2.8 厘米、肉厚 0.14 厘米、周廓宽 0.15 厘米、厚 0.3 厘米		1	《洛阳烧沟汉墓》，科学出版社 1959 年版
1953 年	河南省洛阳烧沟	小泉直一	廓径 1.3 厘米。	0.8 克	3	《洛阳烧沟汉墓》，科学出版社 1959 年版
1953 年	河南省洛阳烧沟	大布黄千	通长 5.35 厘米、足枝长 14 厘米、首宽 1.4 厘米、肩宽 2.1 厘米		16	《洛阳烧沟汉墓》，科学出版社 1959 年版
1953 年	河南省洛阳烧沟	货布	通长 5.7 厘米、厚 0.15 厘米、足枝长 1.8 厘米		1	《洛阳烧沟汉墓》，科学出版社 1959 年版
1953 年	河南省洛阳烧沟	货泉	钱径 1.9 厘米、廓径 2—2.3 厘米、肉厚 0.07 厘米	1.8—3 克	296	《洛阳烧沟汉墓》，科学出版社 1959 年版
1953 年	河南省洛阳烧沟	布泉	钱径 2.3 厘米、廓径 2.6 厘米、肉厚 0.05 厘米、廓宽 0.15 厘米、厚 0.1 厘米	2.8 克	1	《洛阳烧沟汉墓》，科学出版社 1959 年版

---

① 《汉书·食货志》。

续表

出土时间	出土地点	名称	尺寸	重量	数量	资料出处
1954 年	四川省巴县冬笋坝	大泉五十			465	《四川船棺葬发掘报告》，文物出版社 1960 年版
1954 年	四川省巴县冬笋坝	货泉			31	《四川船棺葬发掘报告》，文物出版社 1960 年版
1954 年	四川省巴县冬笋坝	大布黄千			8	《四川船棺葬发掘报告》，文物出版社 1960 年版
1955 年	河南省陕县刘家渠	大泉五十	径 2.4—2.8 厘米	2.2—7.5 克	31	《河南陕县刘家渠汉墓》，《考古学报》1965 年第 1 期
1955 年	河南省陕县刘家渠	货泉	径 1.9—2.3 厘米	0.9—2.5 克	73	《河南陕县刘家渠汉墓》，《考古学报》1965 年第 1 期
1955 年	河南省陕县刘家渠	布泉	径 2.6 厘米	3.5 克	4	《河南陕县刘家渠汉墓》，《考古学报》1965 年第 1 期
1957—1958 年	河南省洛阳西郊	大泉五十	径 1.4—2.8 厘米	0.4—11.4 克	1635	《洛阳西郊汉墓发掘报告》，《考古学报》1963 年第 2 期
1957—1958 年	河南省洛阳西郊	契刀	长 4.5—4.8 厘米、宽 1.35 厘米	18.5 克	16	《洛阳西郊汉墓发掘报告》，《考古学报》1963 年第 2 期

续表

出土时间	出土地点	名称	尺寸	重量	数量	资料出处
1957—1958年	河南省洛阳西郊	错刀	环径2.8厘米、肉径0.35厘米、周廊宽0.15厘米、厚0.5厘米、刀长4.3—4.5厘米。	34.7克	7	《洛阳西郊汉墓发掘报告》，《考古学报》1963年第2期
1957—1958年	河南省洛阳西郊	小泉直一			313	《洛阳西郊汉墓发掘报告》，《考古学报》1963年第2期
1957—1958年	河南省洛阳西郊	大布黄千			82	《洛阳西郊汉墓发掘报告》，《考古学报》1963年第2期
1957—1958年	河南省洛阳西郊	货布		12.7克	6	《洛阳西郊汉墓发掘报告》，《考古学报》1963年第2期
1957—1958年	河南省洛阳西郊	货泉	径0.9—2.5厘米	0.2—9.5克	1885	《洛阳西郊汉墓发掘报告》，《考古学报》1963年第2期
1957—1958年	河南省洛阳西郊	布泉	钱径2.3厘米、廊径2.6厘米、肉厚0.05厘米、廊宽0.15、厚0.1厘米。	2.8克	93	《洛阳西郊汉墓发掘报告》，《考古学报》1963年第2期
1969年	甘肃省武威擂台	货泉	径20—23厘米（大小两种）		93	《武威擂台汉墓》，《考古学报》1974年第2期

说明：本表只收西汉墓和新莽墓出土的王莽货币，东汉墓出土的王莽货币概未收入（下同）。

王莽货币出土简表（二）

1972—1980 年

出土时间	出土地点	名称	尺寸	重量	数量	资料出处
1972 年	河南省灵宝张湾	大泉五十	径 2.5 厘米		1	《灵宝张湾汉墓》，《文物》1975 年第 11 期
1972 年	河南省灵宝张湾	货泉			8	《灵宝张湾汉墓》，《文物》1975 年第 11 期
1972 年	河南省灵宝张湾	货布			1	《灵宝张湾汉墓》，《文物》1975 年第 11 期
1972 年	甘肃省武威磨咀子	货泉			52	《武威磨咀子三座汉墓发掘简报》，《文物》1972 年第 12 期
1972 年	河南省巩县叶岭村	大泉五十	径 2.2—25 厘米		3	《河南巩县叶岭村发现一座西汉墓》，《考古》1974 年第 2 期
1974 年	广西壮族自治区平乐银山岭	货布	通长 5.7 厘米		1	《平乐银山岭汉墓》，《考古学报》1978 年第 4 期
1974 年	广西壮族自治区平乐银山岭	大泉五十	径 2.78 厘米		4	《平乐银山岭汉墓》，《考古学报》1978 年第 4 期
1974 年	河南省洛阳东方红拖拉机厂	大泉五十			6	《洛阳东汉光和二年王当墓发掘简报》，《文物》1980 年第 6 期
1975 年	内蒙古宁城县黑城古城	大泉五十	径 3 厘米		45	《辽宁宁城县黑城古城王莽钱范作坊遗址的发现》，《文物》1977 年第 12 期
1975 年	内蒙古宁城县黑城古城	大泉直一	径 1.4 厘米		35	《辽宁宁城县黑城古城王莽钱范作坊遗址的发现》，《文物》1977 年第 12 期

续表

出土时间	出土地点	名称	尺寸	重量	数量	资料出处
1975 年	内蒙古宁城县黑城古城	货泉			15	《辽宁宁城县黑城古城王莽钱范作坊遗址的发现》，《文物》1977 年第 12 期
1975 年	内蒙古宁城县黑城古城	大布黄千			9	《辽宁宁城县黑城古城王莽钱范作坊遗址的发现》，《文物》1977 年第 12 期
1976 年	四川省西昌礼州	大泉五十			8	《四川西昌礼州发现的汉墓》，《考古》1980 年第 5 期
1976 年	四川省西昌礼州	契刀			1	《四川西昌礼州发现的汉墓》，《考古》1980 年第 5 期
1977 年	河南省唐河县	大泉五十			9	《唐河汉郁平大尹冯君孺人画象石墓》，《考古学报》1980 年第 2 期
1977 年	河南省唐河县	小泉直一			3	《唐河汉郁平大尹冯君孺人画象石墓》，《考古学报》1980 年第 2 期
1978 年	湖南省益阳	货泉	径 2.3 厘米		250	《湖南益阳战国两汉墓》，《考古学报》1981 年第 4 期
1980 年	河南省长葛县石固村	货泉			24	《长葛出土"红阳侯国徒丞"铜印考》，《中原文物》1981 年第 2 期

（原载《中国史研究》1983 年第 2 期）

王莽改制若干问题商榷

王莽是两汉之际的一位改革家，又是一个被农民起义推翻的封建帝王。对于这样复杂的历史人物，历来聚讼纷纭，迄今没有定论。本文试就王莽改制若干有争议的问题，略述管见。

一

王莽一生中干了两件大事：一是"代汉"；二是"改制"。"代汉"触犯了封建正统观念的禁忌，因此遭到同时代和后代正统主义者的非议和责难。在漫长的封建社会里，地主阶级的史学家，从班固开始，对王莽的评价都是否定的[①]。他们集中攻击王莽的个人品德，即所谓伪谦诡奸，篡权窃国。由于这种传统的封建正统观念的影响，从总的看，新中国成立以来史学界对王莽的评价偏低，有的甚至予以全盘否定。而直到前不久，还有人指责王莽"谋王夺国，逞欲显威"，"是一个十足的皇帝迷"，又是一个"野心家"。[②] 笔者认为这种观点是值得商榷的。

在封建社会里，统治阶级内部的争权夺利，互相倾轧，是司空见惯的事。王冠的变易，朝代的更替，更是屡见不鲜。不论是

---

① 参见李鼎芳《王莽》，上海人民出版社 1957 年版。
② 张志哲等：《王莽与刘秀》，《中国史研究》1980 年第 2 期。

刘氏的汉朝，还是王氏的新朝，都是地主阶级利益的最高代表，都是地主阶级压迫、统治农民的工具。为什么王莽不可以"代汉"？中国皇帝世世代代只能姓刘？更何况西汉晚期统治集团积弊已深，腐朽至极。元帝、成帝、哀帝，一代不如一代。王莽在胆识魄力、奋发有为、积极进取和探索求新等方面，比这几个皇帝都要略胜一筹。他敢于取而代之，又有什么不好？如果说想做皇帝就是野心家，那么中国历史上颇不乏其人，就连被人称道的"唐宗""宋祖"也并不例外。只给王莽定一个野心家的罪名，未免太不公平了！

翦伯赞先生曾说："王莽篡汉这件事，对于王莽的评价并不重要；重要的是王莽改制，因为这件事，关系到当时人民的生活。"[1] 笔者赞成这一观点：评价王莽的依据是王莽改制，而不是"王莽篡汉"。

二

一些同志在著述中，不加分析地大量引用《汉书》等古籍中贬抑挞伐王莽的记载，笔者认为这是欠妥的。在封建社会里，地主阶级的史学家由于其阶级偏见，往往歪曲历史。而大凡一个朝代的创业者，总要把前朝的末代皇帝骂得狗血喷头，漆黑一团，一无是处，以衬托自己的"圣明""神武"和"正统"。这种不加分析地一概否定前朝的思想，对于受诏修史的班固，也不能不发生重大的影响。

班固生活在尚名节、倡忠君的东汉前期，有正统的家学渊源。他的父亲班彪曾著《王命论》，宣扬王权天授，维护刘汉正统。社会的影响，家族的教育，使班固"好傅会权宠"[2]，成为一个典型

---

① 《翦伯赞历史论文选集》，人民出版社 1980 年版，第 420 页。
② 《后汉纪》卷十三。

的封建正统主义的历史学家，并表现出浓厚的保守色彩。从拥汉思想出发，班固讥讽司马迁"是非颇谬于圣人"①，"微文刺讥，贬损当时，非谊（义）士也"②。与"不虚美，不隐恶""谓之实录"③ 的《史记》不同，他编写的《汉书》，以鼓吹君权神授、宣扬刘氏正统的《后传》为基础，采集史料，搜辑逸闻轶事，而置刘歆、扬雄等褒扬新莽的《史记》（续补司马迁《史记》的书，犹名《史记》）④ 于不顾，一味抑王扬刘，贬新褒汉，企图通过神化西汉君权、丑化王莽新朝，来为东汉君权制造神学依据和历史依据，巩固东汉王朝的封建统治。与《史记》那种敢于肯定前朝（秦朝）历史功绩、不一味为当朝（西汉）统治者歌功颂德的求实精神相比，《汉书》显然是一个倒退。例如，《汉书》指责王莽"滔天虐民，穷凶极恶，毒流诸夏，乱延蛮貉"⑤。甚至对王莽的相貌也加以漫画化的描述："莽为人侈口蹷顾，露眼赤睛，大声而嘶"，"所谓鸱目、虎吻、豺狼之声者也"。⑥ 却称颂刘邦秉受天意，代天行命，即所谓"实天生德，聪明神武"，"应天顺民，五星同晷"，"龚行天罚，赫赫明明"。⑦ 又如，《汉书》咒骂新朝是"炕龙绝气，非命之运，紫色蛙声，余分闰位"⑧，并将其从"五德相生"的历史嬗递公式中排除出去，借以否定其存在的合理性。此外，班固"又作《典引篇》，述叙汉德"⑨。由此，他博得了统治阶级的赞赏，史载"当世甚重其书（指《汉书》——引者）"，

① 《后汉书·班彪列传》。
② 班固：《典引》。
③ 《三国志·魏书·王肃传》。
④ 见刘知几撰，浦起龙释《史通通释》下卷十二《古今正史》。
⑤ 《汉书·王莽传赞》。
⑥ 《汉书·王莽传》。
⑦ 《汉书·叙传》。
⑧ 《汉书·王莽传赞》。
⑨ 《后汉书·班彪列传》。

固也"遂见亲近","愈得幸","赏赐恩宠甚渥"。① 汉以后史书中关于王莽的记载,大都抄袭《汉书》。对于这些史料与评价,我们能不作具体分析就当作信史拿过来利用吗?

三

王莽改制的动机是什么?有的同志说,"王莽的'改制'根本不是为了解决社会问题","他的'改制'是个人的野心和权力欲同儒家经典中政治设计相结合的产物",是"借改制之名,搜刮民脂民膏,聚敛个人财富"。② 一言以蔽之:是出于个人的欲望。我们认为:这种撇开社会矛盾而仅从个人欲望来解释历史的见解是欠妥的。马克思主义固然并不否认个人的欲望,但同时认为个人欲望只能是社会关系的产物,必然要受阶级、时代和历史条件的制约。恩格斯曾经指出:"主要人物是一定的阶级和倾向的代表,因而也是他们时代的一定思想的代表,他们的动机不是从琐碎的个人欲望中,而正是从他们所处的历史潮流中得来的。"③ 王莽生活的西汉晚期,是一个危机四伏、动荡不安的时代。当时地主阶级中一些比较有见识的人,纷纷要求变革。

哀帝时辅政的大臣师丹就曾提出过限田、限奴婢和改币的建议,前两项建议得到丞相和大司空何武的支持,由于受到当权的外戚、宦官的反对,才未能实行。但师丹限田、限奴婢的建议,却在事实上成了王莽改制的序幕。仅从这一点也足以证明,王莽个人的欲望是从特定的历史环境中产生的,它与地主阶级对于长远利益的要求和历史发展的需要是一致的,怎能把它们互相对立起来,说王莽改制"根本不是为了解决社会问题"呢?

---

① 《后汉书·班彪列传》。
② 张志哲等:《王莽与刘秀》,《中国史研究》1980 年第 2 期。
③ 《马克思恩格斯选集》第 4 卷,第 343—344 页。

四

王莽改制的性质是什么？不少同志认为是"复古"①。这也是笔者不敢苟同的。

列宁曾经指出："在分析任何一个社会问题时，马克思主义理论的绝对要求，就是要把问题提到一定的历史范围之内。"② 又指出："马克思主义的最本质的东西、马克思主义的活的灵魂：具体地分析具体的情况。"③ 我们评论王莽改制的性质，应当把它放在当时特定的历史条件下，加以具体分析，看他是否一味抄袭前人，是否要开历史倒车。

王莽是一个颇有头脑的封建剥削阶级知识分子，对当时的社会经济问题有较敏锐的观察力和较深刻的认识，在某些方面还有独到的见解。他看出了问题的症结是土地的剧烈兼并和高度集中，说："强者规田以千数，弱者曾无立锥之居……父子夫妇终年耕耘，所得不足以自存。"④

因此，王莽在取得政权后，就把解决土地兼并问题当作头等大事来抓。始建国元年（9），新朝才刚刚开国，王莽就立即下令实行"王田"制："更名天下田曰王田"，一律收归国有，"不得买卖"；"其男女不盈八而田过一井者，分余田予九族、邻里、乡党"；"无田今当受田者如制度"，一夫一妇予百亩。这是王莽企图解决土地问题的大胆尝试，也是一项在当时很有影响的政策。

这一政策虽然规定把全国土地收归国有，但同时又承认"男女不盈八"的地主对九百亩田和一夫一妇对百亩的合法占有权，

---

① 见杨翼骧《秦汉史纲要》，新知识出版社 1959 年版，第 84 页；李鼎芳《王莽》，第 29 页。

② 《列宁选集》第二卷，第 512 页。

③ 《列宁选集》第四卷，第 290 页。

④ 《汉书·王莽传》。

因此它是土地国有制与土地私有制并存的一种土地制度，与纯属土地国有制的古代"井田制"不同。

按照"王田"制的规定，地主要将多余的土地分给宗族乡邻，尽管地主可以钻"男女不盈八"这一灵活规定的空子，将家庭化大为小，将限额以外的大土地分解为限额以内的合法土地，但总有些大地主因人口很少，而不能析产，被迫交出超过限额的土地，由国家平均分配给无田者，这就可以在一定程度上限制土地的占有。由于禁止土地买卖，可以改变土地的商品性质，从而多少遏制土地的兼并。因此，从这个角度看，"王田"制是另一种方式的限田制①，与"井田制"亦不同。

王莽下令在全国实行"王田"制，不是一时心血来潮，而是经过了长期考虑的。王莽在即位后曾说："予前在大麓，始令天下公田口井，时则有嘉禾之祥，遭反虏逆贼且止。"②"大麓"，据颜师古注："谓为大司马宰衡时"。王莽担任该职，始于元始四年（4）。"口井"，按颜师古注："计口而为井田"。"反虏逆贼"，按王莽在居摄三年（8）上奏中说："反虏流言东郡，逆贼惑众西土。"可知"反虏"指东郡翟义，"逆贼"指槐里男子赵明、霍鸿等。时间在居摄二年（7）。这段话说明，王莽在称帝之前，曾经用了三年左右的时间，在局部地区作过"王田"的实验，而且可能取得了较好的社会效果。③ 王莽正是总结了自己的实践经验，才作出普遍推行"王田"制这一决定的。

在王莽称帝后，"王田"制有没有推行呢？从《汉书·王莽传》看，大约推行了三年（始建国元年至始建国四年）。从出土和传世文物看，也推行了。《流沙坠简考释》有记载"间田"的

---

①　参见胡寄窗《中国经济思想史》中册，上海人民出版社 1963 年版，第 155—156 页。

②　《汉书·王莽传》。

③　参见萧立岩《略论王莽及其改制》，《齐鲁学刊》1981 年第 6 期。

简，《汉印文字徵》著录有"成纪间田宰"印，传世文物有"庐江亭间田宰"印。其中《流沙坠简考释·簿书四十三》的东武里五士王参之简，为地皇元年物。所谓"间田"，即间隔、区分王田，而间田之规划则标志了"王田"的推行。[①] 又安徽省阜阳城郊刘庄出土的一面规矩铜镜（阜阳地区博物馆藏）有铭文二十字："刘氏去，王氏持，天下安宁乐可喜，井田平贫广其志。"这可能也是王莽推行"王田"制的历史见证。至于推行的具体范围和程度，由于没有记载，也就不清楚了。它遇到阻力，则是可想而知的。史载"坐买卖田宅……自诸侯卿大夫至于庶民，抵罪者不可胜数"[②]。可见受打击的主要是破坏"王田"制的官僚地主。

在颁行王田制的同时，王莽还公布了他的奴婢政策，即更改奴婢之称谓为"私属"，并不准买卖。这就在一定程度上提高了私奴婢的社会地位，保证了奴婢的生命安全，同时堵塞了农民沦为奴婢的渠道（被迫自卖为奴或被人掠卖为奴），有利于封建农业经济的发展，具有进步意义。王莽实行这一政策的动机，多少含有一些人道主义的思想因素。他曾说："又置奴婢之市，与牛马同栏。制于民臣，颛断其命。奸虐之人，因缘为利，至略卖人妻子，逆天心，悖人伦，缪于'天地之性为人贵'之义。"[③] 表现了对私奴婢悲惨遭遇的些许同情。

为了打击豪富大贾的投机活动，增加政府的财政收入，始建国二年（10），王莽下诏实行"五均""赊贷"和"六筦"。"五均"就是五种人民生活必需品（丝、绵、布、帛、五谷）的价格管制。"赊贷"是由政府贷款给人民。"六筦"，即盐、铁、酒由政府专卖；货币由官府铸造；名山大泽由国家管理。其中赊贷源于《周礼·泉府》，其余基本上是沿袭武帝时的旧制，有的还有所

---

① 参见陈直《汉书新证》，天津人民出版社 1979 年版，第 477、482 页。
② 《汉书·王莽传》。
③ 同上。

补充和发展。可见"六管"并非一味抄袭古法，因此不是复古。"六管"中除货币改制外，均含有一些合理的成分，与其他经济措施相比，问题较小，因此实行时间长达十三年之久。

由于种种原因，改制失败了。但是在新制推行得较好的个别地区，也出现了些微新气象。地皇元年（20），王莽声称："唯设此一切之法以来，常安六乡巨邑之都，枹鼓稀鸣，盗贼衰少，百姓安土，岁以有年。"[1] 这虽有夸张之处，但也不是毫无事实根据。又，直到王莽垮台前夕，国库还有大量黄金、货币和珍宝[2]，其中一部分当是王莽实行经济改制的成果。

从以上所述不难看出，王莽并不是一个开历史倒车的复古主义者。他之所以要披着复古的外衣，附会《周礼》《礼记》，进行托古改制，乃是因为考虑到当时儒家思想占统治地位，为了排除阻力，保障改制的顺利进行。

五

王莽改制失败的原因是什么？有的同志说是由于百姓思汉和王莽"倒行逆施，违反历史规律"[3]。笔者认为，这样说是既不准确又不完备的，有必要加以修正和增补。

（一）主观方面的原因

第一是贪多求快，急于求成。

王莽改制缺乏足够的准备，改革派的实力也不够强大。在这种情况下，王莽不是量力而行，循序渐进，而是面面俱到，齐头并进，结果事与愿违，欲速反而不达。从始建国元年四月至始建

---

① 《汉书·王莽传》。

② 同上。

③ 张志哲等：《王莽与刘秀》，《中国史研究》1980 年第 2 期。

国二年十二月，其间仅仅一年多，王莽就颁行了"王田"制、"私属"制和"六筦"制，致使官民都适应不了，难于全部实行。王莽又不知变通，一意孤行，更增加了阻力。

第二是用人不当。

王莽对汉末腐败的吏治未加任何整顿，就留用了大批官吏。这些官吏，不负责任，行政效率很低，又贪赃枉法，假公济私，致使改制没有组织保障，政策在执行过程中变了样。例如，负责推行"五均""六筦"的官吏，原是富贾，其"乘传求利，交错天下，因与郡县通奸，多张空薄，府藏不实，百姓愈病"①。又如，负责推行"王田"制和"私属"制的官吏，钻王莽制度不定的空子，为奸舞弊，扩大打击面，以致"天下謷謷然，陷刑者众"②，王莽又未能及时制止这种现象。这就使改制逐渐失去了各阶级人民的支持。

第三是币制改革的频繁和混乱。

王莽在十三年中五次改革币制。由于改易频繁，人民对新币缺乏信念，造成流通困难。豪富大贾乘新币来不及发行，纷纷盗铸，以假乱真，使货币更加混乱③。又品种繁杂，如"宝货"制多达五物六名二十八品，换算困难，使用不便。除货泉外，比值也不合理。王莽还发行龟贝一类早已废弃不用的原始货币，价值小而作价高。这实质上是滥发货币，造成通货膨胀、物价飞涨。加以对旧币无善后处理办法，只是简单地予以废弃不用，因而给各阶级、各阶层人民都带来了严重的经济损失，"每一易钱，民用破业"④。从而引起了普遍的不满和怨恨。

第四是好大喜功，轻启边衅。

---

① 《汉书·食货志》。
② 同上。
③ 参见拙作《试论王莽改币》，《中国史研究》1983 年第 2 期。
④ 《汉书·食货志》。

　　王莽骄傲自满，雄心勃勃，希图一举征服并吞四周各少数民族，建立一个统一的大帝国。为此他派五威将向边疆少数民族颁发新朝印绶，收回汉朝印绶，称王者皆改为侯，又改匈奴单于为"降奴单于"，改高句丽为"下句丽"，以致引起匈奴、高句丽、句町和西域诸国的怨愤和反叛。王莽派大军前往镇压，不仅耗费了大量人力、物力和财力，而且给人民带来了巨大的痛苦和灾难，"内郡愁于征发，民弃城郭"，"北边空虚，野有暴骨矣"。① 社会经济受到严重的破坏，以致"百姓怨恨，盗贼并起"。正如王船山所指出的："莽之招乱，自伐匈奴始。"②

（二）客观的方面原因

　　第一是大地主阶层的反对、破坏和捣乱。

　　王莽改制损害了大地主、大商人和高利贷者的既得利益，引起了他们的激烈反抗。他们不仅大造舆论，诅咒王莽，毁谤新制，蛊惑人心，而且公然违抗法令，买卖田地，私铸货币，破坏改制。大地主阶层的代表人物，如安众侯刘崇、东郡太守翟义、期门郎张充等，或打着"复汉"的旗号，武装反叛；或策划政变，图谋不轨。在这种情况下，政权尚不能巩固，改革也就难以坚持了。

　　第二是自然灾害的袭击。

　　王莽执政期间，枯旱霜蝗，连年灾荒。因此"谷价翔贵"③，甚至黄金一斤只能易豆五升。百姓"饥寒穷愁"，"北边及青、徐地，人相食"④，"流民入关者数十万人"⑤。社会动乱，人心动摇，使改制遇到很大困难。

　　王莽一生锐意改革，兢兢业业，晚年"常御灯火至明"，想有

---

① 《汉书·匈奴传》。
② 王夫之：《读通鉴论》卷五《王莽》。
③ 《汉书·食货志》。
④ 同上。
⑤ 同上。

所作为，拯救社会危机，但由于上述种种原因，王莽改制失败了。然而我们不能因为失败就抹杀或低估他在历史上的作用。单一地以成败论人论事是欠妥的。何况，王莽改制对后世还有一定的影响。从经济思想角度考察，王莽已认识到：土地兼并的前提条件是土地私有制和土地商品化；私奴婢人数的增加会使农村劳动力缺乏；成本和标准价格在商品生产和流通中具有重大作用；垄断性的商品应由政府严加管制；利息来源于利润，并由利润决定。这些经济原理或原则，都是他的前辈未曾认识或未曾深入认识的，这对后世经济思想的发展起了一定启迪作用。王莽的奴婢政策，是东汉光武帝释放奴婢的前奏。王莽的"五均""赊贷"与北宋王安石的市易法和青苗法有惊人的相似之处。王安石对实际事物、技术和科学很感兴趣，也与王莽相同，这可能与王莽的影响有关。尽管王莽改制收效甚微，然而改革本身就是一种探索求新，这种精神及其影响，特别是留给后世的经验教训，是不应忽视和低估的。

（原载《晋阳学刊》1985 年第 5 期）

一代才女和史家——班昭

在我国古代源远流长的史学史上，有一位才华横溢、著述颇丰的女史学家，她就是东汉时代在东观续《汉书》的著名才女班昭。班昭也是参与"二十四史"编撰的唯一女作家。

一　出身显贵诗书家

班昭（约49—120），又名姬，字惠班，因嫁与曹世叔为妻，当时人称她为曹大家。她的远祖居住在长江流域，秦统一六国时，班氏从南方迁到陕西扶风（今扶风县）。

班昭的父亲班彪，字叔皮，"家有赐书，内足于财"①，博学多才，在两汉之际的上层社会中颇有名望，与当时的著名学者扬雄、桓谭都有交往。这时农民起义如火如荼，新莽王朝风雨飘摇，地主豪强纷纷拥兵割据。班彪对这种四分五裂的政治局面非常痛心，于是撰写《王命论》，提出大一统思想。这在当时是很有积极意义的。汉光武帝时，他先后出任徐（徐州）令、司徒掾（司徒属官）和望都（汉代县名，在今河北中部）长等职。他志在著述，对史学尤为留意，编撰了《史记后传》65卷，作为司马迁《史记》的续篇。原书没有流传下来，但许多内容为《汉书》所

①　《汉书·叙传》。

采用。

　　班昭的长兄班固，字孟坚，"年九岁，能嘱文诵诗赋，及长，遂博贯载籍"①。16 岁入太学，以才学出众和待人宽厚谦和，而结识了一大批知名学者。后曾任兰台令史和郎官，实际上是深得皇帝信任的高级侍从，参与了白虎观会议、"匈奴和亲议"等许多重要的政治活动和文化活动。他作为《汉书》的主要作者，与司马迁齐名，是中国历史上有名的大史学家。

　　班昭的二哥班超，投笔从戎，出使西域各国，屡立奇功，是威震中外的名将兼外交家。对巩固我国西部边陲，促进统一的多民族国家的发展，作出了卓越的贡献。

　　这样的家庭条件和家学传统，使班昭自幼就受到良好的环境熏陶和不凡的家庭教养。加之她天资聪慧，勤奋好学，博览群书，所以很早就打下了扎实的学问和写作功底。汉代风习尚早婚，因此她十四岁就嫁同郡曹世叔为妻，世叔不幸因病早死，对她是一个沉重的打击。但是，她以坚强的意志、乐观的精神对待生活，并含辛茹苦，把儿子曹成教养成名。

二　受命续撰《汉书》

　　班昭的长兄班固继承父业，在《史记后传》的基础上，"探撰前记，缀辑所闻"，另起炉灶，写作他自己的著作——《汉书》。从汉明帝永平元年（58）开始动笔，到汉章帝建初七年（82）为止，其间大约经历了 25 年之久，《汉书》才基本完稿。《汉书》上起汉王刘邦元年（前 206 年），下讫王莽新朝地皇四年（23），共计 100 卷（今本依唐人颜师古注本为 120 卷），80 多万言。它的内容丰富，包括"帝纪""表""志"和人物传记四大

---

　　① 《后汉书·班固传》。

类，真实生动地记述了西汉王朝230年间的史实，还详细追溯了上古以来许多重要的政治、经济和文化制度。无论在反映的内容上还是在编纂的方法上，都有自己的独到之处，它是继司马迁《史记》之后我国史学史上又一部划时代的巨著，在文学上也有较高的成就。

然而，巨大的政治风波却把班固卷入宦海的深渊，而陷入灭顶之灾。汉和帝永元四年（92），朝廷重臣窦宪以外戚专权，被和帝剥夺兵权，迫令自杀。班固也因为是窦宪亲信而受到株连，终于死在狱中。

当时，《汉书》中的"八表"及《天文志》尚未写成，班固已完成的那些稿子也散乱不堪，亟待整理。汉和帝十分重视《汉书》的撰著一事。他素闻班昭才华出众，尤精于史学，于是便命她在东观续撰《汉书》。后又命跟班昭学习《汉书》的马续踵成之。但据司马彪《续汉书·天文志》所载，马续所补修的仅为《天文志》。东观是皇家的重要藏书之地，其中有大量珍贵的图书。这就为班昭续写《汉书》提供了极其丰富的资料。她手不释卷，广积史实，勤奋笔耕，盛暑挥汗，严冬呵冻，孤灯寒月，长夜不眠，经过数十载艰辛的劳动，终于全面完成了《汉书》的著述。

三　杰出的史学成就

如前所述，《汉书》的写成历时三四十年，历经班彪、班固、班昭、马续四人之手。该书的成就虽然主要应归功于班固，但是班昭继承父兄的事业，经过多年整理和编写，终于完成《汉书》的写作，也作出了杰出的贡献。这里着重谈谈她撰写"八表"的造诣。

"八表"即《异姓诸侯王表》《诸侯王表》《王子侯表》《高、惠、高后、文功臣表》《景、武、昭、宣、元、成功臣表》《外戚恩泽侯表》《百官公卿表》和《古今人表》。其中前六表主要是谱列西汉王侯世系；《百官公卿表》记秦、西汉官制沿革以及西汉公卿大臣在宦海中的浮沉。《古今人表》从上古的太昊宓羲氏起，到秦末的陈胜、吴广止，把这一时期各种各样知名度高的人物，分为三品九等排列。

《汉书》的"八表"系借鉴司马迁的《史记》而设。《史记》分为"本纪""表""书""世家""列传"五个部分，《汉书》沿袭《史记》体例，略作调整，书改称志，去掉世家，以其内容入于传。在"八表"中，前六表与《史记》之表相比，除起讫各异外，基本相同，后二表则为《史记》所无。上述各部分之间都有内在的联系，相辅相成，应该受到同等重视。但是人们却往往忽视表。平心而论，"表"的地位和价值决不能低估。《汉书》中的各种表，通于寓繁于简的形式，将本纪、传、志等简单化、提要化，勾勒历史事件的主要线索和历史人物的轮廓，概括错综复杂的历史现象，从而弥补了其他部分的不足，也保留了不少重要的资料。所以唐代著名史学理论家刘知几指出"表"有一目了然的效果："方寸之中，雁行有叙，使读书者阅文便睹，举目可详。"①明末清初著名学者万斯同也对表给予了肯定，他说："表也，然后纪传之文可省。读史不读表，非深于史者也。"

史学著述贵在开拓创新。《百官公卿表》和《古今人表》就是这样。前者开启了正史中专门表现职官制度的先河，后代史家的《百官志》《宰辅表》《职官志》《官氏志》等，追本溯源，无不发其端。《百官公卿表》对后世的影响，由此可见一斑。上述的"表"和"志"反映了我国古代职官制度的沿革变迁轨迹和发展规律，为我们研究历史，弘扬民族优秀文化提供了便利条件。《古今人表》虽有内容不完备和评论失当的毛病，但它不以地位定高

---

① 《史通·杂说上》。

下，而以人品分等级，在思想上多少具有进步倾向。此外，该表把孔子列为上圣，把孔门弟子三十多人列为上等，对研究东汉的思想倾向有益。又，它将历史人物分为九等，似可看作后来"九品中正"制的滥觞，对研究魏晋的社会制度有一定的意义。① 总之，《百官公卿表》和《古今人表》在史学研究中开辟了新的探索领域，扩大了历史研究的视野，丰富了史学宝库。它们使我国古代的职官制度、思想文化遗产得以保存下来，这当然是一个不小的贡献。

四　卓越的文学贡献

班昭一生勤奋笔耕，著述等身。据史籍记载，她的儿媳丁氏曾将她所著赋、颂、铭、诔、问、注、哀辞、书、论、上疏、遗令，凡十六篇，编撰成集，名之曰《大家赞》。又，《隋书·经籍志》载有《曹大家集》三卷，以及她为《汉书·列女传》和班固的《幽通赋》所作的注文等。可惜，随着岁月的流逝，她的大多数著述都失传了。流传至今的，除《汉书》"八表"外，仅有《上邓太后疏》②、《东征赋》③、《针缕赋》④、《大雀赋》⑤ 和《蝉赋》⑥。其中多数已是残篇。

班昭的赋，多是奉命应时之作。每当外国向汉和帝、邓太后进贡珍禽奇兽、珍宝异物，朝廷就令班昭即席歌颂一番，然后歌舞赏酒。因此这些赋缺乏真实感情，不免有辅陈夸张的歌功颂德之词。例如，《大雀赋》通过对大雀自西域翔万里而来的描述歌颂

---

① 以上参看王锦贵《汉书和后汉书》，人民出版社 1987 年版。
② 载《后汉书·列女传》。
③ 见《艺文类聚》二十七。
④ 见《艺文类聚》六十五。
⑤ 见《艺文类聚》九十二。
⑥ 见《艺文类聚》九十七。

大汉威德使天下归心。但也不乏精彩的力作，如《东征赋》："惟永初之有七兮，余随子乎东征。时孟春之吉日兮，择良辰而将行，遂去故而就新兮，志怆恨而怀悲，明发曙而不寐兮，心迟迟而有违。乱曰：君子之思，必成文兮，盍各言志，慕古人兮。"感情真挚，一气呵成，质朴自然，没有斧凿痕迹。它被完整地保留至今，绝不是偶然的。又如《针缕赋》用精练、生动的语言，把针的形制、性能、功用惟妙惟肖、形象逼真地表现出来。

她的散文也写得很有特色，如《上邓太后疏》① 一文语言委婉，以情动人，行文酣畅，如行云流水，广征博引，说理透辟，读来饶有趣味，引人入胜。

五　影响深远的婚姻思想

班昭还著有《女诫》七篇，即《卑弱》《夫妇》《敬慎》《妇行》《专心》《曲从》《和叔妹》，约计一千八百多字。该文宣扬封建道德，告诫妇女遵守"三从之道"和"四德之意"，班昭因此被封建正统学者尊为"女圣人"。对此，学术界已有详细论证，毋庸赘述。

诚然，《女诫》中的不合理内容和消极面无疑是主要的，但也蕴含着某些合理的内容，具有个别积极的、有价值的观念。仿佛苍茫夜色中的一抹晚霞、拂晓前的几颗晨星。例如，在《夫妇》篇中，她对社会上一般人"但教男而不教女"，即不让女子读书的做法深为不满，认为在学习和读书上，女性有与男性同等的权利，"八岁教之书，十五而至于学矣"。这较之封建社会后期流行的"女子无才便是德"的说教当然是进步的。又如，在"敬慎"篇中，她指出夫妇双方有"恩义"的一面，这是封建社会中被压抑、

---

① 《后汉书·列女传》。

被扭曲的夫妇恩爱关系的流露与反映。她以抒情的笔调写道："夫为夫妇者，义以和亲，恩以好合。"因此，在家庭生活中，夫妇要互敬互爱，而尽量不要打骂和争吵。否则，"何义之存？""何恩之有？"必导致"恩义俱废，夫妇离矣"的悲剧。再如，在《妇行》篇中，她强调"择辞而说，不道恶语"，"盥浣尘秽，服饰鲜洁，沐浴以时，身不垢辱"，这对于维护家庭、邻里关系的和睦，以及保持身体健康，都是有利的。①

还应该指出的是，班昭不仅东观续汉书，而且和帝数召她入宫，"令皇后诸贵人师事焉，号曰大家。每有贡献异物，辄诏大家作赋颂。及邓太后临朝，与闻政事。以出入之勤，特封子成关内侯，官至齐相。时《汉书》始出，多未能通者，同郡马融伏于阁下，从昭受读"②。又其兄班超久在绝域，她上书恳请，遂得生还。③ 她一生著述宏富，成为千古佳话。以上所述表明，班昭以实际行动和闪光的业绩充分表现了女性的实际能力和创造精神，从而冲破了束缚女性的封建罗网，也否定了她在《女诫》中所鼓吹的男尊女卑、夫尊妻卑的理论，诸如："阴以柔为用"，"女以弱为美"；"妇德，不必才明绝域也"；"妇言，不必辩口利辞也"；"妇功，不必工巧过人也"；等等。她的"言行不一"表现了她固有的二重性，反映了她的困惑、迷惘、苦闷和矛盾的心情，即一方面她要当女强人，另一方面她又要做女完人，然而在当时往往二者不可得兼。这是由不合理的封建社会制度造成的。

班昭的婚姻思想对后世产生了巨大的影响，以至《女诫》的写作形式，也成为后人模拟的样板。如唐代女子郑氏，以接近《女诫》的形式，编写《女孝经》十八章；另一唐代女子宋若华在《女论语·序》中开门见山，一落笔就点明她的书是仿《女

---

① 参见彭卫《汉代婚姻形态》，三秦出版社 1988 年版，第 317—320 页。

② 《后汉书·列女传》。

③ 见《后汉书·班超传》。

诚》而作。又如，明人徐氏在《内训》中说："世惟取……曹大
家《女诫》为训。"清人陆圻在《新妇谱》中也沿袭《女诫》的
思想。《女诫》包含的婚姻思想，跨过古代中国的边界，在近邻日
本、朝鲜、越南等国扎根生成，成为这些国家封建伦理观念的重
要来源之一。[①] 如日本德川时代，著名儒学家贝原益轩所撰《女
大学》的许多内容，追溯其源，均存在于《女诫》中。又如，公
元 7 世纪后半叶，《女诫》全文和《后汉书》被正式列为高丽太
学和民间各种教育中的必读教材[②]。而在越南黎氏王朝，《女诫》
在社会各阶层中亦有颇为广泛的影响。

　　在史学和文学园地上的长期辛勤耕耘使她积劳成疾。在汉永
宁元年（120）前后，一代才女和史家——班昭，留下丰硕的著
述，告别人间，永远地走了。享年七十余岁，她的丧事很隆重，
使者监护，皇太后素服举哀，表示悼念。

　　班昭的一生，是平凡而伟大的一生。她既有女儿的深情、妻
子的温存和母亲的慈祥，又有史家的勇气、诗人的激情和作家的
才华。在妇女尚没有任何权利的封建社会，她以自己聪慧的头脑
和勤劳的双手，对我国古代史学和文学作出了杰出的贡献，在我
国古代文化宝库中留下了一份珍贵的遗产。这是多么难能可贵啊！
因此，班昭理所应当受到后人的敬仰、怀念和追思。

（原载《历史教学》1991 年第 8 期）

---

　　① 参见彭卫《汉代婚姻形态》，三秦出版社 1988 年版，第 317—320 页。
　　② 见高明士《韩国古代学校教育的发展》，台湾《文史哲学报》1981 年 12 月第
30 期。

高俅其人

　　《水浒》里的高俅，历史上确有其人。历史上的高俅是怎样一个人呢？

　　高俅（？—1126），生活在北宋末年，当宋徽宗统治时期（1101—1125），政治黑暗达到极点，统治集团腐朽透顶。宋徽宗是一个骄奢淫逸的皇帝。他重用蔡京、童贯、王黼、朱勔、梁师成、李彦、杨戬等奸佞之徒，他们打击异己，大建道观，卖官鬻爵，贿赂公行，贪污私吞，以千万计，蠹国害民，轻启边衅，挥霍无度，刮民脂膏，真是无恶不作，罄竹难书，北宋王朝在一天天烂下去，以致上下解体，天怒人怨。"打破筒（童），泼了菜（蔡），便是人间好世界。"① 这几句民谣，形象地反映了人民大众对北宋王朝黑暗统治的抗争。

　　高俅就是适应这个黑暗时代最高统治集团腐朽统治需要而出现的一个反面人物，他在历史舞台上扮演了一个很不光彩的角色。

　　高俅是怎样发迹的？王明清《挥麈录·后录》卷七《高俅本东坡小史》条云："高俅者，本东坡先生小史，笔札颇工。东坡自翰苑（翰林侍读学士）出帅中山（定州），留以予曾文肃（布）。文肃以史令已多辞之，东坡以属王晋卿（铣）。元符末，晋卿为枢密都承旨时，祐陵为端王，在潜邸日，已自好文，故与晋卿善。

_____

① 《能改斋漫录》卷一二《打破筒泼了菜》。

在殿庐待班，邂逅。王云：'今日偶忘记带篦刀子来。欲假以掠
鬓，可乎？'晋卿从腰间取之。王云：'此样甚新可爱。'晋卿言：
'近日创造二副，一犹未用，少刻当以驰内。'至晚，遣俟赍往。
值王在园中蹴鞠。俟候报之际，睥睨不已。王呼来前询曰：'汝亦
解此技邪？'俟曰：'能之。'漫令对蹴，遂惬王之意，大喜，呼
隶辈云：'可往传语都尉，既谢篦刀之况，并所送人皆辍留矣。'
由是日见亲信。逾月，王登宝位。上优宠之，眷渥甚厚，不次迁
拜，其侪类援以祈恩。上云：'汝曹争如彼好脚迹邪？'数年间建
节，循至使相，遍历三衙者二十年，领殿前司职事，自俟始也。"

　　又《宋朝南渡十将传》卷一《刘锜传》云："先是高俟尝为
端王邸官属，上即位，欲显擢之。旧法，非有边功，不得为三衙。
时（刘）仲武为边帅，上以俟属之，俟竟以边功至殿帅。"

　　由上述材料可知，高俟的发迹，从某种意义上，是北宋末年
任人选官的一个缩影。高俟本是市井无赖，曾经当过苏轼的小吏。
因他擅长踢球，遂博得陶醉逸豫、爱好踢球的端王的欢心，把他
留在身边，予以信用，"为端王邸官属"。不久，端王登上皇帝的
宝座，这就是宋徽宗。徽宗"恃其私智小惠，用心一偏，疏斥正
士，狎近奸谀"①。于是高俟以"奸谀"之资而得到亲近，受到眷
拔。高俟的同辈援例以祈恩，徽宗竟然说："汝曹争如彼好脚迹
邪！"一句话将他自己的用人标准和"怠弃国政，日行无稽"②的
行径和盘托出。徽宗重用亲信，数年间，高俟就爬上了殿前都指
挥使的宝座。据《宋史》卷一六六《职官六·殿前司》的记载，
殿前司"都指挥使、副都指挥使、都虞候各一人。掌殿前诸班直
及步骑诸指挥之名籍，统制、训练、番卫、戍守、迁补、赏罚，
皆总其政令。……入则侍卫殿陛，出则扈从乘舆，大礼则提点编
排，整肃禁卫卤簿仪仗，掌宿卫之事"。又据《宋史》卷一六八

---

① 《宋史》卷二二《徽宗记》。
② 同上。

《职官八》的记载，殿前都指挥使的官品为从二品。可见高俅窃据了军政要职。高俅兵权在手，得以炫耀自己，大出风头。孟元老《东京梦华录》卷一〇《车驾宿大庆殿》记载："冬至前三日，驾宿大庆殿。……是夜内殿仪卫之外，又有裹锦缘小帽、锦络缝宽衫兵士，各执银裹头黑漆杖子，谓之'喝探'。兵士十余人作一队，聚首而立，凡十数队。各一名喝曰：'是与不是？'众曰：'是。'又曰：'是甚人？'众曰：'殿前都指挥使高俅。'更互喝叫不停。……"政和七年（1117），高俅被加封为太尉①。太尉虽系武臣虚衔，但官品为正二品②。宣和四年（1122），高俅又被加封为开府仪同三司③，后又晋升为简国公④。开府仪同三司和简国公虽然也是虚衔，但是官品很高，为从一品⑤。靖康元年（1126），三月"十三日，殿前都指挥使、检校少傅、奉国军节度使、开府仪同三司高俅为检校太保、中太一宫史"⑥。其检校少傅的虚衔大概授于宣和年间（1119—1125）。高俅就是这样在宋徽宗的一手扶植、拔擢下，官运亨通，飞黄腾达，一时成了权势显赫、炙手可热的权贵和风云人物。他的政治生涯是那样卑鄙龌龊，正如李若水在《忠愍集》中所指出的："俅以胥佞之才，事上皇于潜邸，夤缘遭遇，超躐显位。"然而宋徽宗却振振有词地赞扬高俅的加官晋爵是光明磊落、合情合理的。《道乡集》卷一六《高俅转官制》云："亟迁秩序，密奉轩墀，盖朝廷盛选也，而联不虚授。惟尔试艺应格，逢时致身，故以是命焉，其思所以称朕命者，勿怠。"宋徽宗称誉高俅"试艺应格，逢时致用"，胡说高俅升官是"朝廷盛选"的结果，并标榜自己官"不虚授"。真是此地无银三百两，

---

①　《宋史》卷二二《徽宗记》。

②　《宋史》卷一六八《职官八》。

③　《宋史》卷二二《徽宗记》。

④　李若水：《忠愍集·驳不当为高俅举挂割子》。

⑤　《宋史》卷一六八《职官八》。

⑥　《宋会要辑稿·职官五四》。

欲盖弥彰。

关于高俅的为人、能力及对北宋军政的危害，《靖康要录》卷七云：靖康元年五月二十一日，"臣僚上言，谨按：高俅初由胥吏遭遇，夤缘幸会，致位使相、检校、三公。不思竭力图报、乃敢自恃昵幸，无所忌惮，身总军政，而侵夺军营，以广私第，多占禁军，以充力役。其所占募，多是技艺工匠，既供私役，复借军伴。军人能出钱贴助军匠者，与免校阅。凡私家修造砖瓦、泥土之类，尽出军营诸军。请给既不以时，而俅率敛又多，无以存活，往往别营他业。虽然禁军，亦皆傲力取直以苟衣食，全废校阅，曾不顾恤。夫出钱者既私令免教，无钱者又营生废教，所以前日缓急之际，人不知兵，无一可用。朝廷不免屈己夷狄，实俅恃宠营私所致。贪财误国之奸，不减蔡攸"。

又李若水《驳不当为高俅举挂劄子》说高俅"巧佞贪恩，讫无补报。属者金人渝盟，逼侵近境，所以不即奏功，正坐军政刓敝，士不贾勇。俅久握兵柄，实与童贯分内外之寄"。李若水《再论高俅劄子》云："谨按：俅以市井之流，尝充胥史之役，论其人则甚贱也，恃愚矜暴，数被杖责；考其素则甚凶也，事上皇（指徽宗——引者）三十年，朝夕左右，略无裨益。其事上则阿佞也，席宠饕荣，峻跻显官……窃持兵柄，岁月滋久，抚恤无恩，训练无法，占役上军，修筑第宅，或借权贵，以缔私欢，军政不饬，若颓垣。然金人所以长驱郊甸者，盖度吾无以待之。虽三尺之童，皆知童贯、高俅隳坏军政之过也。……罪拟丘山，功微毫发，岂足相偿。……此而赦之，恐不足以惩误国之奸也。"

又《三朝北盟会编》卷五二云："比年以来，外则童贯失陷，内则高俅不招刺，军政不修。"《三朝北盟会编》卷二八云："自高俅领殿前，纪律废弛。"

以上材料充分说明：高俅是一个阿谀逢迎，拍马钻营，奸诈狡黠，贪婪凶恶，以权谋私的无耻小人。他不恤士卒，贪财聚敛，然而却在上奏中要求免除差拨，即差拨军士，充当白直，也就是官员按差等合法役使一定数量的军士。《宋会要辑稿·职官三二》载，政和七年（1117）七月二十三日，"太尉、殿前都指挥使高俅奏：奉御笔，思数等并依执政言例施行。续蒙差到尚书省散祇候一十人、枢密院承引官二十一人。窃缘上祇候系朝廷差使之人，况臣见领军政，已有人从，理实未安，欲望并免差破。诏依所乞"。他说的一套，做的是另一套，口是心非。高俅不仅无德，而且无才，"事上皇三十年，朝夕左右，略无裨益"[1]。可见他缺乏军事知识，能力很差，既不会治军，也没有奇谋，是个不折不扣的大草包。加以当时在外主兵的是童贯，"握兵二十年，权倾一时"[2]。这两人一外一内主兵的结果，致使"军政大坏"，"教阅训练之事尽废"[3]，"缺额不补者过半，其见存者，皆溃散之余，不习战阵"[4]，"戍役困军伍之力"，"诸军衣粮不时"[5]，士气低落，兵弱将怯，"缓急之际，人不知兵，无一可用"[6]。造成军事实力虚弱，不堪一击。待到后来金军大举南侵，宋军更是一触即溃，甚至不战而溃。

这样一个祸国殃民的奸臣，却一直得到徽宗的宠信。高俅除前述屡蒙升赏外，还被赐宅第，《宋会要辑稿·方域四》云："（宣和）三年十一月二十四日，诏太尉、奉国军节度使、充殿前都指挥使高俅赐第。五年四月一日，臣僚言：'比年臣下缘赐第宅，展占民居，甚者致数百家，迁徙逼迫，老幼怨咨。'"所赐第宅规模之大，可以想见。至于日常的香酒、佳果之类的赏赐，更

---

① 李若水：《再论高俅劄子》。

② 《宋史》卷四六八《宦官三·童贯》。

③ 《梁溪全集》卷六二《乞修军政札子》；《真文忠公文集》卷五《江东奏论边事状》。

④ 《三朝北盟会编》卷四九。

⑤ 《三朝北盟会编》卷二五。

⑥ 《梁溪全集》卷六二《乞修军政札子》；《真文忠公文集》卷五《江东奏论边事状》。

是司空见惯，不言而喻的事。《摛文堂集》卷九《赐殿前指挥使高俅已下罢散天宁节道场香酒果口宣》云："有敕：卿夙膺眷待，密侍禁严，欣逢弥月之辰，虔奉万龄之祝，宜加宠锡，以示茂恩。"可证。高俅的全家也因为高俅的关系而宠赫荣耀。《挥麈录·后录》卷七说高俅"父敦复，复为节度使。兄伸，自言业进士，直赴殿试，后登八坐。子姪皆为郎"。《宋会要辑稿·职官三六》说，高俅"其子尧康以回授自遥郡转正任，尧辅以回授自观察而转承宣"。另一儿子高尧明"尝为户部官员外郎"①。《忠愍集·再论高俅劄子》云，高俅"子孙弟姪，或麈政府，或玷从班，儿童被朱紫，媵妾享封号"，甚至"膳奴厮卒"，也"名杂仕流"。真是一人得道，鸡犬升天。

　　靖康元年初，宋徽宗听到金南下的消息，惊恐万状，急忙让位给他的儿子赵桓（即宋钦宗），自己则带着一批宠臣和内侍，星夜南逃。高俅也以"护驾"为名，逃之夭夭。《靖康要录》卷四云："初，道君（徽宗——引者）以（靖康元年）正月三日夜乘船出通津门，独蔡攸及内侍数人从。……及泗上少憩，宇文粹中及童贯、高俅之徒始至。童贯以胜捷兵三千扈从渡淮如淮阳。高俅以禁卫三千留泗上，控扼淮津。……而太学生陈东上书乞诛六贼，指蔡攸、童贯、朱勔、高俅、卢宗原。于是议聂山为发运使，密图之。山请诏书及开封使臣数十人以行。右丞李纲白上曰：'此数人者，罪恶固不可恕，然聂山之行，恐朝廷不当如此措置。……山之所图果成，惊动道君，此忧在陛下；使所图不成，为数人所觉，万一挟道君于东南，求剑南一道，陛下何以处？'上感悟曰：'奈何？'纲对曰：'不若罢山之行，显谪童贯、朱勔、卢宗原之属。陛下降诏蔡攸，委令劝道君去此数人者，早回銮舆，可以不劳而事定。'上以为然，山乃不果行。童贯等亦相继而去。"

---

　　① 《建炎以来系年要录》卷四八绍兴元年十月庚午。

这说明高俅在南逃"护驾"期间，就受到东京（今开封市）太学生的指责；朝廷也认为他的罪恶不可宽恕，想秘密处置他。但《三朝北盟会编》卷三二引陈东上书乞诛"六贼"，其中又云："臣昨日闻道路之言曰：高杰近收其兄（一说为弟）俅、伸等书报，言上皇初至南京，不欲前迈，复为数贼挟之而前，沿路劫持，无所不至，上皇饮食起居，不得自如，数贼阻隔甚严，除其党舆（羽）之外，不容他人辄得进见；虽高俅被宣欲进，亦复难之。行至泗州，又诈传皇上御笔札付高俅，只令在本州守御浮桥，不得南来，挟上皇度桥而南，以趋江浙，其随驾兵士，尽为群贼斥之而回。闻方过桥之时，卫士攀望上皇车驾，失声号恸，童贯遂令胜捷亲兵马弓射之，卫士中矢，自桥坠堕者凡百余人。高俅兄弟在道傍偟，得以望见上皇君臣，相顾泣下，意若有所欲言者；而群贼在其侧，上皇气塞声咽，不敢辄发一语，道路之人，莫不扼腕流涕。"看来高俅是通过高杰之口，说他如何受到徽宗信用，与徽宗感情深厚；又如何被童贯一伙视为异己，受到排挤，不能有所作为，以求将自己从"六贼"中剥离出来摆在与"五贼"对立的位置上，企图为自己洗刷罪责。

靖康元年初，"俅从驾至临淮，以疾为解，辞归京师"，同年五月，"死于牖下"[1]。当时，"天下称快"，"中外交贺"[2]。宋钦宗却秉承宋徽宗的旨意，不惜"屈万乘之尊"，要按"故事"，为高俅"行举挂之礼"，以至行"赠官之典、议谥之法、恤亡之赙、送葬之仪"[3]。抗战派官员李若水坚决反对，他在《驳不为当高俅举挂劄子》《再论高俅劄子》两个奏议中，一针见血地揭露高俅"以幸臣躐跻显位，败坏军政"，使"金人长驱，其罪当与童贯

---

①　王明清：《挥麈录·后录》卷七《高俅本东坡先生小史》，中华书局 1961 年版。

②　李若水：《忠愍集·驳不当为高俅举挂劄子》。

③　李若水：《忠愍集·再论高俅劄子》。

等"。① 他义正词严地指出：对于高俅来说，"得全首领以没，尚当追削官秩，示与众弃；而有司循常习故，欲加缛礼，非所以靖公议也"②。他强烈地要求，对高俅要"按情定罪，当示鞭尸之辱"，要"博采师言，申明邦宪"，"如此则不惟寝举挂之礼，而赠官之典、议谥之法、恤亡之赙、送葬之仪，皆可得而罢矣"③。这正气凛然、激昂慷慨的陈词，在一定程度上道出了当时人民大众的心声，反映了人民大众的愿望。宋钦宗迫于舆论的压力，为安抚人心，巩固统治，不得不停止为高俅行举挂之礼，并追削高俅官。④（靖康元年）"五月十六日，圣旨：高俅率领军兵，败坏纪律，累有言章，可与（予）追除，子孙倖冒亦与降等授官，以戒后来者。吏部供到：高俅已身亡，前系检校太保、奉国军节度、开府仪同三司、简国公；子尧卿见系岳阳军承宣使，尧辅安国军承宣使，尧唐（唐？）桂州观察使。十八日奉圣旨：高俅追检校太保、开府仪同三司；尧卿、尧辅并与右武大夫，尧康与右武大夫，并遥郡刺史，余官追夺，诸孙免。"但是因为高俅积怨太深，这样仍不能平息文武官员对高俅的愤恨，于是臣僚上书继续弹劾高俅，揭露他恃宠营私，贪财误国的种种罪行，并尖锐地指出：对高俅"偶有司失刑，遂免远窜，得终牖下。今来止追前官，不惟不足以厌公论，亦无以戒后来"。于是圣旨又下："高俅更追节度、简国公。"⑤ 高俅不仅在死后被削官，而且在生前被抄家。《靖康要录》卷一云：靖康元年正月十二日，"圣旨：令张道济于内事之家，共取银五百万两。仍差何桌、周文懿，开封府拘收童贯、蔡京诸位。仰差唐重、谢克家、李擢、师骥于蔡京、童贯、何执中、郑伸、高俅、王宪、彭端、刘宗元等家，并其余戚里，应所有金银，并

---

① 《宋史》卷四四六《忠义一·李若水》。

② 同上。

③ 李若水：《忠愍集·驳不为当高俅举挂劄子》。

④ 《宋史》卷二三《钦宗本纪》。

⑤ 《靖康要录》卷七。

行直取，日下于元丰库送纳。若敢狥（徇）情隐庇，或转为藏隐，许诸色人告，给半充赏；隐藏之人，并行军法。"按当时金兵包围东京，并提出割地赔款的无理要求。北宋王朝为支付赔款，被迫籍没戚里权豪家财，高俅家名列前茅，足见其家之富有，这当然都是搜刮来的民脂民膏。高俅终于落得个身败名裂的下场。

高俅的两个哥哥——高杰和高伸也被抄家，并受到惩处。《建炎以来系年要录》卷一云，靖康二年（1127）正月，"壬辰，延康殿学士高伸落职，左金吾卫大将军高杰降充左卫率府率。杰、伸皆俅兄，坐根括犒军金银而相与隐匿，为婢所告也"。

《三朝北盟会编》记载的较详。该书卷七四云，靖康二年正月二日，"徐秉哲根括高杰、高伸家收藏。昨蒙圣旨：根据权贵之家金银段匹。据南壁根括官陈著，押到高伸使女刘梅寿。先将金银令干当人刘均，两次押往兄高杰家收藏。本府差人勾刘均出头，共高伸却与兄弟高杰等就亲来府廷下；高杰系金吾卫大将军，高伸延康殿大学士，日前受国厚恩，不可胜计，今来倚恃官高，庇护干当人，却各乃亲自出头抵靠，实恐难以集事，伏望特赐指挥施行。奉圣旨：高伸辄至公廷，有亏事体，仰落职，杰降充左卫率府军事"。《宋会要辑稿·职官六九》和《靖康要录》卷一五也有基本相同的记载，不予赘引。

关于高伸，他在政和年间（1111—1118）为详定官、朝请郎、殿中监。曾参与编定六尚供奉敕令，又兼详定一司敕令。因书成而迁官①，并受到徽宗的礼遇，《宋会要辑稿·仪制三》云，政和三年（1113）九月"二十三日，诏朝请郎、殿中监高伸立班，并诸班恩数，并依龙图阁学士例"。后来又参与编修《食禁经》。《宋会要辑稿·职官一九》云，政和五年（1115）六月二十九日，"高伸等言：'昨奉朝旨，以尚食局《食医纂要》淆杂，不可奉

---

① 《宋会要辑稿·刑法一》云，政和"三年二月七日，殿中省六尚供奉敕令所书成。诏详定官、朝请郎、殿中监高伸……转一官"。

行，令将食饮禁忌及不可同食者，编修为《食禁经》一部，计三卷；对修尚食局等处《禁约》一卷，冠以'政和'为名，谨随表进呈。如得允当，乞下本所镂板颁降。'从之"。政和末年，高伸为详议官。《宋会要辑稿·刑法一》云，政和八年（1118）四月二十四日，"诏诸路所上旁通格，并日近臣僚推明财计等事，可付编修圣政录官，讲画分别条目。仍差高伸……为详议官"。他何时升为资政殿大学士，史无记载，估计在宣和年间。从上述可知，高伸在徽宗统治时期，仕途上还是一帆风顺的。可是在徽宗禅位后，情况却发生了变化。靖康元年，高伸受到降职的处分。《靖康要录》卷五云，靖康元年四月二十九日，"圣旨：资政殿大学士高伸除延康殿学士，……以御史台根究到擅离职守故也"。高伸因为擅离职守，由资政殿大学士降为延康殿学士。

总之，高俅的发迹，是北宋末年政治极度黑暗，最高统治集团腐朽透顶的必然产物。作为权贵集团的代表人物之一，在他的身上集中了无耻政客的卑鄙性、封建官僚的残酷性和地主阶级的贪婪性。他长期执掌兵权，给北宋王朝带来了严重恶果，把北宋王朝一步步推向灾难的深渊。

（我在撰写此文的过程中，曾得到宋史专家王曾瑜先生的帮助，在此谨向他表示由衷的感谢）

（原载中国社会科学院历史研究所宋辽金史研究室编
《宋辽金史论丛》第二辑，中华书局 1991 年版）

明代杰出的建筑规划家阮安

  在悠久的中国建筑史上，宏伟的明北京城占有重要的地位。它是在元大都的基础上改建、扩建而成的。它有一条突出的中轴线，城内所有重要建筑，都沿着这条中轴线排列着，由一个高潮进入另一个高潮，高低抑扬起伏，错落有致。而内城的街巷，从平面构图上看，则呈纵横垂直的方格形。加以西山秀色叠翠的映衬，构成了一座雄伟壮丽的大城。这样宏伟的规模，严整的布局，该凝聚着多少建筑规划家和设计师的心血与智慧啊！我们这里要介绍的阮安，就是其中的一位。

  阮安（？—约1453），一名阿留，交阯人。明永乐至景泰年间，他是明朝的太监，又是一位董理大工的匠师，可谓一身而二任。史书上说他"有巧思"，"更惇敏，善谋画，尤长于工作之事"①，能"目量意营，悉中规制"②。他在建筑方面，可以说知识全面，技术高超，经验丰富，能规划和指挥大的工程，并多所建树。

  阮安的前半生，正当明朝的初期。明朝初年，即洪武、永乐、洪熙、宣德四朝（1368—1435），近70年，在元末农民战争的推动下，明太祖采取了发展生产的措施，社会安定，经济得到恢复

---

① 《明史纪事本末·补编》卷五《宦官贤奸》。
② 《明史》卷三〇四《宦官列传·阮安》。

和发展。铁工具的多样化和普遍推广，工匠劳动积极性的提高，使建筑材料的开发和生产，在某些方面有了进一步的发展。这些都为大规模进行建筑提供了雄厚的物质基础。

那时候，退回蒙古高原的元蒙贵族，经常纵兵骚扰北部边疆。明成祖为了加强对北方边境的防守，有效地抗击蒙古人的威胁，决定把都城从南京迁到北京，并且在北京大规模营建宫殿，以显示封建帝王的所谓"尊严"及其专制统治的"权威"。当时，君主专制政治进一步强化，明成祖给予宦官一定的权柄，使他们成为皇帝的得力助手。阮安作为一名宦官，自然也不例外。《明史窃》卷二十五《宦官传》说："有阮安者……上（明成祖——引者）顾时时加宠异焉。"可见他当时是很受宠信的。"成祖草创燕都，（阮）安以太监任之。"① 这说明阮安协助明成祖"草创燕都"。安定的社会环境，雄厚的物质基础，大规模营建的开展，加上皇帝的器重，这就为阮安施展自己的建筑创新才能，创造了有利的条件，提供了良好的机会。

阮安的建筑活动，从永乐（1403—1424）始，到景泰（1450—1456）止，历经洪熙（1425）、宣德（1426—1435）、正统（1436—1449），长达50年左右。其中最主要的活动，是在永乐和正统年间。

一　永乐年间

永乐年间，他与范弘、王瑾、阮浪等同为英国公张辅所选。因形容"美秀"，"占对娴雅"，"涉经史，善笔札"，为永乐皇帝所爱。②

---

① 《罪惟录》卷二九《宦寺列传·阮安》。
② 《明史》卷三〇四《宦官列传·阮安》。

阮安"奉成祖命，营北京城池宫殿及百司府廨"①。"规划颇当"②。《明太宗实录》卷二三二说："永乐十八年十二日癸亥。初营建北京，凡庙社郊祀坛场宫殿门阙，规制悉如南京，而高敞壮丽过之。复于皇城东南建皇太孙宫，东安门东南建十王邸，通为屋八千三百五十楹。自永乐十五年六月兴工，至是成。"永乐时建筑北京，历时之长，规模之大，耗费之巨，在明代都是空前绝后的。其中尤需提出的是"三殿"，即奉天殿、华盖殿和谨身殿的建筑，它们象征着封建皇权，在整个宫殿中最为重要，是最大的工程，要求有庄严的格局，宏伟的气魄，高大的体量和完美的形式，即在规格、尺度、形式、质量、色彩等方面都要达到最高的水平。这在当时的生产水平和技术条件下，不能不说是一项极其艰巨的任务。阮安参与了"规划"，而且"规划颇当"，充分显示了他的杰出才干。

二　正统年间

（一）参与规划和领导修筑九门城楼

北京的九门城楼是正统元年（1436）开始施工的一项规模颇大的建筑工程，阮安是这一工程的主要负责人。《明英宗实录》卷二三说："正统元年十月……辛卯，命太监阮安、都督同知沈清、少保工部尚书吴中，率军夫数万人修建京师九门城楼。初，京城因元旧，永乐中虽略加改葺，然月城楼铺之制多未备，至是始命修之。"孙承泽的《天府广记》记载了这项工程的竣工时间和规模，该书卷之二十一《工部·营建》说："（正统）四年四月，修造京师门楼城濠桥闸完：正阳门正楼一，月城中左右楼各一，崇文、宣武、朝阳、阜城、东直、西直、安定、德胜八门各正楼一，

① 《明史》卷三〇四《宦官列传·阮安》。
② 《罪惟录》卷二九《宦寺列传·阮安》。

月城楼一，各门外立碑楼，城四隅立角楼。又深其濠，四涯悉甃
以砖石。九门旧有木桥，今悉撤之，易以石。两桥之间各有水闸，
濠水自城西北隅环城而东，历九桥九闸，从城东南隅流出，至大
通桥东去。自正统二年正月兴工，至是始毕。"九门的名称保留至
今，就是今天北京内城的九门。九门城门上有高大的城楼，用以
观瞻和掩蔽。城门下有砖券的门洞，可以防火。各城门外设瓮城
（月城），瓮城上建有箭楼，能够对外射箭。城的四隅筑有角楼，
可部署兵丁，掩护两边的城墙。城墙外又绕以护城河，加强了防
御作用。

（二）参与规划和领导重建"三殿""两宫"的工程

"三殿""两宫"（乾清宫、坤宁宫）初建成于永乐十八年
（1420），次年（1421）即毁于火灾，以奉天门为正朝，洪熙、宣
德两朝不及重建，直至正统五年（1440）才得以重建。从永乐十
九年至正统五年，已经将近20年之久，一直没有详细、准确的建
筑设计图样。随着岁月的流逝，原有的规模和制度也已经搞不清
楚了。就是在这种困难的情况下，阮安参与规划这一工程，并和
工部尚书吴中一起，指挥现役工匠操练官军七万人兴工，至次年
（正统六年）十月工成，仅仅用了一年半的时间。工程不仅费时
短，而且质量高，重建的三殿"皆较前壮丽"[1]。阮安因此"有
功"[2]，得到赏赐。计金五十两、银一百两，彩缎八表里、纱一
万贯。[3]

（三）参与北京衙署的规划

明初永乐年间，各衙署"皆因旧官舍为之，散处无序"[4]，至

① 《明通鉴》卷二二，英宗正统五年。
② 王世贞：《弇山堂别集》卷一四《皇明异典述九·赏功异典》。
③ 《明史》卷三〇四《宦官列传·阮安传》。
④ 《天府广记》卷二一《工部·营建》。

正统初年，犹沿用不变。正统七年（1442），明英宗在重建"三殿""二宫"工程落成之后，始"命即其余工以序营建，悉如南京之制"，先后"建宗人府、吏部、户部、兵部、工部、鸿胪寺、钦天监、太医院于大明门之东，翰林院于长安左门之东。……是年复建刑部、都察院、大理寺于宣武街西，詹事府于玉河东堤。又于通五府六部处作公生门"。① 正统八年（1443），"建五府、通政司、锦衣卫于大明门之东，其地为旗手卫公署，迁于通政之后"②。这些衙署，集中布置在承天门前"T"字形宫廷广场两侧的宫墙以外，像众星拱月一样，把紫禁城烘托得更加庄严雄伟。在平面布局的处理上是得当的，突出了宣扬帝王尊严和权威的主题，因此大部分到清朝仍被沿用。上述建筑工程，阮安都参与了规划，并有重要贡献。明叶盛《水东日记》卷十一云："太监阮安……其修缮北京……五府、六部、诸司公宇，……皆大著劳绩。"

（四）参与规划和领导用砖包砌内城内侧的工程

明代应用火炮攻城，增加了破坏力和杀伤力，促进了筑城技术的改进。而当时由于砖生产规模的扩大和技术的提高，产量激增，为筑城提供了良好的物质条件，于是砖在筑城上得到了较普遍的应用。北京内城城墙的外侧，早在洪武初年，就曾用砖石包砌，但是"内惟土筑，遇雨辄颓毁"③，所以在正统年间又用砖包砌了其内侧。领导这一艰巨工程的就是阮安。"（正统）十年六月，甓京师城内面……至是命太监阮安、成国公朱勇、修武伯沈荣、尚书王卺、侍郎王佐督工修甓之。"④

---

① 《天府广记》卷二一《工部·营建》。
② 同上。
③ 《明英宗实录》卷一三〇。
④ 《天府广记》卷二一《工部·营建》。

　　总之，从永乐到正统年间，北京的城池、九门、两宫、三殿、五府、六部和百官衙署的擘画，阮安都参与了，而且"皆大著劳绩。工曹诸属，一受成说而已"①。明北京城以其宏伟的规划、壮丽的宫殿、突出的中轴线和笔直的干道，而成为当时世界上著名的大城市之一，这与阮安杰出的建筑才能是分不开的。

　　为了纪念修建北京这一伟大建筑工程的胜利落成，阮安"尝刻《营建纪成诗》一卷，一时名流显宦皆和答，后将传布，间以王振一言而止"②。明代这一重要建筑文献遂被埋没。由此可见阮安当时在建筑上的声望和影响。

　　阮安不仅长于建筑，而且兼通水利。正统时，黄河在杨村（今天津市武清区东南五十里）决口，阮安奉命前往治理，取得了一定的成效，建立了功绩。

　　阮安除了才能卓越、功绩卓著外，其处世为人也较开明，颇有可取之处。他廉洁奉公，生活简朴。《明史纪事本末·补编》卷五《宦官贤奸》说他"为人清苦介质"，"平生所受赐予，悉上之少府，缁缕不自私"。叶盛《水东日记》卷十一《阮太监修营劳绩》说他"为人清苦介洁"，"平生赐予，悉出私帑，上之官，不遗一毫"。《罪惟录》卷二十九《宦寺列传·阮安》说他"先后赐予极富，悉输工作，私橐（囊）无十金之蓄"。傅维鳞《明书》卷一百五十八《宦官传·阮安》说他"临终，布衾衣箧而已"。正统、景泰间，明朝的统治开始走向衰败，由于"人主童昏，漫不省事"③。宦官乘机窃夺权势，挟制内阁，实行专政，并倚仗窃取的特权，贪污受贿，巧取豪夺，残害人民，聚敛财富。例如，正统时，擅权宦官司礼监太监王振败露，"籍其家，得金银六十余

　　① 《水东日记》卷一一《阮太监修营劳绩》。
　　② 《明史纪事本末·补编》卷五《宦官贤奸》。
　　③ 赵翼：《廿二史札记》卷三五《明史·明代宦官》。

库，玉盘百，珊瑚高六七尺者二十余株，他珍玩无算"①。弘治时，太监李广受文武大臣贿赂，家有纳贿簿，记载得黄、白米各千百石。② 黄、白米是隐语，黄米指金，白米指银。正德时，太监刘瑾败后，籍没之数，据王鏊笔记所载，计有黄金二百五十万两，银五千万两，大玉带八十束，还有许多珍宝，如此等等，不一而足。阮安与王振、李广、刘瑾之流恰形成鲜明的对照，这在当时是不可多得的。③

景泰中，阮安已到晚年。当时"张秋河（在山东东阿县城西南）决，久不治"④，阮安复承命出治张秋河，死于赴任的路上。⑤可谓以身殉职。

综上所述，阮安作为一位有作为的建筑匠师，参与了明北京城池宫殿的规划和营建，虽说为封建统治阶级服务，但在建筑工程中，他发挥聪明才智，和其他匠师协力合作，吸收中国各族人民的建筑精华，吸收东方各国的某些建筑技术，精心规划，大胆创新，对营建北京作出了一定的贡献。在治理黄河上，他也做了一些有益的工作。

（原载《学林漫录》七集，中华书局 1983 年版）

---

① 《明史》卷三〇四《宦官列传·王振传》。
② 《明史》卷三〇四《宦官列传·李广传》。
③ 《水东日记》卷一一《阮太监修营劳绩》。
④ 同上。
⑤ 《罪惟录》卷二九《宦寺列传·阮安》。

明代优秀的建筑家蒯祥

在我国古代的建筑史上，明、清建筑是最后一个高潮。这一高潮的一个重要标志，是修建宏伟壮丽的北京城池宫殿。明、清两代在修建北京的伟大建筑工程中，先后出现了一些杰出的建筑家，蒯祥就是其中最著名的一位。

蒯祥（1397—1481），南直隶苏州府吴县香山渔帆村（今江苏省苏州地区吴县胥口）人。[1] 苏州地区位于长江三角洲的太湖平原。它西濒太湖，北临长江。境内水道纵横交织，湖面星罗棋布，青山翠丘，错落其间，风景秀丽，气候宜人。在明代，此地经济繁荣，文化发达。因为历史悠久，名胜古迹颇多。其中有巍峨玲珑的宝塔，雕刻精美的石拱桥，古朴雅致的寺、庙、庵和读书台等[2]，苏州府是当时著名的水乡城市。那沿河延伸的街道、临水而筑的房舍、挺秀的拱券桥和精巧的园林，结合成一个艺术整体，构成了柔和而富于变化的水乡画卷。[3] 这种人工和自然相映衬的美，必当陶冶着蒯祥的灵感，使他可能从童年起就热爱建筑。

蒯祥出身于一个受压迫、被奴役的木匠家庭。他的父亲蒯福，因为技术熟练，经验丰富，供职南京工部，被选拔为率领工匠、

---

① 顾震涛：《吴门表隐》卷四云，吴县有上蒯、下蒯二村（当时村名），蒯氏子孙聚族于此。

② 参见苏州地区行政公署文化局编《吴中胜迹》，1979 年吴县教育局印刷厂印制。

③ 参见清同治《苏州府志》卷四《城池》、卷四五《第宅园林一》。

督工考成的"木工首"。①　永乐（1403—1424）中，"能主大营
缮"②，是当时的能工巧匠之一，很可能参加了营建南京和北京的
伟大工程。在那个匠艺必有师承、不妄授受的封建社会里，这样
的家庭环境，给他提供了优越的学艺条件，使他从小就受到建筑
学的熏陶，对营造产生了浓厚的兴趣。那时候，工匠世袭，不得
脱籍。所以蒯祥长大成人后，像他的父亲一样，当了木匠（斲
工），成为一名手工业者。

大约在青年时代，蒯祥来到当时明王朝的都城南京③。南京景
观壮阔，融山、水、城为一体。城内有宏伟的宫殿、巍峨的门楼，
有高大的衙署、豪华的府第，有艳雅的园林、秀美的宝塔。④　蒯祥
作为一个热爱自己事业的工匠，很可能会去考察、游览这些建筑，
这势必使他扩大视野，增长见识，并领略了社会思潮的波澜，感
受到时代精神的火花。

浩瀚的大海来自涓涓细流。蒯祥由于勤奋学习，刻苦钻研，
锲而不舍，不断实践，总结经验，注意积累，因而学有所长，"精
于其艺"⑤。他不仅擅长建筑，而且善于画龙，"能以两手握笔，
画双龙合之如一"⑥，于是成为当时的知名工匠。不久，蒯福以老
告退，蒯祥遂代承父职，为"木工首"。

蒯祥的青少年时代，正是明成祖统治时期。那时候，由于继
续贯彻明太祖朱元璋对人民让步、发展生产的经济政策，加以劳

---

①　据焦弘《国朝献征录》卷五一。

②　黄瑜：《双槐岁钞》卷八《木工食一品俸》。

③　据《明史》卷七《成祖本纪三》云，永乐十五年（1417）五月丙戌，成祖从京
师（南京）至北京。又，据黄瑜《双槐岁钞》卷八《木工食一品俸》云，永乐十五年，
蒯祥扈从明成祖至北京。则永乐十五年以前，蒯祥必已离开苏州，到达南京。

④　参见陈桥驿主编《中国六大古都》，中国青年出版社1983年版，第232—243
页；顾起元《客座赘语》卷五《金陵诸园记》。

⑤　焦竑：《国朝献征录》卷五一《工部》二《侍郎·蒯祥》。

⑥　吴秀之等修，曹允源等纂：《吴县志》卷七五《列传艺术》，民国二十二年
（1933）铅印本。

动人民的辛勤劳动，因而出现了社会经济暂时繁荣和安定的局面，国力也大大增强了。但是，还面临来自北方的蒙古贵族的威胁。为了有效地抗击蒙古贵族的南侵，并进一步控制东北地区，以巩固国防，维护全国统一，明成祖决定迁都北京，并于永乐十五年下令在北京大规模营建城池宫殿。就在这一年，蒯祥作为明成祖扈从队伍的一员，从南京来到北京。这种扈从身份，说明他当时已经以技术精湛而得到皇帝的赏识，具有一定的社会声望了。

因为蒯祥技术高超，"能主大营缮"①，所以被选拔为重大建筑的设计师，参与了营建北京的伟大工程，"永乐十五年营建北京宫殿，正统中重作三殿及文武诸司……皆其营度"②。此外，他还参与了南宫、隆福寺、西苑殿亭、长陵、献陵、景陵、裕陵和寿陵等宫殿、寺庙、苑囿、陵寝的营建。③ 一言以蔽之："自正统以来，凡百营造，祥无不预。"④ 从以上所述可知，蒯祥的建筑活动从明成祖永乐年间到明宪宗成化年间（1465—1487），历经半个多世纪，是明代前期杰出的建筑家。

永乐年间，由于蒯祥的年龄还不大，资历尚不深，所以就名望而言，比起老工师蔡信、杨青来，稍逊一筹。可是到了正统年间（1436—1449）及其以后，就名闻中外，誉满朝野了。其中"成化间，委任尤专"⑤，在营造上最受信任和重用。那时候，他在建筑上"效劳尤多"⑥，其匠艺也达到了炉火纯青、巧夺天工的高度。"凡殿阁楼榭，以至回廊曲宇，随手图之，无不称上意者。"⑦ 他不仅精敏聪慧，巧思善图，而且能目量意营，准确无

① 吴秀之等修、曹允源等纂：《吴县志》卷七十五《列传艺术》，民国二十二年（1933）铅印本。

② 同上。

③ 参见张鸿翔《明代工匠出身的建筑家》，《北京师范大学学报》1959 年第 5 期。

④ 焦竑：《国朝献徵录》卷五一《工部》二《侍郎·蒯祥》。

⑤ 黄瑜：《双槐岁钞》卷八《木工食一品俸》。

⑥ 同上。

⑦ 皇甫录：《皇明纪略》，第 34 页。

误；指挥操作，悉中规制。"每宫中有所修缮，中使导以入，详略用尺准度，若不经意，及造成，以置原所，不差毫厘。指使群工，有违其教者，辄不称旨。"① 其"营建宫殿庙社……凡应召额尺寸，出就安置之，不略加批削"②。这些记载，生动地表现了他的卓越才能和神奇绝技。因此，当时人称誉他为"蒯鲁班"。

　　建筑在阶级社会里是属于一定阶级的。高级豪华的建筑，作为物质财富，往往被统治阶级所占有，或用以满足其奢侈腐朽生活的需要，或用作统治和剥削劳动人民的工具。蒯祥毕生从事宫殿、官署、庙社、苑囿和陵寝等的营造，他是为封建统治阶级特别是为封建帝王服务的。但是，他集中当时的建筑技术和建筑艺术的精华，设计、建造的建筑，不同程度地体现了我国古代建筑的优秀传统和独特风格，代表着我国古代建筑的高度成就。例如，紫禁城"三大殿"规模宏大，布局严整，气魄雄伟，画栋雕梁，色彩绚丽，结构合理，不仅是中国建筑史上的瑰宝，也是世界建筑史上的珍品。又如隆福寺"壮丽甲于在京诸寺"③，寺内的木雕佛像雕刻之精，实为罕见④。再如南宫"玲珑精巧"⑤，"皆极华丽"⑥，"壮丽大逾于旧"⑦，"修饰完整，实远胜永寿（宫）"⑧。而西苑殿亭轩馆，高低错落，造型别致，在湖光的映照下，显得绮丽可爱。⑨ 蒯祥在设计、建造上述建筑群时，一无精密的测量仪器，二无近代的施工机械和运输工具，而能完成如此巨大壮观的

----

　　① 吴秀之等修、曹允源等纂：《吴县志》卷七五《列传艺术》，民国二十二年铅印本。

　　② 《罪惟录》卷一九《将作志》。

　　③ 《明英宗实录》卷二二七。

　　④ 参见张鸿翔《明代工匠出身的建筑家》，《北京师范大学学报》1959年第5期。

　　⑤ 孙承泽：《天府广记》卷五《官殿》"南城条"。

　　⑥ 《明英宗实录》卷三〇九。

　　⑦ 沈德符：《万历野获编》卷二四《畿辅·南内》。

　　⑧ 沈德符：《万历野获编》卷二四《列朝·西内》。

　　⑨ 参见《明英宗实录》卷三一九。

工程，是多么难能可贵呀！蒯祥可以称得上一位多才多艺，富于创造，勇于实践的建筑大师，他对发展祖国的建筑业，的确有不可磨灭的贡献。可惜他从小学艺，识字不多，其技艺、经验没有总结，写成著作，留传后世。

蒯祥规划、营建的工程，部分尚存。它们像巍然屹立、高耸云天的纪念碑一样，凝聚着蒯祥和广大工匠夫役的心血汗水，闪耀着蒯祥聪明智慧的灿烂光芒，也铭记着他的高超建筑造诣，因而迄今仍为中外亿万人民所瞩目和赞赏。

明王朝统治者基于大规模营建和取代不称职工部官吏的需要，加以为了缓和工匠的反抗斗争，巩固其封建统治，于是在工匠中物色对统治者俯首帖耳而又技术精湛者，充当管理工程和手工业方面的官吏，同时监督工匠，为统治者效劳，时称"匠官"。蒯祥就是其中典型的一位。他由于"为人恭谨详实"[1] 而又"精于其艺"，得以脱离匠籍，超登仕流，被选拔到工部这一官僚机构，担任营缮所丞（正九品）。此后，随着时间的推移，以营建功而步步高升，历任工部营缮所所副（正八品）、工部主事（正六品）、工部员外郎（从五品）、太仆寺少卿（正四品）、工部右侍郎（正三品）、工部左侍郎（正三品）。并且多次获得物质赏赐，诸如赐纻丝、赐银、赐钞等。[2] 明代"工部……设尚书、侍郎，掌天下工役、农田、山川、薮泽、河渠之政令"[3]。蒯祥当时地位之高，权力之大，可以想见。他还享有政治特权，可以"赠三代，荫二子"[4]。"其子为锦衣千户，又荫为国子生"；"其禄累加，至从一品"[5]。其物质生活待遇也是相当高的。就这样，蒯祥从一个普普

---

① 焦竑：《国朝献征录》卷五一《工部》二《侍郎·蒯祥》。

② 参见《景泰帝附录》第四十五；沈德符《万历野获编》卷二十四《畿辅·南内》；《明英宗实录》卷三十五。

③ 孙承泽：《天府广记》卷二一《工部》。

④ 《罪惟录》卷二七《艺术列传·蒯祥》。

⑤ 黄瑜：《双槐岁钞》卷八《木工食一品俸》。

通通的木匠，转化成了统治阶级的一员，在政治上变质了。但是，他在建筑技术和建筑艺术上的成就和贡献却不能抹杀。此外，蒯祥"既老，犹自执寻引，指使工作不衰"①的苦干精神，"虽处贵位，俭朴不改。常出入，未尝乘肩舆"②的优良作风，也给后人以有益的启示。

成化十七年（1481）三月，蒯祥"卒于位"，享年84岁，"赐祭葬如例"③，可见当局对他的重视。他去世后，人们还怀念他。北京有一条胡同名叫蒯侍郎胡同④，据说就是当年蒯祥住过的地方。有人（可能是明代人）为他作画，题为《明宫城图》，画面中心部分是雄伟壮丽的承天门（今天安门），右下方的人，就是承天门和宫城前朝三大殿的设计师和负责施工营建的组织者蒯祥。这在统治者轻视工匠、鄙薄技术的封建社会里，是很难得，也是极少见的事。它从一个侧面反映了蒯祥生前因建筑功绩卓著而恩荣并茂的殊况。这幅画长期流传，现藏南京博物院。蒯祥的墓迄今保存完好，屹立在他的故乡苏州吴县香山吴㛄村。墓周树木葱郁；墓前矗立一座石碑，上刻"蒯祥之墓"四个大字。上述遗物、遗迹，就是后人表彰他在建筑北京的贡献和业绩，并缅怀他的历史见证。

蒯祥由于在建筑上的成就和贡献，对子孙和邻里都有深远的影响。"子孙犹世其业，弘治间有仕为太仆少卿者。"⑤《弇州史料》载，"有蒯钢、蒯义并至侍郎。蒯瓛官至少卿"。又"江南木工巧工皆出于香山"。⑥蒯祥的精工巧艺，由他培养的大量人才世代相传，建筑发展成为香山人的专业。其工种开始仅有木作，后

① 焦竑：《国朝献征录》卷五一《工部》二《侍郎·蒯祥》。
② 同上。
③ 同上。
④ 皇甫录：《皇明纪略》，第34页。
⑤ 同上。
⑥ 同上。

来又增加了水作和雕花业。自明朝以来，苏州较大的建筑物，差不多全由香山匠人营造，其代表作东山雕花楼设计巧妙，别具一格，雕刻古朴雅致，生动逼真，宛如琼宫仙府，达到了很高的水平。而五百多年以来，香山匠人则一直将蒯祥奉为祖师，在人民群众中也流传着许多关于蒯祥的传奇式的故事。①

（原载北京市社会科学院《北京史苑》编辑部编《北京史苑》第4辑，北京出版社1988年版）

---

① 参见苏州地区行政公署文化局编《吴中胜迹》，1979年吴县教育局印刷厂印制。

论 徐 杲

——兼及明代的"匠官"

在漫长的中国封建社会里，以工匠身份而被拔擢为工部尚书的，只有明朝的徐杲一人。总结他在建筑上和水利上的成就，分析他脱离匠籍，超登仕流的原因，澄清他遭诬陷、被罢官的冤案，对于研究明代的技术史和政治史有一定的意义，也可给人以有益的启示。

徐杲，生卒和籍贯已不可考。明代中叶嘉靖、隆庆年间（1522—1572）人。在他所处的时代，政治腐败有增无减，土地兼并日趋激烈，赋税徭役日益加重，致使广大劳动人民陷入啼饥号寒的苦难深渊。徐杲出身于贫苦的家庭，从小没有入学读书的条件。为了谋生，他学手艺，作木工。作为手工业者，被搜刮，束缚于匠籍，没有人身自由，没有社会地位，被奴役，受歧视，受尽了封建的压迫和剥削。就是在这样恶劣的环境里和艰苦的条件下，他认真学习匠艺，努力钻研技术，成为当时有名的工匠。《罪惟录》卷二十七《艺术列传》徐杲传说："徐杲，嘉靖中工部匠籍也，为匠作……工师逐之，逃之野，遇道人，问所由，曰：子可教。语之曰：能作一室九十九柱乎？杲仁思弥日，不能得。因教结构法，曰：作此，足汝终身矣。"道士之说，似不足信。大概徐杲为适应明世宗崇奉道教，笃信鬼神的心理，故意把自己的匠艺说成师承道士，其实这本是他潜心学艺，锲而不舍的结果。①

明世宗嘉靖时期，营建繁兴。为此在全国征工。徐杲以其匠艺著称，也在被征之列。他应征服役来到北京，参加宫殿的建设。作为"匠役"②，他当时的困苦劳顿状况，可以想见。但是，他人穷志不穷，穷困只能激励他更加勤奋，对知识好学不倦，对技术精益求精，因而很快继承了前辈的匠艺，并有所创新，被当时人誉为"近代之公输"，"其巧侔前代而不动声色"③，"其材自加人数等"④ 等。他由于技术精湛，经验丰富，逐渐被拔擢为重大土木工程的设计师和建造指挥者。

当时的重大土木工程，莫过于北京宫殿的建设。嘉靖三十六年（1557）十月，奉天、华盖、谨身等三殿遭火灾，延烧文、武楼、奉天、左顺、右顺及午门外左、右廊尽毁。⑤ 明世宗决定重建。奉天、华盖、谨身合称"外朝""三大殿"，是大内中最重要的建筑，集中体现了我国古代建筑的优秀传统和独特风格，在建筑技术和建筑艺术上都有高度的造诣，它们不仅是中国建筑史上的丰碑，也是世界建筑史上的奇迹。要重建就要保持原来谨严的布局、巍峨壮观的形象、整齐严肃的气概和富丽堂皇的色彩。这在当时的生产力水平和物质技术条件下，不能不说是一项最重大的工程；要设计并指挥完成这一工程，当然是一个极其艰巨复杂的任务。没有高超的水平和卓越的能力，是根本无法完成的。徐杲的前任们皆因养尊处优和庸碌无能而被撤免："一切优游养高及迟钝不趋事者，（明世宗——引者）最所切齿，诛谴不逾时刻"，即使当时权势显赫、炙手可热的内阁首辅严嵩的亲属，也"以贪

---

① 张鸿翔：《明代工匠出身的建筑家》，《北京师范大学学报》1959年第5期。
② 《明史》卷三〇五《宦官·李芳传》。
③ 谢肇淛：《五杂俎》卷五《人部》一，中华书局1959年版，第145页。
④ 沈德符：《野获编》卷二《列朝·工匠见知》。
⑤ 《日下旧闻考》卷三四引《明世宗实录》。

戾与阉茸相继见逐，权臣毫不能庇"。① 就是在这样"冬卿尤难称职"，众人望而生畏的情况下，徐杲敢于藐视困难，和雷礼②一起毅然挑起了宫廷重建的设计和指挥的重担，这在当时可以说是一件惊人的壮举。

按照明世宗的意图，为了便于朝谒，首先于嘉靖三十六年（1557）十月重建奉天门。身为工师的徐杲，"躬自操作"，亲自参加施工，翌年七月即落成。嘉靖三十八年（1559）十月，"三大殿"兴工。"三大殿"初建成于永乐十八年（1420），次年即焚于火灾，洪熙、宣德两朝，不曾修缮，直至正统五年（1440）才开始重建，次年建成。当时还没有详细、准确的建筑设计图样，随着岁月的流逝，工师和工匠们大都不明白原有的规模和制度了，只有徐杲还能够凭着他那惊人的记忆力，将其设计出来。按照他的设计，嘉靖四十一年（1562）九月建成后，竟然和原来的一模一样。"三殿规制，自宣德（应是正统——引者）间再建后，诸将作皆莫省其旧，而匠官徐杲能以意料量，比落成，竟不失尺寸。"③ 这个记载，充分显示了他对明宫建筑史的娴熟和杰出的设计水平。

在重建"三大殿"的施工期间，他集中广大工匠夫役的智慧，大胆进行技术革新，和雷礼同心协力，"易砖石为须弥座，积木为柱"④。所谓"易砖石为须弥座"，是用砖石来修补残缺损坏的须弥座⑤；"积木为柱"是利用木材易于拼合的性能，将小块、劣质木料，经过拼合、斗接、包镶之后，做柱子，发挥大块、优质木

①　沈德符：《万历野获编》卷二《列朝·工匠见知》。

②　雷礼，明江西南昌府丰城县（今江西省宜春地区丰城市）人，官至工部尚书，在任十三年之久。因为勤敏，得到明世宗的信任和重视，曾参与督修北京明宫"三大殿"和芦沟河堤。

③　《日下旧闻考》卷三四引《世庙识余录》。

④　焦竑：《国朝献徵录》卷五○《工部》一《尚书·雷礼》。

⑤　朱国祯：《涌幢小品》卷四《宫殿》；陈继儒：《见闻录》。

料的任用。"积木为柱"虽源于宋代,但直到明代才得以发展和推广。它不仅解决了当时建筑中大材、优材濒于枯竭的困难,而且节省了大量建筑经费,"省不可计……然三殿之工,估者至数十百万,而费止什一"①。

在"三大殿"动工的第三年,即嘉靖四十年（1561）十一月,西苑内永寿宫遭火灾。同年十二月,"以三殿大工之余材,趣治永寿宫"②。"徐杲以一人拮据经营,操斤指示,闻其相度时,第四顾筹算,俄顷即出而斫材,长短大小,不爽锱铢。"③ 当时,明世宗就住在永寿宫附近的玉熙宫里,可是却听不到斧凿的声音。徐杲的才思是多么敏捷、匠艺是多么精巧啊！永寿宫于嘉靖四十一年（1562）三月建成,"中有寿源、太玄、仙禧、万春等殿,极其宏丽"④。从动工到落成,为时还不足四个月。这种高速度,在明宫建筑史上实属罕见,并且还节省了约二百八十万两白银的经费⑤,这一建筑奇迹,与徐杲苦心经营,亲自实践,指挥有方,是分不开的。正是由于徐杲亲临第一线参加施工,与广大工匠夫役一起劳动,才密切了他与群众的关系,使他不仅能随时发现施工中出现的问题,而且能够集中大家的智慧和经验,及时解决这些问题,从而加快了工程进度,保证了建筑质量。

除了修建紫禁城"三大殿"和西苑永寿宫外,根据《明世宗实录》的记载,徐杲还参与了皇史宬、太庙、京师外城、太玄都殿和玉熙宫的修建工程,并有所贡献。

此外,徐杲还有其他一些建筑活动,有的甚至被作为佳话长期流传下来。见于记载的有两则。一则是为内殿易栋:"尝为内殿

① 焦竑：《国朝献徵录》卷五〇《工部》一《尚书·雷礼》。
② 《明会要》卷七二《方域》二《宫殿杂录》引《明世宗实录》。
③ 沈德符：《万历野获编》卷二《列朝·工匠见知》。
④ 付维鳞：《明书》卷八四《志》二一《营建志》。
⑤ 焦竑：《国朝献徵录》卷五〇《工部》一《尚书·雷礼传》云："万寿宫（即永寿宫——引者）灾,估者复以三百万报……公曰：二十万足矣。"

易一栋，审视良久，于外另作一栋，至日断，旧易新，分毫不差，都不闻斧凿声也。"① 这是何等精密、何等准确啊！如果没有炉火纯青的匠艺，如果没有认真谨严的工作态度，是无论如何也办不到的。另一则是用扶壁法正魏国公大第："魏国公大第倾斜，欲正之，计非数百金不可。徐（杲）令人囊沙千余石，置两旁，而自与主人对饮，酒阑而出，则第亦正矣。"② 扶壁法是我国民间流传下来的一种临时救急的建筑方法，既经济又简单可行。徐杲利用这种方法，说明他重视民间建筑技术，善于吸收群众的智慧，丰富和充实自己的匠艺。这个记载可能有些夸张，但却表现了他那谈笑间事半功倍的能力和临险境从容镇定的精神。

徐杲不仅是个优秀的建筑匠师，而且还是个出色的水利工程师。他与雷礼相度规划修芦沟河堤就是一个例证。

芦沟河（今永定河），其上游为浑河，浑河上游为桑干河，这三河本是一水，源出溯州马邑县（今山西省朔县），流经太行山，入北京西南宛平县（今北京丰台区和大兴区、房山区的一部分）界，"东南流分为二派，东经通州高丽庄入白河，南经固安，至武清小直沽入海"③，常常溃岸成灾。嘉靖晚期，由于历年沙洲突起，下流填淤，河水改道，溃堤而决，奔腾咆哮，"触山阜，漂田庐，去西南百余里，行者病涉，耕者释耒，居者无宁宇"④。给沿河广大劳动人民带来了巨大的灾难。徐杲和雷礼受任治河，他们亲自察看芦沟河的水势流量，测量地形，制定治河规划。按照徐杲等设计的蓝图，"先浚大河，令岔河水归故道，从丽庄园入直沽下海"⑤；然后修筑河堤，共筑堤一千二百丈，高一丈多，厚二丈

---

① 谢肇淛：《五杂俎》卷五《人部》一，中华书局1959年版，第145页。

② 同上。

③ 蒋一葵：《长安客话》卷四《郊坰杂记·芦沟河·芦沟桥》。

④ 袁炜：《救修芦沟河堤记》。

⑤ 刘侗、于奕正：《帝京景物略》卷三《城南内外·芦沟桥》。

有余。堤皆"崇基密楗，累石重甃"①，鳞次栉比，远伸如鸟翅，高耸似城墙，"较昔所修筑，坚固什佰倍矣"②。这一水利工程，从嘉靖四十一年（1562）九月动工，到翌年四月竣工，为时只有八个月。此后芦沟河溃堤长期不再成灾，"而世宗朝，芦沟无患也"③。荒芜的土地变为耕桑的田园，沿岸的人民得以重过安定的生活，在水利上收到了一定的成效。

徐杲生活在明朝中叶，当时封建社会已经进入后期。封建制度的腐朽、封建统治阶级的压迫和剥削，严重阻碍了科学技术的发展。就是在这样的历史条件下，徐杲从一个普普通通的木匠，成长为多才多艺、兼通建筑和水利的著名工程师。

建筑作为科技和艺术的统一，属于文化的范畴，而一切文化都是属于一定阶级的。紫禁城是按照封建统治者的反动政治意图修建的，它突出地宣扬了君权的"尊严"，表现了封建宗法思想和制度。徐杲大半生从事宫廷营造，他是为封建统治阶级服务的。但他集中当时建筑技术和建筑艺术的精华，设计重建了巍峨壮丽的"三大殿"等建筑工程，对发展祖国的建筑有一定的贡献；他规划修治芦沟河，筑堤塞决，客观上对恢复农业生产、安定人民生活有利。此外，他那敢想敢干、勇挑重担的精神，他那重视实践、亲自参加施工、不脱离工匠夫役群众的作风，他那"巧侔前代而不动声色"的谦虚谨慎态度，在当时难能可贵，至今也值得我们借鉴。

"一个统治阶级越能把被统治阶级中的最杰出的人物吸收进来，它的统治就越巩固，越险恶。"④ 明朝统治者为了扩大自己的社会基础，欺骗广大劳动人民，缓和工匠如火如荼的反抗斗争，

---

① 袁炜：《敕修芦沟河堤记》。
② 袁炜：《敕修芦沟河堤记》。
③ 刘侗、于奕正：《帝京景物略》卷三《城南内外·芦沟桥》。
④ 《马克思恩格斯全集》第 25 卷，第 679 页。

巩固自己的反动统治，加以大规模营建和顶替不称职工部官吏的需要，于是袭用元朝统治者擢用熟练工匠为工程和手工业方面管理官吏的手段，在工匠中间挑选优秀人物，诸如木工陆贤、蔡信、杨青、蒯祥、蒯义、蒯钢、郭文英，石工陆祥等，充当工部各级官吏①，执行统治阶级的职能，管理工程和手工业生产，监督工匠们的劳动，时称"匠官"。徐杲也是其中的一位。由于他技术高超，并能节省，聪明过人，因而深受明世宗的赏识和宠信，得以步步高升，青云直上。由匠役超登仕流，历任光禄寺署正、太仆寺寺丞、顺天府丞、太仆寺卿、管工通政使、工部右侍郎、左侍郎，官至工部（明代六部之一）尚书（一部的首长），并且食正一品俸，又荫子武阶。这在明代以至整个封建社会，都是破天荒的事。

　　前述明代从工匠中选拔匠官，虽然只是封建统治者出于种种需要的一时权宜之计，匠官的人数不多，也从未形成制度。但是，却把精通业务、富有经验的行家选拔到领导岗位，从而多少改变了工部官吏成分，加强了对建筑的领导和管理，促进了建筑的发展。它像一股清泉，冲击着不准工匠做官的封建等级制的堤坝；对于八股文取士和士大夫把持仕途，也是一次公开挑战。这一措施损害了官僚士大夫的既得利益，引起了他们激烈的反对和疯狂的破坏。他们从"唯器与名，不可以假人"②的陈腐说教出发，胡说从工匠中选拔工部官吏有损于"国体名器"，该予废止，并势汹汹地叫嚣要对匠官加以惩处。徐杲在匠官中地位最高，权力最大，树大招风，当然也就成了众矢之的，遭到守旧官僚士大夫的围攻、打击和迫害。还在明世宗在世的时候，徐杲就被权贵们所忌妒、仇视；只是因为徐杲得到明世宗的"圣眷"，他们才未敢下手。等到明世宗一死徐杲失去了靠山，就不能立足了。《明穆宗实

---

　　① 马大壮：《天都载》卷一《石工陆祥》；沈德符：《万历野获编》卷一九《工匠卿式》。

　　② 《左传·成公二年》。

录》卷三云:"隆庆元年正月乙亥,革工部尚书徐杲职闲住……至是考察自陈,下吏部查议。部给事中王元春等劾杲,以匠役官正卿,其子文灿传升锦衣卫指挥世袭,皆滥名器,坏政体,并宜汰绌,吏部复奏,从之。"

在徐杲被罢官后,他的政敌们还不肯干休,随又投井下石,捏造罪名,加以诬陷。《明穆宗实录》卷四云:"隆庆元年二月辛丑,内官监太监李芳劾奏,原任工部尚书革职闲住徐杲与监正王儒等六人,前修理芦沟桥,侵盗官银万计。得旨,命锦衣卫执杲等送法司鞠问,刑部拟如律追赃,发遣,从之。"按徐杲被审讯、受遣戍的罪名是在修芦沟河堤时侵盗官银,其实这本是一桩冤案。试想:如果徐杲真的贪污、盗窃白银万两,那么修堤势必要偷工减料,何以会有前述那样高的工程质量和好的经济效益呢?何况修堤时还有太监张崇等四人"董其役",工部尚书雷礼"视其事",徐杲又怎能背着他们贪赃呢?以追赃的方式罗织罪名,显然是为了欺骗社会舆论,对他进行政治陷害。而他们要打击的,绝不是徐杲一人,而是徐杲出身的那个阶层及其从中选官的进步措施。

徐杲的宦海浮沉,是明代匠官政治生涯的缩影。徐杲罢官之后,再也不见从工匠中选拔工部官吏的记载,士大夫把持仕途的企图得逞了。例如,继徐杲之后知名的工师冯巧,在技术上负责修建明宫廷陵寝,很有贡献。可是"三大殿"工程落成后,在一片喧嚣的升赏声中,他却连一点点赏赐物品都没有得到,更不要说被提拔重用了。

（本文关于"积木为柱"和"扶壁法"的解释,得到建筑史专家、中国科学院自然科学史研究所张驭寰先生的帮助,在此谨致谢忱）

（原载《史学月刊》1984年第2期）

试论明代从工匠中选拔工部官吏

我国古代历史上的选人、任官制度，有秦的"二十等爵"制、两汉的"方正贤良"制、魏晋南北朝的"九品中正"制、唐宋的"博学弘词、明经诗赋"制，等等。上述无论哪一种制度，都不曾以工程技术水平为选人、任官的标准。只有元、明、清三代曾经从工匠中选拔工部官吏，其中以明代选拔的工部官吏较多，职位也较高。明代为何从工匠中选拔工部官吏？是否形成制度？标准是什么？有无积极意义？经历了哪些斗争？本文试对这些问题进行初步探索，以就正于同志们。

一

明代从工匠中选拔工部官吏不是偶然的，有其广阔的社会背景，有深刻的经济原因和政治原因。

第一，是大规模营建的需要。

明太祖起兵淮上，定都南京。为了巩固封建统治，早在称吴王的时候，就开始修筑皇城和宫殿①。在称帝以后，为了加强中央集权，并满足其豪华生活的需要，又加以扩建。南京城周长96里，外廓长180里，是当时世界上最大的砖石城垣。

---

① 《明太宗实录》卷二〇；朱国桢：《涌幢小品》卷四"宫殿"。

　　明成祖为了有效地防御来自蒙古人的威胁，进一步控制东北地区，以维护统一，巩固边防，决定把都城从南京迁到北京，并从永乐四年至十八年（1406—1420），在元大都的基础上，大规模修建北京城池宫殿、坛庙陵寝和苑囿。其中主要的有：永乐七年至十三年（1409—1415）营建长陵；永乐十二年（1414）开挖南海；永乐十四年至十五年（1416—1417）作北京西宫；永乐十五年至十八年建奉天、华盖、谨身三殿及乾清宫、十王府，改建皇城。以后又陆续有所增建、扩建和改建，其中主要的有：正统元年至四年（1436—1439）修建九门城楼；嘉靖三十二年（1553）建筑外城。明代北京的建筑工程十分巨大。例如，长陵有长达7公里的神道，有面积为 66.75 米×29.31 米的主体建筑祾恩殿。南海周长 18660 丈。外城周长 120 余里。内城的北城墙和南城墙分别向南推移了约 2500 米和 500 米。皇城周长 18 里多。宫城周长六里十六步（实测 3428 米），城墙高 9.9 米（外堞 1.34 米，内宇 0.88 米），平均厚 7.64 米（上 6.66 米，下 8.62 米），占地 72 万多平方米。《明太宗实录》卷二三二说："初营建北京，凡庙社、郊祀、坛场、宫殿、门阙，规制悉如南京，而高敞壮丽过之。复于皇城东南建皇太孙宫，东安门东南建十王邸，通为屋八千三百五十楹。"据缪荃孙《云自在龛随笔》所述，当时皇家宫殿楼亭，就有 786 座之多。其中"三殿两宫，各四次被灾"[1]，数次重建。大规模的建筑工程耗费了无法计算的人力、物力、财力，仅明初被役使的就有 23 万工匠、上百万民夫和大量兵卒。需要指出的是："三大殿"是明代封建统治者掌管和行使权力的中心，是他们从事政治活动的主要场所，是封建皇权的象征，要具有庄严的格局、宏伟的气魄、高大的体量和完美的形式，即在规格、尺度、形式、质量和色彩各方面，都要达到最高水平。在当时的生产水

---

① 赵翼：《廿二史札记》卷三二。

平和技术条件下，要设计并建造"三大殿"，没有高超的水平和卓越的能力，是根本无法完成的。

除了营建南京、北京外，明代还新建和扩建了许多城镇。明朝初年，即从洪武历建文、永乐、洪熙到宣德，五朝70年间，是明王朝的社会安定阶段，经济有了显著的恢复和发展。到了明朝中叶，农业和手工业的水平都超过了前代，手工业脱离农业独立发展的趋势更加显著。由于生产力的提高，社会分工的加强，商品经济的发展超过了以往任何一个时期。随着商品经济的发展，工商业城镇蓬勃兴起。明代全国约有城镇1500个，其中占很大比例的是新兴的城镇，此外，宋元以来的旧城镇也扩大了。

由于营建两京宫殿和地方工商业城镇，这不仅需要提高建筑技术，改进建筑器械和建筑工具，而且需要技术卓越、经验丰富的匠师直接参与对工程的领导和管理。这正如明世宗所指出的："工役亦须得人。"

第二，是顶替不称职工部官吏的需要。

明代自英宗以后，皇帝大都平庸昏聩，宦官与内阁首辅（宰相）交替擅权。他们上下其手，胡作非为，任人唯亲，植党营私，造成政治腐朽，吏治败坏。作为六部之一的工部，就有不少官吏贪污腐化，养尊处优，庸碌无能，很不称职。例如嘉靖（1522—1566）中期以后，阁臣严嵩以献媚取得世宗的信任，嵩子工部左侍郎严世蕃贪横淫纵；嵩义子工部尚书赵文华十分贪戾，他将工部一半大木为自己营造新宅，致使西苑新阁不能按时完成[1]；严嵩妻从子、继赵文华任工部尚书的欧阳必进，也以"阘茸"，"优游养高及迟钝不趋事"，"三年而殿工无完期"[2]，被逐夺官。明世宗嘉靖晚期，土木工程繁兴，而工匠官多不能称职称意。这就需要一些有能力、有干劲、能保证工程按时落成的匠师，来取代这些

① 《明史》卷三〇八《严世蕃传》。
② 万历《野获编》卷二《列朝·工匠见知》。

不称职的工部官吏。

第三，是欺骗工匠，缓和工匠反抗的需要。

明代工匠被束缚于匠籍，受明王朝控制，要世世代代承担工役，不得脱籍，不能做官（极少数人例外），还时常受到工部官吏、工头的欺压凌辱和敲诈勒索，政治地位低下，生活十分贫苦。他们不堪封建统治者的压迫、剥削和奴役，为求生存权利和人身解放，纷纷起来反抗。工匠反抗的形式有怠工、"失班"、隐冒、逃亡和起义等。其中主要是逃亡。永乐以后，几乎每代都发生工匠逃亡的事件，逃亡的人数，一般是数千，多则数万。例如，正统七年（1442），"工匠在逃者万人"①；景泰元年（1450），"命有司逮逃匠三万四千八百有奇"②；天顺四年（1460），"征天下逋逃工匠三万八千四百余名"③。逃亡的人数如此之多，充分说明逃亡是当时一个蔓延全国的带普遍性的问题，以致明朝政府不得不编制逃户"周知册"。这种情况不能不使统治者失声哀叹："今天下军多缺伍，匠多缺役，里甲册籍，日见凋耗。"④

集体逃亡是武装暴动的前奏，它必然发展成武装起义，犹如瓜熟蒂落，势在必行。起义是工匠的积极反抗方式。宣德五年（1430），巡按直隶监察御史余思宽言："张家湾两河多有逋逃军民工匠，或潜匿人家，或为盗贼，宜遣人密察捕治。"⑤逃亡的一部分军民工匠，点燃起义的烈火，活跃在张家湾两河一带，因而被统治者诬为"盗贼"。景泰二年（1451），逃亡云南的军匠，联合当地造反的军民，袭击银场，夺回统治者搜刮人民的不义之财，诛杀贪官污吏、大贾豪富，把官军打得落花流水、死伤惨重。以

---

① 《明英宗实录》卷一三一。
② 《明英宗实录》卷一九九。
③ 《明英宗实录》卷三一七。
④ 《明孝宗实录》卷八九。
⑤ 《明宣宗实录》卷六八。

致官军不敢前往镇压，有的还通过子弟与起义军秘密联系；甚至连云南大官甘敬修也闻之丧胆，请求调离，逃之夭夭，可见起义军声势之大、军威之重。

为了缓和工匠的反抗，巩固自己的反动统治，明王朝对工匠除了血腥的镇压，还需要欺骗。所谓"以匠治匠"，就是欺骗的一种。统治者物色工匠中的优秀分子，充当工部官吏，执行工部的职能，管理和监督工匠（当时称为"匠官"），以扩大自己的社会基础，加强封建国家的统治力量。

二

由于上述三个原因，明朝统治者袭用元朝擢用熟练工匠为工程和手工业方面管理官吏的政策，在工匠中间选拔少数优秀人物，充任工部官吏，并给予种种奖励。

明代从永乐到嘉靖，几乎每朝都有从工匠中选拔工部官吏或匠官晋秩升级的事。其中尤以永乐、天顺、弘治、正德和嘉靖五朝较为突出。永乐十八年（1420），"升营缮清吏司郎中蔡信为工部右侍郎……营缮所丞杨青等六员为所副，以木瓦匠金珩等二十三人为所丞"[1]。天顺八年（1464），"修隆善寺，工竣，授工匠三十人官"[2]。又"用工人为文思院副使，自后相继不绝，……姓名至百十人"[3]。弘治间，蒯祥的子孙有以木工仕为太仆少卿者。武宗时，刘健上疏说："画史、工匠滥授官职者，多至数百人。"[4]又据《明史》卷三〇四《刘瑾传》所载，"装潢匠役，亦授官秩。嘉靖时，匠役徐杲以营造躐官工部尚书……其属冒太仆少卿、苑

---

① 《明太宗实录》卷二三二。

② 《明史稿》列传第六二《梁璟传》。

③ 《明通鉴》卷二九。

④ 《明史》卷一六二《刘健传》。

马卿以下职衔者以百数"①。又"工匠赵奎等五十四人，亦以中官请，悉授职"②。这与当时"工役繁兴"，大规模营建宫殿，"冬卿（工部长官）尤难称职"，迫切需要杰出的匠师参与对工程领导的情况是相适应的。

被选拔为工部官吏的工匠，有木工、斫工、瓦工、石工、装潢工等。从工匠中选拔的工部官吏，职位从文思院副使（从九品）到工部尚书（正二品），其中包括营缮所丞（正九品）、营缮所副（正八品）、营缮所正（正七品）、工部主事（正六品）、工部员外郎（从五品）、工部郎中（正五品）、工部左右侍郎（正三品）。工匠主要被选拔为工部官吏，此外，还有被选拔做其他方面官吏的，诸如管工通政史（可能是正三品）、太仆寺卿（从三品）、苑马卿（从三品）、太仆寺少卿（正四品）、顺天府丞（正四品）、光禄寺卿署正（从六品）、文政使等。除了升官外，还有种种赏赐：赐钞、赐银、赐金银豆、赐纻丝等，多者累巨万；亦有赐官服、赐食俸、赐祭葬者，并可荫子侄为官，享有政治特权。其中食一品俸和荫子武阶是破例的，仅限于极个别的人。尽管如上所述，能工巧匠有种种升赏，但是总的看来，这种升赏，是皇帝出于种种需要和个人爱好的一时的、非经常性的行动，而不是要大家共同遵守的办事规程或行动准则，因此从未形成制度，受赏赐升官的人数也不多，而且在升官后仍不能享有一般官僚们应有的待遇。据《大明会典》卷三九《廪禄》二说，嘉靖十年（1531）规定："匠官升级，悉照见行例支与半俸，奏扰者治罪。"二十三年（1544）又补充规定："匠官加俸后又升级者，止照今升品级支半俸，其节次所加之俸，不许重支。"

---

① 《明史》卷三〇五《李芳传》。
② 《明史》卷一九九《胡世宁传》。

附　明代从工匠中选拔的主要工部官吏简历表①

姓名	出身	生卒年月	籍贯	历任官职	受过何种赏赐	工作时期	其他
陆贤	建筑匠师世家		南直隶无锡县（今江苏省无锡市）	营缮所丞		洪武	
蔡信	木工	?—正统三年（1438）九月	南直隶阳湖县（今江苏省武进区）	营缮所正、营缮清吏司主事、郎中、工部右侍郎、缮工官副		洪武至正统	主要从事建筑，有时兼及水利
杨青	泥瓦工	?—正统七年（1442）三月	南直隶金山卫（今上海市金山区）	营缮所丞、营缮所副、太仆寺少卿、工部左侍郎	赐纻丝二表里、钞二千贯。赐祭葬	永乐至正统	
陆祥	石工	?—成化五年（1469）十二月	南直隶无锡县（今江苏省无锡市）	郑王工副、营缮所丞、营缮清吏司主事、员外郎、郎中、太仆寺少卿、工部左侍郎	先后赐银、赐钞、赐纻丝累巨万，晚年赐飞鱼服犀带，官其子侄四人。赐祭葬	永乐至成化	
蒯祥	木工（或称斫工）	?—成化十七年（1481）三月	南直隶吴县（今江苏省苏州市吴中区和相城区）	营缮所丞、营缮清吏司员外郎、太仆寺少卿、工部右侍郎、左侍郎	先后赐银、赐钞、赐纻丝不等，食正一品俸。赐祭葬	永乐至成化	

①　有学者认为："明朝工匠任职工部者有两个蔡信。一个主要活动在洪武、永乐时期；另一个主要活动在嘉靖时期。"见喻学才《中国历代名匠志》，湖北教育出版社2006年版，第241—242页。

姓名	出身	生卒年月	籍贯	历任官职	受过何种赏赐	工作时期	其他
郭文英	木工	?—嘉靖三十三年(1554)稍后	陕西韩城县(今陕西省韩城市)	营缮所丞、所副、所正、营缮清吏司主事、员外郎、郎中、太仆寺卿、文政使、工部右侍郎	赐二品服,支从一品俸,荫子文思院副使、序班鸿胪寺办事	嘉靖年间	
徐杲	木工			光禄寺署正、太仆寺丞、顺天府丞、太仆寺卿、管工通政使、工部右侍郎、工部左侍郎、工部尚书	赐银、赐纻丝,加二品服色,食正一品俸,荫子文思院副使、鸿胪寺序班、锦衣卫百户、锦衣卫指挥	嘉靖年间	主要从事建筑,有时兼及水利
蒯义	木工			工部左侍郎			
蒯钢	木工			工部右侍郎			
蔡信	工师			工部右侍郎		嘉靖年间	

三

明代从工匠中选拔工部官吏的标准并没有明确规定,主要是看其技术贡献的大小和对统治者是否忠诚。具体地说,有以下两点。

第一,卓越的技术、丰富的经验和杰出的组织才能,是工匠被选拔为工部官吏的首要的,也是最重要的条件。

例如,工匠陆贤既能设计千门万户的南京宫城图样,又能亲自参与现场操作。①

木工蔡信"有巧思……永乐间，营建北京，凡天下绝艺皆征，至京悉遵信绳墨"②。所谓"悉遵信绳墨"，即是由蔡信承行营建北京的一切调度。永乐间营建北京的工程，其规模之大、历时之久，在明代是空前绝后的。蔡信主持营建北京的一切调度，充分显示了他的技术水平和组织能力。蔡信在宣德时，还曾参与营建宣宗的景陵，是陵工营建的指挥者之一，再一次显示了他的技术水平和组织能力。从时间上推算，他可能还参加了长陵和献陵工程。除了营建宫殿园林坛庙陵寝，蔡信还能利用水力制造水磨③。

泥瓦工杨青"善心计，凡制度崇广、材用大小，悉称旨"④。

石工陆祥"巧思，尝用石方寸许，刻镂为方池以献，凡水中所有鱼龙荇藻之类皆备，曲尽其巧"⑤。他的作品保留至今的已难确切指出。很可能是由陆祥设计监琢的今天安门前后的华表，交龙环绕，浮雕精美。大约出自陆祥之手的保和殿后中间踏道上的阶石，长16米，宽3米，其上雕刻海水云龙，蛟龙腾跃于波涛汹涌的水面，形象逼真，栩栩如生。而由他参加的长陵"神功圣德碑"及华表、石柱、石像等工程，雕刻精细，选型生动。由他参与监造的南内（亦称南宫、南城）"玲珑奇巧"⑥，风景秀丽。

木工（亦称斫工）蒯祥精于其艺，能主大营缮，"凡殿阁楼榭，以至回廊曲宇，随手图之，无不称上意者"⑦。能以两手握笔画双龙，合之如一。他不仅精敏聪慧，巧思善画，而且能指挥操作，悉中规制，"每宫中有所修缮……略用尺准度，若不经意，及

① 康熙《无锡县志》卷二二《方伎》。
② 光绪《武进阳湖县志》卷二六《艺术》。
③ 《明宣宗实录》卷四十。
④ 康熙《松江府志》卷四六《艺术》。
⑤ 焦竑：《国朝献征录》卷五一。
⑥ 孙承泽：《天府广记》卷五。
⑦ 《皇明纪略》。

造成，以置原所，不差毫厘，指使群工，有违其教者，辄不称旨"①。由他参与营建的大隆福寺、南内和西苑殿亭，也充分显示了他那高超的技术。大隆福寺镂刻精巧，"壮丽甲于在京诸寺"②。西苑殿亭灵活生动，富于变化。因此，有"蒯鲁班"的称号。

木工郭文英以巧力智慧闻，"世庙钦崇醮典……营宫孔棘，匠师济济，然擘画殿图克当帝衷者，则推郭文英焉"③。由他参加修建的皇穹宇、皇史宬等建筑，无不宏伟壮丽。

木工徐杲建筑技术高超。嘉靖三十六年（1557），"三大殿"及殿门俱毁于火灾，"时上急于门工，谓朝会之地，观瞻不雅，急欲先立奉天门楼"④。徐杲躬自操作，使门工不数月而就。嘉靖三十八年（1559）重建"三大殿"，"三大殿"自正统五年（1440）开始重建，到嘉靖三十八年，已经将近一百二十年之久。当时还没有详细准确的建筑图样，随着岁月的流逝，蒯祥、郭文英等杰出的建筑家都已去世，建筑工匠们对原有的规模和制度都不甚了解，只有徐杲还能够凭着他那惊人的记忆力估计出来。按照他的设计，嘉靖四十一年（1562）建成后，竟然和原来的一模一样。"三殿规制，自宣德（应为正统——引者）再建后，诸将作皆莫省其旧，而匠官徐杲能以意料量，比落成，竟不失尺寸。"⑤ 这一记载，充分显示了他对明宫建筑史的娴熟和杰出的设计水平。徐杲不仅建筑技术高超，而且其智足以集事，节缩足以省财。例如，他在修建永寿宫时，就节约了约二百八十万两白银的经费⑥。因此，被当时人誉为近代之公输。

陆贤、蔡信、杨青、陆祥、蒯祥、郭文英和徐杲等人，就是

---

① 民国《吴县志》卷七五《列传·艺术》。
② 《明英宗实录》卷二二七。
③ 万历《韩城县志》卷五"方伎"。
④ 《万历野获编》补遗卷一。
⑤ 《日下旧闻考》卷三四引《明世庙识余录》。
⑥ 焦竑：《国朝献征录》卷五〇。

因为有上述技术贡献和营建功劳，而被拔擢为工部官吏。

第二，忠诚恭谨，积极肯干，刻苦钻研业务，是工匠被选拔为工部官吏的另一个重要条件。

例如，杨青"幼名阿孙，永乐初，以瓦工役京师。内府屏墙始垩，有蜗牛遗迹若异彩，成祖顾视而问，阿孙以实对，成祖嘉之……仍授冠带、营缮所官。……一日小殿成，以金银豆颁赏，悉散于地，令自取，众竞往，青独后，以是心重青。后营建宫阙，使为都工（可能是'都料'一级的匠师，为木工之长，董理大工——引者注）"①。杨青说话实，见财廉，因此得到明成祖的赏识和欢心，被提拔为一身二任的工部官吏。

蒯祥"为人恭谨详实，虽处贵位，俭朴不改，常出入未尝乘肩舆，既老犹自执寻引，指使工作不衰"②。蒯祥恭谨详实，俭朴肯干，因此得以"积劳累官"。

郭文英"少为人牧羊，以户匠乏人，至京抵役，朝夕肄规矩，黾黾绳绳，久之以巧力闻，为作头。自是见知世庙，每一工竣，则序劳晋秩"③。郭文英长期起早睡晚，勤勉奋发，努力钻研建筑技术，锲而不舍，坚持不懈，终于从一个默默无闻的匠役，变成一位名闻四方的巧匠。因此被明世宗所看重，得以"每一工竣，则序劳晋秩"。

徐杲经常亲自参加施工，又谦退，不敢以士大夫自居。因此得到明世宗的宠信，破天荒地被提升为工部尚书。

四

明代从工匠中选拔的工部官吏，人数很少，且只限于工程部

---

① 康熙《松江府志》卷四六。
② 焦竑：《国朝献征录》卷五一。
③ 万历《韩城县志》卷五。

门，无理政之权。因此，这种选拔并没有根本改变广大工匠受奴役、被压迫的地位，也没有破坏封建主义的国家体制，只是一种局部的、极不彻底的官制改革或权宜措施。但是却具有一定的积极意义，收到了显著的成效。它有利于提拔人才，为能工巧匠创造某种施展才能的条件，有利于调动广大工匠的积极性和创造性，促进建筑业的发展。同时由于它在某种意义上提高了建筑等工匠的地位，并使能工巧匠客观地认识到自己的杰出才能和实际水平，因而产生了深远的社会影响。

从工匠中选拔的工部官吏，一般来说，都具有专门的建筑科学知识和高超的建筑技术，这就多少改变了工部官僚队伍的结构，增加了精通专业的官僚。由内行参与指挥和管理，可以充实加强领导，提高管理水平，避免不必要的挫折和损失，加快建筑工程的进度，保证其顺利落成。

从工匠中选拔的工部官吏，业务能力较强，能主持、设计和指挥大的土木工程。例如，南京宫城和坛庙的设计，多出于陆贤之手。蔡信、杨青先后提督调度营建北京宫殿的工程。名气很大的蒯祥，在一系列工程上都有卓越贡献，其中主要的有：永乐中创建北京宫殿，正统中重建"三大殿"及文武诸司，景泰时建隆福寺，天顺时作南宫、裕陵和西苑的殿亭。此外，他对长陵、献陵、景陵和寿陵，也都有技术贡献。郭文英在嘉靖初期和中期，参与修建了许多宫殿坛庙工程，计有太庙、帝王庙、显陵、清馥陵、启祥宫、皇史宬、皇穹宇、沙河行宫、北京的外城、东便门的城楼和四郊的坛社等。徐杲在嘉靖中期和嘉靖后期先后参与了或指挥了不少重大工程，诸如皇史宬、太庙、京师外城、重建奉天门、建太玄都殿、建玉熙宫、重建永寿宫、重建"三大殿"等。蔡信（明后期）在嘉靖朝负责修葺武当山一系列道教工程，计有玄帝宫、真武殿、帝真殿、御憩殿、紫极殿、秦汉宫、都飞龙殿、紫雷宫等。他们当中，有的人由于兼通水利，还参与规划、指挥了一些水利工程的修建，如蔡信在北京建造水磨三所，徐杲相度规划修建芦沟河堤。

从工匠中选拔的工部官吏，虽然阶级地位发生了根本的变化，但是由于他们出身下层，来自民间，某些人还保持着亲自参加实践，不脱离劳动的传统。如蒯祥"自执寻引，指示工作"，徐杲"躬自操作"，"操斤指示"，因而与广大工匠夫役有着较为密切的联系，便宜于集中群众的智慧，总结群众的经验。例如徐杲用扶壁法正魏国公大第。扶壁法是我国民间流传下来的一种临时救急的建筑方法，既经济又简单可行。徐杲利用这种方法，说明他重视民间的建筑技术，善于总结劳动人民的建筑实践经验，从中吸取营养，丰富和充实自己的建筑技术，并加以运用，收到了良好的效果。

工匠出身的工部官吏，不仅有实干精神，而且在建筑技术上还能精益求精，有所发明创造。如徐杲在"三大殿"的施工期间，"易砖石为须弥座，积木为柱"[1]。所谓"易砖石为须弥座"，是指用砖石来修补残缺损坏的须弥座。所谓"积木为柱"，亦称"拼帮""拼攒"，是指梁柱材细小，则利用木材易于拼合的性能，将小块木料经过拼合、斗接、包镶，使之粗壮加高之后，做柱子，发挥大料的作用，以节省用料。这不仅解决了当时山林空竭，大木奇缺的困难，而且节约了大量建筑经费，"省不可计……然三殿之工，估者至数十百万，而费止什一"[2]。

因此，由工匠出身的工部官吏所主持或参与设计、指挥的工程，大都能按时竣工，有的还能提前落成。如蔡信在宣德时提督指挥的营建景陵工程，不足三月，夫役未齐，居然将近告成。[3] 徐杲在嘉靖时"躬自操作"的重建奉天门工程"不数月而就"；他

---

① 焦竑：《国朝献征录》卷五○。
② 同上。
③ 《明英宗实录》卷三。

"操斤指示"的重建永寿宫工程不到三个月就完成了。不仅如此，这些工程的建筑质量也高，其中"三殿两宫"堪称精心杰作，颇具代表性。"三殿两宫"布局谨严规则，形象巍峨壮观，气概整齐严肃，色彩富丽堂皇，集中体现了我国古代建筑的优秀传统和独特风格，在建筑技术和建筑艺术上都有高度的造诣，不仅是中国建筑史上的丰碑，也是世界建筑史上的杰作。

从工匠中选拔工部官吏，提高了工程技术人员的政治地位和社会地位，人们对工部、工部官吏、工匠的态度和看法有所改变。《续通典》卷二十七《职官》五云："时制以工部居六曹后，仕进者冷局视之。嘉靖间，兴大工，添设郎官数倍。营缮司尤盛，郎官多至十余员，骤得升京堂，或有先赐四品服者。人始慕之，而为语云：'马前双，马后方，督工郎。''双'者棍，'方'者杌也。"

由于社会舆论的改变，由于"匠作班朱紫"的现实，工匠和出身工匠的工部官吏的自尊心，和对自己所从事的工程技术工作的自豪感也提高了，某些出身工匠的工部官吏毫不讳言自己由何起家。同时，他们的社会影响也扩大了。例如，郭文英被他的家乡韩城县人引以为荣，万历《韩城县志》卷五说："郭文英……足为乡邑光宠矣。而韩（城）之人尚嗟山川之气毓，不为皋夔而为工，垂亚流云。"这在"万般皆下品，唯有读书高"的封建社会里，是多么难得啊！又如蒯祥对于子孙、邻里都有较大的影响。光绪《吴县志》卷七八说："蒯祥为吴县香山斫工，位至工部侍郎，子孙尤世其业，今江南木工巧工皆出于香山。"这就多少改变了当时重文史、轻理工、尚空谈、不务实的社会风尚。

五

从工匠中选择工部官吏，是一种不平常的社会现象，它打破了授官必由阁部的旧制，对当时的八股文科举取士，无疑是一次微弱的冲击；对官僚士大夫阶级鄙视工程技术人员、把持仕途的旧传统，也是一次公开的挑战。这不能不损害守旧的官僚士大夫的既得利益，引起他们的仇恨，于是他们便进行公开的或者隐蔽的阻挠和破坏。

据《明史》卷一〇《李森传》《王瑞传》《李俊传》的记载，成化时，户科给事中李森、吏科给事中王瑞、都给事中李俊等先后上疏，叫嚷从工匠中选拔工部官吏使"名爵日轻，廪禄日费"，是"玩天下之公器，弃国家之大柄"的"弊政"，要求"悉皆斥汰，以存国体"。弘治时，兵科给事中张弘至指责选拔工匠张广宁等为官，胡说这是时政不能善始善终的重要事件之一。武宗初年，少师、首辅兼吏部尚书刘球进谏，说授工匠官职是滥赏，非尽罢黜不可。

这种斗争，在嘉靖年间，随着"匠作班朱紫"的增多而日益激化。当时斗争的双方，一方是守旧的官僚士大夫，另一方是明世宗和出身工匠的工部官吏。斗争的焦点在于：从工匠中选拔工部官吏，是否有损于"国体名器"。所谓"国体"，是指表明国家根本性质的国家体制，它是由社会各阶级在国家中的地位决定的；所谓"名器"，是指用以分别尊卑贵贱的爵号与车服仪制。守旧的官僚士大夫死抱着封建等级观念不放，力阻对出身工匠的工部官吏的晋秩赏赐；或者赤裸裸地攻击从工匠选拔工部官吏破坏了封建国家体制，要求予以废止，并惩办出身工匠的工部官吏。但由于明世宗态度坚决，守旧的官僚上大夫不敢继续反对。《万历野获编》卷十九《工部·工匠卿式》说："嘉靖年，徐杲以木匠至工部尚书。当时在事诸公，亦有知其非者，以世宗眷之，不敢谏。"

可是等到明世宗一死，情况就发生了很大的变化。《明穆宗实录》卷三说："隆庆元年正月乙亥，革工部尚书徐杲职闲住……考察自陈，下吏部查议。都给事中王元春等劾杲，以匠役官正卿，其子文灿传升锦衣卫指挥世袭，皆滥名器，坏政体，并宜汰黜，吏部复奏，从之。"在徐杲罢官后，又遭政敌栽赃陷害，内官监太监李芳劾奏："原任工部尚书革职闲住徐杲与监正王儒等六人，前修理芦沟桥，侵盗官银万计。得旨，令锦衣卫执杲等送法司鞫问，刑部拟如律例追赃，发遣，从之。"① 在短短的几个月里，徐杲就从工部尚书的宝座上跌落下来，从罢官、鞫问直至被发配戍边。

当局之所以要以追赃的方法捏造罪名陷害于他，显然是为了欺骗社会舆论。而当局要打击的，绝不是徐杲一人，而是徐杲出身的那个阶级和从那个阶级中选拔优秀分子做工部官吏这一进步措施。隆庆元年（1567）二月，就在徐杲被下狱遣戍的同时，从工匠中选拔的上百名官吏全部被削官。这充分暴露了统治者对他们的忌视和冷酷无情的态度。

明代中叶以后，从工匠中选拔工部官吏这一进步措施被废止了，徐杲以后，再也看不见把工匠选拔为工部官吏的记载了。知名的建筑匠师冯巧，在万历、泰昌、天启三朝，主持修建宫殿陵寝的工程（包括重建慈宁宫、坤宁宫、乾清宫、披房斜廊、乾清、日精、月华、隆福等门围廊房一百一十间；修建神宗定陵的寿宫；重建"三大殿"），在技术上作出了较大的贡献。其中需要特别指出的是他负责的重建"三大殿"工程，在"前朝册籍无可借考"的情况下，而工倍费省，可是大工落成后，在一片喧嚣的升赏声中，他却连一点赏赐都没有得到，更不要说被选拔升官了。冯巧的得意高徒梁九尽得其传，在冯巧去世后，隶籍冬官，代执营造之事。明末"大内兴造，梁皆董其事"。有一日，他"手制木殿一区，献于尚书所。以寸准尺，以尺准丈，不逾数尺许而四阿重室规模悉具"，人称"绝艺"。② 然而他也同他的师傅冯巧一样，既没升官，又无赏赐。到了清初从工匠中选拔工部官吏重又萌发起来。例如，康熙年间，雷发达以木工技术卓越，擅长设计宫廷

---

① 《明穆宗实录》卷四。
② 王士祯：《梁九传》，见《带经堂集·蚕尾续文卷》卷第七。

建筑图样，被清圣祖当面"敕授"为工部缮造所的长班。他的子孙因为能继承他的技术，有升官者。他的长子雷金玉继父业任营造所长班，供役圆明园楠木做样式房掌案（掌案，今总建筑师）。以内廷营造功，钦赐内务府七品官，并食七品俸。他的七世孙雷廷昌在光绪年间供差样式房，官至工部员外郎（从五品）。[①] 但这不过是明代从工匠中选拔工部官吏的余波而已。

（本文在撰写的过程中，曾得到业师、著名学者张政烺先生的教益，又承明史大家王毓铨先生审阅，并提出宝贵意见，谨在此一并致以衷心的感谢）

（原载《科技史文集》第 11 辑，上海科学技术出版社 1984 年版）

---

① 见朱启钤《样式雷考》；彭卿云《中国历代名人胜迹大辞典》，科学技术编"雷发达"条。

《髹饰录》作者生平籍贯考述

　　《髹饰录》，明黄成著，杨明注，是一部完整的带有总结性的关于漆器的著作，也是现存最早、影响颇大的漆工专著，对于研究漆器史和漆器工艺，都具有很重要的价值。

　　《髹饰录》约成书于16世纪中叶，无刻本，一部抄写孤本大约在明末清初被日本漆工传抄了去。根据日本人大村西崖的记述和《髹饰录》书卷中收传印记，该书在清乾隆、嘉庆年间藏木村孔恭（字世肃，堂号兼葭）家。文化元年（嘉庆九年，1804），被昌平坂学问所购去，该所一笃学老儒寿碌堂主人，博引群经，为该书作笺证。后没入德川幕府。明治维新之时，入浅草文库，后转归帝室博物馆。东京美术学校刊有铅印本，秘不示人。明治维新之后，一些日本学者还对该书进行了新的整理和研究。如今泉雄氏作《〈髹饰录〉笺解》，在《国华》第113期至第152期连载，后来他又作有关《髹饰录》的文章，在《漆友》杂志上陆续刊出。六角紫水氏将《髹饰录》全书用日文译出，附于所著《东洋漆工史》之后。此外，大村西崖所著《中国美术史》，对该书也多有征引。可见该书得到日本人的重视，并对日本的漆工艺产生了一定的影响。这部书在日本流传了三四百年，我国却很少有人知道。直到1926年，《髹饰录》才受到我国学者朱启钤先生的注意。他向日本人要到副本，并对该书体例加以整理，又撰写了弁言，刊印行世。①

　　关于《髹饰录》著者黄成的生平事迹，文献记载极其简略，因此我们所知甚少。但如果抉幽发微，并采用已有的研究成果和成说②，还是能够用粗线条勾画出如下轮廓。

　　黄成，字大成，号平沙，生活在明隆庆（1567—1572）前后，是当时民间一位杰出的油漆匠师。明高濂《遵生八笺》卷十四《燕闲清赏上·论剔红倭漆雕刻镶嵌器皿》称其"造剔红，可比果园厂，花果人物之妙，刀法圆活清朗"。高濂为万历年间（1573—1620）人，离黄成生活的时代甚近，其记述是可信的。据近人陆树勋考证，果园厂在北京皇城内金鳌玉蝀桥西迤北之仁寿寺③，是从明永乐年间开始设置的专供皇家御用的漆手工业作坊。剔红，一名雕漆，是把朱漆层层涂在木或金属胎上，待积累到一定厚度，然后用刀镂剔出深浅不同的花纹图案，是一种精细复杂，难度颇大的技法，不仅需要高超的技术水平和很好的艺术修养，而且要具有一丝不苟的精神和坚韧不拔的毅力。这种技法，创始于唐朝，盛行于宋元。

　　明朝又有发展，其样式花色繁多，图案更加适合造型要求，刀法雄健浑厚，磨工圆润光滑。黄成的作品可以和官局果园厂的相媲美，是十分难得的。

　　由于作品精良，所以价格昂贵，清吴骞在《尖阳丛笔》卷五中称其"造剔红，一合三千文（指铸钱）"。隆庆年间，四百七十几文钱可购买米一公石④，三千文铸钱约可购买米六点四公石。到万历年间，三千文价，其值相当于上等机布六匹，或雇佣工资一

---

①　参见沈福文主编《中国髹漆工艺美术简史》第七章第六节《髹饰录——我国明代髹漆工艺的专著》，人民美术出版社 1964 年版；王士襄《髹饰录解说·前言》，文物出版社 1983 年版；索予明《蒹葭堂髹饰录解说·自序》，台湾商务印书馆 1974 年初版。

②　同上。

③　见陆树勋《剔红戗金犀皮三种髹器考》，《古学丛刊》，第七、八期。

④　见彭信威《中国货币史》第七章《明代的货币》，上海人民出版社 1958 年版。

年有余。① 高昂的价格反映了高超的技艺。到万历年间，黄成的作品已经不易得到。

黄成不仅有剔红一技之长，似乎对于油漆技术的各门皆精通，并粗通文墨，在当时颇有影响，效法的人很多，并且还有赝品。因此，名重望隆，被后辈誉为"一时名匠，精明古今之髹法"②。

从黄成著《髹饰录》及该书采用许多天文、地理名词（如日辉、月照、宿光、晨缠、风吹、电掣、雨灌、露清、春媚、夏养、秋气、冬藏等），以象征附会漆工的工具、设备、材料，又常引用典籍中的现成语句作说明看，他还是一个知识面较宽，略通经史，会写文章，颇有创见的人才。

从《髹饰录》一书的一些章条来看，黄成具有比较进步的思想、开明的见识和高尚的职业道德。例如该书乾集《楷法第二》说，漆工有"三病"，其一是"独巧不传"。我国古代工匠，由于其作为小生产者固有的狭隘和保守，在技艺传授上传内不传外，使不少精工巧艺都失传了。黄成对此深为痛心，坚决反对这种守旧观念，他特意写书总结我国古代漆工艺的成就和经验（其中也包括他自己的技艺和经验），留传后人，以便继承并发扬光大之。正如《髹饰录》坤集《尚古第十八》杨明注所说："一篇之大尾名尚古者，盖黄氏之意在于斯。故此书（章）总论成饰，而不载造法，所以温故而知新也。"笔者同意杨明的看法，这就是黄成著书的心愿。他无意以著述扬名，因此，此书当时绝大多数人都不知道，高濂在《遵生八笺》中也只字未提，又如在《髹饰录》坤集《尚书第十八》中黄成指出："模拟历代古器及宋、元名匠所造，或诸夷倭制等者，以其不易得，为好古之士备玩赏耳，非为卖骨董者之欺人贪价者作也。凡仿效之所巧，不必要形似，唯得古人之巧趣，与土风之所以然为主。"意思是说，模仿复制古代的

---

① 方豪：《万历年间之各种价格》，《食货月刊》第 1 卷第 3 期。
② 杨明：《〈髹饰录〉序》。

及外国的漆器，是为了供好古者赏玩和研究，而绝不是为了给奸商冒充古物，博取商价，骗人牟利创造条件。模仿古代漆器，贵得前人的技巧神韵；模仿外国漆器，应当注意民族风格；重要的不是要外表形象的相似。这当然是难能可贵的真知灼见。杨明注云："有款者（摹）之，则当款旁复加一款曰：'某姓名仿造。'"既不掠人之美，又态度严肃负责。著者和注者良好的作风、高雅的气质，令人起敬。

关于黄成的籍贯，明朝的正史和方志都没有记载，只有明清的笔记和野史偶有提及。明万历时人高濂的《遵生八笺》，明天启时匠人杨明的《〈髹饰录〉序》和清人吴骞的《尖阳丛笔》，都有雷同的简单记载："新安黄平沙。"

日本有的学者根据上述文献记载说黄成是新安平沙人①。有些中国学者沿袭这种说法，并推论"平沙可能是安徽新安的一个乡镇"②。我们也认为黄成是新安人；但对黄成出生平沙说却不敢苟同。在古籍中，没有把一个人的姓放在他籍贯之中的先例。在古代，下对上，少对长，或是平辈之间，为了表示尊敬，不直呼其名，而称其字号。因此有的古人以字号闻世。黄成是当时的油漆名匠，其受一般平民的尊敬，可以想见。人们称他为"新安黄平沙"，平沙当然是他的号，而不是他的籍贯。他的籍贯是"新安"。诚然，在古代，为了表示对名人的敬重，亦有称地望（即籍贯）的，如韩愈、柳宗元、王安石，分别被称为韩昌黎、柳河东、王临川，但都是把地望放在姓氏之后。按照约定俗成，如对黄成称地望，则应称黄新安，而不称黄平沙。经查明清两代《徽州府志及徽州府所属各县——歙县、休宁、婺源、祁门、黟县、绩溪

---

① 见大村西崖著，陈彬和译《中国美术史》第十六章《明·漆工》，商务印书馆1932年版。

② 见王士襄《〈髹饰录〉解说》，第24页；沈福文主编《中国髹漆工艺美术简史》，第114页。

的县志》，都没有名叫平沙的乡、里、村、街、巷。① 根据上述理由，是否可以作出以下的判断：平沙可能不是黄成的地望，而是他的号。俞剑华先生亦认为平沙是黄成的号②，与我们的见解不谋而合，可惜的是他未加论证。古琴曲有名《雁落平沙》者，内容描写沙滩上群雁起落飞鸣、回翔呼应的情景。黄成的"平沙"之号或源于此。其寓意是以雁自喻。然而有的学者却认为，黄成的号不是平沙，而是大成。③ 我们认为，这种说法亦欠妥。古人的名和字有意义上的联系，有的名和字往往是同义词。"成"与"大成"同义，依据古人名与字的习惯，"大成"当是黄成的字。

明代有两个新安，一个新安属京师保定府，洪武十三年（1380）设置；另一个新安属广东岭南道广州府，万历元年（1573）改置。然而这两个新安都不是黄成的籍贯。这是因为上述两地在明朝生产力发展不够，工商业不发达。属于保定府的新安，"地瘠俗厚，稼穑不足自赡"④。而属于广州府的新安，民"朴拙成风，巧饰不习"，"多重农桑而后商贾"，"器用取浑坚，不事淫巧"，"嫁女不以妆奁相夸耀"，"邑地滨海，民多以业渔为生"⑤。又"凡各市肆贸易，系异邑人"，"少学工匠"⑥。两地也不出漆和桐油。属于保定府的新安所产"无异他邑者……即有一、二特产，如煤炭、灰磁，他邑间亦有之"⑦。属于广州府的新安，所产木有

① 见万历《歙志》、康熙《歙县志》；万历《休宁县志》、康熙《休宁县志》；康熙《婺源县志》、道光《婺源县志》；万历《祁门县志》、道光《祁门县志》；顺治《黟县志》、道光《黟县志》；万历《绩溪县志》、嘉庆《绩溪县志》；嘉靖《徽州府志》、康熙《徽州府志》、道光《徽州府志》。

② 俞剑华编：《中国美术家人名辞典》，上海人民美术出版社 1981 年版，第1141 页。

③ 见王士襄《〈髹饰录〉解说·自序》；沈福文主编《中国髹漆工艺美术简史》，第 114 页。

④ 康熙《新安县志》卷八《风俗》。

⑤ 嘉庆《新安县志》卷二《舆地略一·风俗》。

⑥ 康熙《新安县志》卷三《地理志·风俗》。

⑦ 康熙《新安县志》卷九《土产》。

榕树、木棉树和香树等，却没有桐油树和漆树。① 两地县志均不见
油漆工艺的记载，当然也就不会有著名的油漆匠师及其总结油漆
生产经验的著作问世了。

那么，黄成的籍贯究竟在哪里呢。王世襄先生认为很可能是
安徽新安的一个乡镇②，俞剑华先生认为是在今安徽歙县③，但都
未加论证。我们认为这两种说法都有一定的道理，但前一说法似
更稳妥。我们同意此说，其根据有以下六点。

第一，徽州古名新安。明徽州府辖境自西晋太康元年至隋开
皇八年（280—588），历经东晋、宋、齐、梁、陈，凡六朝，除梁
元帝承圣二年至陈文帝天嘉二年（553—561）一度属新宁郡外，
一直属新安郡（新安之得名，大概因为徽州辖区以新安江流域为
中心，且所属祁门县有新安山）。后来，这一地方虽因政治原因而
改置他郡（歙州、徽州等），但新安这个古地名却一直为后人所沿
用，并成为徽州所辖地的别称。

唐代诗人李白、刘长卿、孟云卿等皆在诗中称徽州为新安。
例如，李白的《新安江》云："闻说金华渡，东连五百滩。他年
一携手，摇艇入新安。"④ 刘长卿的《新安送陆沣归江阴》云：
"新安路，人来去。早潮复晚潮，明日知何处。潮水无情亦解归，
自怜长在新安住。"⑤ 孟云卿的《新安江上寄处士》云："深潭与
浅滩，万转出新安。人远禽鱼静，山空水木寒。啸起青苹末，吟
瞩白云端。即事遂幽赏，何必挂儒冠。"⑥ 以上三首诗都提到新安
江（刘诗所说新安路当指新安江水路），而新安江在徽州境内，故
诗中所说的新安当指徽州。

---

① 嘉庆《新安县志》卷三《舆地略二·物产》。
② 见王世襄《〈髹饰录〉解说》第24页"黄平沙"注。
③ 俞剑华编：《中国美术家人名辞典》，第1141页。
④ 道光《歙县志》卷九《艺文志·杂著·诗赋》。
⑤ 《全唐诗》卷一百五十一。
⑥ 《全唐诗》卷一百五十七。

　　宋朝人朱熹为婺源人，婺源本新安郡地，故熹落款常称新安朱熹。宋朝人罗愿亦称徽州为新安，并编有《新安志》。他在该书序中说："新安在秦汉为黟、歙二县。"可黟、歙二县在北宋宣和三年（1121）后属徽州。可见他所说的新安就是指的徽州。

　　明朝称徽州为新安的人很多。例如，谢肇淛《五杂俎》卷四《地部二》中云："新安黄山深处……富室之称雄者，江南则推新安，江北则推山右。"归有光在《震川先生集》卷十三《寿序·白庵程翁八十寿序》中云："今新安多大族，而其地在山谷之间，无平原旷野可为耕田。故虽士大夫之家，皆以畜贾游于四方。"又如沈明臣的诗《上滩行》云："新安新定江水连，三百六十滩在天。新都缥缈高若悬，上滩三老分青钱。"① 徽州在长江以南，境内多山，其中以黄山名最著；又"徽（州）城东倚山，西、南、北三面距新安江，江合歙县、休宁、祁门、绩溪五邑之水；汇于歙浦，以入于浙，为滩三百六十"②。因此，上述诗文中所说的新安当指徽州。

　　清朝人亦有称徽州为新安者。如董含在《三冈识略》卷八《积财贻害》中云："新安有富人二，一程，一汪，以贾起家，积财巨万。"又如许仲元在《三异笔谈》卷三《布利》中云："新安汪氏，设益美字号于吴阊，巧为居奇。"此处所说的新安，商贾"巧为居奇"，"积财巨万"，显然是徽州。

　　此外，元、明、清三代，徽州所辖的婺源、祁门、黟、绩溪等县，都有称新安的乡、里、村、驿等。③

　　第二，徽州出产漆、桐油和木材，有发展油漆工艺的物质

　　① 《古今图书集成·方舆汇编·职方典·徽州府部·艺文二》。

　　② 顾炎武：《肇域志·南徽稿》江南十《徽州府》。

　　③ 见万历《歙县志》、康熙《歙县志》；万历《休宁县志》、康熙《休宁县志》；康熙《婺源县志》、道光《婺源县志》；万历《祁门县志》、道光《祁门县志》；顺治《黟县志》、道光《黟县志》；万历《绩溪县志》、嘉庆《绩溪县志》；嘉靖《徽州府志》、康熙《徽州府志》、道光《徽州府志》。

条件。

生漆是制造漆器的重要原料之一，而徽州是生漆的一个产地。清道光《徽州府志》卷五《食货志·物产》云："按宋《太平寰宇记》：'歙州土产，硾纸、茶、砚、漆、墨、蜜蜡、银鹇鸟。'此纪徽郡土产之所自昉也。"可见漆是徽州的土产之一。其中歙县所产最多，黟县、祁门次之。①

桐油是用油桐树的籽榨成的，可以入漆及油器物等，是制造漆器的又一重要原料，而徽州普遍出产之。明嘉靖《徽州府志》卷八《食货志·物产》云："桐油各县皆出，惟婺源、祁门为多。"

徽州还盛产木材，其中歙县所出的尤佳，"为什器几案则明洁而宜漆"②。早在宋代，徽州出产的木材即已知名。范成大的《骖鸾录》云："休宁山中宜杉，土人稀作田，多以种杉为业。杉又易生之物，故取之难穷。出山时价极贱，抵郡城已抽解不赀。比及严，则所征数有倍。严之官吏方曰：吾州无利空，微歙杉不为州矣。"当时漆木成为徽郡对外贸易的主要输出品。罗愿所作《新安志》云："祁门水入于鄱，民以茗漆纸木行江西，仰其米自给。"明代徽木尤为人所称道。当时徽州木商至多，其活动范围，不仅在当地从事木材贩卖，而且远赴浙江、福建、四川等木材产地，采购木材，转贩求利，甚至到北京大肆活动，以至采木、贩木成为徽人的主要职业之一。③ 木材大宗投入市场，为漆木胎（漆器的主要胎骨）的制造提供了雄厚的物质基础。

第三，明代徽州的手工业发达，有发展油漆工艺的技术条件。明代徽州"小民多执技艺"④，手工业和手工艺颇有名。不少工艺美术品都很繁荣，精工细作，有很高的技术水平。除了众所周知

① 道光《黟县志》卷三《地理、物产》；《大明一统志》卷一六《徽州·土产》。
② 康熙《徽州府志》卷六《物产·木果》。
③ 见傅衣凌《明清时代商人及商业资本·明代徽州商人》，人民出版社1956年第1版。
④ 顾炎武：《天下郡国利病书》卷三十二《徽州府》。

的墨砚、造纸、印刷、陶瓷外，还有发达的雕刻。谢肇淛的《五杂俎》卷十三《事部一》云："宋时刻本以杭州为上，蜀本次之，福建最下。今杭刻不足称矣，金陵、新安、吴兴三地，剞劂之精者，不下宋版，楚、蜀之刻，皆寻常耳。"徽州是明代版画的主要产地之一，嘉靖、隆庆以后尤盛，涌现了不少名雕工。如刻老莲（明末清初著名画家陈洪绶的号）五种（陈洪绶绘《水浒传》《西厢记》《离骚图》《博古图》《叶子格》）的黄子立，刻《墨苑》的黄鏻，刻《状元图考》的黄应瑞、黄伯符，刻《闺范》的黄元吉，刻《黄河清》的黄一彬、黄汝耀，刻《夺天工》的刘焰等。他们的作品，或以小说、戏曲等表现历史题材，或以写实手法反映现实生活，构图完整，形象生动，线条优美，富有抒情色彩，造诣颇深，价值很高。[1] 徽州雕工之精，迄清代依然。清钱泳《履园丛话》卷十三《艺能·雕工》云："雕工随处有之，宁国、徽州、苏州最盛，亦最巧。"

此外，徽州的金器、玉器、铜器亦很兴旺。明王世贞《觚不觚录》云："歙（歙属徽州）吕爱山治金，王小溪治玛瑙，蒋抱云治铜，皆比常价再倍。而其人至有与缙绅坐者。近闻此语流入宫掖，其势尚未已也。"可见技艺之精，水平之高。

漆器是一种包括多种工艺门类和多道工序的工艺品。明代的漆工艺，在继承宋元的基础上有了大的发展，名工巧匠辈出，漆器品种繁多，装饰技法丰富多彩，诸如雕漆、漆画、金漆、雕填、堆漆、螺钿、百宝镶嵌等，精细复杂，难度颇大，不是任何地区都能生产的。徽州有比较发达的手工业和手工艺，这就为该地区生产漆器提供了良好的技术条件。而其中的工艺美术品，如版画、金器、玉器、铜器等，也必然对漆工艺发生影响，并和漆工艺互相结合，相得益彰，使漆器更加丰富多彩。

----

① 参见大村西崖著，陈彬和译《中国美术史》第十六章《明·画图之刻本》；徐蔚南《中国美术工艺·画本》，中华书局1930年版。

第四，明代徽州商业繁荣，便于商品漆器的流通。顾炎武《天下郡国利病书》卷三十二《徽州府》云："徽人多商贾"，"小民……或贩负就食他郡者，常十九"。归有光《震川先生集》卷十三《白庵程翁八十寿序》云：徽州"虽士大夫之家，皆以畜贾游于四方。倚顿之盐，乌倮之畜，竹木之饶，珠玑、犀象、玳瑁、果布之珍，下至卖浆、贩脂之业"。张瀚《松窗梦语》卷四《商贾纪》云："自安太至宣徽，其民多仰机利，舍本逐末，唱棹转毂，以游帝王之所都，而操其奇赢，休歙尤夥，故贾人几遍天下。良贾近市利数倍，次倍之，最下无能者爱什一之利。其株守乡土，而不知贸迁有无，长贫贱者，则无所比数矣。"可见徽州商人十分活跃，商品交换相当发达。至于集镇店铺较多，商品出售方便，流通渠道畅通，当然是不言而喻的。事实也正是这样。弘治《徽州府志》卷一《地理一·坊市》云：本府城内"康庄坦然，市肆辏集"，这也成为促进漆器生产发展的因素之一。

第五，徽州的上层社会，尤其是富商大贾的豪奢生活，需要大量漆器。生产漆器和扩大漆器的再生产，有一定的必要性和迫切性。徽州大商人很多，他们拥资巨万，过着豪华奢侈的生活。谢肇淛的《五杂俎》卷四《地部二》云："新安大贾，鱼盐为业，藏镪有至百万者，其他二三十万，则中贾耳。"顾炎武《肇域志·南畿稿》江南十《徽州府》云：徽州"富亦甲天下……大贾辄数十万……其起家以赀雄闾里，非数十百万不称富也"。汤宾尹《睡庵稿》卷二十二《光禄丞潘长公行状》云："徽俗多行贾，矜富壮，子弟裘马庐食，辐凑四方之美好以为奇快，歙为甚。歙人民巷舍所居，动成大都会，甲于四方，岩镇为甚。岩镇大姓以十数，衣冠游从，照耀市巷，潘氏为甚。"归有光《震川先生集》卷十三《白庵程翁八十寿序》云："天下都会所在，连屋列肆，乘坚策肥，被绮縠，拥赵女，鸣琴跕屣，多新安之人也。"嘉庆《绩溪县志》卷一《舆地志·风俗》云："嘉靖末，绮縠渐奢，饮食逾靡，破觚刓纯，风日偷谲。"这种以纷华相尚，以奢靡为快的社会风尚，使社会上层，尤其是富商大贾需要大量"千文万华，纷然不可胜识矣"的精美漆器，以便玩赏享受，满足其奢侈生活的需要。明沈德符《敝帚斋余谈·时玩》云："玩好之物，以古为贵，惟本朝则不然。永乐之剔红……其价遂与古敌。盖北宋以雕漆擅名。今已不可多得……故以近出者当之。始于一、二雅人，赏识摩娑，滥觞于江南好事缙绅，波靡于新安耳食诸大估（贾）。曰千曰百，动者倾囊相酬。"这就是这种情况的真实写照。而流风所播，市民当亦相率仿效。社会对漆器的需求，可谓量多质高。这种需求势必刺激着漆器的发展。

由上可以看出，徽州在发展油漆工艺方面，具备了各种有利条件，因而油漆工艺发展较快，水平较高。《明史》卷一百九十八《彭泽传》云："彭泽……出为徽州知府。泽将遣女，治漆器数十，使吏送其家。"可见徽州漆器之盛。这里出现了著名的油漆匠师，例如吴拭，"制墨及漆器，人争宝之"①，他所制造的漆器，"绢胎鹿角灰磨者，螺钿用金银粒、杂蚌片成花者，皆绝古未有此"②。又如方信川，擅长"漂霞、砂金、蜔嵌、堆漆等制"，在当时享有盛名。其所制"效砂、金倭盒，胎轻漆滑，与倭无二"③。徽州既有发达的油漆工艺，又有著名的油漆匠师，因而总结油漆工艺经验的专著《髹饰录》当在这里问世。

第六，徽州较之保定府所属新安和广州府所属新安，离嘉兴西塘（今浙江省嘉善县城北）近，而嘉兴西塘是《髹饰录》注者杨明的家乡。在当时的交通条件和邮驿条件下，手抄本《髹饰录》容易传到那里，使杨明为之作注成为可能。

----

① 道光《徽州府志》卷一二《人物志·隐逸》。
② 方以智：《物理小识》卷八《器用类·漆器法》。
③ 高濂：《遵生八笺》卷一四《燕闲清赏上·论剔红倭漆雕刻镶嵌器皿》。

根据以上的分析，我们可以得出结论，《髹饰录》作者黄成的籍贯，既不是保定府所属的新安，也不是广州府所属的新安，而是徽州。

（原载《文史》第二十二辑，中华书局1984年版）

明代的油漆名匠

——兼及明代油漆技术的发展

    漆器是中国古代劳动人民的重大发明之一。在古典文献中有不少关于产漆和利用漆液作为涂料的记载，在考古发掘中也有许多漆器出土。中国的油漆技术源远流长。

    在中国悠久的油漆技术史上，明朝（1368—1644）是一个重要时期。明朝宫廷由于用漆很多，所以对漆的生产和漆工艺十分重视，并加以提倡。据《明宫史》木集《内府职掌》记载，内宫监所管十作，内有油漆作。《首都志》卷三引《方舆纪要》说，洪武年间在南京设立漆园、桐园，植漆树、桐树各达千万株。永乐年间在北京建置规模宏大的漆器作坊——官局果园厂，制造专供皇家御用的漆器。同时，民间的油漆业也兴旺起来。例如，四川、云南等地，出现了许多民间鬃剔银铜雕细作坊。当时"以唐为古格，以宋元为通法"①。在继承唐、宋、元三代优秀传统技法的基础上，有所发明，有所突破，取得了可喜的进展。漆的应用范围扩大了，从官式的建筑到民间的家具，从商店的牌匾到丧葬的棺材，都使用油饰漆绘。漆器的品种增加了，有雕漆、漆画、金漆、雕填、堆漆等。品类和模式繁多，例如果园厂"剔红盒有

---

    ① 杨明：《〈髹饰录〉序》。

蔗段、蒸饼、河西、三撞、两撞等式。蔗段人物为上，蒸饼花草为次。盘有圆、方、八角、绦环、四角、牡丹瓣等"①。漆器的图案和花纹丰富多彩，装饰表现方法多样化。根据图案花纹的差异，采用不同的技法，或用漆描绘，或雕刻，或填漆，或漆堆成纹，或多种技法互相配合，于是"千文万华，纷然不可胜识矣"②。当时官营手工艺品与民间手工艺品交相辉映，彼此媲美，呈现一派欣欣向荣的景象，在中国漆工艺史上写下了光辉灿烂的一页。

　　与油漆技术的发展相适应，明代油漆工匠的人数有了显著的增加。据万历《明会典》记载，当时轮班来北京服役的油漆工匠，每班就有 5137 名。在商品经济发展的江南和沿海一带，特别是嘉兴和新安，由于油漆业盛行，涌现了不少油漆名工巧匠。当时封建社会已经进入后期，由于封建制度的腐朽，剥削阶级的偏见，油漆工艺被视为小技，油漆工匠被看作末流，毫无社会地位。《明史》有"方伎"，但不给他们立传。他们当中，多数人的生平事迹和精工巧艺，早已湮没无闻，只有少数人的简历和技艺，支离破碎地散见于野史、方志和笔记里。其中记载稍多，也比较重要的有张德刚、杨埙、黄成、杨明、周翥等。兹分别介绍于下。

张德刚

　　张德刚（生卒年月不详）嘉兴西塘杨汇③人。他的父亲张成与同里杨茂都是元末油漆名匠，其技艺超群，尤以剔红著称，雕

①　高士奇：《金鳌退食笔记》卷下《棂星门》；一说永乐果园厂的漆器有剔红、填漆、戗金、倭漆、螺钿诸种，见方以智《物理小识》卷八。
②　杨明：《〈髹饰录〉序》。
③　西塘，一名斜塘，亦名平川，在嘉兴府嘉善县治（今浙江省嘉善县城）以北二十四里；康熙《嘉兴县志》卷之一《疆域·市镇》云："斜塘在城北四十里。"

法圆浑①，深受日本、琉球的喜爱。明永乐（1408—1424）中，日本、琉球购得他们的作品以献，明成祖闻而召之。当时张成、杨茂均已去世，张德刚因为家学渊源，能继其父业，闻召前往，"应明成祖面试，官营缮司所副，赐宅"②。张德刚以精通油漆技艺，被拔擢为官，并受到赏赐，他的阶级地位从此发生了根本变化，"其时官局果园厂复兴剔红，德刚供奉其间"③。即为皇家从事漆器生产的领导、管理、指挥和设计工作。

果园厂"明永乐年制漆器，以金、银、锡、木为胎，有剔红、填漆二种"④。所谓"剔红"亦名"雕漆"，是把朱漆层层涂在木或金属胎上，待积累到一定厚度，然后用刀镂剔出深浅不同的花纹图案，是一种精细复杂、难度颇大的技法，不仅需要高超的技术水平和很好的艺术修养，而且要具有一丝不苟的精神和坚韧不拔的毅力。这种技法，创始于唐，盛行于宋、元。明朝继承了宋、元的风格并有所发展，其样式花色繁多，图案题材广阔，结构精巧而富于变化，纹样刀法雄健浑厚，藏锋不露，磨工圆润光滑，朱厚色鲜，红润坚重。所谓"填漆"，即"填彩漆"，就是在漆地上镂剔出花纹图案，其间填色漆，待充满之后，加以磨平，以显出光滑的花纹图案。果园厂明永乐年制"填漆刻成花鸟，彩填稠漆，磨平如画，久而愈新"⑤。明永乐果园厂的漆工艺如此高超，张德刚作为那里的一位名匠，其精湛技艺可以想见。

张德刚直至宣德年间（1426—1435）依然保持着油漆名匠的称号。当时油漆名匠包亮与张德刚争巧，被朝廷召为营缮所副，

① 光绪《浙江嘉兴府志》卷五一《列传·嘉兴艺术》。
② 同上。
③ 同上。
④ 高士奇：《金鳌退食笔记》卷下《棂星门》；一说永乐果园厂的漆器有剔红、填漆、戗金、倭漆、螺钿诸种，见方以智《物理小识》卷八。
⑤ 同上。

就是一个佐证。宣德时的"剔红""制同永乐，而红则鲜艳过之"，"填漆""似更难制，至败如新"①。由此可见张德刚在油漆技术上不畏艰险、勇攀高峰的进取精神。

杨 埙

杨埙（生卒年月不详），字景和，嘉兴西塘杨汇人。出生在一个油漆匠家庭，他从小就受到油漆工艺的熏陶。他的父亲杨某是一位出色的油漆匠，在宣德年间被遣出国到日本学习油漆工艺，传其法以归，杨埙遂习之，他既能精心模仿，又能认真研究，去粗取精，消化吸收，大胆创新。勤奋的学习，不断的实践，使他"精明漆理，各色俱可合。而于倭（日本——引者注）漆尤妙……世号杨倭漆，所制器皿亦珍贵，近世绝少"②。加以天资敏悟聪慧，对书法诗格有一定的造诣，具有较高的艺术修养，因此被当时人誉为"绝艺"，在泥金画漆、漂霞、描漆等髹饰品种上都有突破，艺术成就很高。

泥金画漆，亦名描金，就是在红漆或黑漆地上加描青、黄、赤等等不同色彩的金花纹（山水、翎毛、花果、人物故事等），再在金花纹上用漆勾或戗刻出纹理。这种技法，源于我国，约在唐朝传入日本，得到发展，并形成了新的风格。明宣德时又从日本传入我国。③ 对于这种技法，杨埙能"自出新意，以五色金钿并施，不止循其旧"④。即不因循守旧，只用金花装饰，还要用彩油绘饰，并加嵌簿螺钿、金片和银片。《髹饰录》称之为"彩油错

① 高濂：《遵生八笺》卷一四《燕间清赏上·论剔红倭漆雕刻镶嵌器皿》。

② 郎瑛：《七修类稿》卷四七《事物类·杨埙》。

③ 陈霆：《两山墨谈》卷一八《泥金画漆之法》。《皇明文则》卷一二《义士杨景和埙传》。

④ 同上。

泥金加钿金银片"。一器之上，具备五饰，所以叫作"五色金钿并施"。① 他在学习日本先进经验的基础上，把各种技法巧妙结合在一起，融合中日两国的艺术特色，创造了有自己民族风格和气魄的新式漆器。这种漆器，绚丽如霞，五彩缤纷，"于是物色各称，天真烂然，倭人来中国见之，亦嗫指称叹，以为虽其国创法，然不能臻此妙也"②。

漂霞是明宣德年间从日本传入的另一种油漆工艺③。据明方以智（1611—1671）《物理小识》卷八《漆器法》云："漂霞者，隐漆也，先画花而漆之，磨出者也。"可见这是一种工序颇多、难度较大的工艺。杨埙的漂霞技法，风格生动，色彩鲜艳，"其漂霞山水人物，神气飞动，真描写之不如，愈久愈鲜也"④。

描漆是在素漆地上，用各色漆画花纹的装饰方法，可使花纹色泽丰富多彩。据《髹饰录》坤集《描饰》第六《描油》条杨明注，天蓝、雪白、桃红等色，用漆无法配制，只有用桐油才能调成。而用油调色，必须加粉。当时"描漆用粉，数年必黑，而杨（埙）画和靖观梅图屏，已断纹而梅花点点如雪"⑤。所谓"断纹"，据《髹饰录》坤集《尚古》第十八《断纹》条云："髹器历年愈久而断纹愈生，是出于人工而成于天工者也。"漆器由于胎骨和漆层经年不断的涨缩而出现裂痕，这种裂痕就是"断纹"。断纹成何形状，取决于人工："凡揩光牢固者多疏断，稀漆脆虚者多细断。"⑥ 断纹的种类较多，诸如梅花断、蛇腹断、牛毛断、冰裂

---

① 参见王世襄《〈髹饰录〉解说》坤集《斒斓》第十二《彩油错泥金加钿金银片》解说，1958年油印初稿。本文在油漆技法的分析和说明上，还有别处参考了该书和沈福文等《中国髹漆工艺美术简史》，不再一一注明。

② 陈霆：《两山墨谈》卷一八《泥金画漆之法》。《皇明文则》卷一二《义士杨景和埙传》。

③ 详见郎瑛《七修类稿》卷四五（事物类·倭国物）。

④ 郎瑛：《七修类稿》卷四七《事物类·杨埙》。

⑤ 高濂：《遵生八笺》卷一四《燕闲清赏上·论剔红倭漆雕刻镶嵌器皿》。

⑥ 《髹饰录》坤集《尚古》第一八《断文》条。

断、龟纹断、荷叶断等。其中梅花断是受人珍重的一种断纹，其裂痕呈圆形，一簇簇，宛如梅花瓣，因此望去点点如雪，如闻幽香，似见春意，令人赞赏不已，其用色之妙可知。

杨埙不仅技艺出众，而且人品超群，为当时的士人所不及。当时人对他"莫敢以一艺目之。有欲授之以官者，不就，遂隐于艺以自高"①。充分表现了劳动人民不慕权势富贵，不与统治者同流合污的纯朴本色和高尚情操。

黄　成

黄成（生卒年月不详）号大成，新安平沙人，生活在明隆庆（1567—1572）前后，是当时民间一位杰出的油漆匠师。明高濂《遵生八笺》卷十四《燕间清赏上·论剔红倭漆雕刻镶嵌器皿》称其"造剔红，可比园厂，花果人物之妙，刀法圆滑清朗"。明代的剔红技术在宣德以后又有发展，呈现崭新的面貌。嘉靖（1522—1566）时，由于云南一些工匠被挑选进入果园厂，因而带来了地方色彩，使果园厂的剔红在风格上起了很大变化；在选型上，出现了许多新式样；在题材上，以动物和文字相结合的图案，逐渐代替了以花鸟为主题的画面，更适合造型的要求；在雕刻技法上，露出锋棱，不磨熟棱角。隆庆、万历年间（1573—1620）的剔红，都继承了嘉靖年间的风格，取得了很高成就。黄成的剔红作品可以和官局果园厂的剔红作品媲美。由于他的作品精良，所以价格昂贵。清吴骞在《尖阳丛笔》卷五中云："新安黄平沙造剔红，一合三千文（指铸币——引者）。"当时四百七十几文铸钱可购买米一公石②，三千文铸钱约可购买米6.4公石。作品的高昂价值反映了他高超的技术水平。而"花果人物之妙，刀法圆滑

---

① 《皇明文则》卷一二《义士杨景和埙传》。
② 见彭信威《中国货币史》第七章《明代的货币》，上海人民出版社1958年版。

清朗"，又足以说明他已掌握了熟练的技巧，形成了自己的独特风格。黄成不仅有剔红一技之长，对于髹漆技术的各门皆所专擅，因此被誉为"一时名匠，精明古今之髹法"。^① 史载工匠"效法颇多"，可见他的影响之大。

黄成不仅精通髹法，而且颇通文墨。他苦心孤诣，著有《髹饰录》一书。该书分乾、坤两集，共十八章，一百八十六条，它系统地总结了我国古代油漆工艺技术的丰富经验，较全面地叙述了漆器和漆工的各个方面，诸如制造漆器所需的设备、工具、原料，漆器的分类、胎、装饰手法，漆器可能产生的毛病及其原因；漆工应抱的态度和应注意的事项等，是一部完整的带有总结性的漆工专著，也是现存最早的漆工专著。^②

杨　明

杨明（生卒年月不详），号清仲，约生活在明末天启（1621—1627）前后，嘉兴西塘人。西塘工商业发达，漆工荟萃，是元、明两朝髹漆名家彭君宝、张成、杨茂、张德刚、杨埙等人的故乡；据王世襄先生考证，杨明还是杨茂的后代^③。家学的渊源，环境的影响，使他从小就受到髹漆工艺的熏陶。加以勤奋努力，因而精通髹漆技法，并积累了丰富的学识、经验，搜集了大量资料，这就为他注释《髹饰录》奠定了基础。

天启五年（1625），杨明为《髹饰录》逐条加注，并撰写了序言，使这部著作内容臻于丰富翔实，价值也更高了。近人朱启钤先生在《〈髹饰录〉弁言》中对这部著作作了很高的评价，他

---

① 杨明：《〈髹饰录〉序》。
② 五代时朱遵度著《漆经》三卷，该书总结了历代漆工经验，是一部重要的漆工专著，可惜没有流传下来。
③ 见王世襄《〈髹饰录解说〉自序》。

说："平沙、西塘两氏，推本师承，发挥意匠，循名辨物，体用兼赅。盖训故精详，义例明彻，固已奄有经生良史之长，而考工术语，学士大夫转不能笔削一字。"

可是这样一部重要的科技著作和他的作者、注者，在封建统治者的心目中，却如同脚下的小草，不屑一顾。《四库全书》既未收此书，黄成、杨明在《明史》里也未列传，甚至连地方志（如《嘉兴府志》）都不予记载，更无人关心刊刻。然而这本书在日本流传了300年左右，得到比较广泛的传布。根据日本人大村西崖的记述，《髹饰录》并无刻本。一部传抄本在乾隆、嘉庆年间藏木村孔恭家，嘉庆九年（1804）被昌平坂学问所购去。维新之时，入浅草文库，后转归帝室博物馆。

日本美术史家大村西崖视之如珍宝。东京美术学校刊有铅印本，秘不示人。可见该书得到日本人的重视，并对日本的漆工技艺有一定的启示。它的影响，由此可见一斑。这部书在日本流传了三四百年，我国却很少有人知道，"遂使绝学就湮，奇书失野"①。直到1926年，《髹饰录》才受到我国学者朱启钤先生的注意。他向日本人大村西崖要到了副本，并对该书体例加以整理，又撰写了弁言，才刊印行世。

周　翥

周翥（生卒年月不详），明末扬州人，可能是明中叶镶嵌名匠周柱的后代②，以创"周制"之法闻名。所谓"周制"，是以金银、宝石、珍珠、珊瑚、碧玉（或用瓷片、料片代替）、翡翠、水

---

① 朱启钤：《〈髹饰录〉弁言》。
② 吴骞：《尖阳丛笔》卷五说："明世宗时，有周柱善镶嵌奁匣之类，精巧绝伦，时称周嵌。"按：周柱与周翥同姓，又"周制"之法是镶嵌工艺的较高发展阶段，且周柱是明中叶人，周翥是明末人，所以周柱可能是周翥的祖先。

晶、玛瑙、玳瑁、砗磲、青金、绿松、螺钿、象牙、蜜蜡、沉香
等，雕成颇为精致的山水、人物、树木、楼台、花卉、翎毛、嵌
于檀梨漆器之上，大而屏风、桌椅、窗槅、书架，小则笔床、茶
具、砚匣、书箱，当时称为"百宝嵌"。"百宝嵌"综合了多种镶
嵌技术，极其华贵，是镶嵌工艺的较高发展。① 由于用多种物体作
嵌饰，漆器外观绚丽多彩，"五色陆离，难以形容，真古来未有之
奇玩也"②。漆器表面或隐起如浮雕，或平整似明镜。用心之苦，
费工之巨，为一代之绝。③ "周制"之法在清朝依然流行，"乾隆
中有王国琛、卢映之辈，精于此技"④。北京圆明园的重要装修，
就是采用"周制"之法，由扬州贡去的。

（原载《中国生漆》1982 年第 2 期）

---

① 参见王世襄《中国古代漆工杂述》，《文物》1979 年第 3 期。

② 桐西漫士：《听雨闲谈·周制之法》；钱泳：《履园丛话》十二《艺能·周制》。

③ 高濂：《遵生八笺》卷一四《燕间清赏上·论剔红倭漆雕刻镶嵌器皿》。

④ 桐西漫士：《听雨闲谈·周制之法》；钱泳：《履园丛话》十二《艺能·周制》。

中编

城　市

跨湖桥文化内涵刍议

在中国辽阔广大的土地上，迄今已发现的新石器时代遗址有6000多处，好像"满天星斗"。跨湖桥遗址就是其中最亮的星座之一。这颗星一升起，就立即吸引了学界的眼球，引起学者的关注和兴趣。之所以如此，是由于跨湖桥遗址其文化内涵丰富，其文化类型独特，在学术史上具有重要价值和意义。限于篇幅，仅就以下若干问题略述自己不成熟的见解。敬请方家不吝赐教。

一 跨湖桥文化的年代

文化年代是解读文化内涵的前提，为此首先要确定文化的年代。关于跨湖桥文化的年代，^{14}C 测定为距今 8000—7000 年。但是往往会有一定的误差。林华东先生指出："供碳十四年代测定数据的标本常受地层周围环境的影响"，"故所测结果只供参考"，关键在于对变化最快的陶器的分析及其所反映出的社会生产力水平。他因此认为跨湖桥遗址的年代距今 7500—6500 年。[1] 众所周知，在新石器时代，出土器物中以陶器的变化最快，便于分期，看出形态演变规律，因此以陶器的变化分期断代是较好的选择。所以

---

[1] 林华东：《跨湖桥文化初析》，林华东、任关甫主编《跨湖桥文化论集》，人民出版社 2009 年版。

要将陶器的分期研究与 ^{14}C 测定的数据结合，比较分析，作出推断。笔者认为林华东先生的见解言之成理，持之有据，成一家之言，值得重视。

二　跨湖桥的彩陶

彩陶是跨湖桥遗址出土的陶器精品之一。制法为手制，即泥条盘筑、加拼筑、贴筑。有慢轮加工技术。低温烧成。器形有圈足盘、豆、罐等。其中有的体量较大。器形规整，厚薄均匀。孙维昌先生认为，跨湖桥遗址的彩陶，"是中国最早出现的彩陶之一，彩陶作彩于陶衣之上"。"陶罐往往在折肩以上施衣作彩。这种在浑圆之中进行彩纹布局的特色，体现了跨湖桥彩陶对视觉效果的特殊追求。另外，厚彩、薄彩的彩料之分以及点彩等等别具一格的彩纹形式，也构成跨湖桥遗址彩陶浓郁的自身特色。"[①] 这是很有见地的。彩陶是原始艺术的突出成就。跨湖桥遗址的彩陶纹饰色彩浓艳，线条粗犷、绘制精美。纹饰种类有太阳纹、火焰纹、波折、波浪纹、环带纹、条带纹、垂挂纹、十字或叉形纹、点彩、矩形彩纹以及组合纹样等。[②] 可谓丰富而规范，美不胜收。跨湖桥的彩陶，虽然尚未出现造型稳定、坚实、简洁、刚健的三足器，但从总体上说，无论是在技术上还是在艺术上，都达到了较高的水平。由此可以推知，彩陶出现的时间还要上溯一千年上下。因为远古社会较之当代社会，其发展要缓慢得多。

学者认为，火焰纹或许"反映一种拜火心理。太阳与火在光

---

　　① 孙维昌：《论跨湖桥文化》，林华东、任关甫主编《跨湖桥文化论集》，人民出版社 2009 年版。

　　② 浙江省文物考古研究所、萧山博物馆：《跨湖桥》，文物出版社 2004 年版，第55—63 页。

热上存在统一性，因此太阳崇拜的宗教核心可能是对光与热的祈祷"①。这种看法无疑是言之成理的，但似乎还不够全面。笔者认为太阳纹不仅是对太阳的崇拜，也是原始社会观象授时的萌芽。《史记》卷一《五帝本纪》载黄帝"迎日推策"，指观象授时，即根据多年观察天象所掌握的规律推算即将到来的季节时日。跨湖桥越先民种稻，为了丰收，自然要观测日月星辰，积累与摸索规律性的认识。这在河南郑州大河村遗址的陶器上、甘肃秦安王家阴洼遗址的彩陶碗上、陕西华县柳子镇遗址的彩陶钵上、江苏连云港将军崖一组大石遗址的岩画上、山东莒县阳陵河、诸城前寨及大朱村刻有"日月山"的陶尊上等均可得到佐证②，而几何形图案是同越先民的蛇图腾崇拜有关，如波浪纹似蛇的爬行状，环带纹似蛇的盘曲状③。

三　跨湖桥的独木舟

跨湖桥遗址引人注意的发现是独木舟。对于独木舟，古人类学家和经典作家早有论述。摩尔根认为："燧石器和石器的出现早于陶器，发现这些石器的用途需要很长时间，它们给人类带来了独木舟和木制器皿，最后在建筑房屋方面带来了木材和木板。"④恩格斯进一步指出，在新石器时代，"火和石斧通常已使人能够制造独木舟，有的地方已经使人能够用木材和木板来建筑房屋了"⑤。

---

①　浙江省文物考古研究所、萧山博物馆：《跨湖桥》，文物出版社 2004 年版，第326 页。

②　参见李学勤名誉主编、朱大渭主编《中国通史图说·原始社会》，九洲出版社1999 年版，第85—87 页；柳志青、柳翔《远古文明天文历法起源于华域——从贾湖、跨湖桥、老官台文化的闪光到河姆渡、仰韶、马家窑文化的辉煌》，林华东等主编《跨湖桥文化论集》。

③　参看《江南地区印纹陶学术讨论会纪要》，《文物》1979 年第 1 期。

④　摩尔根：《古代社会》上册，商务印书馆 1977 年版，第 13 页。

⑤　《马克思恩格斯选集》第四卷，人民出版社 1972 年版，第 19 页。

　　恩格斯的这段话笔者认为有两个要点，一是独木舟出现在相当久远的时代，二是独木舟是用火和石斧制造的。

　　独木舟的制造过程如何？《易经·系辞》云："刳木为舟，剡木为楫。"意思是，将木材剖其中而空使为舟，削令上锐使成楫。

　　在我国民族学资料中，没有用火烧加石斧刨凿制造独木舟的具体情况，但在澳大利亚人中，却有用这种方法制造独木舟的。其办法是选择一根粗大的树干，然后从一面加工，先在其上用火烧，把木头烧掉一层，然后再以石斧刨刮一层。如此这般经过一烧一刨等反复程序，终于制成了独木舟。我国佤族制造木臼时，也采用这种火烧斧刨的方法①。

　　跨湖桥的独木舟，有多处黑炭面或黑焦面，这是"通过火烧的方法挖凿船体的"证据②。著名造船史专家席龙飞先生指出，跨湖桥的"独木舟是用火和石锛制作出来的"，因为"在制作独木舟时，石锛较石斧当有更高的工作效率"；又"在跨湖桥发掘到的器物中，石锛的数量（28件）远比石斧（5件）为多"。③ 这一见解无疑是实事求是的。

　　跨湖桥遗址发现的独木舟残长 5.6 米，宽 0.53 米。置于湖泊岸边，被两侧若干木桩固定。周围有数片木桨，还有木料、木桩、木作工具等。学者认为这是一处与制作修理有关的独木舟工场。根据独木舟所在的地层关系，是在最早的第 9 层，即遗址的早期阶段，而 ^{14}C 测定和热释光测定，其年代都在公元前 8000 年左右，所以这是迄今国内发现的最早的独木舟。④

　　在独木舟出现之前，原始的渡水工具有葫芦、皮囊和筏。有

---

①　宋兆麟：《中国风俗通史·原始社会卷》，上海文艺出版社 2001 年版，第202 页。

②　蒋乐平：《跨湖桥独木舟三题》，林华东等主编《跨湖桥文化论集》。

③　席龙飞：《跨湖桥独木舟的学术价值》，《首届跨湖桥文化国际学术研讨论会·发言论文材料》，未刊稿。

④　施加农：《跨湖桥遗址的发现与发掘》，林华东等主编《跨湖桥文化论集》。

学者认为，用葫芦、皮囊泅渡，大半身要浸没水中。用筏也因其贴近水面，会被水淹没。"独木舟的出现是渡水工具的一项重大突破。独木舟与筏相比有显著的优点，即独木舟可提供相当的水密的空间。乘舟人和所携带的货物都可避免被水淹浸。独木舟还具有一定的干舷，即有一定的储备浮力。它不仅可适应载重量的增减，还能承受一定强度的波浪的袭击。独木舟是真正意义上的舟船。"① 甚是。

跨湖桥的独木舟，据蒋乐平先生研究，其起势十分平缓，横截面呈半圆，船底不厚，舱编浅。这种船在水中的稳定性差，载重量也有限。可能只能在岸边使用；但如果绑成边架艇的形式，可能出入近海。② 为了改善稳定性和增加载重量，学者指出："独木舟有三种可能的发展方向和演变途径。一种是以两只或多只单体独木舟并排连接，使舟体宽度成倍增加；二种是以火烤、日晒等加热的办法并加横向支撑以扩展舟体宽度，再进一步则是在舷侧加木板形成复合舟；第三种，设置弦外支架或弦外平衡物体。"③

跨湖桥先民有没有为改善独木舟的性能，而对其加以变革，以求发展呢？从独木舟周围发现不少木桩、横木、木板、木料看，答案是很有可能。如果是这样，跨湖桥的先民就可以驾舟出入近海了。

对跨湖桥独木舟的进一步研究，有待于新的独木舟考古发现及其比较研究。只有对跨湖桥独木舟定位准确，由此出发的推论才是真正有意义的。

四　跨湖桥的社会面貌

社会面貌涵盖经济形态、社会结构、社会生活、意识信仰等。

① 席龙飞：《中国造船史》，湖北教育出版社2000年版，第1—2页。
② 蒋乐平：《跨湖桥独木舟三题》，林华东等主编《跨湖桥文化论集》。
③ 戴开元：《中国古代的独木舟和木船的起源》，1985年《船史研究》（创刊号），第13页。

　　跨湖桥越先民处于新石器时代前期的母系氏族社会阶段，即传说中的神农氏时代。古籍载："神农之世……民知其母，不知其父，与麋鹿共处，耕而食，织而衣，无有相害之心。"① 李泽厚先生认为其时"大概相对来说比较和平安定"②。甚是。人们开始过着定居的生活。遗址可能是一处原始聚落。先民使用磨制石器和木器，狩猎和采集是生活的主要来源，种植稻谷和家畜（猪、狗）饲养只是补充。

　　越先民杂食，日常饮食具有多样性。食品种类可分肉类、谷物类和果蔬类。肉类包括鹿、水牛、猪、狗、鱼、龟鳄、水禽、贝、蟹等。谷物类有野生稻和栽培稻③以及粟、小豆④等。果蔬类有栎、芡、核桃、橡子、菱角、南酸枣等。食器按用途可分水器、炊器（以釜煮食，以甑蒸食）、盛食器、挹食器（匕）和储器等。从出土的陶纺轮、线轮可知已有了纺织，用骨针缝制麻布、兽皮。以木材建构房屋。因发现独木梯和木桩立骨的土墙，可知当时干栏式和地面建筑形式并重。⑤ 以鹅卵石铺路。驾独木舟出行捕鱼或出海航行。

　　跨湖桥越先民已有"审美意识"。出现了"原始绘画与雕塑"。骨哨是"原始音乐艺术"的体现。竹篾编织物反映了"高超的编织艺术水平"。⑥ 已有璜形饰等少量艺术装饰品。可能已知用中草药治病。信仰崇拜太阳。可能以蛇为图腾。刻画符号"有

　　① 《庄子·杂篇·盗跖》。
　　② 李泽厚：《美的历程》，文物出版社1989年版，第15页。
　　③ 张崇根先生认为跨湖桥栽培的可能是陆稻。详见张崇根《跨湖桥文化先民栽培的可能是陆稻》，林华东等主编《跨湖桥文化论集》。
　　④ 详见杨晓燕、蒋乐平《浙江跨湖桥遗址陶釜内残留物淀粉粒分析》，《首届跨湖桥文化国际学术研讨会·发言论文材料》，未刊稿。
　　⑤ 宋煊：《跨湖桥建筑遗迹分析》，林华东等主编《跨湖桥文化论集》。
　　⑥ 何汉生、肖梦龙：《实用美观，相得益彰——论跨湖桥文化的原始艺术》，林华东等主编《跨湖桥文化论集》。

可能是用于记录占卜的数字卦象"①。而"由多层圆形烧土面堆积而成的台形建筑,可能是用于宗教祭祀的遗迹"②。

五　跨湖桥文化在学术史上的意义

跨湖桥文化的发现在学术史上有重要的价值和意义。它丰富的内涵雄辩地说明:长江与黄河一样作为母亲河哺育了中华民族并使中国以其古老的文明著称于世。独木舟的发现显示,长江流域是我国古代舟楫的发源地,其先民是乘舟弄潮的先驱,并改写中国古代交通史、造船史和中外文化交流史。跨湖桥的漆弓是迄今发现最早的漆弓。漆弓的发现也将改写中国漆工艺美术史。其他发现可将杭州湾地区的榫卯木构件和彩陶等上溯至7000多年以前。③ 而栽培稻的发现则再次证明长江流域是世界稻作农业起源的中心之一。跨湖桥遗址颇具特色的遗存,反映了浙江新石器考古文化其类型丰富,其谱系多彩。④

(我在撰写此文的过程中,曾得到新石器考古和原始社会史专家林华东先生的帮助,谨向他表示由衷的感谢。)

(原载杭州市萧山跨湖桥遗址博物馆编《跨湖桥文化国际学术研讨会论文集》,文物出版社2012年版)

---

① 张居中:《浙江跨湖桥遗址刻划符号的启示》(提要),《首届跨湖桥文化国际学术研讨会·发言论文材料》,未刊稿。
② 曾骐:《跨湖桥——上山与浦阳江文化》,《首届跨湖桥文化国际学术研讨会·发言论文材料》,未刊稿。
③ 《中国考古学年鉴·2003年》,文物出版社2004年版,第17页。
④ 参见林华东《浙江通史》第一卷《史前卷·导论》,浙江人民出版社2005年版。

登封王城岗城堡遗址时代试探

　　根据历史记载和古史传说，在我国历史上确实存在过夏代。探讨夏代的文化及社会面貌，对于研究我国奴隶社会初期的历史和国家起源，都具有重要的意义。新中国成立以来，考古工作者探索夏文化的工作，从 20 世纪 50 年代就已开始，在传说的夏人活动区进行了大量的调查和部分发掘。1977 年河南省登封县王城岗城堡遗址①的调查和发掘就是其中之一②。它不仅为解决禹都阳城问题找到了可寻的线索，而且为探讨夏文化提供了典型的例证。由于该遗址的发掘工作尚未结束，有关的考古资料还不够完全和充分，人们看问题的方法和角度也不尽相同，因此对王城岗城堡遗址的时代众说纷纭，莫衷一是。归纳起来，基本有两种看法，一种看法认为是在原始社会末期，而另一种看法则认为是在夏代初年。③ 笔者同意后一种见解，以下就该遗址的地望、地层关系、年代范围以及文化性质等方面略加探讨。有错误的地方，欢迎批评指正。

---

　　① 从五渡河河道的变迁及其冲毁附近的龙山遗址和汉代墓葬看，推测东城的面积比想象的要大。

　　② 河南省文物研究所、中国历史博物馆考古部：《登封王城岗遗址的发掘》，《文物》1983 年第 3 期。

　　③ 余波：《国家文物局在登封召开告成遗址发掘现场会》，《河南文博通讯》1978 年第 1 期；本刊记者：《中国考古学会第四次年会》，《考古》1983 年第 8 期。

一

　　根据文献资料的记载，夏代确有阳城，而阳城又和夏代的第一个王夏禹紧密联系在一起。《古本竹书纪年》云："禹居阳城。"《世本·居篇》云："禹都阳城。"又云："夏禹都阳城，避商均也。"《孟子·万章（上）》说："禹避舜之子于阳城。"《史记·夏本纪》说："禹辞辟舜之子商均于阳城。"这些记载说明：阳城是夏代初期的一个重要城市，为禹所居，是禹的都城。

　　关于阳城的地望，自古说法不一。有说在河南，也有说在山西。说在河南的，有两地。一说在颍川阳城（今登封县告成镇附近）①，另一说在陈留浚仪（今开封市境内）②。而说在山西的，也有两地。其一在"泽之阳城"（今晋城县境内）③，其二为唐城（今翼城县境内）④。

　　那么，上述四说中哪一说正确呢？阳城究竟在哪里？徐旭生先生认为颍川说可信，其他三说不可取⑤。笔者认为徐说可从。其原因有以下两点。

（一）此说证据确凿

　　首先，文献记载的夏代阳城地理位置与今登封县告成镇一带的地理环境相一致。《国语·周语（上）》说："昔夏之兴也，融降于崇山。"韦昭注："崇，崇高山也，夏居阳城，崇高所近。"《太平御览》称："夏都阳城，嵩山在焉。"韦昭注："崇、嵩古通

---

①　《太平御览》卷三十九《嵩山下》引韦昭注；赵岐：《孟子注》。

②　《帝王世纪》；《通鉴地理通释》卷四。

③　《路史·后纪》卷十三及《注》。

④　丁山：《由三代都邑论其民族文化》，《中央研究院史语所集刊》第5卷第1期，1935年10月。

⑤　徐旭生：《1959年夏豫西调查"夏墟"的初步报告》，《考古》1959年第11期。

用。"可见崇山就是嵩山，而嵩山在今登封市境内。《国语·周语（上）》又说："昔伊、洛竭而夏亡。"韦昭注："禹都阳城，伊、洛所近。"而登封就在伊水、洛水的附近。《汉书·地理志（下）》云："颍川、南阳，本夏禹之国。"而阳城隶属于颍川。《括地志》说："阳城县在箕山北十三里。"《水经注》卷二十二《颍水》说："颍水出颍川阳城县西北少室山，东南过其县南。"郦道元注："颍水又东，五渡水注之……其水东南经阳城西……东南流入颍水，颍水经其县故城南，昔舜禅禹，禹避商均，伯益避启，并于此也。"今告成镇一带，南临颍河，隔颍河约 6 公里便是箕山；西有五渡水，西北去约 14 公里屹立着嵩山。这与上述文献记载中夏代阳城的地望基本相吻合①。

其次，登封所在的豫西地区是夏王朝的政治、经济中心和夏族先公的主要活动区域。我国古代许多典籍，如《尚书》《世本》《竹书纪年》《国语》《诗经》《左传》《礼记》《孟子》《史记》，以及一些地理专著，如《括地志》《水经注》，都记载夏王朝的统治中心是在伊、洛、河、济之间，即河南西部伊河、洛河流域和颍河、汝河中上游地区。《国语·周语（上）》说："昔伊、洛竭而夏亡。"伊水、洛水的枯竭当然不是夏王朝灭亡的根本原因，但从伊水、洛水的干涸被看作夏朝灭亡的征兆看，可知伊水、洛水对夏朝是多么重要！《史记·夏本纪》云："帝太康失国，昆弟五人，须于洛汭，作《五子之歌》。"《集解》孔安国曰："太康五弟与其母待太康于洛水之北，怨其不反，故作歌。"《史记·周本纪》称："自洛汭延于伊汭，居易毋固，其有夏之居。"《索隐》："言自洛汭及伊汭，其地平易无险固，是有夏之旧居。"《逸周书·度邑》也有相同的记载。《战国策·魏策（一）》记载："夫夏桀之国，左天门之阴，而右天溪之阳，庐、皋在其北，伊、洛

---

① 安金槐：《近年来河南夏商文化考古的新收获》，《文物》1983 年第 3 期。

出其南。"《史记·孙子吴起列传》言："夏桀之居，左河济，右泰华，伊阙在其南，羊肠在其北。"上述这些例证，充分说明夏人活动的主要舞台是在黄河、伊河、洛河的交汇地区。因此，夏代许多帝王先后在这里筑城建都。禹的父亲鲧在今嵩山地区筑城，因而被称为崇伯。禹的儿子启的都城钧台在今禹县境内。太康、仲康和桀的都城斟鄩在今巩义市境内。孔甲的都城很可能在今偃师县境内的首阳山附近（二里头遗址和稍柴遗址正在其南数十里）。可见豫西地区是夏朝的统治中心。

（二）此说旁证不少

首先，根据文献资料和考古发掘，春秋、战国至汉代的"阳城"，就在今登封市告成镇北侧①。顾祖禹《读史方舆纪要》卷四十八河南府登封市阳城废县条云："在县东南四十里，本周之颍邑。……战国初属郑，谓之阳城。《史记》郑君一十一年，韩伐郑，取阳城。秦亦为阳城县。……汉置县，属颍川。……晋仍为阳城县，属河南郡……后魏亦曰阳城县。……大业初，县属河南郡。唐……登封初改曰告成县。……五代周省入登封县。《志》云：'城中有测景台（即今之观星台），周公定此地为土中，立土圭测景，汉唐皆因之。'"阎若璩《四书释地》阳城箕山之阴条说："阳城，山名，汉颍川有阳城县，以山得名，洧水所出。唐武后改曰告成，后又曰阳邑。五代周省入登封。"《嘉庆重修一统志》卷二〇六河南府二（关隘）称："告成镇，在登封县东南三十五里。"这些记载和考证表明，从地理沿革看，春秋、战国至汉、唐的阳城就在今登封市告成镇一带。这已得到文物考古资料的印证。考古工作者近年在告成镇附近发现了一座春秋至汉代的古城遗址，城垣系夯筑，城内发现有春秋陶器，战国房基，用于

---

① 参见邹衡《夏商周考古学论文集》，文物出版社 1980 年版，第 223—224 页。

建筑的瓦件和输水、贮水设施，城外发现有铸造铁器、铸造铜器的遗址。① 从城内出土大量战国陶器上印制"阳城""阳城仓器"的篆书陶文戳记，以及汉代筒瓦上印制有"阳城"的隶书陶文戳记看，春秋、战国至汉代的阳城确实就在这里。② 推测夏代的阳城当离它不远。而王城岗城堡遗址就在它的西边，隔五渡河水与它相望。王城岗遗址的遗物在春秋中叶以后显著减少，看来该遗址大约因遭受水害从春秋中叶开始废弃，可能居民迁到今告成镇以北另建新的大的阳城。

其次，在登封告成镇及其附近的八方、石羊头③、程窑④等地发现了多处夏文化遗址，可见王城岗夏代城堡遗址的存在不是孤立的。

还有，王城岗城堡遗址位于王城岗上。而王城岗是当地群众的习惯叫法。这名字可能因为具有某种重要的历史含义而世代相传。这绝不是偶然的。⑤

二

王城岗是一处多种文化互相叠压的遗址，自下而上有"裴李岗"类型的文化、河南龙山文化、二里头文化、商代二里岗期文化、商代晚期文化和春秋、战国时期的文化堆积层。在上述各文化层中，以龙山文化的内涵最丰富。⑥ 河南龙山文化是我国新石器

① 河南省博物馆登封工作站高成：《春秋战国时期古阳城遗址的发掘》，《光明日报》1978年1月27日；河南省文物研究所登封工作站、中国历史博物馆考古部：《登封战国阳城贮水输水设施的发掘》，《中原文物》1982年第2期。

② 安金槐：《近年来河南夏商文化考古的新收获》，《文物》1983年第3期。

③ 徐旭生：《1959年夏豫西调查"夏墟"的初步报告》，《考古》1959年第11期。

④ 赵会军、曾晓敏：《河南登封程窑遗址发掘简报》，《中原文物》1982年第2期。

⑤ 安金槐：《近年来河南夏商文化考古的新收获》，《文物》1983年第3期。

⑥ 河南省文物研究所、中国历史博物馆考古部：《登封王城岗遗址的发掘》，《文物》1983年第3期。

时代晚期的一种文化，其社会发展阶段相当于原始社会晚期，原始公社开始解体，逐渐向奴隶制社会过渡。河南龙山文化的分布范围较广，遍及河南和晋南、冀南部分地区，其中心在豫西，主要是洛阳平原及其附近，如登封、禹县、临汝、密县、洛阳、伊川、巩县至郑州一带。而这一带正是前述夏人活动的大本营。

根据地层叠压和打破关系，结合文化层和灰坑中出土陶器的种类和特征，初步将王城岗龙山文化分为五期。纵观各期陶器的形制和纹饰，可以看出它们之间既有联系，又有差别，其发展是一脉相承的。"各期所出陶器，质料以夹砂灰陶和泥质灰陶为主，兼有少量夹砂棕陶和泥质磨光黑陶；器表纹饰以篮纹、方格纹最多，绳纹很少；器类主要有炊器鼎、罐、甑，饮器斝、鬶、杯，食器碗、豆、钵，盛器瓮、双腹盆，另有陶器盖等。"[1] 这五期中第一期相当于豫西龙山文化中期；第二期相当于豫西龙山文化中晚期，即介于中期和晚期之间；第三、四、五期相当于豫西龙山文化晚期。因此从总体上说，它基本上属于豫西龙山文化晚期遗存，较之豫西龙山文化早、中期，有很大的差异和发展[2]，"与豫东、豫北地区龙山文化的陶器也有着明显的区别"[3]，可见它有一定的特色。它和王城岗城址的二里头文化早期存在有前后紧密相接的发展关系。例如，王城岗龙山文化第五期出土的折沿圆腹扁足鼎、敛口卷沿深腹圜底夹砂罐和敛口鼓腹平底碗等陶器，和王城岗龙山文化第四期的同类器物比较变化较大，而与二里头文化一期的同类器物非常接近。[4] 又，在王城岗遗址，已发现相当于二里头文化一期的窖穴打破龙山文化五期窖穴的现象，证明龙山文

① 安金槐：《近年来河南夏商文化考古的新收获》，《文物》1983年第3期。
② 参见李民《夏代文化》，中华书局1980年版，第6页。
③ 安金槐：《近年来河南夏商文化考古的新收获》，《文物》1983年第3期。
④ 河南省文物研究所、中国历史博物馆考古部：《登封王城岗遗址的发掘》，《文物》1983年第3期。

化五期是属于稍早于二里头文化一期的文化遗存。在临汝煤山[①]和柏树疙瘩、洛阳矬李[②]等地，也发现有二里头文化叠压着河南龙山晚期文化的地层关系。这说明了二里头文化是由河南龙山晚期文化发展而来。而二里头文化经[14]C测定年代，在公元前1900—前1600年，与我国夏代纪年比较接近。二里头文化共分四期，其中第一、二期文化是学术界大多数人公认的夏代文化。因此豫西龙山晚期文化（其中包括王城岗的龙山文化类型）可能是属于当地夏代文化范畴的文化遗存[③]。

不仅从地层关系和实物证据上能说明王城岗城堡遗址属于夏代文化，而且从时代范围上进行分析亦能得出同样的结论。王城岗城堡遗址属于王城岗龙山文化二期。而王城岗龙山文化二期的西区T48奠基坑中出土的木炭，经[14]C测定的年代，分别为4000±65年（公元前2050年）、3885±65年（公元前1935年）、4405±125年（公元前2455年）[④]。这说明王城岗城堡遗址的具体年代距今4405年（公元前2455年）至3885年（公元前1935年），即公元前25世纪至公元前20世纪。古文献对于夏代的积年说法不一，一般认为在公元前22世纪或前21世纪至公元前16世纪。王城岗城堡遗址的时代基本上在夏代早期的纪年之内[⑤]。

有的同志借口[14]C测定年代有误差，否认王城岗城堡遗址的时代相当于夏代。我们认为，此说的理由是不充分的。诚然，[14]C测定绝对年代有一定的误差，不完全精确，因而根据个别的[14]C年代数据作出结论是不稳妥的。但是，收集一些有明确层位的标本，

① 中国社会科学院考古研究所河南二队：《河南临汝煤山遗址发掘报告》，《考古学报》1982年第4期。

② 洛阳博物馆：《洛阳矬李遗址发掘简报》，《考古》1978年第1期。

③ 安金槐：《近年来河南夏商文化考古的新收获》，《文物》1983年第3期。

④ 中国社会科学院考古研究所：《中国考古学中碳十四年代数据集》，文物出版社1983年版，第75页。

⑤ 全魁：《河南登封县王城岗夏代遗址》，《光明日报》1983年5月4日。

测出较多的年代数据进行分析，从而估计出遗址的年代范围，基本上还是准确的、可信的、有参考价值的。①

三

从王城岗城堡遗址的文化内涵性质看，当时的生产力发展较快，已经进入青铜时代；同时出现了阶级对立和阶级压迫，社会可能已跨入奴隶制的门槛。其依据有以下两点。

（一）是青铜容器的出现

在王城岗龙山文化四期的一个灰坑（H617）内，出土了一件青铜器残片（H617：14），残宽约 6.5 厘米、残高约 5.7 厘米、壁厚约 0.2 厘米。化验证实，质地是包括铜、锡、铅的青铜。② 安金槐先生根据器形认为是一件铜鬶的腹片（据安金槐先生 1983 年在中国社会科学院历史研究所的学术讲演记录）。青铜容器的铸造和使用是当时生产和生活中的一件划时代的大事，是社会生产力发展到一个新阶段的标志。青铜是铜、锡和铅的合金，其质地比红铜坚硬，熔点也比红铜低，具有良好的铸造性能和机械性能。③ "从铸造技术来说，铸造空体器比铸造工具、武器等实体器要难得多。后者一般只用单扇范，而空体铸件则必须用合范法，即除外范外，还要用内范。"④ 鬶是造型比较复杂的青铜容器，它的出现表明，青铜铸造工艺绝不是刚刚开始发生，而是经历了一定的由

---

① 参见仇士华等《有关所谓"夏文化"的碳十四年代测定的初步报告》，《考古》1983 年第 10 期。

② 河南省文物研究所、中国历史博物馆考古部：《登封王城岗遗址的发掘》，《文物》1983 年第 3 期。

③ 杜石然等：《中国科学技术史稿》上册，科学出版社 1982 年版，第 40—41 页。

④ 北京大学历史系考古教研室商周组：《商周考古》，文物出版社 1979 年版，第 19 页。

低级到高级、由简单到复杂的发展阶段。容庚先生曾经指出："从一般社会发展阶段及其遗物的实际情况来考察，所谓青铜器时代，其铜制物当先为工具，然后及于日常用品，最后才及于礼乐器之类。"① 这是有道理的。推测豫西龙山文化中晚期已经使用青铜工具。而青铜的出现和青铜工具的使用是我国由原始社会发展到奴隶社会的一个重要标志。②

对于上述王城岗龙山文化晚期遗址中出土的铜片，有的同志持怀疑、否定的态度，说是后代混入的。这里需要指出的是：铜器残片出在灰坑的中层，而不是在灰坑的上层，又是共存的都是龙山文化的器物，所以不大可能是后代混入的，而只能是当时的。此外，在临汝煤山遗址龙山文化二期的"H28、H40 中有炼铜坩埚残块，其中最大的一块长 5.3 厘米、宽 4.1 厘米、厚 2 厘米，上面保存有六层冶铜痕迹"③。这是很重要的发现。煤山类型二期属于豫西龙山文化晚期。它不仅证明了这个聚落遗址在龙山文化晚期已能自己冶铸铜器，社会生产力已相当发达，而且为王城岗龙山文化晚期人们已经掌握青铜铸造技术提供了有力的佐证。在辽宁大连市羊头洼④、山西榆次源涡镇⑤、山东胶县三里河⑥、河北唐山大城山⑦和山西夏县东下冯⑧等龙山文化遗址也发现有青铜

---

① 容庚、张维持：《殷周青铜器通论》，科学出版社 1958 年版，第 3 页。

② 安金槐：《近年来河南夏商文化考古的新收获》，《文物》1983 年第 3 期。

③ 中国社会科学院考古研究所河南二队：《河南临汝煤山遗址发掘报告》，《考古学报》1982 年第 4 期。

④ ［日］金关丈夫等：《羊头洼》第 67 页，图四十，1942 年。

⑤ ［日］和鸟城一：《山西省源涡镇遗迹出土的铜渣について》，《资源科学研究所汇报》第 58—59 号，第 150—161 页，1962 年。

⑥ 昌潍地区艺术馆、考古研究所山东队：《山东胶县三里河遗址发掘简报》，《考古》1977 年第 4 期，第 266 页。

⑦ 河北省文物管理委员会：《河北唐山市大城山遗址发掘报告》，《考古学报》1959 年第 3 期，第 17—34 页。

⑧ 东下冯考古队：《山西夏县东下冯遗址东区、中区发掘简报》，《考古》1980 年第 2 期，图七，5。

器。这些例证说明在王城岗龙山文化晚期遗址中发现当时的青铜器绝不是个别的孤例和偶然的巧合。

龙山文化中晚期生产力的提高在生产工具上也有较鲜明的表现。安金槐先生曾经指出，那时的生产工具有所改进。例如带孔石铲在龙山文化早期少，到龙山文化中期开始变多，至龙山文化晚期则大量出现。带孔的农具便宜于系绳缚柄，可以捆扎结实，经久耐用，得心应手（据安金槐1983年在中国社会科学院历史研究所的讲演记录）。笔者认为此说颇有见地。

（二）是人牲的存在

人牲又名人祭，就是杀人供某种祭祀所用。祭祀是奴隶社会礼制的重要组成部分。"国之大事，在祀与戎。"[①] 欺骗与镇压，正是统治者对人民交替耍弄的反革命两手。他们经常举行各种祀典，祭祀祖先、神鬼、天地、山川、日月、风雨等。著名史学大师郭沫若先生在其代表作《奴隶制时代》一书中，根据马克思主义经典作家关于在奴隶社会，奴隶是可以由主人随便杀死或买卖的论断，推论商代的"人牲"都是"官家奴隶"[②]。大概夏代也是这样。因此有无以奴隶作人牲的遗迹，是推定一个龙山文化晚期的遗址是否属于夏代文化的一个侧面。而王城岗城堡遗址就有人牲遗迹。[③] 从骨架的姿态很不自然看，死者可能有的被杀死，有的被活埋，故作挣扎状。他们既无固定的葬式，又无任何葬具和随葬品，与正常埋葬有明显区别。有的学者因而推测"这些埋有人骨架的夯土坑可能是大型夯土房基的'奠基坑'，坑内死者的身份是奴隶"[④]。笔者认为，这是有一定根据的。

---

① 《左传·成公十三年》。
② 郭沫若：《奴隶制时代》，科学出版社1956年版，第9—10页。
③ 安金槐：《近年来河南夏商文化考古的新收获》，《文物》1983年第3期。
④ 同上。

　　然而，有的同志说人牲早在原始社会末期就产生了，因而人牲的出现，不是进入阶级社会的标志之一。不错，人牲是产生于原始社会末期。但是，原始社会的人牲和奴隶社会的人牲是不同的。对此，"要把问题提到一定的历史范围之内"①，"具体地分析具体的情况"②。在原始社会末期，随着生产的发展和技术的提高，出现了剩余新产品和社会分工，逐渐产生了私有制和贫富差别、阶级分化，部落之间发生了旨在扩张领土、掠夺财富的战争。"进行掠夺在他们看来是比进行创造的劳动更容易甚至更光荣的事情。"③ 由于当时生产力水平还很低，俘虏用于生产所产生的财富没有多少可供剥削的剩余价值，所以往往被杀掉，或用作祭祀时的牺牲④。在邯郸涧沟⑤、洛阳王湾第三期文化⑥和相当于龙山文化时期的沣西客省庄第二期文化⑦的遗址中，发现了被砍杀的人头骨、多具骨架叠压于废坑、水井，或人畜同埋。其中有男有女，或身首异处，或作挣扎状态，这些当然都不是正常的死亡。有的学者认为，这种现象可能是我国最早的供某种祭祀用的不确切的人牲遗迹⑧。需要指出的是，这时的人牲是和落后的生产力相适应的，在邯郸涧沟、洛阳王湾第三期文化和沣西客省庄第二期文化的遗址中，发现的生产工具都以石器为主，骨、蚌器次之，此外，还有角器、牙器、陶器，却未发现铜器，就是明证。因此，这些

---

①　列宁：《论民族自决权》，《列宁选集》第二卷，人民出版社1965版，第440页。

②　列宁：《共产主义》，《列宁选集》第四卷，人民出版社1965年版，第308页。

③　恩格斯：《家庭、私有制和国家的起源》，《马克思恩格斯选集》第四卷，人民出版社1972年版，第160页。

④　参见杨锡璋、杨宝成《从商代祭祀坑看商代奴隶社会的人牲》，《考古》1977年第1期。

⑤　北京大学、河北省文化局邯郸考古发掘队：《1957年邯郸发掘简报》，《考古》1959年第10期。

⑥　北京大学考古实习队：《洛阳王湾遗址发掘简报》，《考古》1961年第4期。

⑦　《中国田野报告集·沣西发掘报告》，文物出版社1962年版，第47—49页。

⑧　黄展岳：《我国古代的人殉和人牲》，《考古》1974年第3期。

被野蛮杀害用于宗教仪式的人应是战俘；而在王城岗城堡遗址发现的人牲则是和较先进的社会生产力相伴随的。如上所述，在那里不仅出土有改进了的农业生产工具，而且发现了象征着当时生产力发展的重要标志——青铜容器片。社会存在决定社会意识。那时统治阶级对人的价值的看法，当会因生产力的发展而发生变化，鉴于俘虏用于生产后所产生的社会财富有可供剥削的剩余价值，估计他们已把俘虏转化为生产奴隶。因此用于祭祀的人牲应是奴隶。时代不同，人牲的身份是有差别的。

以上我们根据考古发掘材料，参照文献记载，从地望、地层关系、时代范围和文化性质等方面进行了分析论证，似可得出如下的结论：王城岗城堡遗址的时代约当或略早于夏朝初年，是当时一个重要的古城遗址，有可能就是禹都阳城。

也许有的同志会说，在上述论据中，没有夏代的文字材料作为直接证据。诚然，文字的发明是人类社会由野蛮时代飞跃到文明时代的一个重要标志。中国的文字从孕育到创造、积累、提高，当有一个源远流长的辩证发展过程。商朝的甲骨文已达到较成熟的程度，上推与商朝相衔接的夏朝应有较原始的文字，恐怕是不成问题的。

夏代历史和文化的探索还有大量艰巨的工作，尤其是都城、档案库、王陵的寻找、发掘和研究，还有许多工作要做。我们坚信，夏朝不是虚无缥缈的神话传说，而是将能用古典文献和文物考古材料证实的上古信史。

（我在撰写此文的过程中，曾得到业师、著名学者张政烺先生的教益，在此谨向他致以衷心的感谢）

（原载《华夏文明》，北京大学出版社 1987 年版）

浅谈春秋战国的城市环保

众所周知，现代环境保护（即自然生态保护）思想，是在英国工业革命之后，欧美工业化过程中生态环境遭到严重破坏后，文化精英对人与自然关系的反思。它作为一种新思潮，形成于20世纪60年代以后。然而中国早在春秋战国就已产生了环境保护意识，初步形成了较为完备的合理利用自然资源的理论，在不少地方与现代的生态理论、环保思想惊人地相似。可见我们祖先生态意识的早慧，令人赞叹不已。春秋战国的城市环保是该时期环保的重要部分，也是当前学术界的热点论题之一，迄今似尚无专文论述。为此笔者不揣浅陋，拟用二重证据法，予以探析。不当之处，敬请专家赐教。

一 春秋战国的城市环境建设

（一）城市规划中对环境因素的考虑

城市环境，就是与城市整体发生关系的各种人文现象、自然现象的总和。包括社会环境和自然环境。其中自然环境的基本要素有六项：地质、地貌、水文、气候、动植物、土壤①。这六项要

---

① 于洪俊、宁越敏：《城市地理概论》，安徽科学技术出版社1983年版，第490页。

素亦称为自然条件。

早在新石器时代，人们在选择居址时已考虑到地势高敞、水源便利、气候适宜、阳光充足、土壤肥沃诸因素。西周时依然承袭了这种传统。《诗经·大雅·公刘》云："笃公刘，逝彼百泉，瞻彼溥原。酒陟南岗，乃觐于京。"写公刘所迁邠地的地形，有百条的流泉、有广阔的平原、有南边的山冈。《大雅·緜》云："周原朊朊，堇荼如饴"，"曰止曰时，筑室于兹"。诗写古公亶父从邠迁岐，岐周平原真肥美，有堇菜、荼菜等味美的蔬菜。《大雅·皇矣》云："我泉我池，度其鲜原，居岐之阳，在渭之将。"诗中说，周族到了岐山的原上，这里是依山傍水的平原，有泉水和池塘，于是修起了城池。以上诗篇都表明人们在选址时顾及的因素。据文献记载，几乎就在营建丰镐的同时，在黄河中游伊洛盆地的洛水北岸，营建了周朝的第二都城洛邑。伊洛盆地有充足的水源，丰美肥沃的土地；洛邑处于天下之中，水陆交汇，山河拱戴，可以居中驾驭天下。可见洛邑的选择，其环境受到当时的重视。

春秋战国时期，对于都城的选址标准，很强调自然条件的优越。《管子·乘马》云："凡立国都，非于大山之下，必于广川之上，高毋近旱，而水用足；下毋近水，而沟防省。因天材，就地利，故城郭不必中规矩，道路不必中准绳。"又《管子·度地》云："故圣人之处国者，必于不倾之地，而择地形之肥饶者。乡（向）山，左右经水若泽。内为落（络）渠之写（泻），因大川而注焉。"又《商君书·徕民》云："地方百里者，山陵处什一，薮泽处什一，谿谷流水处什一，都邑蹊道处什一，恶田处什二，良田处什四。"上述论述体现了当时城市规划中，已注意到土地的计算、分配和利用，以及对自然环境因素中地形、地势、水源和土壤的重视，因为它们与城市用水、防洪、经济供给、军事防御密切相关①，能够解决种种实际问题。

　　前述管子的城市规划主张大概在当时被采纳并付诸实施。从考古勘探和发掘可知，列国都城"或建于两条大河之间，或处在两河交汇的三角地带"②。周围的自然条件都比较优越。例如，晋新田"土厚水深，居之不疾，有汾、浍以流其恶"③。又燕下都在北易水与中易水之间，其东城东西又有沟通北易水和中易水的古河道，可谓四周环水，固若金汤。其西部是山地，岗峦起伏，有险可守；东和东南是平原，沃野千里，特产丰饶。又如赵邯郸故城位滏阳河、沁河和渚河纵横交错的地方。它西依太行山，东临大平原，有高屋建瓴之势。附近资源丰富，早以"仓库实"④著称。

（二）饮用水的开发与保护

　　城市供水是城市存在的保障。水的数量和质量状况，直接影响到城市的生产和市民的生活。为此城市选址很注意靠近水源。同时，还修筑水利工程以开发和保持水源，保证城市供水。春秋战国城市用水主要包括生活用水、环境用水和漕运用水。生活用水，除饮用天然河流、湖泊和泉水外，则依靠水井。在北京蓟城遗址，河北易县燕下都，河南新郑郑韩故城，陕西秦咸阳和湖北江陵、襄阳、云梦、鄂城等地均有大量发现，井有多种形式。有的井的井壁没有什么设施，被称为土井；有的井的井壁有防止崩塌和保证水质干净的设施，通常用竹、木、芦苇、陶等制作的井圈作防护，据井圈质料可分为陶圈井、木圈井、竹圈井等种类。

---

　　① 罗桂环、舒俭民：《中国历史时期的人口变迁与环境保护》，冶金工业出版社1995年版，第236—237页。

　　② 中国社会科学院考古研究所编：《新中国的考古发现和研究》，文物出版社1984年版，第271页。

　　③ 《左传·成公六年》。

　　④ 《资治通鉴》卷一《周纪一》威烈王二十三年。

在各种水井中，以木圈井最特殊，以陶圈井最先进，规整而清洁。[①] 2012 年，在荆州南水北调引江济江工程河道上，考古人员相继发现近 700 口战国中晚期古井。这些古井位于荆州城北、纪南城南一带，排列密集，大多为竹圈井和陶圈井口。考古工作者认为，如此密集的生活用井群的发现，证明其是人口集中的居民区或者繁华的商业区。[②]

此外，还出现一些比较系统的地下供水管道。其中河南登封东周阳城城市供水设施遗址具有代表性。阳城是修筑在地势较高的丘陵地区。为了解决城内的用水，采取了铺设地下输水管道的办法，把城外河水引入城内。整个地下输水管道，有许多纵横分支的陶水管道与水池等配套设备。这套供水设施和当今城市供水设施的构造原理基本相同，既严密又科学、卫生，从而把我国的城市自来水供应，提早到距今两千多年的战国时期。[③] 又据 1993年的考古发掘，在山东胶南市琅琊乡夏河城 5 公里处的琅琊台西北半山腰建有战国时期的输水管道，输水管为夹砂灰陶套管，直径 35 厘米，由粗至细，埋于地下 1 米深处，是琅琊港内为船舶补给淡水（当然也包括船上员工的饮用水）的输水管。这是我国较早的人工输水工程之一。

饮用水水质的好坏、水源清洁与否对人体的健康至关重要，我国自古就十分注意保护饮用水。古人认为，经过渗透而形成的井水比江湖塘水清洁卫生，但同时又认识到污秽物对井水的污染。西周已有“井泥不食”之说，可见当时已知受泥浊的水是不能饮用的。[④] 古人为了维护水井的清洁与用水安全，在井口再设井字形

①　湖北省考古研究所编写小组：《湖北文物奇观》，湖北人民出版社 1993 年版，第 166—167 页。

②　《荆州发现近 700 口战国古井》，《中国社会科学报》2012 年 8 月 24 日。

③　河南省文物研究所：《登封王城岗与阳城》，文物出版社 1992 年版。

④　罗桂环、王耀先、杨朝飞、唐锡仁：《中国环境保护史稿》，中国环境科学出版社 1995 年版，第 375 页。

木架，这木架便于汲水时踩踏，同时可以起保护井圈的作用。① 又
《周易·下经·井卦》和《庄子》等书已提到当时的井有井盖、
井栏，并有公共的汲水工具——吊绳、吊桶、陶水瓶等。由于井
不经常淘清就会混浊，所以人们在早春还进行淘井，以保证井水
的清洁。

（三）城市的排水、防洪设施

春秋战国时期，城市的建筑群地面已有系统的排水设施②。如
齐临淄发现城内排水的明渠，其中大城西部纵贯南北的一条，全
长 2800 米、宽 30 米左右，北端分成两支，分别注入北城墙和城
西的系水，穿过城墙时用石块砌成外宽内窄的涵洞。③ 这是将天然
河流、护城壕和城内排水明渠沟通为一个整体的排水网。又如易
县燕下都发现了地下水道，系由铺设地下的陶水道管相衔接而成，
其出口部分略如蛙头形。再如邯郸赵王城城门外的墙上及两侧都
有排水设施。楚都纪南城遗址发现了 400 多眼水井。

防洪是城市安全的保障之一。古代大多数城市都筑有坚固的
城墙，同时挖有一定深度和宽度的护城河。护城河往往与城内河
渠、水道相连，下尾与城外河川相接。城墙和护城河不仅是军事
防御设施，而且是经常性的防洪排洪的建筑工程。春秋战国时亦
不例外。那时列国的都城多数可分为两部分：城（宫城）和郭
（外城）。因而大都有两道城墙。春秋时期的淹都城遗址，分子城、
内城、外城三道，有三重城墙。④ 这些城墙高厚宽大。有的城墙上
还有用作防御、瞭望和报警的附属建筑（如燕下都、中山灵寿故

---

① 湖北省文物考古研究所编写小组：《湖北文物奇观》，第 167 页。
② 罗桂环、王耀先、杨朝飞、唐锡仁：《中国环境保护史稿》，第 378 页。
③ 中国社会科学院考古研究所编：《新中国的考古发现和研究》，文物出版社 1984
年版，第 272 页。
④ 刘叙杰主编：《中国古代建筑史》第一卷，中国建筑工业出版社 2003 年版，第
223 页。

城）。有的在城门附近还发现旨在加强城门防护的建筑基址（如赵邯郸故城、燕下都）。城墙皆系夯土版筑，用方块夯土法，交错叠砌而成，夯层平整，夯块坚实。其中邯郸"赵王城"（宫城）建筑技术考究。为使墙面平整美观，在夯筑脱板后，衬垫麻布加以拍打，所以迄今城墙墙面还保存有轻微的锤窝和明显的麻布纹。为了保护城墙，在"赵王城"南墙和西墙的内侧，都发现了城墙上的防雨设置铺瓦和采用层层套接的"凹"字形瓦件，由墙顶向下排水的槽道设施。据不完全的统计：列国城墙的夯层厚 10 厘米左右；郭城墙基宽 10—40 米、墙厚 10—20 米，残高 3—18 米；宫城墙基宽 10—13 米、墙宽 5—9 米[①]。

　　为了加强城墙的阻碍作用，或在城墙外深挖壕沟，并引水入内，绕城而行，成为护城河，如纪郢、洛阳王城；或城墙紧靠自然河，如郑韩故城大体依双洎河和黄水河的流向构筑城墙，灵寿故城依源自陵山、流入滹沱河的两条河沟建造城墙；或将利用自然河与挖壕结合起来，如临淄故城东西两侧分别紧靠淄河和系水（泥河），而不临河的两侧则挖凿壕沟，又如下都东城南北两侧分别临近中易水和北易水，而东西两侧则分别开挖了"古运粮河"[②]。护城河往往宽而深，且与城内的河道相连。如楚都郢的护城河长 14720 米、宽 10—100 米，并与城内的四条古河道——朱河、新桥河、龙桥河和城东部凤凰山西坡古河道[③]相沟通。

　　城墙与护城河组成双重防御体系，造成深沟高垒，隔限重重，既利于防御，又便于防洪。

---

①　中国社会科学院考古研究所编：《新中国的考古发现和研究》，第 272—278 页。
②　陈绍棣：《战国都城城防体系刍议》，《江汉论坛》1988 年第 9 期。
③　有学者认为它是宫城的护城河。

二　城市的环境卫生措施与环境美化

（一）粪便、垃圾的处理

都城中宫城内的粪便清理早在西周时就有专人负责。《周礼·天官·宫人》载宫人的职责是"掌王之六寝之脩。为其井匽，除其不蠲，去其恶臭。……凡寝中之事，埽除"。井匽，就是宫中路边隐蔽处之厕所。这段话的意思是，宫人掌理王者六寝的清扫整理，在宫中路边设造厕所。春秋战国厕所用以排粪的池坎很深，所以常有人不慎跌入厕中身亡的例子。《左传·成公十年》载："晋侯将食张，如厕，陷而卒。"厕所的设立对改善城市环境卫生，防止传染病的传播起了积极的作用。

当时不仅注意对粪便的管理，而且重视对垃圾的清理。《韩非子·内储说上》云："殷之法，刑弃灰于道者。"说明早在殷代我国就有了管理都市街道卫生的法令。周秦时代，法律对于在街道上倒灰、抛置污物的人，继续施以重刑。《史记·李斯列传》载："商君之法，刑弃灰于道者。"《汉书·五行志》云："秦连相坐之法，弃灰于道者黥。"足以反映周秦之世对街道卫生管理之严。

（二）民居的环境卫生措施

对于一般民居周围的环境卫生，据《周礼·秋官·翦氏》的记载，翦氏掌理去除蠹物，用莽草熏它。并去除一切为害器物的虫类。又设"赤发氏"，"掌除墙屋，以蜃炭攻之，以灰洒毒之。凡隙屋，除其狸虫"。① "蜃"即大蛤，表明周代人民是应用含有碳酸钙和磷酸钙的牡蛎及草木灰来防疫杀虫，清洁环境。《周礼》中还提到"庶氏"负责"掌除蛊虫"，用"嘉草攻之"②，大约是

---

① 《周礼·秋官·赤发氏》。
② 《周礼·秋官·庶发氏》。

用某种含有生物碱或芳香油的植物熏虫。《周礼》所载虽然是职官的名称职责，但具体的实际工作都是一般民众必须做的。此外，《管子》等书还记述在阳春三月，以萧艾等芳香植物在新房里熏烟，以辟毒气，防止疾病。

此外，当时已有简单的清扫工具扫帚和洒扫庭除的习俗。《周礼》中设有专门负责扫除门庭的小吏阍人。《诗经》中有"洒埽庭内"（《大雅·抑》）和"洒扫穹窒"（《豳风·东山》）的诗句。又《礼记·内则》："凡内外，鸡初鸣……洒扫室堂及庭。"

（三）城市的环境美化

春秋战国时期，城市人口密度大，而生活空间狭小。为了改善和美化环境，人们实施了园林绿化这一重要的环境工程。

1. 宫殿绿化与皇家园林

因为文献记载的缺乏，我国早期宫殿的绿化状况已无法确知。春秋时期，卫国为狄灭后，卫文公迁居营丘。《诗经·鄘风·定之方中》记述他在这里建筑宫室的情况："定之方中，作于楚宫。揆之以日，作于楚室。树之榛栗，椅桐梓漆……"由此可见，那时的宫殿建设中，已考虑到绿化问题。战国时的楚国宫殿绿化搞得不错，《楚辞·招魂》云："光风转蕙，氾崇兰些。……芙蓉始发，杂芰荷些。紫茎屏风，文缘波些。……兰薄户树，琼木篱些。"大意是：阳光下微风吹拂着蕙草，一丛丛兰花散发出幽香。池中荷花朵朵刚刚开放，菱叶和荷叶映衬在中央。荇菜紫叶白茎露出水面，水上映显出绿色的波光。门前种着一丛丛的兰花，四周的玉树一行又一行。又魏国大梁城内宫室有后苑。魏惠王曾与孟子同游于此。苑中池沼罗列，鸿雁麋鹿，翱翔傲步，景色诱人。[①] 宫殿中种植花草树木，兼有改善环境和调节空气的双重

---

① 《孟子·梁惠王章句上》。

作用。

我国古代的园林可分皇家园囿和私家园林。皇家苑囿始于何时，学术界尚在争议之中。早在奴隶社会初期即已有造园活动见于文献记载，《诗经·大雅·灵台》云："经始灵台，经之营之。庶民攻之，不日成之。……王在灵囿，麀鹿攸伏，麀鹿濯濯，白鸟翯翯。王在灵沼，於牣鱼跃。"《三辅黄图》载，"周文王灵台在长安西北四十里，高二丈，周围百二十步。"《括地志》云，灵台"高二丈，周回一百二十步也"。公元前 11 世纪周文王筑的灵台、灵沼、灵囿可以说是最早的皇家园林，但其主要是作为狩猎、采樵之用，游憩的目的恐怕还在其次。[1] 需要指出的是灵台已有一定的规模，它是对山岳的模仿，象征神授的代商权力。[2] 春秋战国，各诸侯国纷纷于都城内外，建设台榭苑囿，如楚之章华台，赵之丛台，晋之铜鞮宫，吴之馆娃宫、姑苏台等，以供统治者观赏游娱。这些台榭苑囿有避免城市建筑单调的点缀作用和美化城市环境作用。

2. 林荫道的建设和庭院的绿化

周人对在城市内部街道两旁植树十分重视。周代就有"列树表道"的制度，并有野庐氏专职负责管理行道树。《国语·周语中》云："周制有之曰：'列树以表道，立鄙食以守路。……'"《周礼·秋官·野庐氏》载野庐氏"掌达国道路，至于四畿，比国郊及野之道路宿息井树"。可见周代已十分重视和提倡种植行道树[3]。还要求爱护路旁的树木花草。《诗经·召南·甘棠》云："蔽芾甘棠，勿翦勿伐，召伯所茇。"

春秋时期，诸侯攻打郑国，"杞人、郧人从赵武、魏绛斩行

---

[1]　杜汝俭、李恩山、刘管平主编：《园林建筑设计》，中国建筑工业出版社 1995年版，第 5 页。
[2]　参见王毅《园林与中国文化》，上海人民出版社 1991 年版，第 9—11 页。
[3]　罗桂环、王耀先、杨朝飞、唐锡仁主编：《中国环境保护史稿》，第 395 页。

栗"①。"行栗"，杨伯峻注："行栗者，道路两旁所载之栗树。"《吕氏春秋·慎大览·下贤》云："子产相郑……桃李之垂于行者，莫之援也。"这些史实说明，当时的郑国都城（今河南新郑）已用栗树、桃树、李树作为大街上的行道树了。又《诗经·小雅·采薇》："昔我往矣，杨柳依依。"这显示当时路旁还植有杨柳②。

　　除了街道两旁的绿化外，当时已注意庭院的绿化。《诗经·郑风·将仲子》云："无逾我里，无折我树杞"；"无逾我墙，无折我树桑"；"无逾我园，无折我树檀"。又《孟子·尽心上》："五亩之宅，树之以桑。"又河南辉县赵固出土的《燕乐射猎图刻纹铜鉴》，鉴之内壁刻有线条细如毫发的林木。郭宝钧先生在所著《中国青铜器时代》将其解释作墙外满山园的松。刘敦愿先生在《战国铜鉴上的庭院植树与观赏养鹤》一文中认为是对周围景物的描写，墙外、墙内的树木都是人工有意识栽种的。"这些树木，树身等高，株距等宽，参考其他青铜器上的画像描写，当是松类，并与今日现实生活所见几无所区别。"③ 说明在住宅庭院里外，已种了杞树、桑树、檀树和松树，以保证生活之需，并点缀庭院建筑。

　　综上所述，可以得出以下三点结论。

　　一是春秋战国随着城市的发展，它的环境建设日益完善。

　　二是春秋战国城市规划对防洪、排涝、用水、绿化、风景设置、经济供给、军事防御等已有全面考虑，说明当时在城市环保中已有整体观念，并带有浓重的农业社会色彩。

　　三是春秋战国城市建设注重人与自然的和谐，崇尚自然美，通过绿化美化生活环境，试图与万物协调相处。

---

① 《左传·襄公九年》。
② 毛亨："杨柳，蒲柳也。"
③ 刘敦愿：《战国铜鉴上的庭院植树与观赏养鹤》，《文物天地》1990 年第 3 期。

略论战国城市与政治、经济和
军事的关系

在城市史研究中，从城市与政治、经济和军事的关系来研究的文章，还不多见。笔者试图从这一角度，对战国城市进行一些探讨。

一　战国城市与政治的关系

在我国封建社会里，对城市形成起关键作用的因素之一，是地主阶级的政治需要。战国时代也不例外。那时候，城市规模的大小是严格地按照等级制度区分的。都城的面积多达十余平方公里，有的甚至更大。[1] 而普通城邑，只有个别的，如邾城（今山东邹州市）和薛城（今山东滕州市）周长十公里左右，一般周长则为四五公里或更小些。[2] 据杨宽先生的研究，当时郡城的规模要比县城大一倍以上，国都的规模又要比郡城大一倍以上。[3] 城内居民主要是统治者皇室、贵族、官僚、地主等消费人口。齐临淄的

---

[1]　中国社会科学院考古研究所编：《新中国的考古发现和研究·东周各国都城遗址的勘察》。

[2]　同上。

[3]　杨宽：《战国史》，上海人民出版社 1955 年版，第 97 页。

居民"无不吹竽、鼓瑟、击筑、弹琴、斗鸡、走犬、六博、蹋鞠者"①。可见其生活之优裕。其中虽不乏音乐、曲艺、博弈和体育的爱好者，但当有一些是闲散游手之徒。

建筑作为科技和艺术的统一，属于文化的范畴，而一切文化都是属于一定阶级并为其政治服务的。建筑的艺术形象和空间布局可以表现和维护封建等级关系。战国时期，随着中央集权的开始形成，封建统治者对宫殿建筑的规模、形象、质量和功能的要求，愈来愈高，以满足其豪华奢侈生活的需要，并张扬其高踞于人民之上的显赫地位和王权的威严。适应这一需要，宫殿在城市中的地位日益重要。例如，考古发掘勘探表明，秦的雍（今陕西凤翔县南）和栎阳（今陕西省西安市临潼区北栎阳镇）似乎都是先建造宫殿，再在若干建筑物的周匝围筑城郭；从历史文献看，秦的咸阳（今陕西咸阳市东北）也是这样起筑的。② 列国宫殿都集中在一定区域，以其主体建筑为中心进行规划和布局，往往形成明显的中轴线，所有的高大宫殿建筑都坐落在中轴线上，而次要建筑组群则分布在主体建筑的周围，有的是对称的。因此显得主次分明，排列有序，从而形成对比，以烘托主体建筑。多数城址的宫殿区，筑有宫城，一般周长数公里。有的宫城还发现门阙，如邯郸赵王城。

同时，随着夯土与木结构经验的积累、技术的改进，随着陶质建筑材料（砖、瓦、水道管）和石质建筑材量的提高，品种的增加，随着铜建筑的构件及雕刻、彩绘、髹饰、丝织品用于建筑装饰，宫室的建筑有巨大的进步。一般外观宏伟壮丽，内部装修考究。《孟子·尽心下》说诸侯"堂高数仞，榱题数尺"。《战国策·赵策一》说董子修建晋阳（今山西太原市西南晋源镇）宫室，"皆以荻蒿苫楚墙之"，"皆以炼铜为柱质"。可见其形体之巍

---

① 《战国策·齐策一》。
② 《文物考古工作三十年》，第128—129页。

峨和结构之牢固。从列国许多都城残存高大的夯土台并出土大量质优的建筑构件，也可以得出同样的结论。例如，秦咸阳一号宫殿遗址，根据遗迹复原，是一座高台宫观建筑，上下两层分布十一间高低错落、用途不同的大小宫室，周围有回廊环绕。有的地面涂朱，绘制壁画，有的还设置壁炉和排水池，回廊踏步则铺以龙、凤等纹饰的空心砖。① 楚国的宫室，在《楚辞·招魂》中有较详尽的描述："高堂邃宇，槛层轩些。层台累榭，临高山些。网户朱缀，刻方连些。冬有突厦，夏室寒些。川谷径复，流潺湲些。光风转蕙，汜崇兰些。经堂入奥，朱尘筵些。砥石翠翘，挂曲琼些。翡翠珠被，烂齐光些。蒻阿拂壁，罗帱张些。纂组绮缟，结琦璜些。室中之观，多珍怪些……离榭修幕，待君之间些。翡帷翠帐，饰高堂些。红壁砂版，玄玉梁些。仰观刻桷，画龙蛇些。坐堂伏槛，临曲池些。芙蓉始发，杂芰荷些……兰薄户树，琼木篱些。"与中原诸侯国比较，楚国的宫室具有楼台多层、雕梁画栋、墙壁绘画和居室园林化②等特色。

当时的宫室多是高台基，并建筑在高大的夯土台上。即所谓"高台层榭，接屋连阁"③。例如齐临淄（今山东临淄北）主体建筑桓公台呈椭圆形，南北长84米、高14米。燕下都（今河北易县）1号大型宫室主体建筑基址武阳台略呈方形，东西最长处140米，南北最宽处110米、高12米；4号大型建筑基址老姆台亦呈方形，南北长110米、东西宽90米、高12米。又如邯郸赵王城1号夯土台基龙台南北长296米、东西宽267米、高19米；新郑郑、韩故城梳妆台长130米、宽80—90米、高7米。再如，楚郢都（今湖北江陵县纪南城）43号台基长宽均为120米以上；30号

① 中国社会科学院考古研究所编：《新中国的考古发现和研究·东周各国都城遗址的勘察》。
② 见郭仁成《屈赋中所见楚人的经济生活》，《求索》1983年第1期。
③ 《淮南子》。

台基东西长 80 米、南北宽 54 米。① 宫殿矗立在高大的夯土台基上，气势雄伟，层次清晰。可以满足统治者欢乐生活的需求，又能作为最高统治者权威的象征。平时居高临下，远望开阔，便于俯瞰全城，察看动静，监视人民，防范人民造反；战时是军事指挥的中心，全城的制高点，可以有效地防御敌人的侵犯，尤其可避免水攻。周定王十六年（前 453），智伯率韩、魏围攻赵都晋阳，"三国攻晋阳岁余，引汾水灌其城，城不浸者三版（当时八尺为版），城中悬釜而炊，易子而食"②。在这生死存亡关头，赵用反间计，派张孟谈说韩、魏与赵联合，在前线倒戈，决水灌智伯军，赵才幸免于难。

宫室之外，还有位于都城内外的台榭苑囿之设，如吴国的姑苏台、楚国的章华台和赵国的丛台，以供统治者观赏游娱。姑苏台始建于吴王阖闾十一年（前 503），到吴王夫差时又继续修建，"吴王夫差筑姑苏台三年乃成，周旋诘屈，横亘五里，崇饰土木，殚耗人力，宫妓数千人，上别立春霄宫，为长夜之饮，造千石酒盅。夫差做天池，池中造青龙舟，舟中盛陈妓乐，日与西施水嬉"③。可见"姑苏台是一个宫苑式的园林"④。其中有不少园林建筑。其中心建筑为姑苏台，有"九曲路，高见百里"⑤。章华台为楚灵王所建，其工程浩大，"穷土木之技，殚珍府之实，举国营之，数年乃成"⑥。该台"高十丈，广十五丈"⑦，有"九重"⑧，

---

① 中国社会科学院考古研究所编：《新中国的考古发现和研究·东周各国都城遗址的勘察》。

② 《史记·赵世家》。

③ 《述异记》。

④ 张钧成：《关于我国园林发端之探讨》，《科技史文集》第 11 期，上海科技出版社 1984 年。

⑤ 《江南通志》。

⑥ 边让：《章华台赋》。

⑦ 《水经注·沔水注》。

⑧ 《韩诗外传》。

"上者三休乃至"①。丛台在今邯郸市东，为赵武灵王所筑。据
《畿辅通志》记载："上有雪洞天桥，梳妆翠被及据胜亭诸景。"
宋代贺铸有《丛台歌》云："君不见丛台全胜时，绮罗成市游春
辉。"描写当时的繁荣盛况。山西长治和河南辉县等地出土的建筑
图像表明，为富贵者所享用的楼阁台榭为高台、广室、重楼。以
夯土与木结构相结合，以梁柱为基本承重构件，立柱粗大笔直，
柱距较大，在梁柱间有斗拱承托。屋顶高耸，作四阿式，上履青
瓦，屋脊上有装饰构件，出檐较深。两侧有台阶，可攀登而上。
楼台有栏杆，以遮阳、避雨、凭倚远眺。有的为屋檐高低不同的
主体建筑与附属建筑的组合。台榭苑囿虽有避免城市建筑单调的
点缀作用，但它主要供统治者享用，因而从属于政治。

　　从政治上着眼，城市在布局上有两点值得特别注意。一是
"城"与"郭"的分离和王城居边的布置。列国都城一般可分
"城"与"郭"两部分。"城"指的是宫城、王城、内城，主要是
宫殿和官署的所在地；"郭"指的是外城、大城，主要是手工业
区、商业区和居民区。"城"或在"郭"的近旁（即王城居边），
如齐临淄、燕下都、赵邯郸（今河北邯郸市）、韩都郑（今河南
新郑市）；或在"郭"的中间，如魏安邑（今山西夏县西北禹王
村）、楚郢都。"城"与"郭"之间，以城墙或壕沟间隔，有的城
墙和壕沟兼而有之，二者不在一个城围之中。"城"与"郭"的
分离和王城居边是阶级斗争和兼并战争的产物，旨在使统治者当
人民群众起来造反时免于四面被包围，而保护其统治巢穴、大本
营和生命财产的安全。这正如《吴越春秋》所说："筑城以卫君，
造郭以守民。""守"，就是看守，守卫。其实，"造郭"的目的也
是"卫君"。

　　二是不同阶级、阶层的居处被严格区分开。即所谓"凡仕者

①　贾谊：《新书·退让》。

近宫，不仕与耕者近门，工贾近市"①。这种人以群分，不相杂处的规划，显然是按照封建统治者的意图进行的。它虽然包含着一定的科学成分和合理因素，但是主要体现了封建秩序，也是阶级对立的另一种表现形式。

在阶级社会里，城乡关系是建立在对立和矛盾的基础之上的。战国也不例外。所谓"野与市争民，家与府争货，金与粟争贵，乡与朝争治"②，就在一定程度上反映了这种情况。当时城市剥削着农村，不仅城居官僚地主和商人地主向农村榨取大量封建地租，而且城居商人和高利贷者还通过贸易、放债，从农民身上榨取大量利润和利息，"所以城乡间就形成了鲜明的贫富对立"③。至于大多数城市作为封建政权的大小据点，而对广大农村进行统治，则是人所共知，毋庸细述之事。以上所述表明：当时的城乡对立关系实质是阶级对立的具体体现。

二　战国城市与经济的关系

战国时期城市的发展，如前所述，主要是政治因素决定的。但经济因素也不可忽视。当时农业和手工业生产的发展、商品经济的兴旺，也是城市发展的原因之一。正如马克思所说："城市的发展也要以商业为条件。"④ 如宋的陶邑（一称定陶，今山东定陶县北），地处中原水陆交通的枢纽，为"货物所交易"的"天下之中"。由于商品交换的发展，吸引了许多工商业者；一部分农业人口，也脱离乡村而前往聚集。于是成了当时最繁荣的商业城市。又如濮阳（今河南濮阳县南），交通便利，是三晋和齐国货物集散

① 《管子·大匡》。
② 《管子·权修》。
③ 胡如雷：《中国封建社会形态研究》，第281页。
④ 马克思：《资本论》第三卷，人民出版社1975年版，第371页。

的要地，加以为卫都，因而成了商贾荟萃，交易兴旺，与陶邑齐名的商业城市。战国时期，随着经济的发展，城市的数量增多了。大国都城和重要城市有十多座。据不完全的统计，考古发现的中、小城市的城址有四十多座。城市的规模扩大了，人口也增加了。当时"千丈之城，万家之邑相望"①，像临淄那样的大国国都，人口已有数十万之多。同时，出现了一批富庶的城市。《盐铁论》卷一《通有》云："燕之涿（今河北涿州市）、蓟（今北京市西南），赵之邯郸，魏之温（今河南温县西南）、轵（今河南济源市东南轵城），韩之荥阳（今河南荥阳市东北），齐之临淄，楚之宛（今河南南阳市）、陈（今河南淮阳县），郑之阳翟（今河南禹县），三川之二周（洛阳、巩），富冠海内，皆为天下名都。"其中邯郸、宛是冶铁业的中心，安邑是煮盐业中心，陶邑、濮阳、阳翟是商业中心。可见手工业、商业城市已经兴起，尽管数量还很少，但却具有一定的不可忽视的经济作用，并显示了当时的城市并非仅有一个模式、一种面貌，而是朝着多功能发展。

城市的发展与经济的发展，其中主要是工商业的发展，是互为条件的。马克思就曾指出："商业依赖于城市的发展。"②战国时期，随着城市的大发展，手工业和商业空前兴旺起来。引人注目的首先是由于"工商食官"格局的被打破，私营手工业开始崛起，在制陶、制玉、漆器和丝织等行业，都出现了私营手工业作坊。例如，在秦都咸阳发现烧制鬲、盆、缸、瓮一类日用陶器的窑址，其出土陶器上有陶器制造者籍贯姓名的戳印陶，如"咸阳便隊""咸里郖贝"等。这种印记与官工标记不同，当是私营陶器作坊的标记。需要指出的是，在私营手工业作坊中，个体小手工业者只能从事制陶之类工序简单的行业，而漆器制造等工序复杂的行业，则当为富商大贾所经营。

<hr>

① 《战国策·赵策三》。
② 马克思：《资本论》第三卷，人民出版社 1975 年版，第 371 页。

　　尽管私营手工业已经蓬勃兴起，但是官营手工业依然占主导地位。在曲阜鲁国故城宫殿区的东、西、北三面环绕着铸铜、冶铁、制陶、制骨等手工业作坊遗址，在齐都临淄的宫殿区附近，发现有冶铁、冶铜和铸造"齐法化"钱币的遗址。在燕下都宫殿区周围，分布有冶铁、制骨、制陶和铸造兵器、钱币的作坊遗址。在秦都咸阳的宫廷附近，也发现有制造铜器、铁器和陶器作坊的遗址。这些显然是由王室直接控制并为其服务的官办手工业作坊。这些作坊除为封建国家铸造钱币、生产武器外，主要是制造供封建统治者享用的各种奢侈品。值得注意的是，在侯马古城城圈以南的浍河岸边，发现有分布范围很广的铸铜、制陶、制骨等手工业遗址；在新郑的韩故城外城内有一处十余万平方米的铸铜遗址、一处四万平方米的冶铁遗址和一处大型的制骨作坊遗址。这些作坊遗址，从其规模和所在位置看，当是官营手工业。官营手工业的主要劳动人手依然是奴隶和刑徒，但从云梦《秦律》看，"工"的身份可能比较自由。① 各诸侯国还招致客工，给予较好的待遇②。这对于促进各地区间技术上的交流，促进手工业的发展，是有益的。那时官营手工业生产的组织管理也较以前严密。对工匠实行"物勒工名，以考其诚"③ 的制度。在不少的官营手工业产品上，往往带有地名和工匠姓名的印记；有的还标出督造机构、司造的各级工官的名称。工匠题铭是封建统治阶级为了防止工匠怠工而对工匠实行考核的产物，也是劳动人民创造财富和文化的历史见证。这种制度起源于秦国，到公元前3世纪前后才通行各国，对提高产品质量起了一定的作用。需要指出的是：官营手工业虽然规模大，分工细，工艺水平高，产品质量好，但是生产不计成本，效率很低，浪费也大。

---

① 参见吴荣曾《秦的官府手工业》，《云梦秦简研究》，第47—48页。

② 同上。

③ 《礼记·月令》。

与此同时，商业也发达起来。居住在城市里的官僚、地主需要把他们剥削来的多余的农副产品换成奢侈品，手工业者需要"以械器易粟"，农民需要以"粟易械器"。① 适应商品交换的需要，水陆交通工具都有了明显进步。如舫船能载运五十人及其所需三个月的粮食，顺流而下，"一日行三百余里"。② 又如墨子制造的车辖，可以"任五十石之重"。③ 运输物资的数量相当大，鄂君启节铭文表明，楚国规定封君经商陆路以五十辆车为限，水路以一百五十只船为限。同时，货币的铸造量迅速增加，并得到广泛流通。在这种情况下，商业贸易空前扩大起来。《荀子·王制篇》云："北海则有走马吠犬焉，然而中国得而畜使之。南海则有羽翮、齿革、曾青、丹干焉，然而中国得而财之。东海则有紫绁、鱼盐焉，然而中国得而衣食之。西海则有皮革、方旄焉，然而中国得而用之。故泽人足乎木；山人足乎鱼；农夫不斫削，不陶冶，而足械用；工贾不耕田，而足菽粟。……故天之所覆，地之所载，莫不尽其美，致其用。"可见当时商品交换活跃，各地有无相通，农工商基本所需已可得到满足。

与这种"四海之内若一家"④ 的全国性的商品流通相适应，在绝大多数城市里都出现了作为交易场所的"市"。有的市还兼营手工业制陶、髹漆、冶铸和铸钱等业。"市"一般设在"廓"（外城）划定的区域，一个或多个。在军队驻地，间或还有临时性的军市出现。"市"里建有"列肆"（店铺），供工商业者做买卖用，即文献所谓"百工居肆，以成其事"⑤，"处商必就市井"⑥ 等。为了管理"市"，并征收租税，各诸侯国政府都设置了专职官吏。从

① 《孟子·滕文公上》。
② 《战国策·楚策一》。
③ 《墨子·鲁问》。
④ 《荀子·王制篇》。
⑤ 《论语·子张篇》。
⑥ 《管子·小匡》。

齐国印文看，"市官之长称市师，副职称市相。对于某些任务，市吏大概还有分月轮值的制度。"① 从《华阳国志》卷三《蜀志》看来，秦国成都（今四川省成都市）市里的列肆，与国都咸阳同制，还设有盐铁市官。又据云梦《秦简》记载，秦国的"市"，设有巡察市肆的吏和管理税收的关市。"市"上的商店以五家为伍，设列伍长协助官吏监督商人的活动，规定商人不得选择使用货币，商品要标价出售②，收取现金时要严格接受顾客监督③等。

　　在城市建设上，当时很注重城市与农业、水利、交通和地势等的关系。《管子·八观》云："夫国城大而田野浅狭者，其野不足以养民。"意即城市大，附近耕地少，粮食生产不足，就难以满足城市的需求。对于建都选址的标准，强调要地理位置优越，自然条件良好，能够解决种种实际问题。《管子·乘马》云："凡立国都，非于大山之下，必于广川之上，高毋近旱，而水用足；下毋近水，而沟防省。因天材，就地利。"意即营建都邑，要依山傍水，水源充足，易于防守，土地肥沃，物产丰盈，可以提供较多的农产品，满足城市的需要。这一主张大概在当时被采纳并付诸实施。从考古勘探和发掘可知，列国都城"或建于两条大河之间，或处在两河交汇的三角地带"④。周围的自然条件都比较优越。例如，燕下都在北易水与中易水之间，其东城东西又有沟通北易水和中易水的古河道，可谓四周环水，固若金汤。其西部是山地，岗峦起伏，有险可守；东和东南是平原，沃野千里，物产丰饶。又如赵邯郸故城位于滏阳河、沁河和渚河纵横交错的地方。它西依太行山，东临大平原，有高屋建瓴之势。附近资源丰富，早以

---

① 裘锡圭：《战国文字中的"市"》，《考古学报》1980年第3期。

② 《秦律十八种·金布律》。

③ 《秦律十八种·关市》。

④ 中国社会科学院考古研究所编：《新中国的考古发现和研究·东周各国都城遗址的勘察》。

"仓库实"① 著称。那时城市手工业用水，主要来自引入城内的河流，而居民的生活用水则依靠水井。在易县燕下都、纪南城楚郢都、新郑郑韩故城和秦咸阳，都发现了陶（或竹、木）质的井圈。与之相适应，当时也注意排水。如齐临淄发现城内排水的明渠，其中大城西部纵贯南北的一条，全长 2800 米、宽 30 米左右，北端分成两支，分别注入北城墙和城西的系水，穿过城墙时用石块砌成外宽内窄的涵洞。② 这是将天然河流、护城壕和城内排水明渠沟通为一个整体的排水网。又如易县燕下都发现了地下水道，系由铺设地下的陶水道管相衔接而成，其出口部分略如蛙头形。再如邯郸赵王城城门处的墙上及两侧都有排水设施。

那时在城市的规划设计上，如果从经济的角度看问题，有三点是可取的。一是能够因地制宜，不拘一格，突破周礼"王制"刻板的、僵化的格局。《左传》隐公元年《正义》云："天子之城方九里，诸侯礼当降杀，则知公七里，侯伯五里，子男三里。"《周礼·考工记·匠人》云："匠人营国，方九里，旁三门，国中九经九纬，经涂九轨，左祖右社，面朝后市。"《考工记》大约是春秋末年齐国人的著作。这里所记的应是西周、春秋时的都城规划制度。其中所说当时都城都是四方四正，显然含有理想成分。至迟形成于西周晚期的鲁城，其规划在列国都城中是比较规整的，可能在一定程度上反映了西周的规制。对于这种规制，战国时期的学者能够从实际出发，予以变革，提出"因天材，就地利，城郭不必中规矩，道路不必中准绳"③ 的主张。意即：只要地理位置和自然条件优越，城市的形制、规模和布局等可以不必受"王制"的限制。列国都城的规模都超过了方九里，其平面或作不规

---

①　《资治通鉴》卷一《周纪一》威烈王二十三年。
②　中国社会科学院考古研究所编：《新中国的考古发现和研究·东周各国都城遗址的勘察》。
③　《管子·乘马》。

则的长方形（如临淄），或作磬形（如下都），或作梯形（如安邑），或作扁方形（如郢都），而均不作规整的正方形。① 又，作为主要宫殿的"朝"建"城"中，"市"设在"郭"内，二者不在一个城围之中。这与《考工记》"面朝后市"的规制有所不同。此外，列国都城的城门位置、城内纵横干道（其中有的干道，如临淄大北城北部的道路，弯曲而不平直）的数量和路宽等，也与《考工记》有关记述不尽相同。由此可见，这时都城的建造，已经程度不等地突破了《考工记》的模式。

二是在居住上注意适当照顾农民、手工业者和商人的利益。前述"耕者近门"，"工贾近市"，即农民的居住地要靠近城门，手工业者和商人的居住地要靠近市场，就是为了给他们提供务农、作工和经商的方便。这标志着手工业者和商人社会地位的提高。

三是已注意到土地的计算、分配和利用。《商君书·算地》云："故为国任地者，山林居什一，薮泽居什一，溪谷流水居什一，都邑蹊道居什四……此先王之正律也。"这一比例在当时大概是正确的，所以"此其垦田足以食其民，都邑遂路足以处其民，山林薮泽溪谷足以供其利，薮泽堤防足以畜。……"治理国家利用土地的比例，其中城市、村庄道路占十分之一，就足以供给人们居住和通行。这在当时可能是符合实际的。

三　战国城市与军事的关系

战国时期，"强凌弱，众暴寡"的兼并战争屡见不鲜。由于各国兵额和参战人数的增多，战争的规模越来越大。随着武器（铁兵器和弩）的进步和步、骑兵的野战包围战代替了车战，战争的破坏性也日益严重，所谓"争地以战，杀人盈野；争城以战，杀

---

① 中国社会科学院考古研究所编：《新中国的考古发现和研究·东周各国都城遗址的勘察》。

人盈城"①。那时候，都城由于作为一个国家政治、经济和文化的中心，已成为兼并战争争夺的主要目标之一。而一个国家都城的陷落，就意味着该国的灭亡。正如《诗经·大雅·板》所云："怀德维宁，宗子维城，无俾城坏，无独斯畏。"因此，各诸侯国对于都城的守御都很重视，许多军事家很注意研究攻城守城的战略战术，一些能工巧匠也精心制造攻城守城的器械。

在筑城、守城的理论研究方面，以擅长城防技术著称的墨子，是很有代表性的一位。他总结了春秋战国时期筑城、守城的经验教训，提出了一套比较系统而完整的筑城、守城的理论和方法。他针对当时的十二种攻城方法如临、钩、冲、梯、淹、水、穴、突、空洞、蚁傅、轒辒、轩车，指出"城池修，守器具，樵、粟足，上下相亲，又得四邻诸侯之救"②是坚守城池之必备条件。他认为，城的位置要选择"难攻易守"之地形，附近要"山林草泽之饶足利"。城的大小要和粮草供应、人口多少相适应，即所谓"薪食足以支三月以上，人众以选"③。在城的构筑上，要"城（墙）厚以高，壕池深以广"④，使敌人不易通过和攀登。城墙上设置坐候楼、木楼、立楼、磨𣠵、俾倪、枕杋、雉堞、答、橹、亭、房、厕等，以便指挥、防守、隐蔽和瞭望。城门是城池的入口，也是防守上最薄弱的环节。为了保护城门免受火攻的威胁，"备城门为悬门沈机"⑤，即除城门外，又设置可以起落的闸门上涂泥。还在木门上凿钉，钉上施土。设两重门关，以铁包之，以便坚固。在城外堆积柴抟，以作为城的屏障。在城外壕上置可以起落的发梁（吊桥），以阻止敌人突然接近城门，或诱敌而擒之。

关于守城，墨子也提出了一系列行之有效的方法。例如，针

---

① 《孟子·离娄上》。
② 《墨子·备城门》。
③ 同上。
④ 同上。
⑤ 同上。

对敌人在城外积土筑山（即"羊黔"），居高临下攻城，在城面筑"台城"，再配以强弓硬弩和投掷兵器，即可克敌制胜。① 又如，为了防备敌人引水灌城，要察看城内地形，并在地势低下的地方开渠和凿井，以疏泄积水。当敌人筑堤以堰水时，要选拔勇敢善战的健儿（即材士），优待其家属，令其携带弩机、镢、铲，夜晚乘船在城上强弓硬弩的掩护下冲出城去，掘开敌人的堤堰，粉碎水攻，化险为夷。② 再如为了对付敌人用穴攻城，在城内沿城墙基，每隔五步掘一临时所用之井，每个井内埋一陶罐，罐口蒙薄薄的生皮革，使耳聪的人伏在罐上谛听，探明敌人穴的位置，凿穴相迎。当与敌穴相遇时，用桔橰将相隔之土层冲破，在穴两旁置瓦窑，瓦窑内装糠及炭，以烟迷敌，并以皮制箱鼓风，烧干艾令烟出薰敌，或灌以不洁（屎、尿、糠之类）。③

考古勘探和发掘表明：墨子的筑城理论在列国筑城的实践中基本得到了贯彻。列国都城一般都有高厚宽大的郭城墙和宫城墙。有的城墙上还有用作防御、瞭望和报警的附属建筑（如燕下都、中山灵寿故城）。有的在城门附近还发现旨在加强城门防护的建筑基址（如赵邯郸故城、燕下都）。城墙皆系夯土版筑，用方块夯土法，交错叠砌而成。夯层平整，夯块坚实。据不完全的统计：夯层厚 10 厘米左右；郭城墙基宽 10—40 米、墙厚 10—20 米、残高 3—18 米；宫城墙基宽 10—13 米、墙宽 5—9 米④。有的郭城和宫城墙外，还有宽而深的壕沟或河沟环绕（如纪南城楚郢都、燕下都、中山灵寿故城）。从而形成了由城墙和壕沟（或河流）组合的双重防线。这样深沟高垒，层层设防，有较为广阔的回旋余地，便于合理部署兵力，进行纵深作战，组织有效的抵抗，以便阻止

---

① 《墨子·备高临》。

② 《墨子·备水》。

③ 《墨子·备穴》。

④ 中国社会科学院考古研究所编：《新中国的考古发现和研究·东周各国都城遗址的勘察》。

敌人的进攻，赢得时间，等待援军，转入反攻，夺取胜利。

战国时代，城市不仅是坚固的设防堡垒，而且是武器和防护装备的制造中心。① 如前所述，考古勘察表明，那时一些国家的都城，设有生产武器的手工业作坊。城市人口还是兵员的补充基地。②《墨子·七患》云："城者所以自守也。"如何"自守"呢？《管子·小匡》作了回答："作内政而寓军令。"即将行政编制和军事组织合一，使临淄城内的部分居民兼任守卫都城的战士。因此，城市应有与之相适应的一定数量的人口，否则，"城域大而人民寡者，其民不足以守其城"③。

综上所述，可以得出以下三点结论：

第一，战国时代，城市的发展适应了当时政治和军事的需要，并与经济的发展，其中主要是工商业的发展，互为条件。

第二，战国城市有两种类型。一是郡县城市，它们首先是政治枢纽，其次是经济、文化中心。二是工商业城市，它们虽然数量很有限，但却具有积极的经济意义，其中有的经济职能可能已大于政治职能，如陶邑。

第三，战国城市在我国城市发展史上占有十分重要的地位。战国时代，各诸侯国都城突破"王制"，因地制宜的规制，以主要宫殿为中心的中轴线布局方法，城市较为整齐的分区规划，基本完整的供水、排水系统，以及由城墙、壕沟构成的防御体系，等等，奠定了我国古代都城的基础，对后世产生了深远的影响。

（原载《中国历史博物馆馆刊》总第 10 辑，1987 年）

---

① 参见杨泓《中国古兵器论丛》，第 133 页。
② 同上。
③ 《管子·八观》。

战国楚都郢的几个问题

从50年代初到70年代末,考古工作者对纪南城进行了调查、勘探和发掘,收获颇大。一些学者结合文献记载,对郢都的建制、布局、地望和建筑技术,以及城垣形成和废弃年代等问题,进行了认真探讨,取得了一系列颇有学术价值的研究成果。但是关于纪南城的防御设施,至今仍无探研的专文;关于纪南城的建制、布局和建筑技术,也有亟须填补的空白。为此笔者不揣浅陋,试对上述诸问题发表一些不成熟的意见。

一

中国古代城市的主要特征是政治意义大于经济意义。一般来说,每座城市都是一个或大或小的政治中心。因而其布局规划要服从统治阶级的政治需要,为政治制度的特征所左右,随社会生产方式的变化而变化。

我国奴隶社会的形态是种族奴隶制。其政治制度的特色之一,是宗法制度的完备。在此制度下,奴隶主贵族各有一定的名分地位。其都城的大小,各以其尊卑等级而异。这正是宗法制度在城市规划中的反映。

有关文献记载了当时都城的规划布局和等级制度。《周礼·考工记·匠人》云:"匠人营业国,方九里,旁三门,国中九经九纬，经涂九轨，左祖右社，面朝后市，市朝一夫。"该书约成书于春秋战国之际。书中所说的都城规划，主要属于西周、春秋时代。这种都城规制只是一种设想，其中所说都城的基本模式是正方形，显然含有理想的成分。又，城每边只有三座城门，九条干道应合成三条大路。每一条大路三个道的分工，据《吕氏春秋·乐成》的记载，男子行右，女子行左。则车应行中央。[①]

城市规模，《左传》隐公元年云："先王之制，大都不过参国之一，中五之一，小九之一。"孔颖达疏云："天子之城方九里，诸侯礼当降杀，则知公七里，侯伯五里，子男三里。"又，据《周礼·考工记·匠人》所载，天子之城的城隅高九丈，城身高七丈，城内干道宽九轨，环城路宽七轨，城郊大道宽五轨；诸侯之城的城隅高七丈，城身高五丈，城内干道宽七轨，环城路宽五轨，城郊大道宽三轨；王子弟所封大都之城的城隅高五丈，城身高三丈，城内干道宽五轨，环城路和城郊大道皆宽三轨。这说明：天子之城、诸侯之城和王子弟所封大都之城在城市规模、城墙高度和道路宽度上依次递差一级。此外，《礼记》和《国语》的记载表明，天子、诸侯和大夫之间，在宫殿建筑的规模、数量和装饰规格上，也有森严的等级差别。

对于上述从礼仪制度的需要出发，强调形式上规矩对称的僵化的、刻板的格局，和森严的城市建设等级制度，战国时期的新兴地主阶级从具体的地形条件、政治活动和军事防御的需要出发，提出了因地制宜，不拘一格，讲求效益，注重解决实际问题的变革主张。约成书于战国前期的《管子·乘马》云："凡立国都，非于大山之下，必于广川之上。高毋近旱，而水用足；下毋近水，而沟防省。因天材，就地利，故城郭不必中规矩，道路不必中准绳。"

---

① 一说中间道路供君王专用，左右两条道路为一般吏民所出入。

　　考古材料表明，战国时期列国都城的建设，基本上贯彻了上述主张。楚都郢也不例外。郢位于今湖北荆州城北五公里的朱河、新桥河、龙桥河纵横交汇之处，西依险要的鄂西山地，东临富饶的江汉平原。城址附近地势基本平坦。城西有八岭山和沮漳河；城北有纪山；城东北有雨台山；城东有成片的湖泊群①。可谓形势险要，易守难攻，交通发达，水源充足，农业兴旺，资源充足。司马迁称其"西通巴蜀，东有云梦之饶"②。可见郢城都地理位置和自然条件完全符合《管子》所规定的国都选址标准。郢都略呈长方形，而不作正方形。城址东西长 4450 米、南北宽 3588 米，总面积约 16 平方公里，大于方九里。又，郢都分为城（一称内城）、郭（一称外城）两部分，其间以城墙、护城河间隔，"朝"建城内，"市"立郭中，二者不在一个围城之内。而且，随着城内商业和手工业的发展，"市"的范围日益扩大。早在春秋末，郢都的"市"已发展到出售多种商品的"列肆"，例如，楚昭王时期就有"刀俎之肆"和"屠羊之肆"。到战国时更加繁荣。桓谭《新论》云："楚之郢都，车毂击，民肩摩，市路相排突，号为朝衣鲜而暮衣弊。"虽有夸张渲染的成分，但基本上还是当年郢都"市"风貌的写照。由此可见，郢都"市"的范围很可能已不限于百步见方的地方，而成为城的主要部分之一了。郢城已发现城门七座，其中水门二座③。据现有考古材料，水门皆有三个门道，城门或为三个门道（如西垣北门），或为一个门道（如南垣东门），可见城中与城门相通的干道并没有十八条之多。

　　郢都的建设不仅突破了《考工记》的格局模式，而且还打破

---

　　① 详见湖北省博物馆《楚都纪南城的勘察与发掘》，《考古学报》1982 年，第 3、4 期。本文所引用的考古资料均出自该报告，以下不再一一注明。

　　② 《史记·货殖列传》。

　　③ 按：纪南城东垣偏北龙桥河出城的缺口，即今龙会桥处，有古河道遗存。由此推知东垣除南门外，河道上还有水门一座。又，《楚辞·哀郢》云："轸两东门之可芜。"可与之相印证。

了奴隶制的城制等级规定。前述郢都面积已超过方九里，而方九里是天子之城的规模。又，据对纪南城西垣北门两门垛三门道的测量，郢都干道宽约 22.8 米，合十二轨，这也超过了天子之城城内干道宽九轨的规定。至于郢都城垣，从其残高迄今仍高出附近地面 3.9—7.6 米看，当年还是相当巍峨高大的，很可能也超过了天子之城城垣的高度。

综上所述，不难看出：楚都郢的建设基本上是自行其是，不带框框，自由发展。这正是当时刚刚进入封建社会，封建中央集权制度尚未建立，新兴的地主阶级在政治上还不够成熟，其都城规制还没有一定的明确的指导思想的反映。[①]

二

战国时期，列国之间的兼并战争逐渐频繁，规模愈来愈大，其破坏性、残酷性也与日俱增。当时由于商品经济的发展，城市不仅是各级政治和文化中心，也是当地大小不同的经济中心、集中许多人力和财富的地方。各诸侯国为了掠夺别国的财富，"争城以战"，于是城市成了封建兼并战争争夺的主要目标。《墨子》一书总结当时的攻城方法有十二种，即"临""钩""冲""梯""堙""水""穴""突""空洞""蚁傅""轒辒""轩车"。这些方法概括地说就是奇袭和包围。而一国都城的陷落，往往就意味着该国的灭亡。所以各国都重视城市的构筑，不惜花费大量的人力、物力和财力，把城市筑成厚重的乌龟壳，尤其重视把都城建成固若金汤的防御堡垒，用以巩固封建统治的中心，保卫统治阶级生命财产的安全。为适应这种需要，许多军事家十分注意研究守城的战略战术和选址、筑城的原则、方法。例如孙膑在《孙膑

---

①　参看史建群《简论中国古代城市布局规划的形成》，《中原文物》1986 年第 2 期。

兵法·雄牝城》中分析了可攻的"牝城"与不可攻的"雄城"，表明了对攻城战已相当重视。他还强调在城市防御中要有充足的物质准备，明确指出："城小而守固者，有委也。"① 又如墨子提出"城池修，守器具，樵、粟足"②，是守城之必备条件。他还阐明守围城有十四条原则，其中有"城厚以高"，"壕池深以广。楼橹修。守备缮利。薪食足以支三月以上。人众以选"，"山林草泽之饶足利"，"地形之难攻而易守也"。③ 上述筑城守城的理论和方法，无疑是从当时大量的筑城实践和城市攻防战的实战经验教训中总结出来的。

郢城的营造实践基本贯彻了上述正确的主张。如本文第一部分所述，郢都依山带河，形势险要，交通便利，附近农业发达，物产丰饶，资源充足。又规模很大，是当时南方最大的都会。这样就可以储备充足的粮草、武器装备和其他战略物资。事实也正是这样。文献记载表明：郢都有储存粮食的"高府"，有储蓄武器的"高库"，有保存财物的"太府"，还有作为金库的"方府"。考古材料显示，郢都的西南部有一定规模的冶炼的手工业作坊，这是与兵器生产紧密联系在一起的，因此郢都也是当时兵器和防护装具的制造中心。郢都也可以容纳众多的军队和后备人员，以保证战争时期对人力的大量需要。

郢都城垣迄今仍大部分保存在地面上，一般高出地面3.9—8米，底部宽30—40米、上部宽10—20米。其厚度大于高度，即所谓"城厚以高"。为了加固墙身，在其内外构筑了土质坚硬的护坡：内护坡坡度平缓，宽5米左右；外护坡坡度较陡，宽6米左右。护坡这样的坡度和宽度，利用守城者对墙身的修补和保卫，不利于攻城者对墙身的攀登与攻占。城垣的厚度大于高度，使其

---

① 《孙膑兵法·见威王》。
② 《墨子·备城门》。
③ 同上。

坚固程度得到显著增加，因此可以对付敌人新的攻城方法和器械。需要指出的是，在城垣经过的高岗和低洼地带，采取了切角形和外突包进的形式。其目的，除了减少工程量外，还出于军事防御的考虑，因为直角形的城垣的城隅易于两面受敌，难于防守。又，南城垣外有许多夯土台基。根据纪南城城址附近东、西、北三面有山，唯南面无屏障可依的地理形势，推测这些夯土台基很可能是用作防御、瞭望和报警之用的。

城门是城内外交通的枢纽，也是防守上的薄弱环节。据《墨子·备城门》的记载，当时为了保护城门，采取了一些加固措施。如"备城门为县门"，即悬木板以为重门，并"施土扇上"，即在木板上涂泥，以防火攻。城下还有障碍物——柴抟，以作为城的屏障。估计郢都当不例外。又，纪南城有的城门门道两边内侧各建门房，以供戍卒居住。门房后还有作为储藏坑的窖穴，以保证戍卒在日常和战争时的物资供应。此外，在水门和多数城门附近的城垣上还发现有夯土台基，当为水门或城门的附属建筑。这些附属建筑可能包括磨㭽、坐侯楼、立楼、木楼、雉堞、亭、房、厕等。[1] 磨㭽即楼㭽，它同坐侯楼一样，都是供昼夜瞭望敌情和掩蔽观察人员用的。立楼突出城墙之外，守城士卒站在立楼上可以侧射城角部位，形成交叉射击网，以掩护各段城墙。木楼和亭供指挥和战斗用。当时的楼为重楼，不仅便于观察敌情，而且可以在上层施放弓弩，适应远战；在下层使用刀矛剑戟，适应近战。雉堞一名女墙，是在城墙上面修筑的呈凹凸形的矮墙，守城的士卒依托它，可借以保护自己，远射敌人，并便于杀死爬上城头的敌军。房是供士卒休息的地方。厕是积秽物之处。[2]

城垣外有绕城一周的护城河。其长 14720 米、宽 10—100 米。可谓宽而深。它作为障碍物，有防止敌人通过的作用。护城河在

---

① 《墨子·备城门》。
② 参见岑仲勉《墨子城守各篇简注》，古籍出版社 1958 年版，第 1—4 页。

北垣西门外，东垣南门外和南垣东门外中断，这可能是为了便于城门内外的交通联系。纪南城内共探出四条古河道，即朱河、新桥河、龙桥河和城东部凤凰山西坡古河道（有些学者认为它是宫城的护城河）。这四条古河道共长 8750 米、宽 9—60 米。它们彼此互相贯连，与护城河相沟通，东流出城，注入邓家湖。除地面水外，地下水的利用也很普遍。那时由于铁器的普遍使用，凿井有了更宜用的工具。加以制陶业的发展，纪南城出现了数量很多、分布范围很广的水井。其种类可分土井和带井圈（以陶质为主，其次是木质、竹质）井两种，以后者居多。这除了构成较为完整的给水、排水系统，和便于物资运输，保证供应，以及拯救火灾外，还可以应付敌人的火攻、水灌和堵截水源等攻城措施，并使防守有屏障可依。据《墨子》的记载，当时护城河水面下还埋插有竹签（竹箭），给攻城者潜渡或挖掘坑道增加难度，使其不能顺利接近城墙和城门；护城河上则装置了可以起落的发梁（吊桥），以增加防御能力。推测郢都亦当如此。

　　郢都的宫殿都建在夯筑高台上，即所谓"层台累榭"。考古资料表明：纪南城的宫殿区在城内的东南部和东北部。这两处的夯土台基占纪南城同时代夯土台基的百分之九十以上。其中东南部有夯土台基 61 座，分布密集，有的相距仅 5 米，排列有一定的规律。其规模较大，最长的 130 米，最宽的 100 米，最高（残高）的 2 米。在 30 号台基上已发掘出战国前期的宫殿基址。宫殿建在高台上，居高临下，雄伟壮观，视野开阔。平时可以显示封建君王高踞于人民大众之上的无上地位，张扬其巍巍权势、赫赫声威，从精神上威慑人民，巩固其统治地位，并有利于控制全城，监视人民，防范其聚众造反；在战时不仅是最高军事指挥部，也是最后的防御堡垒，尤其可以避免水攻。

　　如前所述，宫城外也有护城河。这样就构成了由两道护城河和两层城垣（外城垣与宫城垣）组成的双重防御体系。造成深沟高垒，隔限重重，其间的距离增加了防御的进深，使守城者有较充足的回旋余地，便于合理地组织人力、物力，部署武器装备，进行纵深作战；或实行分区防守，各自为战。防守者还可以依托工事，主动出击敌人。从而消耗敌人的有生力量，阻遏或延缓敌人的攻势。以赢得时间，组织反攻；或等待援军，实行反包围。进而扭转战局，克敌制胜。

三

关于城墙、城门的夯筑技术和宫室的建筑技术，已有学者作了探讨。这里仅作如下补充：从宫殿遗址出土大量筒瓦、板瓦和瓦当看，当时已采用了加固梁架的措施。否则，何以承受屋顶那沉重的覆瓦重量。又，战国楚墓的棺椁已有精巧、严密的卯榫结构，榫接合式样繁多。这一水平颇高的木作技术必已应用于宫殿建筑的木构架制造。上述推论可以从铜器铭刻所见当时的台榭建筑遗迹中得到旁证。

以下就建筑材料和装饰艺术略作讨论。

（一）建筑材料

战国时期，楚国由于生产关系的变革，铁制工具的推广，作为建筑生产物质基础的建筑材料有了明显的发展，这是建筑技术进步的一个重要方面。纪南城已发现的建筑材料，按质料分，有土、木、陶、青铜等，很可能还有石。

土和木在天然材料中占主要的地位，土的应用范围，随着夯土技术的发展而扩大。它不仅用于建造城墙、城门，也用来夯筑台基。郢都城内共发现夯土台基 84 座。其规模可观，如前所述。所用土方工程之浩大，可想而知。

木材的采伐量和成材加工的生产水平有了显著增长。《越绝书》卷八的记载表明，当时已有人数相当的分工协作的伐木队伍。而楚墓出土的漆木器则说明，楚国的木工在选材用料时已熟练掌握因材致用的原则，并能制造薄木板，使用企口缝、压口缝等木板拼接法。

与土和木比较，石材相对居于次要地位。纪南城宫殿区出土的磉墩表明，这一巍峨豪华的建筑群当采用了不少石（或铜）柱础。这标志着当时采石、运石已初具规模，石材的雕琢加工也具有了一定的水平。

陶质建筑材料的发展在人造建筑材料方面最为显著。纪南城已发现的陶质建筑材料有瓦、砖、水管和井圈。瓦的种类有筒瓦、板瓦和瓦当。有的筒瓦上有瓦钉孔，推测当有用以固定筒瓦的瓦钉。瓦钉与瓦身分离，简化了瓦坯的制作，加以筒瓦、板瓦基本定型，需要量大。所以郢都的制瓦业发达，在纪南城中部偏西北方，发现许多专门烧制陶瓦的陶窑遗址。砖，仅有制作工艺水平高的空心砖。可能用于铺地或贴墙。水管作圆筒形，平口对接，用以组合排水设备。井圈呈长筒形，用来叠砌水井或窖藏建筑。

青铜质的建筑材料也有所发展。纪南城已发现的此类建材有门环和立体长方形饰件，分别装饰错银卷云纹和蟠螭纹图案。此外，可能还有青铜柱础。

上述表明，郢都建筑已综合使用了土、木、石、陶、青铜等多种建筑材料。其中尤以土、木和陶瓦的用量最大。

（二）装饰艺术

利用屋顶形式和瓦件所产生的装饰作用，是中国古代建筑的一个突出特征。[1] 郢都建筑亦不例外。如前所述，郢都故城出土的瓦件种类颇多。又，瓦的颜色有灰有红，纹饰有绳纹、方格纹、

---

① 刘敦桢主编：《中国古代建筑史》，中国建筑工业出版社1980年版，第64页。

圆点纹、圆圈纹，亦有素面的。将这些瓦件使用在高级华贵的建筑物，如宫殿、宗庙上，加以用模压几何纹的空心砖装饰建筑物的台阶，就可使建筑物显得多彩多姿，更加绚丽壮观。

《楚辞·招魂》描绘了楚国宫殿的雄伟壮丽，其中云："网户朱缀，刻方连些。""经堂入奥，朱尘筵些。""仰观刻桷，画龙蛇些。"结合楚墓出土大量线条流利、色泽鲜艳的彩绘漆器和构图秀丽、雕刻精巧的雕花板，可知郢都宫殿已经髹漆彩画，并在小木作、木装修上应用了木雕技术。这既具有美化建筑和保护木料的双重作用，又可以赋予建筑造型鲜明而生动的形象。至于彩画题材的内容，则反映了楚国统治阶级"隆祭祀，事鬼神"的思想意识和宗教信仰。《楚辞·天问》王逸章句云："屈原放逐，忧心愁悴，彷徨山泽，经历陵陆……见楚有先王之庙及公卿祠堂，图画天地、山川、神灵、琦玮僪佹及古贤圣怪物行事。"据此，知楚庙如周之明堂，有图画。估计楚宫殿彩画题材当与之相类。这正如马克思和恩格斯指出的："统治阶级的思想在每一时代都是占统治地位的思想"，"支配着物质生产资料的阶级，同时也支配着精神生产的资料"①。

从以上三方面的论述可以看出：楚都郢在战国时期有了迅猛的发展和长足的进步，达到了相当高的造诣。这不仅是当时日益兴旺繁荣的楚国城市的一个缩影，也是春秋战国社会大变革的一颗硕果。

（原载《江汉论坛》1987年第2期）

---

① 《马克思恩格斯选集》第一卷，人民出版社1952年版，第52页。

战国都城城防体系刍议

战国时期，各诸侯国之间的兼并战争的规模日益扩大，车兵已退居次要的地位，步兵则愈益上升为主导的地位，并出现了骑兵。以步兵、骑兵为主的野战、包围战代替了车战。战争的残酷性和破坏性与日俱增。那时候，伴随着农业和手工业生产力的提高、商品经济的增长，城市迅速发展起来。其中各诸侯国的都城都是最繁华的大城市。它们不仅是政治、文化中心，也是财富最集中的地方。为了掠夺财富，列国之间常常"争城以战"，于是都城就成了兼并战争争夺的重要目标。都城在军事上的作用日益增大。都城的陷落，从某种意义上说，往往意味着一个国家的灭亡。所以各国在营建都城时，都遵循易守难攻的原则，认真选址，同时不惜人力、物力，进行设防，以建立严密、完整的防御体系。关于这个问题，迄今未见专文，为此笔者略述管见，以就教于方家。

一 都城的选址、形制、规模和市里

如何从军事上的城防要求出发，合理选择都城的城址：《管子》和《墨子》都提出了一些见解。《管子·乘马篇》云："凡立国都，非于大山之下，必于广川之上。高毋近旱而水用足，下毋近水而沟防省。"又，《管子·度地篇》云："圣人之处国者，必于不倾之地，而择地形之肥饶者，乡山左右，经水若泽……故善为国者，必先除其五害。……水一害也，旱一害也。……"《管子》选择城址十分重视地利，讲求军事和经济效益。墨子亦持相似的主张。《墨子·备城门》提出城的位置要选择"难攻而易守"的地方。

上述选址主张在战国都城的建设实践中都得到了体现。赵之邯郸故城建在邯郸旧邑西南的丘陵地带，这里是兵家必争的战略要地①，早在春秋晚期就以"仓库实"②著称。其东北部河流交错，水源丰富。中山灵寿故城位于河北省平山县境内，当中山国腹地，即滹沱河北岸的台地上，其周围三面环山，形势险要，燕之下都建在北易水和中易水之间，其西北有险峻的紫荆关，西北、西南是起伏的山岳，东部和东南是土地肥沃、物产丰富的平原。上述三座都城的选址虽有不同的历史背景，其周围的自然形势也各具特点，但是都西依巍峨的太行山，东临一望无际的华北平原，具有高屋建瓴之势。郑韩故城位于新郑县双洎河（即洧水）与黄水河交汇的三角地带内。楚之纪郢（纪南城）位于今荆州城北五公里的朱河、新桥河、龙桥河纵横交汇之处，西依险要的鄂西山地，东临富饶的江汉平原。城西有八岭山和沮漳河；城北有纪山；城东北有雨台山；城东有成片的湖泊群。真是被山带河，交通发达，农业兴旺。司马迁称其"西通巴蜀，东有云梦之饶"③。齐之临淄故城东濒淄水，西临系水。秦之栎阳故城和咸阳故城均在渭水之滨，便宜于用水和航运。其中咸阳地处肥沃的关中平原的中心，是关中东西交通的枢纽。东有潼关、函谷关，西有宝鸡峡，南面是高耸的秦岭山脉，北面是逶迤的北山山系，可谓"四塞以为固"，"金城千里，天府之国"。以上所述表明：战国时期列国

---

① 《史记·晋世家》；《史记·赵世家》。
② 《资治通鉴》卷一《周纪一》威烈王二十三年。
③ 《史记·货殖列传》。

的都城多依山傍水，在河流附近或两河交汇的三角地带。可称水源充分，水运方便，物产丰饶，易守难攻。这当然是与解决城市的防守、交通、用水和供应等实际问题相适应的，具有一定的实效。

关于都城的形制，《管子·乘马篇》说要"因天材，就地利，城郭不必中规矩"。即城的形制应全部利用并充分发挥所选城址的地利条件，务求因地制宜，不拘一格，而不必强求形式上的所谓规整。这一理论无疑是从当时大量的筑城实践中总结出来的。因为战国时期列国的都城平面或作不规则的长方形（如临淄），或作磬形（如下都），或作梯形（如安邑），或作扁方形（如纪郢），而均不作规整的正方形。①

在城市规模上，《管子》一书认为，都城的大小要与粮食供应和守城兵力相适应，即所谓："夫国城大而田野浅狭者，其野不足以养民，城域大而人民寡者，其民不足以守其城。"②尉缭认为建筑城邑的大小，必须与土地的肥瘠、居民的多少和积粟的多少相称。只有做到"三相称"才能"内可以固守，外可以战胜"。③墨子亦认为都城的规模应与人口和储粮保持相称的关系，明确指出要"人众以选"，"薪食足以支三月以上"④，而"城大人少""城小人众"和"人众食寡"都是不利于防守的。并主张市不要距离城远，蓄积的财富和富人都要集中在城内⑤，以增强城市防御的物质基础。因此，都城的规模、市里和粮仓等的规划，都得考虑城防的需求。例如，临淄城郭总面积达六十余平方华里⑥，而据《战国策·齐策》记载，齐宣王时临淄有七万户、二十一万男子。

---

① 见拙作《战国物质文明概说》，《中国史研究》1985 年第 4 期。
② 《管子·八观》。
③ 《尉缭子·兵谈篇》。
④ 《墨子·备城门》。
⑤ 《墨子·杂守》。
⑥ 参见群力《临淄齐国故城勘探纪要》，《文物》1972 年第 5 期。

从城防的角度看问题，其人口规模基本上是相称的。又如，当时作为交易场所的市都设在城里。

以上所述表明，战国时期列国都城的规划，从城址选择、城市形制、规模乃至市里、仓廪等，都得适应战略的要求，考虑防御的需要。①

二　都城城墙的形制和构筑材料

《墨子》一书针对当时的十二种攻城方法，即"临""钩""冲""梯""堙""水""穴""突""空洞""蚁傅""轒辒""轩车"，提出了一系列加强城墙防御能力的措施。"城厚以高"就是其中之一。那时候的城墙皆为宽厚高大的坚墙，城墙的高度和厚度是与当时的攻城方法和攻城器械的威力相适应的。城墙要有一定的高度，才能较成功地防备敌人以云梯和钩等器械、以"蛾傅"（即密集冲锋）和"穴"等方法攻城。② 城墙要有一定的厚度，方能较有效地防止敌军用冲车、轒辒车等撞坏城墙，并使其穴攻的战术不能得逞。③ 如果城墙只高不厚，不仅因推动重心而容易倒塌，而且当敌军以水淹城时，就不能像坚固的堤坝一样阻遏洪水，反而会因受水浸泡而崩溃。

城墙之所以要有相当厚度，还因为要便于守城将士在城墙顶部的指挥和战斗行动。④ 并便于运送兵器、装备和给养，以保证物资供应。

为了保持城墙的稳定性，城墙内外两侧均须与地面保持一定的倾斜度。据考古资料，纪郢城垣分墙身、内护坡和外护坡三部

---

① 参见贺业钜《中国古代城市规划史丛论》，中国建筑工业出版社 1986 年版，第 67 页。

② 详见《墨子》：《备高临》《备梯》《备蛾傅》《备穴》。

③ 详见《墨子》：《备穴》《备城门》。

④ 《墨子·备城门》云："城上广三步到四步，乃可以为使斗。"

分。墙身是城垣的主体，横断面呈梯形，墙壁从底向上略内收。而内、外护坡分别附于墙身的内壁和外壁，横断面均呈三角形。①这不仅可使墙身免于倒塌，而且由于外护坡坡度大，内护坡坡度小，从而达到易守难攻的预期效果。

为了保证城墙的坚固性，墙身都分段用夯土版筑而成。从燕下都西城城墙上残存的穿棍、穿绳和夹板的痕迹看，城墙在夯建时采用了穿棍、穿绳和夹板等夯筑工程技术。

三 都城城墙的纵深配置

战国时期，军事家或指挥员为了妥善组织和合理安排守城的兵力，以进行纵深作战，就用城墙、壕沟等障碍物组成若干道防线。

战国时期，列国的都城多数可分为两部分：城（宫城、王城）和郭（外城）。因而大都有两道城墙。"筑城以卫君，造郭以守民。"② 其实，造廓的最终目的还是"卫君"。宫城一直是统治阶级设防的重点，所以它往往是被作为一个整体，经过详细周密的规划而营建的，比附城——郭城更坚固、更美观。例如，下都的城（宫城）四周都筑以宽厚高大的城墙，同时由于开挖1号古河道（古运粮河）和4号古河道（城壕），使东城四周环水。又，城墙上营建有附属建筑。而西城（郭城）不筑东墙。又，西墙外无壕沟，城墙也没有附属建筑，当然没有东城坚固。再如，邯郸"赵王城"（宫城）建筑技术考究。为使墙面平整美观，在夯筑脱板后，衬垫麻布加以拍打，所以迄今城墙墙面还保存有轻微的锤窝和明显的麻布纹。为了保护城墙，在"赵王城"南墙和西墙的

① 详见湖北省博物馆《楚都纪南城的勘察与发掘》，《考古学报》1982年第3、4期。

② 《吴越春秋》。

内侧，都发现了城墙上的防雨设置铺瓦和采用层层套接的"凹"字形瓦件，由墙顶向下排水的槽道设施。有的宫城地势高敞。如魏国前期的都城安邑，其宫城地势，高出周围地面1—4米。宫城与外城相距较远，有较广阔的回旋余地，以便宜部署和调动兵力。而下都、灵寿、临淄、邯郸等城市的宫城偏在外城的一侧，或与外城完全分开，更可以利用外城以储备丰足的军用物资和驻扎大量的军队，以适应长期战斗的需要。这样，攻城者就不得不投入相当多的兵力和器械逐层攻城，而守城者则可借此消耗敌人的有生力量，赢得时间，组织反攻；或等待援兵，克敌制胜。

为了加强城墙的阻碍作用，或在城墙外深挖壕沟，并引水入内，绕城而行，成为护城河，如纪郢、洛阳王城；或城墙紧靠自然河，如郑韩故城大体依双洎河和黄水河的流向构筑城墙，灵寿故城依源自陵山、流入滹沱河的两条河沟建造城墙；或将利用自然河与挖壕结合起来，如临淄故城东西两侧分别紧靠淄河和系水（泥河），而不临河的两侧则挖凿壕沟，又如下都东城南北两侧分别邻近中易水和北易水，而东西两侧则分别开挖了城壕和"古运粮河"。在自然河和护城河里掩埋有"竹箭"（竹签）[1] 等障碍物，使攻城者难以偷渡和进行坑道作业，不易出其不意，兵临城下。又，壕上架设有可以起落的"发梁"（吊桥），以诱敌落水，从而擒之，使敌人马不得渡。

在壕沟侧畔，以大木连成木栅（一称柴抟）作为屏藩。栅后堆柴[2]，栅外涂泥，以防火攻。当敌军渡壕时，凭栅阻击；当不得已撤离时，则焚柴阻碍敌军前进。

---

① 《墨子》：《杂守》《号令》。
② 《墨子》：《备城门》《旗帜》《杂守》。

四　都城城墙上的作战设施

（一）城楼

由于设置位置、建筑材料和用途的不同，可分坐候楼、楼、木楼等。城上三十步设坐候楼一，它是备瞭望敌情用的。城上五十步设楼一，百步设木楼一，它们当是供指挥和战斗用的。

（二）立楼

城上二百步设立楼一。立楼突出在城墙外，守城的士兵站在立楼上，可以侧射城脚，从而形成交叉射击网，以掩护城墙。

（三）城堞

城上一步设置一堞①。城堞一名睥睨，又名女墙②。系城上的小墙，为城上守军的屏障。守城的士兵依托它，可以破坏敌军攻城的云梯，并对云梯上的敌军实行俯射和仰射。在城堞下每隔六尺（约合今 1.4 米）悬挂一木箱。木箱一名（县睥），用滑车控制升降，中置一人持双刃矛，以刺杀云梯上的敌军。

（四）行城

紧靠主城墙，每隔一定距离，设行城一座。行城一名台城，其墙顶加堞，略高于主城墙，横出主城墙外，并与主城墙相垂直③。守军在行城上，可以对进攻主城墙的敌军进行交叉侧射，从

---

①　孙诒让说："依《迎敌祠篇》，城上每百步守者一人，盖即每步为一堞，堞广四尺。"（《墨子间诂》卷一四）

②　岑仲勉说："有空可窥见外面者为睥睨，无空者为女墙。"（《墨子城守各篇简注·子篇》）

③　《墨子·备梯》云："行城之法，高城二十尺，上加堞，广十尺，左右出巨各二十尺。"

而把主城墙的单一正面防御，变成有侧翼掩护的三面防守，这就消灭了城墙脚下的射击死角，提高了主城墙的防御能力。而且，行城作为俯视城头的制高点，如果主城墙被敌军攻陷，那么它就可以成为守军反击的主要据点。[①]

（五）突门

城百步一突门，"门有行马车骑居外，勇力锐士隐伏而处"[②]，突门内设置窑灶，其内装满柴艾之类，门旁设风箱；用木束两轮为一，悬挂门内。当敌人攻入时，则放下车轮，以阻其去路，同时点燃灶火，鼓风箱以熏之。[③]

此外，在城墙上还设有供守城将士休息的"房""亭"，以及排泄秽物的厕。[④] 城内侧每隔五十步筑有成一定坡度的阶梯，直通城脚，供守军上下。[⑤] 城墙下每隔百步挖掘一口水井，并准备好桔槔、瓮、缶等取水工具，供守军用水。环绕城脚内侧，筑有较宽广的道路，以便部队的调遣。[⑥]

至于城上的临时工事和城下的坑道作业，因无关宏旨，此不赘述。

城墙上的防护作战设施，在考古材料中可以得到印证。

例如，灵寿故城的城垣上有附属建筑基址四处，即：1号附属建筑基址，位于东城北门东约300米处的东陵山和牛山的山口地带，其宽70米，突出于城墙外约150米，显然是为了加强城门的安全而建的；2号附属建筑基址位于陵区西墙的中部，其宽约50米，向外突出约40米，当是为加强陵区的防卫而建的；3号附

[①] 兰永蔚：《春秋时期的步兵》，中华书局1979年版，第234页。

[②] 《六韬·突战篇》。

[③] 《墨子·备突》。

[④] 《墨子·备城门》。

[⑤] 《墨子·备城门》："城上五十步一道陛，高二尺五寸，长十步。"

[⑥] 《墨子·旗帜》："道广三十步于城下。"

属建筑基址位于西城西墙的南部，接近西南角，其宽 140 米，向城内突出 90 米，旨在扼守西护城河入口处；4 号附属建筑基址位于西城最南端的城角上，面临滹沱河，由于受破坏严重，现仅存一小夯土台，大约是监视水路军情的一个重要据点。石永士同志根据以上情况，认为："灵寿故城城垣上的附属建筑都是为加强都城安全防卫而建的军事设施，它们都具有防御、瞭望和报警的军事性质。"① 其说可信。

又如，燕下都城墙上的附属建筑基址有三座，即 7 号附属建筑基址位于"隔墙"东段，东距 II 号城门约 750 米，其东西宽 65 米，南北长 80 米，南北均凸出于"隔墙"之外，残高约 4 米；9 号附属建筑基址位于东墙北段的转折处，南侧不远即是 II 号城门，基址凸出于城墙基外，呈圆丘形，底部夯土东西长 80 米，南北宽 30 米，残高约 3 米；10 号附属建筑基址位于东城北墙，东距东墙 500 米处，基址东西 60 米，凸出于城墙基外 20 米处，高 6.5 米。上述三座高台上都发现有战国瓦片和红烧土，说明其为驻军戍所。它们集中在东城的东北部，构成一个"品"字形的防护高垒。这里当交通要冲，又与宫廷毗邻，因此这三座附属建筑在城防上颇具重要意义，它们不仅具有加强附近城门防卫和监视城东北方面形势的积极作用，而且与 2、3 号古河道，东、北两面城垣，城内隔墙及北易水，形成了一套保卫宫廷的固若金汤的防御措施。②

---

① 石永士：《燕下都、邯郸和灵寿故城的比较研究》，《中国考古学会第五次年会论文集》，文物出版社 1985 年版。

② 参见贺业钜《中国古代城市规划史丛论》，中国建筑工业出版社 1986 年版，第 84 页。

五　城墙重点部位的加固

（一）城门

作为城市出入口的城门，是攻城者集中攻击，力求突破的地方，因此成为城市防守中最薄弱的环节。对城门加强保卫，引起了当时军事家的关注，并在筑城实践中得到了贯彻。

那时的城墙皆以土夯筑，城门洞上须设木过梁。木过梁和木城门都怕火攻，因此在木门上先凿孔，再安上尖圆状的"栈"（木钉），然后涂以泥土，使敌军的"烟矢"触之易于滑下，而不易命中。与此同时，在城上用麻斗（麻布制作的斗）、革盆（皮革所制之盆）和缶等，贮水救火。[①]

为加固城门的守备，门道中部还设有一重悬门。平时悬挂在门道中部顶上开好的槽中，门楼内装有辘轳控制升降，使用时摇动辘轳，悬门即离槽降下，将门道关闭。[②] 有的都城在城门附近还建造有宿值士卒的住所。例如，在纪郢西垣北边城门两侧，均发现属于军事性质的门房遗址。马世之同志认为，它"具有管理行人出入和起着安全保卫的作用"[③]。这一见解当然是正确的。

在关锁城门方面，持门之直木、横木须用五金包之，且有上下两重，以使其稳固坚牢。又，锁的长度要达到两尺（约合今0.49米）。

此外，有的都城还采取了减少城门做法，以增强城垣的防御能力。例如，下都东城仅发现三座城门遗址，即：北垣中部有一

---

① 《墨子·备城门》。

② 《墨子·备城门》云："故凡守城之法，备城门为悬门沈机，长二丈，广八尺。"按《六韬·军用篇》有"转关辘轳"，当即《墨子》中的"沈机"，它是控制悬门升降的机械。

③ 马世之：《楚城试探》，载《楚文化研究论集》第一辑，荆楚书社1987年版，第84页。

门，东垣北段有一门，城内隔墙中部武阳台西侧有一门。而且，其中第三座并非正式城门。贺业钜同志指出："偌大的一座国都城，却开设如此少量的城门，这在春秋战国城市中还是创举。"[①] 这一见地无疑是精辟的。

（二）城角

城的四角极易遭受敌军的两面夹击，是防守上的又一薄弱环节。为了弥补城角在防守上的这一弱点，在城的四角筑有四座高于城墙的望楼（又称"高礜撕"或"楼撕"或"楼樕"或"角浮思"）。望楼的位置当凸出于城角，这不但可以扩大防守面积，增加配置兵力，集中强弓硬弩，有力打击接近城角两面城墙的攻城者，借以保护城角，而且还能够以此为观察敌情，指挥作战的场所。

（三）水门

凡水道通过城墙的地方，在城墙下跨河道当设置水门。这些水门大约平时是开的，以便通航；战时则是关的，以防敌人沿河道潜入城内。例如，楚都纪郢发现两座水门遗址，即南垣西边水门和北垣东边水门。此外，推测东垣也应有水门。其南垣水门平面呈长方形，南北长 11.5 米，东西宽约 15 米，面积 172.5 平方米。其发现木柱洞 49 个，其中有木柱者 37 个。柱洞及木柱分 6 排，中间的 4 排是木构建筑的主体，两侧的两排是它的附属建筑。主体建筑的平面作方形，木柱 4 排构成 3 个门道。门道宽 3.5—3.7 米，门道长 11.3—11.7 米。[②] 而在江苏奄城古河道中发现的

---

① 参见贺业钜《中国古代城市规划史丛论》，中国建筑工业出版社 1986 年版，第84—85 页。

② 详见湖北省博物馆《楚都纪南城的勘察与发掘》，《考古学报》1982 年第 3、4 期。

木船，其中一只长 11 米，口宽 0.9 米，底宽 0.59 米。① 可见这门道宽度过船是宽敞的。另在建筑遗址范围内发现木板 4 块，可能就是水门门扇的遗迹。

六　在都城郊区的交通要道上设前哨据点

战国时期，一些诸侯国为了监视敌人，遥望敌情，知己知彼，夺取胜利，往往在都城郊区的交通要道上设置前哨据点。例如，在下都城北约 6 华里的东茹堡和城东约 7 华里的金台村，各发现一座大型夯土台基。其中前者表面分布有下都城内常见的陶瓦碎片，可见该夯土台基上曾有建筑物。这两座夯土台基分别位于下都通往上都和下都通向齐国、赵国的交通线附近。它们具有监视敌军、瞭望敌情和报警的军事作用，是保卫下都的最前哨。② 又如，在灵寿故城东约 3 华里的高坡上发现一座东西长约 1400 米、南北宽约 1050 米的小城。城内西部中央有一长宽各 61 米、残高 8.2 米的夯土台基。夯土台基的两侧坐落着一南北长 110 米、东西宽 70 米的夯土建筑基址。这座小城位于灵寿通往华北平原的要冲地带，当是保卫灵寿故城的一座重要军事城堡。③

此外，战国时期的列国宫室一般都建在夯筑高台上，居高临下，视野开阔，在战时有利于监视敌军，控制全城，它不仅是最高军事指挥部，也是最后的防御堡垒，尤其可以避免水攻。

综上所述，战国时期由于军事斗争的需要，各诸侯国都利用各种手段，来强化城防设施，提高城防能力。当时都城的营建，从选址到形制、规模、市里的仓廪的规划，从城墙形制、纵深配

---

① 《奄城发现战国时期的独木船》，《文物参考资料》1958 年第 11 期。
② 石永士：《燕下都、邯郸和灵寿故城的比较研究》，《中国考古学会第五次年会论文集》，文物出版社 1985 年版。
③ 同上。

制、作战设施到重点部位的加固，从天然河道及人工壕沟的利用乃至城郊要道上前哨据点的设置，都从整体上加以缜密的考虑，体现城防的要求，贯彻着易守难攻这个基本原则。一般都城都在高厚的城墙外绕以的宽深的护城河或壕沟①，彼此相辅相成，构成双重防御体系。并以廓城来保护宫城；又，宫室一般都建在高大的夯土台上，从而使都城成为固若金汤的防御堡垒。

　　战国时期列国的都城，因其地理位置、自然条件和营建年代的不同，在防御体系上表现出一定的不平衡或差异。一般来说，建于平原地带的都城如下都故城，由于无自然屏障可依，极易遭到敌军的包围和突击袭击。因此，其防御体系较之建于丘陵（如邯郸故城）或台地（如灵寿故城）的都城，更严密，更完整。而建于战国中期的都城，由于当时兼并战争正在持续地、激烈地、较大规模地进行着，较之战争较少的战国初期及其以前建造的都城在规划设计上，更注重城防设施的完备和城防能力的加强。

（原载《江汉论坛》1988 年第 9 期）

---

　　① 战国时期都城的护城壕：临淄宫城墙外的宽 13—25 米，郭城墙外的宽 25—30 米，深 3 米以上；下都宫城墙外的宽 20 米；纪南城郭城墙外的宽 10—100 米；洛阳王城北墙之外的深 5 米左右。

汉画所见汉代城市与政治、经济和军事的关系

新中国成立以来，汉代画像石、画像砖和壁画（以下简称"汉画"）屡有发现。其中的一些题材，从若干侧面，写实而形象地反映出汉代的城市风貌，是研究当时城市的珍贵资料。一些学者利用这些资料，结合文献记载，对汉代城市进行了有益的探索①，但关于城市与政治、经济和军事的关系，还未见系统的著述。笔者不揣浅陋，拟从这一角度，略述管见，以就教于学术界师友。

一 汉画所见汉代城市与政治的关系

汉代，封建中央集权制得到进一步巩固和加强。那里的行政建制由中央、郡、县三级组成。县以下设乡、里、亭。地方上的大多数城市作为郡、县的治所，是各级行政区域的政治中心。封建官吏的巢穴及其统治的大本营——衙署，占据了城市的大量地

---

① 刘志远、余德章等：《四川汉代画像砖与汉代社会》，文物出版社 1983 年版；刘志远：《汉代市井考一说东汉市井画像砖》，《文物》1973 年第 3 期；罗哲文：《和林格尔汉墓壁画中所见的一些古建筑》，《文物》1974 年第 1 期；黄盛璋：《和林格尔汉墓壁画与历史地理问题》，《文物》1974 年第 1 期。

盘，有的还建在高台或夯土台上。这在汉画中有鲜明的反映。

和林格尔汉墓壁画有宁城、繁阳、离石、土军和武成等五个城图。从题记看，这些城图绘有多种不同职位的官寺、府舍：宁城图有"护乌桓校尉幕府""宁县寺门""吏舍"；繁阳城图有"繁阳县令官寺"；离石城图有"西河长史所治离石城府舍"；土军城图有"上郡属国都尉时所治士军城府舍"；武成城图有"武成寺门""武成长舍""尉舍""长史舍""长史官门"等。① 这些衙署，作为政治权力的象征，是城市的核心，故往往位于城市的中心，其建筑在城图中十分突出，所占面积也较大。其中以"护乌桓校尉幕府"的面积最大，据有宁城图的绝大部分。② 虽然作为图画（示意图），难免有艺术上的夸张，但不至于远离事实。可见宁城主要是作为护乌桓校尉幕府的专用城市而存在的。府衙占据城市较大的面积，既适应了统治阶级的政治需要，张扬其巍巍权势，又能够满足其豪华奢侈生活的需要。

为了"召集号令，为开闭之时"③，衙署门前还有悬鼓。四川省彭县出土的《寺门击鼓》画像砖，生动描绘了这一情景：宫寺门前置一建鼓，鼓前一吏正持桴下击。和林格尔汉墓壁画护乌桓校尉幕府的门侧亦"竖一大建鼓，鼓旁有赭衣鼓吏，执桴击鼓"④。这还可在文献记载中得到印证。《汉书·何并传》说，何并作长陵令时，豪族外戚王林卿"令骑奴还至寺门，拔刀剥其建鼓"。其目的就在于打掉何并的威风，使其不能行使权力。

有的城市，如土军城，衙署建筑在高台上，居高临下，俯瞰全城，显得威武壮观，这既可作为封建统治者高踞人民之上，神

---

① 内蒙古自治区博物馆文物工作队编：《和林格尔汉墓壁画》，文物出版社 1978 年版。

② 同上。

③ 《汉书·何并传》颜师古注。

④ 内蒙古自治区博物馆文物工作队编：《和林格尔汉墓壁画》，文物出版社 1978 年版。

圣不可侵犯的象征，又可满足其游憩享乐生活的需要。宁城图护乌桓校尉幕府中的楼阁建筑和幕府门侧的双阙，也具有类似的作用。

为了缉捕盗贼，维护封建统治秩序，汉承秦制，在农村和城市都设置了"亭"。西汉时全国有亭二万九千六百三十五个。大概十里一亭，亭有亭长①。亭长从年老退伍还乡的士兵中选拔，其职责除维持社会治安②外，还负责迎送行旅宿会于亭舍之官吏。《后汉书·逢萌传》说逢萌"家贫，给事县为亭长，时尉行过亭，萌修迎拜谒，既而掷楯叹曰：'大丈夫安能为人役哉！'"楯，据《说文》段《注》，古亦用为盾字。逢萌执盾，是由他主捕盗贼的职责决定的。四川、河南出土的《亭前迎谒》画像砖，亭长多是双手捧盾，与文献记载相吻合。

从和林格尔汉墓壁画看，统治者与被统治者的住处被严格区分开，不许杂居，阶级对立十分明朗。例如，宁城图中，市在城的东南隅，四面有市墙围绕；幕府在城的西北隅，其范围包括整个子城。二者之外，当是居民区。彼此被高大的墙垣隔开。显然，这旨在维护封建秩序。

画像石、画像砖等实物资料表明：贵族官僚、大地主和大商人的住宅，往往是由若干进庭院组成的建筑群。门阙、阁楼、厅堂、廊庑、水榭、园林，应有尽有。例如，郑州出土的《庭院》画像砖，为一处面临大道的深宅大院，四周有高墙围绕，前有门阙，中有望楼，由中门把庭院分成前、后两进。前院内种植花木，当为花园，并有停放宾客车马的场地。后院也盛植花木，并有楼阁、凉台，当是居住的地方。③　又如，四川成都出土的《庭院》

---

① 见《汉书·百官公卿表》。

② 见《后汉书·百官志》刘昭《注补》引《汉官仪》。

③ 河南省文化局文物工作队：《郑州南关 159 号墓的发掘》，《文物》1960 年第 8、9 期合刊；周到等：《河南汉代画像砖》，上海人民美术出版社 1985 年版。

画像砖，一处庭院分为左、右两部分。左侧是住宅的主要部分，其外部有装置栅栏的大门，门内又分前、后两个庭院，皆绕以木构回廊，院内有仙鹤等珍禽。后院有面阔三间、进深四架椽、抬梁式木结构、悬山屋顶的建筑物，建于低矮的台基上，当是堂。右侧系附属建筑，也分前、后两院，各有回廊环绕。前院进深较浅，院内有厨房、水井、晒衣的木架。后院中有方形望楼一座，作四阿式屋顶，檐下斗栱柱枋搭交，没有夯土台，楼内设楼梯，并用以眺望或储藏贵重物品。① 汉画中的高级建筑与文献中有关记载是相吻合的。左思《蜀都赋》云："亦有甲第，当衢向术，坛宇显敞，高门纳驷。"②《后汉书·仲长统传》云："豪人之室，连栋数百。"而当时，平民的住宅却相当简陋。从汉画像石的资料看，其平面为方形或长方形，门开在房屋一面的当中，或偏在一旁。③ 这与文献记载也相一致。《史记·陈丞相世家》说陈平发迹之前，其"家乃负郭穷巷，以弊席为门"，就是一例。

汉代的"府""寺"，分别是郡、县衙门的称谓。《左传·隐公七年》孔颖达《疏》引《风俗通义》云："府，聚也，公卿牧守府，道德之所聚也。……寺，司也。庭有法度，令官（县令之官）所止，皆曰寺。"从和林格尔汉墓壁画看，称作"府"的官衙都大于称作"寺"的官衙。其中幕府御门与县衙门尤为悬殊。如宁县寺在宁县城图上偏居于幕府衙门的东南隅，呈长方形，面积很小，不及幕府地盘的十分之一。县寺东南有一门亭，题记"宁县寺门"四字；门内仅有一座单檐庑殿顶的房舍，上面有字，似为吏舍。寺内有二人正走入吏寺，其身份当为县吏④。而护乌桓

<hr/>

① 重庆市博物馆：《重庆市博物馆藏四川汉代画像砖选集》，文物出版社1957年版；祁英涛：《中国早期木结构的时代特征》，《文物》1983年第4期。

② 《文选》卷五。

③ 刘敦桢主编：《中国古代建筑史》，中国建筑工业出版社1980年版，第50页。

④ 内蒙古自治区博物馆文物工作队编：《和林格尔汉墓壁画》，文物出版社1978年版。

校尉幕府却占据了全城的绝大部分面积。在布局上，它以墙垣廊庑划幕府为堂院、营舍和庖舍三部分。幕府堂院是幕府衙门的主要部分，由大门、阁、庭（前庭）、堂（治事、迎宾处所）、库、齐（斋）室等部分构成。其中大门包括门、屋、塾和双阙等建筑物。营舍是幕府中管理军务的机构所在。营门内外各有广阔的操练骑射场地，营门内西南侧有府东门可通幕府院内。在北营舍之中有营曹和司马舍，分别是管理军营事务和校尉下的属官治事之所。司马舍之北为仓房。在营舍和幕府堂院之间，有用于守望观览的楼阁建筑。庖舍在幕府衙门的西南隅，为一四合房舍，其东、西、北三面由廊庑围绕，南面则是幕府的临街高墙，院中有堂。①护乌桓校尉幕府不仅设置复杂，而且人物众多，除护乌桓校尉外，还有将领、小吏、武士等，凡数百人。他们或佩剑，或执盾，或执桴击鼓以助威，服饰不同，神态各异。② 这种建筑面积和规模上的极大差别，显然是封建等级制度的反映。当然，幕府门侧的双阙例外，这是逾制的表现。

　　城市建筑除可以显示封建等级外，还可以表现封建礼仪。阙就是用以体现封建礼仪的一种装饰性建筑物。阙，一名观，又名象魏③。其建筑大概从春秋开始。《左传·庄公二十一年》《谷梁传·桓公三年》《公羊传·昭公二十五年》《周礼·天官·大宰》和《诗经·郑风·子衿》等文献均有阙或观的记载。这些记载表明，阙在春秋时置于宫殿、寺庙和城门前，它既是宫殿的象征，也是揭示政令和依托远眺，以利防御的地方。阙在战国、秦、汉有较大的发展。当时不仅宫殿、寺庙和城门前有阙，而且贵族官

　　① 内蒙古自治区博物馆文物工作队编：《和林格尔汉墓壁画》，文物出版社1978年版。

　　② 王伯敏：《中国绘画史》，上海人民美术出版社1982年版，第49页。

　　③ 徐锴：《说文解字系传》卷二十三云："盖为二台于门外，人君作楼观于上，上圆下方，以其阙然为道，谓之阙；以其上可远观，谓之观；以其县（悬）法，谓之象魏。"四部丛刊本。

僚的府宅前也有阙。例如，前述护乌桓校尉幕府大门前有双阙。河南唐河县出土的画像石，图像中间的庭堂两侧，建有双层楼阁的双阙①。又如，前述郑州出土的汉画像砖，图像上的庭院建有高大的门阙。这在文献中也有记载。《后汉书·百官志》注引蔡质《汉仪》说，王莽初为大司马，府门有阙。此外，当时陵墓和大、中型坟墓前也有阙。如西汉诸陵门道两侧各有一土阙。土阙长40米、高15米左右②。有的宫殿建筑组群前还不只一处有阙。《汉书·高帝纪》云："（高祖八年）二月，至长安。萧何治未央宫，立东阙、北阙……"值得注意的是，有些阙的规模很大。如朱雀阙"其上郁然与天连"③。建章宫的凤阙"阙高二十丈"④，"有金凤在阙，上高丈余，故号凤阙也"⑤。其雄伟壮丽可以想见。汉画中的建筑图表明，阙为砖木结构或砖石木结构，亦有纯用石雕砌的。它由阙基、阙身和阙顶三部分组成。阙基为方形，阙身为柱形，阙顶为庑殿顶，单檐或二重檐或三重檐。阙上装饰神灵、珍禽、异兽和云气纹等彩色图画⑥。有的阙身左右还有附加的子阙，也有子阙与围墙相连的。阙的形式有两种：一种是单体阙，即左、右两阙对立，中间断开，作为道路；另一种是双休阙，即左、右两阙之间建门屋或楼，连为一体。⑦　阙的主要作用：一是装饰、衬

---

①　南阳地区文物队、南阳博物馆：《唐河汉郁平大尹冯君孺人画像石墓》，《考古学报》1980年第2期。

②　中国社会科学院考古研究所：《新中国的考古发现和研究》，文物出版社1984年版，第410页。

③　王国维校：《水经注笺》卷一六《谷水》引《汉官典职》，上海人民出版社1984年版。

④　王国维校：《水经注笺》卷一九《渭水》引《汉武帝故事》，上海人民出版社1984年版。

⑤　王国维校：《水经注笺》卷一九《渭水》引《关中记》，上海人民出版社1984年版。

⑥　崔豹：《古今注·都邑》，商务印书馆1956年版。

⑦　参见吴曾德《汉代画像石》，文物出版社1984年版，第33—36页；刘敦桢主编《中国古代建筑史》，中国建筑工业出版社1980年版，第70页。

托建筑物或建筑群，增强其气势和隆重感；二是标志该建筑物主人的身份和地位，比主人地位低下的人来到阙前，需下车或下马，以表示对主人的敬意①。

此外，体现封建礼仪的拜谒、表现考绩制度的上计，往往也是在衙署中进行的。这些政治侧影在汉画中也有反映，此不赘述。值得一提的是：封建统治者为了向少数民族贵族和外国使者炫耀升平，陈夸富强，同时也为了满足其声色享乐生活的需要，往往在都城开辟广场，建筑殿庭、厅堂，演出歌舞百戏。这在汉画中更是屡见不鲜。

总之，汉代的城市是按照封建统治者的意图修建的。在布局上，作为政治权力象征的宫殿、衙署居于支配地位，工商业只居从属地位。它具体体现了阶级关系、等级制度和封建礼仪。可见汉代城市的政治意义远远大于经济意义。

二　汉画所见汉代城市与经济的关系

汉代的城市不仅是各级政治中心，也是大大小小的经济中心。

那时，商业活动主要在都市里进行。由官府在城内设置固定的商业区，供商人集中进行交换买卖。由于城市手工业、商业的发展，市的规制趋于统一，规模日益增大，已经在城中占据一定的地位。长安有"九市"，洛阳有南市、马市和金市。汉代除大城市外，一般的郡城和县城的治所也都设市。如淮阴、淮南、平阳、莲白、宁阳、涅阳、襄平、北海等地都有关于市的记载②。有的郡、县城内的市还不止一处。如酒泉之市有"东市""西市"之

---

① 吴曾德：《汉代画像石》，文物出版社1984年版，第32页。

② 见《史记》之《淮阴侯列传》《黥布列传》；《汉书》之《尹翁归传》《张禹传》；《后汉书》之《刘梁传》《党锢列传》；《三国志·魏书》之《公孙度传》《阎温传》裴松之注引《魏略》。

别①。在郡城和县城之外，还有一些较小的市邑。王符《潜夫论·俘侈篇》云："天下百郡千具，市邑万数。"可见市邑的数量远远高于郡县的数量。

市的建筑物包括市墙、市门、列肆、廛、市隧、市楼等。市的面貌在汉画中有所反映，可与文献记载互相补充、印证。

市墙：一称"阛"，即市区四周的墙垣。它把市区与衙署、里坊隔开，以便于控制和管理城市的商业活动。四川出土的汉代《市井》画像砖与和林格尔汉墓壁画"宁城图"中的市区平面均呈正方形，后者中间还有隶书题记"宁市中"三字。文献记载与之相吻合。《三辅黄图》卷二引《庙记》说长安九市"各方二百六十六步"，"凡四里为一市"。可见市区的建筑格式是固定的，都是封闭的正方形，宛如一四合大院。

市门：一称"阓"，设于围墙四方，以供行人和车马出入。阓常与阛连称，作为市区的通称。如左思《蜀都赋》云："阛阓之里。"② 四川新繁县出土的《市井》画像砖，围墙三方设门，每门面阔三间。左边市门内有隶书题记"东市门"，与"东市门"对称的右边市门当是西市门。北边市内有隶书题记"北市□（门）"三字。广汉市出土的《市井》画像砖，画面左侧有门垣，其上也有隶书题记"东市门"三字。因市场有固定的交易时间，市门每日也需按规定的时间启闭。《太平御览》卷七三九引《风俗通义》云："市买者当清旦而行，日中交易所有，夕时便罢。"又，《文选》卷六《魏都赋》云："廓三市而开廛，籍平逵而九达。班列肆以兼罗，设阛阓以襟带。济有无之常偏，距日中而毕会。"

列肆和廛：列肆，一称"市列"，即在市场内依商品种类而集

① 见《三国志·魏书·阎温传》裴松之注引《魏略》。
② 《文选》卷五。

中陈列的商肆；廛，一称"邸舍"，即放置待售货物的店房。① 崔豹《古今注》说："肆店，肆所以陈货鬻之物也，店所以置货鬻之物也。"关于廛和列肆，文献中不乏记载。《汉书·食货志》云："开市肆以通之。"《后汉书·刘盆子传》云："赐荥阳均输官地，以为列肆。"汉画中对于列肆和廛有细致的描绘。四川新繁出土的《市井》画像砖上，刻画出长廊式建筑，当为列肆。每肆有三四列，排列整齐，井然有序。画面上靠近围墙处，还有纵横交错的长方形住宅，其间另立店房，当系廛。廛内或堆积大宗待售商品，或有商人、顾客的交易活动。

据有关史籍记载，汉代长安和洛阳均设有"酒市"②。所谓"酒市"，当为酒舍集中排列之处。四川彭州市出土的《酒舍》画像砖形象地再现了当年酒舍的风貌。画面正中，一妇人似在和曲搅拌。陶缸前有长形酒炉一座，内有三坛，坛上有螺旋圆圈，联一直管通向炉上，炉后又有酿酒的大陶缸。右边一男人，似在卖酒。左上一人，手推置酒的独轮车，正向舍外推去。其下又有一人，肩挑两坛酒，边走边向卖酒人告别。炉侧站立一人，像在买酒。③ 显然，这是一既酿酒又卖得酒的酒舍，与司马相如经营的酒舍相类④。

市隧：即列肆间的通道。班固《西都赋》云："九市开场，货别隧分。"⑤ 薛综注："隧，列肆道也。"四川新繁出土的《市井》画像砖，进市门有四条相当宽的隧，相交如十字形。隧上活动的人较多，服饰不同，神态各异：或坐，或立，或交谈，或行

---

① 《礼记·王制》："市廛而不税。"东汉郑玄注曰："廛，市物邸舍；税其舍不税其物。"唐孔颖达疏曰："廛谓公家邸舍，使商人停物于中，直税其所舍处价，不税其在市所卖之物。"

② 见《汉书·游侠传》《后汉书·五行志》注引《古今注》。

③ 余德章：《从四川汉代画像看汉代酿酒》，见本书。

④ 《史记·司马相如列传》云："（司马）相如与（卓文君）俱之临邛，尽卖其车骑，买一酒舍酤酒，而令文君当垆。相如身自著犊鼻裈，与保庸杂作，涤器于市中。"

⑤ 《文选》卷一。

走，或挽车，或佩剑……男女老少，熙熙攘攘，从一个侧面形象地反映了汉代城市的社会经济生活。

市楼：一称旗亭，是管理市场事务的官吏在市中设立的治所，即所谓"有令署，以察商贾货财买卖贸易之事"①。四川繁阳出土的《市井》画像砖上，市区中央有市楼一座，楼作重檐，楼下正中开门，楼上悬一大鼓。四川广汉县和彭县出土的《市井》画像砖，画面上也都有市楼，其上并有隶书题记"市偻（楼）"二字，楼上均悬有大鼓。有的楼下还有斜置的梯，以便上下楼。文献中亦有关于市楼的记载。《三辅黄图》卷二长安九市条云："市楼皆重屋。"张衡《西京赋》云："旗亭五重，俯察百隧。"②可见市楼是市中高大明显的建筑，以便官吏登临，俯察和监督全市。

根据《汉书·百官公卿表》和《汉书·食货志》记载，汉代主管市场事务的官员为"市令""市长"。王莽改制时，曾将长安东、西市令及洛阳、邯郸、临淄、宛、成都市长改为五均司市，称师，下置交易丞五人、钱府丞一人。此外，见于记载的还有市掾、市门卒、市啬夫等。四川广汉县出土的《市井》画像砖上，楼内二人相向而坐。其中一人身著冠服，居于席上，当是市场官吏。上述官吏负责按时启闭市门，维护市场秩序，管理商人市籍，检验商品，评定特价，征收市税，督造某些手工业产品，检定度量衡。

以上所述说明：第一，汉代的市有不同的类型，一般地说，其大小和繁荣与否，既与其所在城市的行政级别相一致，也与其所在城市的交通便利程度和消费能力高低成正比。第二，在市场上经商的商人有不同的阶层：前述大市中那开设成排的商店，拥有大量货物的商人，显然是囤积居奇，盈利巨万的富商大贾（其中有的应是大官僚兼大地主、大商人）；而在小市上开店坐卖、设

① 《三辅黄图》卷二长安九市条。
② 《文选》卷二。

账行贩、置桌交易、摆摊兜售和提货立卖的商人，当为本小利微的小商小贩，他们来自城市贫民、农民，也有的是自产自销，身兼工商两重身份的小手工业者。这与《汉书·食货志》所载"商贾大者积贮倍息，小者坐列贩卖"可互相印证。需要指出的是：从《酒肆》画像砖看，市中的私营手工业者一般是就地生产，就地出卖自己的产品。从这个意义说，市绝不仅仅是商业区，也包括一些手工业作坊。第三，尽管封建统治者对市场严加控制、管理，对商人实行抑制政策，但并未阻止商品经济的发展和商业的兴旺，这在前举汉画中有充分的反映。

此外，在边境地区，市，还是汉族与少数民族互通有无、友好贸易的场所。当时称这种贸易活动为"互市"。据《后汉书·乌桓鲜卑列传》的记载，西汉武帝时，"徙乌桓于上谷、渔阳、右北平、辽西、辽东五郡塞外"，并"始置护乌桓校尉"。东汉光武帝时，"复置校尉于上谷宁城"，"岁时互市焉"。东汉安帝时，"令止乌桓校尉所居宁城下，通胡市"。这就为汉族与乌桓族、鲜卑族等少数民族之间加强联系，扩大商品交换，交流生产经验，创造了有利条件，对改善民族关系，促进民族融合，起到了积极作用。正因为如此，在和林格尔汉墓壁画宁城图中，"市"占有较突出的地位。

三 汉画所见汉代城市与军事的关系

汉代的城市不仅是等级不同的政治中心、大大小小的经济中心，而且是一个个规模不一、坚固程度不等的防御堡垒。统治者规划和建设城市的出发点之一，就是考虑本阶级的军事防御的需要。这在汉画中也可得到印证。

和林格尔汉墓壁画所见城垣平面有两种形式。一种形式作长方形或正方形，仅有四面城垣，城垣外有的有壕沟、树木环护。

离石、土军、武成即属于这种形式。另一种形式是城中设子城
（一称内城），均呈方形。子城大小不等，位于城内一隅，一面或
两面城垣利用了大城的城墙，而不是在大城内另筑四面城垣。子
城有的为官府所在地①，有的可能是用于加强易于受敌的城门和城
隅的防守。宁城、繁阳即属这种形式。上述城市都有一道或两道
城垣，有的城垣外还有壕沟（或护城河）和树木环护。从而组成
若干道防线，便于合理部署兵力和安排武器装备，进行纵深作战。

　　汉画表明，城墙不仅作纵深配置，城头上还有一系列作战设
施。（1）城楼：和林格尔汉墓壁画宁城图的西、南二门和画像石
函谷关东门图均绘出了城楼。城楼的形制，前者是单层，单楼，
高台，有栏杆，安门窗，屋顶作四阿式②；后者系三层，双楼并
立，每层施平座、栏杆，檐下用仅出一跳的斗栱，四面安门窗，
屋顶为庑殿顶或四角攒尖顶式。③ 需要指出的是，多层的城楼在武
器的配置上是因层而异的：上层施放强弓硬弩，适应远战的需要；
下层使用刀矛剑戟，以利近战、夜战。（2）雉堞：一名女墙，即
城墙上呈凹凸形，排列如齿状的矮小墙。和林格尔汉墓壁画上的
五座城市均绘有女墙。守城的士兵依托女墙，不但可以远射，而
且便于击杀爬上城头的敌人。（3）马面：一称敌台，即在城墙外
壁增筑的向外凸出的设施。汉代的马面，是从战国时期的立楼演
变而来的。从长沙马王堆 3 号汉墓所出西汉初年长沙国南部驻军
图的"箭道城"图上，已可看出马面的雏形。内蒙古乌兰布和沙
漠北部哈隆格乃山谷南口的汉代鸡鹿塞石城，城四角向外斜出，
为我们提供了有关马面的最早实例。④ 从和林格尔汉墓壁画城市图

---

① 黄盛璋：《和林格尔汉墓壁画与历史地理问题》，《文物》1974 年第 1 期。
② 内蒙古自治区博物馆文物工作队编：《和林格尔汉墓壁画》，文物出版社 1978
年版。
③ 祁英涛：《中国早期木结构的时代特征》，《文物》1983 年第 4 期。
④ 侯仁之、俞伟超：《乌兰布和水草的考古发现和地理环境的变迁》，《考古》
1973 年第 2 期。

看，城墙上似已有了马面的设置。① 守城士兵站在马面上可以侧射城脚部位，构成交叉射击网，从侧面防御各段城墙。由于在城墙上每隔一定距离加上了马面，城墙的防御性能有了显著的增强。

汉代城门的形制，文献似无记载。从画像石上看，函谷关东门，是一座有两个门道的城门。从和林格尔汉墓壁画看，居庸关城门为平顶八字形。这种塔式的城门一直沿袭到宋、元。宋张择端《清明上河图》的汴梁（今河南省开封市）城门和元代所建居庸关云台的石砌门道都仍旧保存了平顶八字的形式。② 直到明、清两代，城门的下部结构才发生变化，出现了砖券的半圆形门洞。城门是城内外交通的要道，也是防守上的薄弱环节。为了保卫城门，往往派武官、甲士前往守卫。例如，从和林格尔汉墓壁画看，宁城南门前竖一建鼓，两侧棨戟林立，有佩剑的武官和全副武装的甲士看守。③

从和林格尔汉墓壁画看，城市中的衙署在布局上有的靠边。如宁城的护乌桓校尉幕府位于宁城的西北隅，与居民区隔开。平时以炫耀封建官僚的特殊身份，战时则便于防守，可避免陷入四面包围，以保障其生命财产的安全。衙署有的建筑在高台上，如土军城，这不仅具有政治意义，而且还有比较重要的军事作用。它在战时是全城的制高点和指挥中心，也是最后的防御堡垒，尤其可以避免水攻。

可见，当时的许多中、小城市已经初步形成较为守备的防御体系，可以防止敌人突然袭击，阻止或延缓敌人的攻势，使敌人即使在攻破外城的情况下，也不能迅速扩大战果，占领全城。从

---

① 参见内蒙古大学蒙古史研究室编《内蒙古文物古迹简述》，内蒙古人民出版社1976年版，第19页。

② 罗哲文：《和林格尔汉墓壁画中的一些古建筑》，《文物》1974年第1期。

③ 盖山林：《和林格尔汉墓壁画》，内蒙古人民出版社1978年版，第30页。

而赢得时间，等待援军，或转入反攻，夺取胜利。

此外，上述部分城市不仅有比较坚固的防御体系，还有相当丰足的粮草储备。例如，繁阳城、宁城都有高大的两层粮仓建筑设施。旁有题记："护乌桓校尉幕府谷仓""繁阳吏人马皆食大仓"和"仓"等。可见当局已重视在一些中小城市储存粮秣，并取得了显著成效。这与东汉政府在边郡实行屯田，殖谷积储，当不无关系。城市也是兵器和军事物资的储蓄场所。例如，宁城图中就有"库"的建置。根据文献记载和考古发掘，汉代京师长安和洛阳也均有"武库"的建置，用以储藏兵器。① 由此推测，宁城的"库"除贮存金银财宝外，也储藏兵器和军事物资。宁城在边郡上谷郡。其地势险要，又扼南北交通的咽喉，可以阻遏敌人。可见边城的军事性质特别突出。

城市还是军队的屯集地和操练地之一。汉代郡县政权所在地都驻有一定数量的常备军。这些军队要"习射御骑驰战阵"②，并在每年秋季举行都试，接受太守、都尉的检阅。在边郡治所，还驻屯不少边防军。例如，在和林格尔汉墓壁画宁城图上，护乌桓校尉幕府中有许多戴胄披甲的武士，幕府旁还设有屯兵的大营，可见护乌桓校尉掌管控制着很多军队。又，护乌桓校尉幕府营门外有广阔的骑射演武场地，说明这些军队也要经常操练。由此看来，护乌桓校尉的职责绝不限于管理乌桓、鲜卑的赏赐，质子和岁时互市等事务，还负责镇压当地各族人民的反抗。

综上所述，可得出以下结论：

第一，汉代城市与政治、经济、军事的关系非常密切。城市的主要建筑是为维护和巩固封建统治服务的。

第二，汉代城市的结构和布局适应了当时的政治和军事的需要，当时的部分中、小城市已经初步形成比较完备的防御体系，

① 王仲殊：《汉代考古学概说》，中华书局 1984 年版，第 7、8、21 页。

② 《后汉书·百官志五》注引《汉官仪》。

边境城市的军事性质尤为突出。

第三，汉代城市的发展为经济（主要是商业、手工业）的兴旺创造了有利条件，也促进了边境上各兄弟民族之间的经济、文化交流，"互市"就是民族间友好团结的象征。

（原载《汉画像石研究》，文物出版社 1986 年版）

张衡城市学思想试探

张衡是我国古代一位著名的科学家和文学家。在城市学上也有一些独到的见解，值得重视和深入发展。

张衡的城市学思想在他的著述《西京赋》《东京赋》和《南都赋》里有集中体现。其中《西京赋》和《东京赋》合称《二京赋》，是汉代散体大赋中的名篇，以汉之西都、东都为描写对象，博大宏丽，想象丰富，"体物"抒情，极尽铺陈夸张之能事。值得注意的是其在叙述中引入了议论说理，表现了作者的见地。

笔者认为，张衡的城市学思想表现在以下几个方面。

一　在城市规划和城市建设方面

（一）关于城址选择

城址选择是城市规划的主要内容之一，是城市建设的一个重要前提。因此，早在先秦时代，人们就很重视城址的选择。《管子·乘马》中就说到国都用地的选择和布局，要考虑交通、用水、资源、供应和防守等实际问题，注重实效，不拘一格。生活在东汉中后期的张衡就继承了这种重视城址选择的思想。

张衡在《西京赋》里指出，西汉之所以在关中长安建都，是因为这里东边有崤山、函谷关和桃林塞等险要关隘；西边有陇山之险塞；南面有高危突起、深峻不平的终南山，它吞吐着沣镐等水；背面依靠着丘陵平原，兼有泾渭二水，宽广平远，作为京城的近镇；这里土地肥沃，属于上等田。这与文献所载雍州"厥土惟黄壤，厥田惟上上"①，可以互相印证。黄土能保持较多的无机养分，又易于耕种，宜于土壤微生物的生存和繁殖，对农作物益处甚多。

张衡又在《东京赋》里赞美东京位居中原，正是天下的中心，可以图谋天下一统四海。这里面向洛水，背靠黄河，左有伊水。右有瀍河，西有九阿阪，东有旋门坡，盟津居处其后，太谷通达于前。有大道到达伊阙山，有小径通向辕辕坂。嵩高的太室山，可以成为一国之重镇，外面又围上了熊耳山。黄河中的底柱山遏制住水流，太坏山正如一把宝剑横插其间。这里流传着神女宓妃、龙马负图、神龟背书等美丽的神话传说，是最吉祥的地方。

张衡还在《南都赋》里称颂南都（今河南省南阳市）地形好、地貌美。它的东、西、北三面为山，有屏障可依；南面地势较低，境内淯水（今白河）、比水（今唐河）向南奔流，汇合后注入汉水。又，资源、物产丰富，其描述虽有夸张渲染，但基本上是符合事实的。

作为一个作家，其歌颂什么、鞭笞什么，往往反映了他本人的观点和主张。张衡对西京、东京和南都地理环境的赞美，在一定程度上说明：他认为城址应选在形势险要，土地肥沃，物产丰富，有河流环绕的地带，这对于保障城市用水、排水和水运，对于保障城市农副产品的供应和城市本身的安全，都是有利的。汉以后历代城址的选择，基本上都是按照这种标准。可见张衡的这一见解对后世是有影响的。

（二）关于都城规划

都城是国家的政治、经济和文化中心。因此，历代都十分注

---

① 《禹贡》卷三。

重都城的规划。

对于汉长安规划，张衡在《西京赋》中认为，它不是遵照往日的旧法度，而是博采八方都会的特长，即"览秦制，跨周法"。所谓"周法"，是指周人建立的营造国都的制度，即《周礼·考工记·匠人》所载"匠人营国，方九里，旁三门，国中九经九纬，经涂九轨，左祖右社，面朝后市，市朝一夫"①。所谓"秦制"，则是指秦人总结春秋、战国时代革新周人营国制度的经验，结合秦代大一统的政治、经济形势的需要，加以发展的产物。以首都咸阳为例，"秦制"就是"重视利用地形"，"不强求形制上的规整"，"以宫为主体"，宫的"规模宏阔"，布局新颖，"前朝后寝"，并强化"中轴线"。② 所以"览秦制，跨周法"就是超越"周法"，借鉴"秦制"，并在"秦制"的基础上进一步革新、发展。《隶释》卷十九载（晋）夏侯湛《张平子碑》云："《二京》、《南都》，所以赞美畿辇者与雅颂争流，英英乎其有味与。"这里的"畿辇"，指京师地区。从张衡以恢宏、壮观、华美的艺术形式，铺叙盛赞西汉长安的宏大规模和壮丽建筑看，他对"览秦制，跨周法"是肯定的③。他的这个见解，反映了他在城市规划上反对因循守旧，主张探索求新和批判继承的思想观点，这也是与汉长安的实际规划相符合的。其表现有以下四点。

1. 汉长安呈不规则的长方形，东墙平直，其他三墙都有曲折，这是突破《周礼·考工记》关于都城形制为方形的刻板的模式，从地形的实际出发，因军事防御要求而筑的。汉长安城四面城墙

---

① 该书约成书于春秋战国之际。书中所述，应是西周、春秋时的都城制度。从考古材料看，洛阳东周王城的形制和规模，大致与之相类。其中所说都城都是四方四正，显然含有理想成分。详见拙作《战国物质文明概说》，《中国史研究》1985 年第 4 期。

② 参看贺业钜《中国古代城市规划史论丛》，中国建筑工业出版社 1986 年版，第 19—20 页。

③ 参看李泽厚、刘纲纪主编《中国美学史》第一卷，中国社会科学出版社 1984 年版，第 563 页。

总长为 25700 米，约合汉代六十二里强，基本上与《汉旧仪》长安城周围六十三里的记载相符。[1] 总面积九百七十三顷（今测面积 35 平方公里）[2]，远远大于《周礼·考工记》关于都城周长十二里、方九里的规制。

2. 汉长安宫殿规模大于周代宫殿规模，正如《东京赋》所说虽然高祖对旧宫廷体制一减再减，总还是超过周朝殿堂的规格。

3. 汉长安宫廷建筑约占全城总面积的三分之二，这个比例远远大于战国城市的宫室与城的面积之比。

4. 汉长安宫廷区分为五宫，各自独立，不在一起，沿南北中轴线交错布置，分布在城的南部和中部地势较高的地带，而市、手工业作坊及居民闾里偏处于城北较低地带，其布局"与传统形式大不相同，也和秦咸阳有别"[3]。

二　在城市管理学方面

城市管理学研究城市管理的基本原则和主要方法、管理体制，以及各方面的具体管理，旨在为城市居民的生产和生活创造一个良好的社会环境。在我国封建社会里，历代的有识之士，从统治阶级的长远利益出发，为了巩固封建统治，维护封建秩序，无不看重城市管理。张衡也是这样。他的城市管理学思想，从其对城市民情风俗的重视就可能看出来。

风俗，是一个民族在共同的生产实践和社会活动中，自发地逐渐形成的一种社会精神现象。作为一种不自觉的信仰、社会心理和传统意识，它反映了一个民族对自然、社会，以及人与人之

---

① 中国社会科学院考古研究所编：《新中国的考古发现与研究》，文物出版社 1984年版，第 393 页。

② 《三辅黄图》卷一《汉长安故城》引《汉旧仪》。

③ 参看贺业钜《中国古代城市规划史论丛》，中国建筑工业出版社 1986 年版，第21 页。

间关系的一些共同观点和看法，被称作时代的镜子、社会的窗口。因此，风俗对治理社会和国家，具有重大意义，对此古人作了精辟而充分的阐述。应劭说："为政之要，辨风正俗。最其上也。"①贾山说："风行俗成，万世之基定。"② 我国历代治理者，都十分注重民间风俗的观察。《礼记·王制篇》云："天子五年一巡守（狩）。岁二月……巡守（狩）……命太师陈诗以观民风。"《孔丛子·巡狩篇》云："古者天子命史采诗谣，以观民风。"《汉书·食货志》云："孟春之月，群居者将散，行人振木铎徇于路以采诗，献之太师，比其音律，以闻于天子。故曰，王者不窥牖户而知天下。"张衡不是一个埋头学术，不问政治的学究，而是一个爱国爱民，关心国家命运和人民疾苦的志士。他处在东汉从较为安定而渐趋衰落的时代。那时候，外戚与宦官交替挟主专权，他们之间既争斗，又勾结，各谋私利，竭泽而渔，排除异己，擅立苛令，强占土地，竞相奢华，姻亲攀附，贿赂公行，诈伪丛生，甚至杀人越货，与盗贼无异。东汉的统治愈益腐朽，社会矛盾渐趋激化。张衡对这种政治混乱的社会深恶痛绝，所以和帝时，举孝廉不行，连辟公府不就；安帝时，外戚大将军邓骘累召不应。为了治愈累累的社会创伤，他注重观察对治理社会和国家具有积极意义的民情风俗，就是顺理成章的事了。

张衡在《二京赋》《南都赋》里，以相当多的篇幅，描写了他所观察到的城市民情风俗，宛如一幅形象生动的城市风俗画卷。

（一）都市中商贾、侠客、辩士的情况

《西京赋》云："尔乃廓开九市……鬻者兼赢，求者不匮。尔乃商贾百族，裨贩夫妇。鬻良杂苦，蚩眩边鄙。何必昏于作劳？邪赢优而足恃。彼肆人之男女，丽美奢乎许史。"在这里，张衡指

① 应劭：《风俗通义·序》。
② 《汉书·贾山传》。

出：商人虽有活跃市场，促进商品流通，满足社会需要的积极作用，但他们在经商中以次充好，欺骗农民，盈利成倍，过着奢富的生活。

《西京赋》又云："都邑游侠，张赵之伦；齐志无忌，拟迹田文。轻死重气，结党连群。寔蕃有徒，其从如云。茂陵之原，阳陵之朱。趫悍虓豁，如虎如貙。睚眦蛮芥，尸僵路隅。丞相欲以赎子罪，阳石汙而公孙诛。"这里既有对游侠轻死重义、言信行果的肯定，也有对其睚眦必报、滥杀无辜的否定。

《西京赋》复云："若其五县游丽辩论之士，街谈巷议，弹射臧否；剖析毫厘，擘肌分理。所好生毛羽，所恶成创痏。"表现了辩士褒贬人物，分析深细，毁誉失实的风情。

（二）百戏演出的场面

百戏是汉代表演艺术的主体。它不是一种成形的、完整的、规范的艺术形式，而是集竞技、杂耍、歌舞、幻形诸种表演艺术为同台演出混合体。百戏体现了汉代气势雄浑、对外开放、兼收并蓄的时代精神，在中国表演艺术史上占有重要的地位。百戏的内容丰富多彩，演技精湛神奇。按时下观点约可分为四部分：竞技；杂技；假形扮饰；歌舞。①

1. 竞技

百戏中的竞技，就是角抵。角抵来源于战国武备训练，秦时正式命名，成为表演艺术之一项。角抵到汉代有显明进步，它按照规定情节表演，而不是单纯凭角力取胜。② 对此，《西京赋》中有所描述："东海黄公，赤刀粤祝，冀厌（压）白虎，卒不能救。挟邪作蛊，于是不售。"黄公斗白虎，虽属角力一类，但已有完整

---

① 参看廖奔《论汉画百戏》，载《汉画像石研究》，文物出版社 1987 年版，第 112 页。

② 同上书，第 115 页。

的故事，且失去了比赛的性质，而是黄公必须败于猛虎。

需要指出的是：在崇尚勇武的西汉，角抵对人们的心理娱乐有相当大的影响。廖奔同志认为："事实上，汉代很长时间内未能出现'百戏'这个名称，而由'角抵'来代替。"[①] 其说可从。《西京赋》描述一场盛大的宫廷宴乐，一开始便是"大驾幸乎平乐，张甲乙而袭翠被"，"临迥望之广场，程角抵之妙戏"。以下几乎罗列了百戏的全部项目。

2. 杂技

杂技在战国时已初露头角，到西汉时随着西方幻术的传入，博采众长，出奇出新，发展成为百戏的中坚力量。《西京赋》中就载有杂技中的扛鼎、寻橦、冲狭、燕濯、胸突铦锋、跳丸剑、走索、易貌分形、吞刀、吐火、跟挂、爬竿、登车等项目。或惊险紧张，或变幻莫测，令人目不暇接，为之倾倒。

3. 假形扮饰

假形舞蹈包括面具舞蹈和与之近似的拟兽舞蹈。面具舞者头戴假面。拟兽舞蹈形式多样，有飞禽、走兽、水族等。这些舞蹈是百戏中相当重要的组成部分，致使百戏有"鱼龙蔓延百戏"之称。[②] 从《西京赋》的描写看，由演员分别扮作娥皇、女英、洪涯等传说中的仙女神人，以及苍龙、白虎、猿、雀、熊、象、海鳞（鱼）等吉兽祥禽，或长歌，或指挥，或奏乐，或起舞。结合布景装置，将仙境，天界展现在五彩缤纷、斑驳陆离的场面中，把人、兽统一在规定的情节里，为表现神话传说的内容服务。这当和汉代道教的升仙思想有关。[③]

---

① 参看廖奔《论汉画百戏》，载《汉画像石研究》，文物出版社 1987 年版，第 115 页。

② 参看孙景琛、刘恩伯《谈汉代乐舞图画像石与画像砖》，载《汉画像石研究》，第 134—135 页。

③ 参看孙景琛、刘恩伯《谈汉代乐舞图画像石与画像砖》，载《汉画像石研究》，第 134—135 页。

4. 歌舞

歌舞作为艺术形态在中国有悠久的历史。汉代的歌舞兼容并包，汲取外来精华，有创造性，艺术水平很高①。在宫廷宴乐中，歌舞往往是演出的最后一幕。《西京赋》中就写到歌舞伎女服饰妖艳，技能不凡。玩味清商三调，歌声嘹亮清畅；表演盘鼓舞、长袖舞，姿态优美动人。

（三）上巳节的祓禊、歌舞及其他娱乐活动

上巳节，是一种古老的节日。到了三月上巳日，人们都到河边沐浴，举行消灾求吉仪式，称祓禊。此外，还有会男女、聚餐及其他娱乐活动，以消灾避邪，祈求生育，维持人类自身的繁衍。②《南都赋》就描述了上巳节的主要活动：男男女女穿着漂亮的衣服，坐着马车，集聚到水边，祓禊，歌舞，田猎，横渡。一幅贵族炫耀身份地位和游春娱乐的画面，跃然纸上。

以上所述说明：张衡对两汉城市的民情风俗是很重视的，并有细致的观察和深入的了解。

张衡何以如此重视风俗呢？这要从风俗与礼仪的关系说起。礼与俗，古人往往并称。《周礼·天官·大宰》云："以八则治都鄙……六曰礼俗，以驭其民。"就是一例。礼与俗既有区别又有不可分离的关系。陈槃先生认为："礼是成文，经过国家制定，期于能使上下共同奉行的。而俗则是一般的习惯，不知其所以然而然的。大致说来，礼，是范围人心，引导大众为善的；而俗则是有善的，也有不善的。"他指出："好些礼，最初本是民俗"，"它的内容，有好些部分，实际就是约定俗成的民俗精华。这些民俗精华，被公认为合情合理，有范围人心和维持、安定国家社会的效

---

① 参看谭家健主编《中国文化史概要》，高等教育出版社1988年版，第425—428页。

② 参看宋兆麟《上巳节考》，载《中国历史博物馆馆刊》1989年总第13、14期。

用，而且易于施行，于是由政府采用，或者更加以斟酌损益，著之文书藏之官府，这就是所谓'礼'了"①。其说可取，也是符合史实的。《慎子》云："礼从俗。"《礼记·曲礼》云："君子行礼，不求变俗。"《史记·礼书》云："余至大行礼官，观三代损益，乃知缘人情而制礼，依人性而作仪。"这里的"人情"就是风俗。《汉书·礼乐志》云："王者必因前王之礼，顺时施宜，有所损益，即民之心，稍稍制作。"此处的"民之心"也就是风俗。如上所述，有些民俗可被采取作为礼，而礼可以治都鄙。结合张衡有时称先王之礼，曾想续撰刘珍、刘騊駼生前未完成的《汉记》，以定汉家礼仪，并在《东京赋》里表现出有一种礼治思想②，可知张衡具有以礼仪治理城市的思想。

三　在城市社会学方面

城市社会学研究城市的社会问题，诸如人口、工商业、交通运输、居民生活、文教卫生等。张衡在城市社会学思想集中体现在他对城市经济生活的见解上。

《西京赋》云："高祖都西而泰，光武处东而约，政之兴衰，恒由此作。"意思是说：西汉之所以衰落，是因为建城长安后，追求安泰享乐；而东汉之所以兴旺，是由于光武定都洛阳后，保持俭朴节约。

他还在《西京赋》里，用铺张手法，极力描写王侯、贵戚、幸臣、宠姬的豪奢无度、昏庸腐败③。如写后宫雕梁画栋，金梯玉阶，奇珍异宝罗列宫中，奢侈华丽超过天子居室。又如说武帝盲

---

① 陈槃：《春秋列国风俗考论》，载台北"中央研究院"《史语所集刊》，第47本第4分册第538页，1976年12月。

② 主要精神是：君圣智，臣贤能，提倡节俭，无为而治，克己复礼，教化百姓，施惠于民，使仁道丰盛普沾，老百姓都过上美好安定的生活。详见《东京赋》。

③ 参看张震泽《张衡诗文集校注·前言》，上海古籍出版社1986年版。

目迷信方士的谎言，为了长生不死，在建章宫建承露盘，承接天上降下的清露，和玉屑饮之。这里的"露"指"甘露"，据学者研究，甘露是露水混合了树叶上的蚜虫的尿。武帝终因多饮蚜虫尿玉屑和过量服用丹药中毒而亡，真是可悲可笑。正如作者的议论所云："若历世而长存，何遽营乎陵墓！"

张衡又在《东京赋》里，铺陈东都的俭约之德、礼仪之盛①。如说嘉德殿不雕饰，这表现了汉明帝崇尚俭约；洪池蓄养水产品，供帝王使用，不在政府的经费内开支，以减少人民的负担；平乐台展示出来自远方的奇观，规矩悉遵先王法度，行动尽合礼义要求。众人在此观赏典礼，礼法具备礼义周全。又如说："以是论其迁邑易京，则同规乎殷盘。改奢即俭，则合美乎《斯干》。登封降禅，则齐德乎黄轩。为无为，事无事，永有民，以孔安。遵节俭，尚素朴，思仲尼之克己，履老氏之常足。将使心不乱其所在，目不见其可欲。贱犀象，简珠玉，藏金于山，抵璧于谷。翡翠不裂，玳瑁不簇。所贵惟贤，所宝惟谷。民去末而反本，咸怀忠而抱悫。"意思说，东汉一改西汉的挥霍奢侈之风，而崇尚素朴俭约，以无为为功，以无事为业，克制自己的欲望，对奢侈品皆弃之不用，尊重人才，珍惜粮食，引导人民去浮华，而取诚实。

通过以上对比，张衡借凭虚公子（与下文安处先生，均属虚构人物）之口斥安处先生曰："若乃流遁忘返，放心不觉，乐而无节，后离其戚！""苟好剿民以媮乐，忘民怨之为仇也；好殚物以穷宠，忽下叛而生忧也。"② 意思是说，如果一味劳民，骄奢无度，那么人民是会造反的，将要乐极生悲。这无疑是对统治阶级敲的长鸣警钟！

《后汉书·张衡列传》云："时天下承平日久，自王侯以下，莫不逾侈。衡拟班固《两都》，作《二京赋》，因以讽谏。"西京

---

① 参看张震泽《张衡诗文集校注·前言》，上海古籍出版社 1986 年版。
② 张衡：《东京赋》。

的社会生活，张衡并未亲身经历；东京的社会生活，也并不如他说的那么美好。他之所以如此写，显然是假托西京来揭露当时统治阶级的腐朽生活；而盛陈东京的俭约之德、礼仪之盛，也不过是寄托了他自己的政治理想罢了。① 这不仅表现了他关心政治，关心国家前途，关心人民命运忧国忧民、愤世嫉俗的思想，也反映了他遵节俭、尚素朴的城市社会生活思想。

综上所述，可以把张衡的城市思想归纳如下：在城市规划和城市建设上，重视城址的选择，认为城址应选在形势险要、土地肥沃、物产丰富、有河流环绕的地带，并主张都城规划要探索求新，而反对因循守旧；在城市管理上，认为应该以礼仪治理城市；在城市生活上，提倡节俭，崇尚朴素。这些思想虽然受到时代和阶级的局限，也没有形成体系，但其中确有合理的积极的因素和朴素唯物主义成分，表现了中国封建社会先进的知识分子的务实学风，并对后世产生了一定的影响。

（原载中国秦汉史研究会《秦汉史论丛》第五辑，
法律出版社 1992 年版）

① 参看张震泽《张衡诗文集校注·前言》，上海古籍出版社 1986 年版。

汉唐长安规划比较之我见

汉长安和唐长安分别是汉代和唐代举世闻名的壮丽城市，也都是我国封建社会盛世的政治、经济和文化中心。它们在中国城市史上，皆占有十分重要的地位。对它们进行比较研究，有助于了解我国都城变迁的轨迹。限于篇幅，本文仅论述规划方面。

一 位置、自然条件之比较

在我国源远流长的历史上，历代统治者都将建都立国，即营建都城，看作政治上的要举，而选择都城的城址则是立国的前提和要素。一个地方能够作为都城城址，有多方面的原因。其中地理因素（包括方位、地势、物产、交通等）是一个重要方面。在这个问题上，汉、唐两代的统治者都是关注的，但视角不同。

西汉建都长安，是经过争议而定的。汉高祖五年（前202），刘邦在汜水之阳即皇帝位。娄敬曾向他献定都关中之策。娄敬针对刘邦欲建都洛阳与周室比隆的思想，首先阐明了西汉建国与东周初年的不同之处，即刘邦从布衣发迹，以武力得天下，人心未必尽附。然后指出："秦地被山带河，四塞以为固，卒然有急，百万之众可具。因秦之故，资甚美膏腴之地，此所谓天府，陛下入关而都之，山东虽乱，秦故地可全而有也。……今陛下入关而都，按秦之故，此亦搤天下之亢而拊其背也。"① 然而群臣都是山东（今河南崤山以东广大地区）人，皆主张建都洛阳。他们认为洛阳东有成皋，西有崤山和渑池，北面背倚黄河、南面面向伊水和洛水，形势险固，亦足以凭依，况且东周在洛阳建都，国祚长达数百年，而秦在关中建都，仅传二世即亡。以足智多谋著称的张良不同意这种意见，而坚决支持娄敬的主张。他对刘邦说："洛阳虽有此固，其中小，不过数百里，田地薄，四面受敌，此非用武之国。夫关中左殽函，右陇蜀，沃野千里，南有巴蜀之饶，北有胡苑之利，阻三面而固守，独以一面东制诸侯。诸侯安定，河、渭漕輓天下，西给京师。诸侯有变，顺流而下，足以委输。此所谓金城千里，天府之国。"② 张良掷地有声的辨析，使刘邦茅塞顿开，遂力排众议，抛弃旧说，决计定都关中，初居栎阳（今临潼北，阎良车站东南古城屯一带），汉高祖七年（前200）迁都长安。

历史往往有惊人的相似之处，八百年后的唐朝，也发生了关于建都之争，所不同的是：前者着眼于制内，而后者则是御外而引起的。③ 武德元年（618），李渊建立了唐王朝，将隋朝都城大兴改名长安，作为京师。然而却受到来自北边的威胁。《新唐书》卷二一五上《突厥上》云："突厥既岁盗边，或说帝曰：'虏数内寇者，以府库子女所在，我能去长安，则戎心止矣。'帝使中书侍郎宇文士及逾南山，按行樊、邓，将徙都焉。群臣赞迁，秦王独曰：'夷狄自古为中国患，未闻周汉为迁也，愿假数年，请取可汗以报'帝乃止。"唐朝初年，突厥铁骑长驱直入渭河之滨，面对这咄咄逼人的攻势，唐朝的一些谋臣策士丧失了固守抗敌的信心，

---

① 《汉书·娄敬传》。
② 《汉书·张良传》。
③ 参朱士光《汉唐长安地区的宏观地理形势与微观地理特征》，载《中国古都研究》第二辑，浙江人民出版社1986年版。

倡议迁都。昏庸的唐高祖竟然采纳这一建议，拟退至豫西南之南阳盆地择地建都，以避敌之锋芒。群臣随声附和。赖秦王李世民谏净，并表示愿意承担反击突厥的重任，此议才未能实施。

以上所述表明：汉、唐两代的统治者主要是根据各自的政治、军事需要经过集思广益、深思熟虑地认真挑选后，才确定在长安建都的。

汉、唐长安都位于关中平原的中部。关中形胜甲天下。八百里秦川，土地肥沃，气候温润，泾、渭、灞、浐、沣、涝、潏、滈八水，蜿蜒奔流其间，兼有运输和灌溉之利，因此农业兴旺，物产丰饶，号称"天府""陆海"足以保证都城对农产品的需要。又，关中四面有高山、雄关屏护，东有函谷关（在今河南灵宝北，汉武帝时迁今河南新安）、临晋关、龙门关，西有陇关（今六盘山脉南段）、大散关（今陕西宝鸡市境内）及子午、褒斜等山峪，南有武关（今陕西丹凤县境内），北有萧关（今宁夏原州区东南）、甘泉、谷口，形势险要，进可以攻，退可以守。关中平原的中部，即今西安小平原一带，是关中地区自然条件最为优越的地方，"兼具山环水绕、原野开阔、水源充沛、交通方便、山川秀丽、景色宜人等地理特点"①，因此自古就受到帝王的重视，作为建都重地，正如诗圣杜甫诗中所云："秦中自古帝王州。"② 娄敬、张良、汉高祖、唐太宗等明君贤臣亦有卓识高见及此，当是不言而喻的。

汉、唐长安虽然都位于关中平原的中部，但是在具体地址位置上又有所不同。汉长安位于今西安城北龙首原的西北麓，以龙首原为基地向北延伸，直达渭河之滨。而唐长安城却兴起于龙首原的南麓，向南展开，直抵曲江池畔。这是因为龙首原是沣河与

---

① 参见朱士光《汉唐长安地区的宏观地理形势与微观地理特征》。

② 杜甫：《秋兴八首》之六，《全唐诗》卷二三〇，中华书局 1960 年版，第 2510 页。

灞河、浐河间平原的自然分水岭，向南、朝北都较开阔，可以容纳规模宏大的城市。马正林同志认为，龙首原以北，地势平衍，向渭水之滨倾斜，利于建立临河背原的城市；龙首原以南，地形像波浪一样起伏，愈向东南地势愈高，但地面辽阔，可以使规模巨大的城市有充足的回旋余地。两者相比，后者比前者优越，因为后者平原开阔，引水方便，是前者无法比拟的。他指出："汉、唐长安分别在龙首原的北、南麓兴起，绝不是一种偶然现象，而是各自利用龙首原南北有利地形，建成了当时世界上最宏伟的城市。"① 这是很有见地的。

二　规模、形态之比较

汉长安东墙平直，其他三面都有曲折，略呈斗星形。元李好文云："《三辅旧事》及《周地图》曰：'长安城南为南斗形，北为北斗形。'今观城形，信然。"② 这是因为在当年建城时，城北，特别是西北部迫近渭河，筑城时必须"顺河之势"，由西南向东北方向斜行，作"委曲迂回之状"，而南墙的曲折形状，也是筑城时根据地形特点规模而成的③，可能兼顾了军事防御的要求。

汉长安城址迄今犹存，范围十分清晰。其城墙东墙长 5940 米，南墙长 6250 米，西墙长 4550 米，北墙长 5950 米，周长 25700 米，折合汉代 62 里强，面积达 35 平方公里。

汉长安城内有长安宫、未央宫、明光宫、桂宫和北宫五大宫殿区（宫殿区内有铸铁和兵器制造等手工业作坊），约占城内三分之二的土地，再加上东市、西市、武库、宗庙、官署和一些手工业作坊的用地，城内剩下的地方很有限。各宫殿区之间的地段，

---

①　陈桥驿主编：《中国六大古都》，中国青年出版社 1983 年版，第 89 页。

②　《长安志图》卷中，"图志杂说·北斗城"。

③　参刘运勇《西汉长安》，中华书局 1982 年版，第 10—11 页。

主要为贵族权臣的居里所占据。因此，大量平民百姓乃至一般官吏只能到城外去建造居住区。由于城的西郊是御苑和庞大的建章宫；城的南郊是起伏的小丘陵，供水困难，当时还不宜居住；城的北郊是渭河河滩，既潮湿且易受洪水泛滥的威胁。所以城的东郊就自然而然成了城内居住区的延伸部分。又，前述建章宫坐落在西城墙外，那是因为建置在城内已无地可容。这说明长安城的设计者[①]没有预留扩展地段，原定范围不能满足当时政治、经济和城市生活发展的需要。

唐长安城址现在基本上全部湮没在地下。新中国成立后，对唐长安城址进行了大规模的勘探和发掘，对长安城的规模、形态等已基本了解。唐长安略作矩形，其形态较汉长安规整，其规模较汉长安宏大。

唐长安城由外郭城、宫城和皇城组成。外郭城东西9721米，南北8651.7米，周长约36.7公里。总面积为83平方公里。它不仅是我国封建社会建造的最大城市，也是全世界封建社会建造的巨大城市之一。这就为皇家用地和城市居民用地提供了广阔的充足的空间。唐长安城最北部正中是宫城，宫城以南是皇城，在皇城左右稍南，建东、西二市，其余则为里坊。[②] 宫城为宫殿区，是皇帝听政和居住的地方；皇城内集中布置着中央衙署，是管理全国的行政机构所在地；市是商业区；而里坊则是住宅和寺观等。需要指出的是，由于宫城地势低湿，贞观八年（634），在北城墙外的高地上营建了大明宫。大明宫平面呈不规则的长方形，周长7628米，考古勘察出的亭殿遗址已有三十余处。大明宫正殿含元

---

①　汉长安城的建设尽管大体上经历了汉高祖时、汉惠帝时和汉武帝时三个阶段，有一个从创建到完备的较长过程，但是还是有设计的。它的设计者就是阳城延。《汉书》卷一六《高惠高后文功臣表第四》云："梧齐侯阳城延以军匠从起郏，入汉，后为少府，作长乐、未央宫，筑长安城。"而监筑者则是肖何。《汉书》卷一《高帝纪》高帝七年，"肖何治未央宫，立东阙、北阙、前殿、武库、大仓"。

②　参见刘敦桢《中国古代建筑史》，中国建筑工业出版社1980年版，第106页。

殿及宴会群臣的麟德殿构筑均宏伟壮观，前者"高山平地四十余丈"①，后者可容二千多人宴饮和观看马毬比赛。又在北城墙外至渭水之滨，建范围广阔的禁苑。其中紧接北墙的一部分是禁苑的"内苑"部分。由此可见，唐代初年，皇家用地向北发展，而其他用地则在南部，二者互不间杂，互不干扰，可谓泾渭分明，整齐划一。美中不足之处是，当大明宫成了皇帝常住的真正政治中心后，长安城最南部的若干里坊，由于距离城市重心过远，其建筑密度变小，甚至成了圈在城墙内的空旷田野。这说明唐长安城的原定范围有些偏大。

三　布局之比较

（一）分区

汉长安分区失当，结构松弛。其市、手工业作坊和居民闾里偏处城北。其宫殿不集中，可分五区，各自独立，分散分布在城的中部、南部和城西。其间被道路和住宅等其他性质的建筑物所分隔。汉长安的官府衙署也没有集中建造在一起。虽然各宫殿区之间有复道相联络，但是在当时的通信和交通条件下，必然影响皇帝命令的及时下达和官僚机构的办公效率。对此，后代的封建统治者是有所觉察并力求改变的。宋敏求《长安志》卷七《唐京城一》"唐皇城"条云："自两汉以后，至于晋齐梁陈，并有人家在宫阙之间。隋文帝以为不便于事，于是皇城之内，唯列府寺，不使杂人居止，公私有别，风俗齐肃，实隋文新意也。"其实这种新颖的布局和严谨的结构并非从隋代开始的，早在三国时代，曹魏邺城就具备了这些特点。曹魏邺城的格局对后来曹魏洛阳、北魏洛阳以及隋大兴、唐长安都产生了明显的影响。唐长安将宫城、

---

① 《太平御览》卷一七五《两京记》；实际勘察遗址高出平地 15.6 米，参宿白《隋唐长安和洛阳城》，《考古》1978 年第 6 期。

皇城和禁苑集中在城的北部，把市民居住区集中在城的南部，彼此区分清楚，不相混杂，以便于封建统治者进行政治活动，处理政务和外交事务。武伯纶先生指出：唐长安城的宫城约占全城总面积的百分之三点七，皇城约占百分之六点三，居民区约占百分之六十三点八，其他面积为道路、河渠等设施所占。较之汉代宫殿等建筑面积占全城三分之二以上的情况，有了很大的进步。① 这一看法无疑是正确的。

（二）市场

为便于管理和平准物价，汉、唐长安均将手工业和商业店肆等集中在固定市场。市成了都城的商业和手工业中心。但市场在整个城市中都不占主要地位，还受着严格的限制。② 汉长安有九市。③ 《三辅黄图》卷二引《庙记》说："长安市有九，各方二百六十六步。六市在道西，三市在道东。"《后汉书·班固传》中的《西都赋》亦提到长安九市，李贤注引《汉宫阁疏》与《黄图》记载相合。《三辅旧事》记述九市的位置在突门（雍门）附近、横桥大道（应即横门大街）的两侧。在这一带有的地面上曾发现不少陶俑和钱范，说明这里有手工业作坊，是"市"的所在。④ 与汉长安的市偏于西北一隅之地不同，唐长安东市（即隋之"都会市"）和西市（即隋之"利人市"）分别位于东城和西城的中

---

① 武伯纶：《西安历史述略》，陕西人民出版社1984年版，第172页。

② 《新中国的考古收获》，科学出版社1961年版，第97页。

③ 关于"九市"的说法，向来不一。除文献上的说法外，还有三说：陈直先生认为，是指柳市、东市、西市、直市、交门市、孝里市、交道亭市和高市（见《三辅黄图校证》）；武伯纶先生认为，"九市"是指东市、西市、柳市、直市、交道亭等九个市区（见《西安历史述略》）；刘运勇认为，"九市"是说的东市、西市、南市、北市、柳市、直市、交门市、孝里市、交道亭市（见《西汉长安》）。这三说都认为市的布局比较分散，大概以交通便利为准则。

④ 俞伟超：《汉长安城西北部勘查记》，《考古通讯》1956年第5期，第20—26页，图版七。

部，位置适中。

　　西汉长安九市，据《三辅黄图》的记载，市呈方形。和林格尔汉墓壁画"宁城"图上的宁市亦呈方形，印证了这一记载的正确性。"凡四里为一市"，一市由若干肆组成。肆成行排列，称为"列""列肆"或"市列"。"市列"之间有相隔的人行道，即"隧"。市四面筑有围墙，开设市门。管理市场的机构所在处称为"市楼"或"旗亭"。市楼是市中高大而显著的建筑。《三辅黄图》卷二长安九市条云："市楼皆重屋，……楼在杜门大道南。……当市楼有令署，以察商贾货财买卖贸易之事，三辅都尉掌之。"张衡《西京赋》说"旗亭五重，俯察百隧"，从市楼上可以观察监视市内各隧的活动。市上的商业繁荣。班固《西都赋》"九市开场，货别隧分，人不得顾，车不得旋，阗城溢郭，旁流百廛，红尘四合，烟云相连"，就是对这种盛况的生动描绘。而近年出土的"市井"画像砖，则是市井风貌的形象而具体的写照。①

　　唐长安的东西市，基本上仍沿用汉长安的市制。只是市呈长方形，规模扩大了，邸店增多了，这是当时商品经济发展的必然结果。考古发掘表明：两市东西对称，大小相若。西市南北长1031米、东西宽927米。东市南北长1000余米、东西宽924米。两市四周均有夯筑围墙，四面各开2门，围墙内设沿墙街和井字形街道。街道两侧修排水沟。井字形街道将两市各界划成9个长方形市区；每区四面临街，罗列店铺。② 东市"市内货财二百二十行，四面立邸"，成为"四方珍奇，皆所积集"③ 的开放型市场。西市和东市一样，也是全城的经济活动中心，其繁荣在唐代后期达到了极盛，超过了东市，因而被誉为"金市"。两市都设有

---

　　① 陈绍棣：《汉画所见汉代城市与政治、经济和军事的关系》，载《汉画像石研究》，文物出版社1987年版。

　　② 参看《文物考古工作三十年》，文物出版社1979年版，第132页；《新中国的考古发现和研究》，文物出版社1984年版，第578页。

　　③ 《长安志》卷八。

专门的管理机构，如市局、平准局，以平准物价和管理市场。还有总管两市的市署。需要指出的是，中唐以后随着长安工商业的发展，在地区上突破了限在两市交易的制度，而且在时间上突破了禁止夜市的限制。①

（三）居住

汉长安有一百六十个"闾里"。皆"室居栉比，门巷修直"②。可见闾里建筑密度颇大。由于城的形制不规整，所以闾里的形制、规模也不整齐划一③。著名的闾里有宣明、建阳、昌阴、尚冠、修城、黄棘、北焕、南平等里，汉宣帝刘询流落民间时就曾住在尚冠里。闾里之间有街道相隔，最主要的是八角九陌。见于记载的有香室、夕阴、尚冠、前街、华阳、章台、蒿街、太常、炽盛等街。根据考古材料，官僚的甲第，密布于城内中部和南部；一般居民麇集于城内东北隅狭小的范围内，而以宣平门为主要通道。④西汉中业以后，长安人口日益增多，大多数平民很难在城内找到容身之所，遂向宣平门外聚集，于是自发形成一个较繁华的地方，这地方实质上就是郭区。有的学者认为汉长安城原定范围就有外郭⑤，对此我们不敢苟同。

唐长安有 108 个里坊。位于城的中、南部。里坊平面有些近于方形，东西 520—560 米；有些稍大，平面为长方形，东西 600多米及 1100 多米。⑥ 不仅面积超过汉朝的闾里，而且形制较汉朝闾里规整。所谓"棋布栉比，街衢绳直，自古帝京未之比也"⑦。

---

① 《中国史稿》第四册，人民出版社 1982 年版，第 255 页。
② 《三辅黄图》卷二。
③ 参贺业钜《中国古代城市规划史论丛》，中国建筑工业出版社 1986 年版，第21 页。
④ 《新中国的考古发现和研究》，第 396 页。
⑤ 详见杨宽《西汉长安布局结构的再探讨》，《考古》1989 年第 4 期。
⑥ 刘敦桢：《中国古代建筑史》，第 110 页。
⑦ 《长安志》卷七。

又，布列匀称，结构严谨。当年诗人白居易登高俯视长安，所吟诗句"百千家似围棋局，十二街如种菜畦"[①]，形象地概括了它的全景。与汉长安不同，王公、贵族、权臣和宦官，聚居于城的东北部，即大明宫以南、兴庆宫以北诸坊里，"城西里坊，大都居住小吏、市民、商人等，与东部里坊相比，显得冷落。长安城中人口分布，东部较西部集中，北部多于南部"[②]。

（四）交通

汉长安有八街九陌，街道宽阔平正，以相经纬。城四面每边有三个门，共十二个门；每个城门有三个门洞，与并列的三条街道相通，即所谓"披三条之广路"，可以同时并行十二辆马车。路两旁有杨、槐、松、榆等树。由于未央宫、长乐宫等五个宫殿建筑群在城内占据了相当大的面积，上述街道往往被阻，而呈丁字形相交（也有作十字形相交的），没有完全形成主次分明，畅通无阻，联系广泛的交通网。而唐长安则不然。由于庞大的宫城设在城北，对市区交通影响不大，所以街道排列整齐。所有的街道均作南北向或东西向，彼此纵横交错。南北十一条大街，东西十四条大街。街道两旁设有排水沟，并种植槐树和榆树。"迢迢青槐街，相云八、九坊"，就是对当时城市绿化的歌咏。考古资料表明：皇城以南，已发现南北街十一条、东西街十条，其中通南面三门和贯通东西大门的六条街道是城内的主要干道，宽度最大，除延平门至延兴门的东西大街宽55米外，余皆100米以上，尤其是由朱雀门至明德门的朱雀大街宽达155米[③]，更是宽阔笔直，蔚为壮观。正如李白诗句所描述的"长安大道横九天"。至于不通城

---

① 白居易：《登观音台望城》，《全唐诗》卷四四八，第5041页。
② 《陕西风物志》，陕西人民出版社1985年版，第122—123页。
③ 《新中国的考古发现和研究》，第575页。

门的大街，宽度为 39—68 米，最窄的仅宽 20—25 米①。则当是次
要干道。主次干道分工明确。南北向的主干道适应加强宫殿气魄，
张扬帝王威严的需要，也为出入宫城提供了方便。东西向的主干
道主要通过东、西两个方向的通道，把国内主要的经济区——黄
河中下游地区、江淮地区以及西域和巴蜀联系起来。对于满足长
安对大量消费品的需求，也具有积极意义。而次要干道则具有划
分坊里，以利于统治者加强管理、控制居民的作用。

此外，如前所述，汉长安城每座城门有三个门洞，各通一条
大路，中央的一条从城内延伸到三辅地区的离宫别馆，是专供皇
帝使用的驰道（亦称中道），任何人都不能在驰道上行走或逾越。
即使尊贵的皇太子，亦不能例外。一般人只能走两边的道路，入
左出右。这对市民来说，自然造成巨大的不便。而唐长安却没有
驰道，市民可以在所有的街道上自由行走，随处横过，这不能不
说是又一大进步。②

（五）供水

汉长安的地势比周围地区高，长乐宫、未央宫更建筑在城南
龙道原高地上，较之城北高出十多米，这给取水和供水都带来了
困难。《汉旧仪》曰："长安城中，……父老传云，尽凿龙首山土
为城，水泉深二十余丈。"这就需要开辟水源。关于汉长安城的水
源，据《水经注》卷十九《渭水下》的记载，汉初引用城西面的
潏水，后来由于城市规模扩大，人口增多，武帝时在城西南郊修
建昆明池，作石闼堰使西流入沣河的滈水北流穿过细柳原，注入
昆明池，然后通过一道明渠和西城章城门北架设的"飞渠"（即
架空渠道），把昆明池水引入城内。③ 再注入沦池（蓄水库）流

① 《新中国的考古发现和研究》，第 575 页。
② 刘敦桢：《中国古代建筑史》，第 173 页。
③ 《雍录》卷六、卷九。

出，由西向东穿城而过，最后流入通向渭河的运河——漕渠。

隋代建大兴城和唐代扩建长安城时，可能从汉长安城汲取了教训，把城址选在平原开阔和引水方便的龙首原以南。与汉长安的水源有限，主要来自西南不同，唐长安的水源较丰富，它来自城的东、西、南三面。龙首渠引浐水自东入城；清明渠引潏水自南入城；永安渠引汝水自安化门入城。唐玄宗天宝三年（744），又引潏水自西入城。这就为保证长安用水创造了有利条件。

（六）利用地形

汉唐长安都充分利用地形的高低变化，尽量发挥城市建设的立体效果。汉长安把汉代政治统治中心未央宫建在地势高亢的城南，居高临下，俯瞰全城，而把市里和作坊等置于城北的低平地带。唐长安在东西向的六条高坡上布置宫、庭、寺、观[①]等高大建筑物，使其矗立高耸；在坡与坡之间的低地，建造平民居住区，并在凹洼地带，开挖湖泊（如曲江池、放生池、四大海、太液池、龙池等），在湖畔种植花卉草木，使其成为供统治阶级游赏玩乐的名胜风景区。又，把全城地势最高、四望开阔的乐游原，开辟为供士女登临观光的游乐胜地。由于各种地形都得到了合理利用，高低错落，不仅增大了城市建设的立体空间，而且使城市景色绚丽如画，建筑富有情趣。总之，在利用地形上，唐长安较之汉长安显然要完备、圆满许多。但也不是就没有缺欠和不足。

（七）苑囿

汉长安城的上林苑由宫殿、园林和大自然巧妙结合而成，南至宜春、鼎湖（今蓝田县南塬）、御宿（今西安市长安区南）、昆吾（今蓝田县东北），傍终南山而西，至长杨（今周至县东南）、

---

①　据徐松《唐两京城坊考》的记载，唐长安共有僧寺八十一，尼寺二十八，道观三十，女观六，波斯寺二，胡祆祠四。寺观之多为全国之冠。

五柞（同上）。北绕黄山（今兴平市马嵬镇北），濒渭水而东，大致包括今户县、周至、长安三县，周长四五公里，四周设有围墙，专供皇家享乐、狩猎和敛财。唐长安的禁苑在宫城之北，东达浐水，西包括汉长安城，南接京城，北枕渭水，东西二十七里，南北三十三里，范围虽然可观，但较之汉长安城却小了不少。苑囿中虽有古代劳动人民和建筑匠师对造园艺术技巧的创造，但它的设计思想表现了专制集权意识、宗教迷信和穷奢极欲①，是封建帝王使用、作乐的地方。因此，唐长安的苑囿规模比汉长安城的小，在规划上显然是一个提高。

此外，汉长安有其发达的郊区作补充②。《西都赋》云："若乃观四郊，浮游近县，则南望杜（陵）、霸（陵），北眺五陵，名都对郭，邑居相承。英俊之域，绂冕所兴……盖以强干弱枝，隆上都而观万国也。"汉长安原规划有城无郭，城内无陵墓区，于是积极发展近郊县，并在那里建置陵邑。诸陵县里居住着高官显贵豪强富商，是经济发达、人口稠密的地区。陵县与城内有大道相连，彼此保持着密切的政治、经济关系，实质上是京师行政区和经济区的组成部分，具有外郭的功能。从这个意义上说，它补救了汉长安在城市用地上原规划的不足。而唐长安郊区则不然，那里密布着庄园（其中很多是非生产性的别墅），不是商业发达、人口密集的繁华地区，不具备外郭的功能，这与唐长安原定范围偏大是相适应的。

四　城防设施之比较

汉长安和唐长安都有高厚而坚固的城墙，以居高临下，打击攻城者，并阻挡他们。宫殿一般都建筑在高地上，以便俯瞰全城、

---

① 刘策：《中国古代苑囿》，宁夏人民出版社1979年版，第71页。
② 刘运勇：《西汉长安》，第37页。

控制全城，并观察渭河北岸的动静。又，汉长安的未央宫、长乐宫和唐长安的大明宫皆置于城的一角，是为了便于防守，避免当人民起义或少数民族入侵时隐入四面包围之中。以上是汉、唐长安在防御设施上的相同之处。

汉长安和唐长安在防御上也有不同之处。汉长安宫殿区虽然禁卫森严①，但是其分布是分散的、孤立的。一旦敌军攻破城池，每个宫殿建筑群就成为一个单独抵抗的据点，而各自为战，易于被敌军分割包围，集中兵力，各个击破。因此，汉长安没有解决好宫殿作为最高统治者巢穴和大本营应有的功能。

唐长安在防御设施上较之汉长安更严密，也更成体系。城中有城。唐长安城由外郭城、宫城和皇城组成。所有城墙都夯筑得高大结实，造成隔限重重，构成坚固的"乌龟壳"。例如，大明宫除有夯筑宫墙外，东、西、北三面还有夯筑夹城。作为宫城北面正门的玄武门墩台厚 33.6 米，深 16.4 米，内设三重版门。玄武门以南有内重门，以北是夹城通入禁苑的重玄门。重玄门以北可能还有重门。在仅 100 多米的一条轴线上就设了三四座门，真是层层屏障，易守难攻。尤其需要强调指出的是：大明宫、皇城、宫城和禁苑（配备有羽林军）连成一片，从而形成一个既有几道防线，又有基地，还有退路的封建统治中心，也是最后的防御堡垒。

此外，还有值得一提的是，唐代统治者为了控制都城居民，承袭汉朝以来的闾里建筑，把"坊"作为最基层的管理单位。除三品官以上外，一般住房只许从坊门出入，不得在坊墙上任意开门。并实行夜禁制度，傍晚，鼓声一响，行人都必须回到住处，于是出现"六街鼓歇行人绝，九衢茫茫空有月"的情景。从而把广大居民局限于高大坊墙的包围中。还在里坊间建造官府、王宅、

---

① 《太平御览》卷三三八引《汉名臣奏》云："宫殿省闼，至五、六重，周卫刁斗。"可见有道道关卡。

寺院，既有利于控制大量人口，又便于对居民的监视。

五　结束语

综上所述，可以看出，唐长安较之西汉长安，在规划布局上确有显著提高。这是八百年间，在先后兴建曹魏邺城、曹魏洛阳、北魏平城、北魏洛阳的过程中，经过创新、发明、继承、总结所造成的必然结果。它是劳动人民和能工巧匠聪明智慧的结晶。

任何时代的建筑成就，都是由当时的政治、经济条件所决定的。唐代也不例外。唐代是中国封建社会的鼎盛时期，尤其在太宗、武则天和玄宗（开元）当政年代，国家统一，政治清明，社会安定，经济繁荣，国力强大，可以为大规模的都城扩建、修缮提供雄厚的物质基础，保证对人力、物力和财力的大量的、源源不断的需求。

唐长安的规划布局具有匀称、紧凑、分区明确、街道宽直、坊里整饬的特色，是当时世界上最宏伟、繁荣的城市。它不仅对隋唐创建和改造的一些重要城市（如隋唐洛阳）和地方政权都城的兴建产生了深远影响，而且还对我国的近邻日本和朝鲜的建设给予了有益的启示。当时日本的都城平城京（今奈良市）和平安京（今京都市）都是模仿唐长安的规划布局建成的。[①] 这在考古发掘中可以得到印证。中日两国的考古研究成果表明：平城京、平安京与唐长安有不少相似之处。如城郭都呈方形，天皇（或皇帝）所住的宫城位于全城的北部，宫城正门同名朱雀门，中轴线大街同称朱雀门大街，京城内有垂直相交、宛如棋盘的街道，并且划分坊里，设东西市等。唐长安与日本平城京、平安京等古代城址，是源远流长的中日友谊的象征。

---

① 详见张鹏一《唐代日人来往长安考》，秦风周报社 1937 年版。

关于明代建筑发展的若干社会原因

在中国源远流长的建筑史上，明代建筑占有较重要的地位，虽然从总体来说，已处于一种迟滞的状态，但在技术和艺术上取得了不少成就，留下了丰富多彩的建筑遗产：壮丽的北京、南京和中都城，巍峨的宫殿，幽美的园林，肃穆的坛庙，宏大的陵寝，类型多、质量高的民间建筑，具有独特风格的少数民族建筑，等等。这些作品，虽然具有一定的历史局限性，但都是当时劳动人民的智慧结晶，也标志着明代建筑在某些方面有了进一步的发展。分析明代建筑发展的原因，对于迅速发展我国的当代建筑，早日实现建筑的现代化，确有一定的借鉴意义。限于篇幅，本文只谈若干社会原因。错误的地方，请批评指正。

经济的发展，不断向建筑提出新的、高的需求和问题

"科学的发生和发展，一开始就是由生产决定的。"[①] 建筑作为科技和艺术的统一，作为实用功能和美感作用的统一，它首先要满足人们的生产和生活需要。它的发展是由经济决定的。只有

---

① 恩格斯：《自然辩证法》，《马克思恩格斯选集》第三卷，人民出版社1972年版，第523页。

经济发展了，生产力提高了，人们的生活水平增长了，才能不断向建筑提出更高的实用功能和审美要求，刺激着建筑向前发展。

明初，由于元末农民战争对蒙古贵族和一部分汉族大地主的打击，由于明太祖实行轻徭薄赋、大兴屯田、奖励垦荒、兴修水利等积极发展农业的政策，并推行三十税一、许民开矿、解放工奴等有利于手工业、商业的措施，由于广大农民和手工业工人的辛勤劳动，农业、手工业和商业都有了恢复和发展。到了明朝中叶，农业和手工业的水平都超过了前代。

明代手工业脱离农业独立发展的趋势更加显著，从农业分离到手工业中的劳动力日益增多，各手工业部门的分工愈来愈细，于是手工业生产进一步专业化，出现了一些手工业中心。那时的冶金、制瓷、丝织、棉纺织、造船、火器等手工业和特种工艺都很发达，其中冶金技术，明末以前在世界上一直遥遥领先。

由于生产力的提高和社会分工的加强，商品经济的发展超过了以往任何时期。而社会分工的扩大和商品经济的发展，使手工业工具得到革新，生产技术不断提高，市场日益扩大，于是在江南五府的丝织业、铸铁业、制瓷业、浆染业、造纸业和榨油业中，出现了较大的手工作坊或手工工场，出现了雇佣劳动制，产生了资本主义萌芽。尽管它还是稀疏的、微弱的，但毕竟是新的生产关系，因而促进了生产力的发展。

社会分工的扩大和商品经济的发展，也促进了商业的兴旺。在城市中，转运贸易和店铺贸易进居主要地位，市集贸易则退居次要地位。同时商人资本空前活跃，在全国出现了很多商人。其中人数最多的是徽商，其次是洞庭商、苏商、江右商、闽商、关陕商等。商人在各地设立会馆，组织商帮，贩运货物，人弃我取，贱买贵卖，并经营典当，牟取重利。他们之中，大部分是中小商人，一部分是大商人，拥有数十万两甚至上百万两白银的资金。例如为明人称羡的徽州和山西富商："富室之称雄者，江南则推新安，江北则推山右，新安大贾，鱼盐为业，藏镪有至百万者，其它二三十万则中贾耳。山右或盐，或丝，或转贩，或窖粟，其富甚于新安。"① 又如无锡商人"有邹望者将百万，安国者过五十万"②。人有"日日金银用斗量"之谣。

随着手工业和商业的发展，城镇人口（包括定居经营的工商业户）迅速增加。例如南京："街道极宽广，虽九轨可容。近来（万历以后——引者）生齿渐蕃，居民日密，稍稍侵官道以为廛肆。"③ 又如苏州的盛泽镇"明初以村名，居民止五六十家，嘉靖间倍之……始称为市"④。再如双杨市"明初居民止数十家，以村名。嘉靖间始称为市，民至三百余家……"⑤

随着商品经济的繁荣，市民的生活水平提高了。例如松江"设席用攒盒，始于隆庆，滥于万历。初止士宦用之。近年即仆夫龟子，皆用攒盒，饮酒游山"⑥。又如新安商人，遍布"天下都会所在，连屋列肆，乘坚策肥，被绮縠……"⑦ 再如宣大"商贾之家，食鲜，服丽，品竹，弹丝，视世禄家尤胜"⑧。

如上所述，工商业的发展，人口的激增，市民生活的提高，要求增筑和扩建城镇、作坊（或手工工场）、商店、亭馆和住宅等。其中城镇的扩建和增筑，更是迫切需要解决的社会要求。正如范濂对保障松江之法的见解："松江保障之法，莫急于筑新城。盖隆万以来，生齿浩繁，居民稠密……而城小人众……故有识之士，必以筑新城于西郊为首务。"⑨

---

① 谢肇淛：《五杂俎》卷四《地部二》。
② 王世贞：《弇州史料·后集》卷三六《国朝丛记六·严氏富赀》。
③ 谢肇淛：《五杂俎》卷三《地部一》。
④ 乾隆《震泽县志》卷四《镇市村》。
⑤ 同上。
⑥ 范濂：《云间据目抄》卷二《记风俗》。
⑦ 归有光：《震川先生集》卷一三《白庵程翁八十寿序》。
⑧ 《古今图书集成·职方典》卷一五五《宣化府风俗考》。
⑨ 范濂：《云间据目抄》卷五《记土木》。

适应这种需要，新的工商业市镇①蓬勃兴起。其分布除盛产毛织品和皮张的山西外，集中在农业发达、交通便利的江南、东南沿海和运河沿岸三个地区。尤以江南地区的苏州府、松江府、徽州府、杭州府、嘉兴府和湖州六府繁华。仅苏州府吴江县新兴的镇市就有震泽镇、盛泽镇、平望镇、黎里镇②、同里镇、庄练塘镇、双杨市、严墓市、檀邱市、梅堰市、县市、八斥市、庵村市、江南市、新杭市等。这些镇市或以手工业为主，或以商业为主。其建筑规模都相当可观。例如吴江县市"坊巷井络，栋宇鳞次"③。同时，宋元以来的旧城也得到扩建，因而更加发展、繁荣。例如吴中（苏州府的别称）"素号繁华"，明初由于"人民迁徙"，"教坊邑里萧然"，"正统、天顺间"，"稍复其旧"；"成化间"，"迥若异境"，"以至于今，愈益繁盛。闾檐辐辏，万瓦甃鳞，城隅濠股，亭馆布列，略无隙地"。④ 在扩建的过程中，原有的土城普遍被改建为砖城，并根据需要，在当时生产力允许的条件下，因地制宜，调整布局，扩大了城池范围。例如，明北京城就是在元大都的基础上多次改建、扩建而成的。明初北京城的北墙，较元大都向南移 3.5 里，所以面积大为缩减。永乐十七年（1419），由于城内用地不够，将南城墙向南推移半公里。嘉靖二十六年至三十二年（1547—1553），为了保护南城墙外自发形成的繁华商业区，并增加一道防线，建筑了京师外城⑤，使北京平面形成一个凸字形。于是大城市增多了。

上述扩建和增建的城镇，不少是商业中心，因而增建和扩建了不少手工业作坊或商店。例如：河北武安县发现的明代炼铁炉高一丈九尺、内径七尺、外径九尺；景德镇的官民瓷窑计有三千

---

① 市贾贸易谓之市，设官将禁防者谓之镇。
② 黎里镇在成化、弘治间是名邑巨镇。
③ 乾隆《吴江县志》卷四《镇市村》。
④ 王锜：《寓圃杂记》卷五《吴中近年之盛》。
⑤ 《明世宗实录》卷三二一、卷四〇三。

余座。又如：松江的枫泾、洙泾一带，有"数百家布号"①；松江"郡治西郊广开暑袜店百余家"②。

　　如前所述，明代商人积聚了大量的资金。由于国内经济体系中占主导地位的是农业和手工业相结合的自给自足的自然经济（现在的观点认为，明代后期的对外开放达到空前强度，是东亚甚至世界的经济中心之一。明代已非自然经济，已是发达的商品经济），限制了市场的扩大，由于封建统治者在明中叶以后实行闭关锁国的政策，不能与国外市场发生联系，由于税卡林立，商税繁重，商人受到种种榨取和掠夺，所以只有徽州、杭州和江右等地的一部分商人投资于手工业，而大部分商人并没有把资金积累起来从事再生产，即由商业资本转化为产业资本。除了用来窖藏、购买田地和花费在奢侈的生活上之外，还大规模地建造住宅和园林。他们"以财自雄，服室相高"③，"拥资则富屋宅"④，"江南富翁……辄大为营建，五间七间，九架十架，犹为常常耳，曾不以越分为愧"⑤。这就促进了民间建筑的发展。

　　官僚地主为了讲排场，摆阔气，并满足享乐生活的需要，利用占有的大量物质财富，大规模营建宅第。这在江南尤为突出。例如：杭州"近者一二巨姓，虽位臻崇秩，后人踵事奢华，增构室宇……穷极壮丽"⑥。南京富户缙绅"庐舍皆过王制僭上"⑦。北京的情况也很典型。例如，正统时，司礼监王振"宅在宫城内外，凡数处，重檐邃阁，僭拟宸居"⑧。嘉靖时，工部左侍郎严世蕃"治第京师，连三、四坊"，"又以南昌仓地有王气，取以治第，

---

① 顾公燮：《消夏闲记摘抄》卷中《芙蓉塘》。
② 范濂：《云间据目抄》卷二《记风俗》。
③ 顾炎武：《天下郡国利病书》卷五二《河南三·彰德府》。
④ 同治《湖州府志》卷二九《舆地略·风俗》转引王道隆《菰城文献》。
⑤ 唐锦：《龙江梦余录》卷四。
⑥ 张瀚：《松窗梦语》卷七《风俗纪》。
⑦ 顾起元：《客座赘语》卷四《王符潜夫论》。
⑧ 查继佑：《罪惟录》卷二九《宦寺列传·王振》。

制拟王者"。①

此外，官僚地主为了寄情山水，填补精神上的空虚，还将一部分财富用来在城区郊外建造园林别墅。从嘉靖年间开始，大小官僚地主争相造园，一时成风。其中以贵族、官僚、地主和富商集中的北京和南京最为兴盛，其次是经济发达的江南地区和通商要道的某些城市。明代的南京和北京都有大量的造园记载。当时的北京是"园亭相望，然多出戚畹勋臣以及中贵"②。其他豪贵富商家苑囿亦甚多。当时的南京园囿盛极一时，各具特色。苏州的造园活动在明代也达到一个新的高潮，几乎无时不在兴建中，共有宅第园林二百七十八个。③此外，扬州、杭州、无锡等地，也修建了不少园林别墅。加以江南一带有良好的造园自然条件和悠久的造园传统，从而使明代的造园艺术和技巧，在继承前代的基础上，有了进一步的发展和提高，达到了高度的成就。

随着建筑的发展，建筑匠师和造园家大量涌现。著名的建筑匠师有陆贤、阮安、蔡信、杨青、陆祥、蒯祥、郭文英、徐杲、赵得秀、牛存喜、冯巧、梁九等。著名的造园家有张南阳、周秉忠、计成等人。他们在长期的建筑和造园实践中，积累了丰富的经验，提高了设计水平，促进了建筑技术和建筑艺术的发展。随着建筑业的发展，出现了概括明代南方民间建筑技术的著作——《营造正式》和总结明代江南造园艺术的著作——《园冶》。

综上所述，明代由于经济的发展、资本主义萌芽的出现、市民生活水平的提高，需要建造大量的城镇、作坊、店铺、亭馆、园林、别墅和宅第，需要提高建筑技术和建筑艺术，需要大量建筑匠师和造园家，需要建筑理论和造园理论的发展。一言以蔽之：社会广泛而迫切的需要，促进了明代建筑的发展。正如恩格斯指

---

① 《明史》卷三〇八《奸臣·严嵩传附严世蕃》。
② 沈德符：《万历野获编》卷二四。
③ 道光《苏州府志》卷四六至卷五〇。

出的："社会一旦有技术上的需要，则这种需要就会比十所大学更能把科学推向前进。"①

建筑材料生产水平的提高，为建筑提供了比较雄厚的物质基础

建筑材料是建筑业最重要的物质基础。明代由于商品经济的发展和资本主义萌芽的出现，由于冶金技术的提高和铁工具的普遍推广，建筑材料的开发和生产在某些方面有了进一步的发展，生产规模扩大了，产品数量和种类增加了，质量提高了。这就为建筑的发展提供了比较雄厚的物质基础。

建筑材料可分天然建筑材料和人造建筑材料两种。在天然建筑材料方面，木材采伐的生产水平有了显著的提高，其表现有以下三点。

（一）采伐的地区扩大了。明代的伐木区，遍及四川、湖广、云南、贵州、广东、广西、江西、山西、浙江、南直隶等地。而且能进入深山，深入险阻采伐大木。

（二）采伐的种类增多了。据不完全统计，有楠木、花梨木、红木、银杏、杉木、樟木、鸡翅木、土苏木、榆木、桑木、柳木、槐木、梗木、松木等②。其中楠木是贵重的建筑材料。

（三）采伐的木材既大且多。例如，"京师神木厂所积大木，皆永乐时物。其中最巨者为樟，扁头围二丈长，卧四丈余，骑而过其下，高可隐身"③。正统二年（1437），行在工部奏："齐化门外，积楠杉大木三十八万，而四方运者日至。"④ 可见当时木材储

---

① 恩格斯：《致符·博尔吉乌斯》（1894年1月25日），《马克思恩格斯选集》第四卷，人民出版社1972年版，第505页。

② 谢肇淛：《五杂俎》卷一〇《物部二》；顾岕：《海槎余录》。

③ 孙承泽：《春明梦余录》卷四六《工部一·皇木》。

④ 《明英宗实录》卷三三。

备量之大。又如，万历三十五年（1607），坐派四川"楠木四千七百九十四根，内有一号二百六十九根，各长七丈，径七尺至六尺五寸。二号九百二十四根，各长六丈，径六尺至五尺五寸"①。坐派的数量如此之大，这不仅是封建统治者在选择和使用木材上挥霍浪费的写照，也从一个侧面反映了当时四川的伐木能力。以上数例，说明当时伐木在材质、数量和尺寸上所达到的高度水平。

与木材采伐水平的显著提高相适应，成材加工的生产有了较大的发展。其原因有四。

（一）木工队伍的扩大。当时的木工有住坐、轮班两类。轮班，即轮替到北京服役的。据《大明会典》记载，就有木匠三万三千九百二十八名，锯匠九千六百七十九名。此外，从事个体经营的木工也增多了。例如，徽州"小木匠，争列肆于郡治中"②。檀邱市"凡铜铁木圬乐艺诸工俱备"③。明末，苏州西城"居民大半工技……梓人、甓工、垩工、石工，终年佣外境"④。这就使木材加工业有充足的人力保障。

（二）木工工具的完备。当时的木工工具种类齐全，分工细致，用途明确⑤，这就使木材加工业有了多样化的税利工具。

（三）木材加工的进一步专业化。当时的木材加工已有细致的分工和良好的协作，流水作业的木工程序产生了。例如苏州吴县"香山帮"（私营木工作坊）的工种，有木作、水作和雕花业等。

（四）原料供应比较充足。当时采木、贩木的商人相当活跃，

① 康熙《四川总志》卷三四《木政》。

② 范濂：《云间据目抄》卷二《记风俗》。

③ 乾隆《震泽县志》卷四《镇市村》。

④ 顾炎武：《肇城志》江南八《苏州府》。

⑤ 据《天工开物》第卷一〇《锤锻》的记载，当时的木工工具有：斤斧，分嵌钢和包钢的两种；锥，分蛇头钻、鸡心钻、旋钻和打钻四种，其中蛇头钻用以转索钻孔，以便引钉拼合木板，鸡心钻用于钻铜片；锯，分长锯、短锯两种，长锯用来分剖木料，短锯用来截断木料；刨，分椎刨、起线刨和蜈蚣刨三种，椎刨制圆桶用，起线刨作精细工作用，蜈蚣刨刨光木面用。凿，分平头凿和凿圆孔的剜凿两种。

木材贸易也很兴旺。例如，"徽郡商业，盐、茶、木、质铺四者为大宗"①。徽州木商不仅深入四川采木，而且到闽、浙、江南和河间贩木，甚至到北京大肆活动②。这就使官、私木厂，特别是私营木厂的原料供应有了可靠的保证。

明代木材加工业的发展，主要表现在以下两个方面。

（一）能成批加工成材。修建宫殿陵寝的大尺度木料，明代已能成批生产。例如，长陵棱恩殿面阔九间（66.75 米）、进深五间（29.3 米），总体面积是 1956.44 平方米，为木构架结构，殿内有 32 根楠木大柱，直径都在 1 米左右，中央 4 根最大，直径 1.17 米、高 14.3 米，是其他木构架遗物所没有的。又如万历二十四年（1596）修建乾清、坤宁二宫，"两宫梁栋，长九丈，围一丈三、四尺"③。这都反映了当时成材加工的水平。其他木建筑构件也都制造得极其精细准确。此外，木板加工的技艺亦很精良④。

（二）推广了拼梁合柱的做法。拼梁合柱的做法，在《营造法式》中已有记载，可见早在宋代已开始采用，不过还没有得到推广。到了明代中叶，由于封建统治者大兴土木，对建筑材料实行掠夺性的征调和搜刮，以致造成"大木奇缺"，"采伐凋残"。为了解决木材、优材来源的困难，于是开始将拼梁合柱的做法加以普及。从宫廷到地方（如山西、内蒙古）的一些建筑，都采用此法。且为遮盖拼合料表面，发展了"披麻捉灰"的做法，这不仅使小材、劣材在重要建筑中也能得到利用，而且节约了大量经费。

岩石的开凿，较之宋、元也有进步。当时的石工分住坐和轮

---

① 陈去病：《五石脂》。

② 傅衣凌：《明清时代商人及商业资本》二《明代徽州商人》，人民出版社 1956 年版。

③ 贺仲轼：《冬官纪事》。

④ 王士性：《广志绎》卷五《西南诸省》云："至于建人补板，其技精绝，随理接缝，瞠目爪之，莫辨形踪。"

班两种，仅轮班的就有六千一十七名①，人数增加了。石工工具种类齐全，用途专一。钢钻、大锤，用于开凿岩石；钢錾、手锤，用于分割石材；扁錾、花锤，用于加工石面。开凿岩石主要用火药爆破法，由于岩石孔眼加深，所用火药量增大，大大提高了爆破效率，能够生产大批石材。其中包括大块石材，每块"小者数丈，大至数十丈"②。从而为建筑上大规模利用石块提供了可能和条件。

石材的雕琢加工工艺，较之前代，程序细致，水平高超。例如，承天门前后的华表，交龙环绕，浮雕精美。谨身殿（后改名建极殿）后中间踏道上的阶石长16米、宽3米，其上雕刻海水云龙，形象逼真，栩栩如生。长陵的石碑坊、石人、石兽和石柱等，雕刻古朴浑厚，造型生动。这些石雕工程，充分反映了当时石材加工的精湛技艺。

为了大规模开发天然建筑材料，必须妥善解决运输问题。明代劳动人民在这方面有许多发明创造。在运木上，他们首先把大木从山上运到山谷。待到夏季，利用山洪暴涨的巨大冲力，将大木冲到河滨。再将大木"放水"或"比次成筏"，沿河顺流而下。在四川，"每筏为木凡六百有四，为竹凡四千四百有五"，"每运为筏，以二十、三十为率，每筏运夫四十"。③ 由河川运入长江。再由长江转运河，运到北京和全国各地。隆冬季节，河流结冰，舟楫不通，运木则由水路改为陆路，发民间车户载运。

在运石方面，兼用人力和畜力。夏季在路面上铺上滚木，造成轮道。利用滚动摩擦代替滑动摩擦，可以减少摩擦系数，减小摩擦力（摩擦力＝摩擦系数×重量）的原理拉运。冬季在路面上泼水，造成冰道，当时称为"旱舡"。并且"每里掘一井，以浇

---

① 万历《大明会典》卷一八九《工匠二》。
② 《日下旧闻考》卷一三〇。
③ 孙承泽：《春明梦余录》卷四六《工部一·蜀中采木记》。

旱舡，资渴钒"。① 利用冰面的滑动摩擦系数远远小于一般干燥固体的摩擦系数，可减少摩擦力的原理，由千百人拉大绳拖移。还"造十六轮大车，用骡一千八百头拽运"②，或用普通车拽运，工部可起车五千辆。③ 为了使道路坚固平坦，往往"取火焦灼铺路"，并以"杵碎平实"，以便"在上行大车、旱船、滚石"④。

上述运木、运石的巨大场面，从一个侧面反映出：当时天然建筑材料生产，所达到的规模和水平，是相当可观的。

在人造建筑材料方面，明代青砖、灰瓦、石灰和琉璃构件的制造都有了新的进展，其中尤以砖为突出。

明代砖的进展表现在以下五个方面。

（一）生产规模扩大了。出现了不少能够大量生产优质砖的窑区，在工部直接领导下的有临清窑、苏州窑、蔡村窑和武清县窑。各窑区有明确的分工，砖的大小、厚薄、样制和产量，俱有定例。

（二）生产技术提高了。明代用畜力炼泥，用"晒坯法"成型，"汲水滋土，人逐数牛错趾，踏成稠泥，然后填满木匡之中，铁线弓戛平其面，而成坯形"⑤。加以用煤作燃料烧砖（也有用柴薪的），扩大了窑室容积，改进了窑室结构，并出现技术精良、善辨火候的"陶长"，因而大大降低了人们的劳动强度，提高了生产效率。

（三）砖的产量增加了。生产规模的扩大和技术的提高，使砖的产量激增。例如，临清窑每年烧造城砖一百万个（后减为八十万个）、斧刃砖四十万个，武清县窑每年烧造城砖三十万个。⑥

（四）砖的质量提高了。例如苏州窑烧造的细料方砖（又名

---

① 贺仲轼：《冬官纪事》。
② 贺仲轼：《冬官纪事》。
③ 陈继儒：《见闻录》卷八。
④ 同上。
⑤ 宋应星：《天工开物》第七卷《陶埏》。
⑥ 万历《大明会典》卷一九〇《物料》。

金砖）"坚莹透熟，广狭中度"①。山东临清烧造的长方形砖"体质紧细，色白声响"②。因此，对砖的规格要求很严，要"敲之有声，断之无孔，方准发运"③。

（五）砖的类型多样化。据《天工开物》第七卷《陶埏·砖》的记载，当时郡县、民间用的砖，有眠砖、侧砖（皆用以砌墙）、方墁砖（用以铺地）、楻板砖（在屋椽及屋角斜坊上用以承瓦）、刀砖（用以砌小园拱桥或拱门和墓穴）等。皇宫所用的砖有副砖、券砖、平身砖、望板砖、斧刃砖、方砖（其中细料方砖专用以砌皇宫正殿）和琉璃砖等。此外，考古出土还有白瓷城砖。④

与砖生产的大发展相适应，砖的运输也兴旺起来。当时皇宫所用的砖，大都通过大运河，"运至京师，每漕舫搭四十块，民舟半之"⑤。嘉靖十四年（1535），"粮船每只加至一百九十二个"⑥。络绎不绝，千里相望，运输规模是可观的。此外，细料方砖在苏州制成以后调运。

砖产量的激增和运输的便利，为建筑普遍用砖创造了条件。砖的使用，在官式建筑（帝王宫殿、苑囿陵寝、王宫府第、寺院庙宇）中得到了普及。北京、南京等大城市和许多中小城镇都矗立起砖砌的城墙、城楼和角楼。长城的许多段落和关城、要塞、烽火台都改用砖（局部地段用石条）包砌。此外，还出现了全部用砖券建成的无梁殿，很多民间建筑也使用砖瓦。由于广泛使用石灰浆砌筑，故而增加了砖砌体的坚固性。

明代的瓦有灰陶瓦和琉璃瓦之分。前者多用于民间建筑，后

---

① 贺仲轼：《冬官纪事》。
② 万历《工部厂库须知》卷三。
③ 《明神宗实录》卷一五四。
④ 李蔚然：《试论南京地区明初墓葬出土青花瓷器的年代》，《文物》1977年第9期。
⑤ 宋应星：《天工开物》第七卷《陶埏》。
⑥ 万历《大明会典》卷一九〇《物料》。

者则专用于官式建筑。

　　陶质瓦的生产与陶质砖的生产有不少共同之处。明代陶质瓦的生产，规模扩大了，瓦窑遍及许多城乡；技术也提高了，焙烧用煤作燃料，瓦坯的制作有明显进展，而臻于完备。① 较之宋代的制坯工艺程序②，省去了"打搭收光"的环节，减轻了削瓦的劳动量，从而提高了成坯的效率，增加了瓦的产量，使瓦在建筑上得到普遍应用。

　　琉璃瓦的生产，在数量和质量上都超过了前代。琉璃的生产规模扩大了，产地有南京聚宝山、北京琉璃厂和山西等地。以北京琉璃厂为例，琉璃窑的规模比元代增大。琉璃匠除住坐的外，还有轮班的，一年一班，每班一七一四名。投入这样多的人力使琉璃开始大量生产。例如，聚宝山琉璃窑，"每一窑装二样板瓦坯二百八十个"，"妆色二百八十个"。③ 万历时修建乾清、坤宁二宫，"琉璃砖瓦等项，共烧一百七十万而缩"。④

　　生产琉璃的技术有所改进。已经形成一套完整的工艺流程，即要经过选土、制泥、捏胎、晒胎、刻花（样）、烧胎、挂釉、烧色等工序⑤，说明当时已有细致的分工和较好的协作。所选黏土都是指定从江南太平府运来的，质细色白。釉色配料比例恰当。配料或用"金属矿质"⑥，或将矿石与植物色素合用⑦，因而能生产多色釉，并使釉色闪烁发光，即使终年累月暴于风雨烈日之中，也永不褪色。

---

　　① 宋应星：《天工开物》第七卷《陶埏》。
　　② 《营造法式》卷一五说："造瓦坯用细胶土不夹砂造，前一日和泥造坯，先于轮上安定札圈，次套布筒，以水搭泥拨圈，打搭收光，取札布并筒，晾曝。"
　　③ 万历《大明会典》卷一九〇《物料》。
　　④ 贺仲轼：《冬官纪事》。
　　⑤ 孙殿起：《琉璃厂小志概述》引张涵锐《琉璃厂沿革考》。
　　⑥ 同上。
　　⑦ 宋应星：《天工开物》第七卷《陶埏·瓦》云："其制为琉璃瓦者……成色以无名异、棕榈毛等煎汁涂染成绿黛，赭石、松香、蒲草等染成黄。"

由于生产技术的改进，琉璃瓦的质量提高了。琉璃质料精致，色彩缤纷，鲜艳夺目。釉色有水晶、正白、梅萼、红、兰、秋黄、映青、牙白、正黑、绿、鹅黄、黄、碧、紫等色。[①] 琉璃构件类型多样化，达数十种之多[②]，其中大都是建筑技术和建筑艺术相结合的工艺品。

琉璃的发展使它在建筑上的应用范围扩大了。琉璃瓦多用于宫殿、陵寝和高级祠庙，如紫禁城、社稷坛、天坛、太庙。"琉璃砖多使用于佛塔、牌坊、照壁、门、看面墙等处"[③]，如山西大同明九龙壁、洪洞县广胜寺飞虹塔。琉璃以其晶莹的色泽和我国建筑惯用的纯色相协调，尤其是黄、绿琉璃瓦和朱红色的屋身、青白色的石质基座映衬、配合起来，使建筑物显得分外庄严富丽，在色调上达到完善的境地。

石灰是仅次于砖瓦的一种使用广泛的建筑材料。明代对石灰原料的质量已有明确的认识："石以青色为上，黄白次之。"[④] 烧石灰用煤作燃料，石灰窑改为煤炭与石灰石分层混装的竖窑，烧窑技术有所改进，因此石灰的成本减低而产量增长。石灰产地有石灰山、马鞍山、瓷家务、周口、怀柔等处。以石灰山为例，"每窑一座，该正附石灰一万六千斤"[⑤]。这就为石灰在建筑工程中的广泛应用提供了良好的条件。

综上所述，明代的建筑材料有较大的发展。其中尤以木材、陶砖和琉璃瓦的生产较为突出。需要指出的是：陶砖、陶瓦的发展，主要是适应建筑的需要，着眼于量、型、质三个方面，而提高工艺，改进窑体，改变燃料，以增加产量，减少消耗，降低价

---

①　详见孙廷铨《颜山杂记》卷四。

②　详见《日下旧闻考》卷三八，补遗引《倚晴阁杂抄》；孙殿起《琉璃厂小志概述》引张涵锐《琉璃厂沿革考》。

③　刘敦桢主编：《中国古代建筑史》，中国建筑工业出版社1980年版，第402页。

④　宋应星：《天工开物》第十一卷《燔石·石灰》。

⑤　万历《大明会典》卷一九〇《物料》。

格。这对于人造建筑材料具有普遍意义。建筑材料的发展，为开展大规模建筑提供了丰厚的物质基础，使官式建筑的主体工程用材由土和木过渡到砖和木，这是中国古代建筑史上具有划时代意义的转变。这一转变标志着明代的建筑进入了一个新的阶段。

劳动人民是建筑材料的开发者、生产者和运输者。他们长年累月，身服苦役，不堪驱使，伤筋损骨，流血流汗，许多人甚至付出了宝贵的生命，"入山一千，出山五百"① 就是当时伐木者悲惨遭遇的真实写照。

统治阶级在营造官式建筑时，追求豪华，工大费繁。例如，嘉靖二十六年（1547），仅湖广一省，采木费就多达银三百三十九万两，造成了建筑材料的严重浪费。

中央集权制度的强化，需要都城和官式建筑的发展

明朝统治者为了扩大皇权，巩固统治，大大强化了专制主义的中央集权制度。随着中央集权制度的强化，要求统一国家的首都建设，在城市的规划和营建中占有优先和突出的地位，并要求它的建筑功能、建筑材料结构和建筑形象能满足统治阶级的统治需要。现以明北京城为例加以说明。

北京，作为明朝永乐帝及其以后的都城，是统治阶级的大本营，是他们的重要据点和统治中心。为了加强对全国的政治、军事、经济和文化的控制，统治阶级不惜人力、物力和财力，在元大都的基础上，继承历代都城建设的经验，对北京进行大规模的营建。永乐四年（1406）开始为营建北京做准备，永乐十五年（1417）正式开工，到十八年（1420）基本竣工。以后又陆续有

① 《明史》卷二二六《吕坤传》。

所增建和扩建。嘉靖时又在城的南面加筑一个外城。《明太宗实录》卷二三二说："初营建北京，凡庙社郊祀坛场宫殿门阙，规制悉如南京，而高敞壮丽过之。复于皇城东南建皇太孙宫，东安门外东南建十王邸，通为屋八千三百五十楹。"据缪荃孙《云自在龛笔记》所述，当时皇家宫殿楼亭，就有七百八十六座之多。

宫城（即紫禁城）是明代皇帝居住、生活和从事政治活动的主要场所。为了显示皇帝至高无上的地位，在布局上，把宫城放在北京全城的中央部分，把宫城的主要宫殿放在全城的中心位置和中轴线上，并且强调了左右对称和整齐严谨，又恰当地安排体量，以突出主体。在规划上，宫城宫殿都建造得十分巍峨壮丽，具有完整复杂的木结构、精巧生动的石雕、木雕和金碧辉煌的琉璃瓦。集中体现了中华民族古代建筑的优秀传统和独特风格，在建筑技术和艺术上有高度造诣。特别是作为"外朝"的"三大殿"，是封建统治者掌管和行使权力的中心，是封建皇权的象征，在整个宫殿中最为重要。因此具有宏伟的气魄、高大的体量、完美的形式和绚丽的色彩，即在规格、尺度、形式、质量和色彩等方面，都达到了当时的最高水平，更是中国建筑史上的杰作和奇迹。

为了满足皇家游览观赏、居住休憩和皇帝处理政务的需要，明代修建了规模宏大的宫苑。除在紫禁城建造御花园外，还扩大了太液池以南的水面，并在西苑新建、扩建了一些殿亭。

为了体现"君权神授"和"敬天法祖"的思想，明王朝修建了许多坛庙建筑（如天坛、地坛、日坛、月坛、社稷坛、太庙）和陵寝建筑。这些建筑根据祭祀的要求布局，有中轴线，有主体建筑，有精美的石刻、木雕和绘画，有黄色或蓝色的琉璃瓦，周围环绕以苍松翠柏，造成肃穆静谧的气氛，以祭祀鬼神。通过这些祭祀性的建筑，说明皇帝的所作所为都是按照天和祖先的意志进行的，是神圣不可抗拒的。

为了保卫统治阶级的财富和生命，北京的城池建筑，在提高筑城技术的同时，采取了深沟高垒的纵深布置。北京共有四道城墙，即外城、内城、皇城和宫城。城墙既高且厚，并且用石灰胶泥内外砌砖。城墙上有以防守为主的多种作战设置，如城楼、瓮城、箭楼、角楼等。城墙外大都绕以宽而深的护城河。从而构成坚固的防御工事，以便有效地防止进攻袭击，坚守城池。

中央集权的强化，不仅使首都在城市建设中占据优先和突出的地位，而且为首都建设提供了可靠的保障。中央集权的强化，标志着国家统治权力更加集中统一于中央政府。在这种制度下，地方政府绝对统一服从于中央，并根据中央的政令办事，而不敢违背。这就使皇帝通过代理人，向地方搜刮，征调大量人力、物力和财力，投入大规模营建，成为可能。仅明初营建北京城及其宫殿，就征发并役使了二十三万工匠、上百万民夫和兵卒。万历三十七年（1609），重修"三大殿"，仅采木一项，就费银九百三十万两。①

总之，明代建筑进一步发展的一个重要标志，是京师北京及宫殿、坛庙等建筑群在布局和形象上的成就，而这种建筑成就和明代中央集权政治制度的高度强化是不可分的。

实行解放工奴和"纳银代役"，调动了建筑工匠的积极性

明朝的建筑工匠按服役方式，可分"轮班"和"住坐"两种。他们虽然被束缚于匠籍，要世袭承担工役，但与元代经常受到官吏的鞭笞和奴役，昼夜不得休息，又不能离开作坊和改业的官工匠相比，所受的压迫和奴役程度有所减轻，在人身上获得了

---

① 孙承泽：《春明梦余录》卷六《宫阙》。

部分解放。同时，得到了一些自由劳动的机会，即除到官府服役外，其余时间可以"自由趁作"。

明代中叶以后，随着商品货币经济的发展，和工匠反抗斗争的加剧，轮班劳役制逐渐崩溃。成化二十一年（1485），明王朝开始发布轮班匠以银代役的法令。到嘉靖四十一年（1562），正式下令废除轮班制，一律改纳"班匠银"，由政府用银雇人充役。这虽然只是剥削形式的改变，但是轮班匠的境况却已有相对的改善，他们对封建国家的隶属关系大大削弱，而独立性显著增加，因此获得了广泛的工作自由，可以更多地把技术和产品投向市场，甚至有"操技术以食于民者，曾不供一王之役"。①

总之，实行解放工奴和纳银代役，提高了建筑工匠的社会地位。从而激发了他们的劳动热情和干劲，调动了他们生产的主动性和积极性。其表现有以下三个方面。

（一）能刻苦钻研建筑技术。例如，嘉靖时的木工郭文英，"少为人牧羊，以户匠乏人，至京抵役，朝夕肆规矩，黾黾绳绳，久之以巧力闻"②。郭文英起早睡晚，勤奋学习，锲而不舍，坚持不懈，终于从一名普通的匠役，变成一位知名的巧匠。

（二）能虚心学习前辈的匠艺。例如明末清初的木匠梁九就是这样。"初明之季，京师有工师冯巧者，董造宫殿。自万历至崇祯末，老矣。（梁）九往执役门下数载，终不得其传。而服侍左右不懈愈恭，一日，九独侍，巧顾曰：'子可教矣。'于是尽传其奥。巧死，九遂隶冬官，代执营造之事。"③ 梁九年轻的时候，为了学习建筑技术，拜工师冯巧为师。由于梁九尊师好学，因而受到老师的赏识，得到老师的真传，得以成为当时的名匠。

（三）勇于技术革新。例如，嘉靖时的匠师徐杲"易砖石为

① 王夫之：《噩梦》。
② 万历《韩城县志》卷五《方伎》。
③ 王士禛：《梁九传》。

须弥座，积木为柱"①。这不仅解决了当时大木材濒于枯竭的困难，而且"省不可计……然三殿之工，估者至数十百万而费止什一"②。又如万历时河南河内县建筑匠师牛存喜用杠杆原理运石，节约了大量人力③。

这里需要指出的是：由于先后实行轮班制和纳银代役制，宫廷、官府和民间工匠交换频繁，促使建筑技术和建筑艺术在较大的范围内有较多的机会交流，这对建筑的发展无疑起了积极的作用。

此外，明代从工匠中选拔工部官吏，也是明代建筑发展的社会原因之一。明代由于大规模营建和顶替不称职工部官吏的需要，选拔技艺高超而又对统治阶级忠诚的工匠充当工部官吏。尽管被选拔的人数不多，也未形成制度，但却收到了显著的成效。它有利于识拔人才，把精通专业的内行拔擢到领导岗位，参与对大型工程的主持、指挥和管理，并为他们施展才能创造某些条件，因而促进了建筑业的发展。关于这个问题，笔者在《试论明代从工匠中选拔工部官吏》一文④中已经作了论证，此不赘述。

综上所述，明代经济的繁荣、资本主义萌芽的出现和中央集权政治制度的强化，需要建筑的发展；而建筑材料生产水平的提高、从工匠中选拔工部官吏和工匠社会地位的相对提高，又为建筑的发展提供了条件和可能。加以继承了明代以前的经验和技艺，因而在建筑上取得了许多造诣，继汉、唐、宋之后，在建筑的某些方面有进一步的发展。

---

① 焦竑：《国朝献征录》卷五〇《工部》一《尚书·雷礼》。
② 同上。
③ 道光《河内县志》卷三一《艺术》。
④ 载《科技史文集》第 11 辑，上海科学技术出版社 1984 年版。

（本文在写作中得到已故著名明史专家谢国桢先生的教益，特此说明，以表对谢老的怀念。又，该文收入《古史论丛》前，承明史专家高寿仙先生审阅、订正，谨致谢忱）

（原载《中国古代史论丛》总第九辑，
福建人民出版社 1985 年版）

文源阁与《四库全书》

一

文源阁位于圆明园由大宫门经九洲清晏的南北轴线的东侧，它的东、西、北三面有湖泊和溪水萦绕，东与舍卫城、西与湖面长满荷花的濂溪乐处隔水相对，南望消暑胜地水木明瑟。它是一座玲珑小巧的园中之园。从而"创造出一个移天缩地于君怀的皇家园林的恢宏气度"。①

文源阁建于清乾隆三十九年（1774）。正值清中叶，统一的多民族国家得到了相对巩固，国力强盛，政治局面比较安定，农业和手工业进一步发展，国内商业繁荣，对外贸易发达，当时学者辈出，考据学兴旺，书籍的出版、印刷和装帧水平较高，的确是我国封建社会最后一个"盛世"。清高宗弘历作为这个"盛世"的君王，以"稽古右文"自命，附庸风雅，好事多趣，为了典藏《四库全书》，谕令浙江地方官吏到明朝浙江范氏天一阁察看书楼建筑和书架款式，开明尺寸，绘图进呈。② 以后仿照天

---

① 何绿萍：《明清园林艺术》，载袁行霈主编《中华文明之光》，北京大学出版社2004年版。

② 详见王先谦《东华录》卷七十九。

一阁①的构造、式样，陆续建造七座藏书阁。文源阁就是其中之一。

文源阁早在一百二十余年前被烧毁，至今仅存建筑遗址部分基础、当年庭院的池塘和一些太湖石。② 碑碣等遗物在 20 世纪 30 年代移至今北京图书馆旧馆，现仍存。北京图书馆存《中法大学入藏样式工程图样目录》（手抄本），其中有"圆明园北路文源阁地盘图样"（计两样）。有关文源阁的记载极其简略，见于《圆明园考》《日下旧闻考》和《顺天府志》等书中。现将文献记载与调查材料互相印证考校，并参考当代人的有关研究成果③，试恢复文源阁的原貌于下。

文源阁是由门殿、楼阁和碑亭等单体建筑组成的一个建筑群。布局严谨，错落有致。其中主体建筑是楼阁。

楼阁坐北朝南，上下各六楹④，很可能用苏式"耦合石碌地"彩画⑤。估计同文津阁、文渊阁一样，外观虽是两层，实际是三层（内部应有暗层，以扩大空间，用以藏书）；上层没有隔墙，均以书橱分列，以象征"天一生水"；下层隔为六个单位，取"地六成水"之意。且当使用属水的黑色瓦件，以示水克火。⑥ 这种本

---

① 天一阁在浙江省宁波，是我国驰名中外、至今仅存的一座古藏书楼。阁的建成约在嘉靖四十年（1561）。建阁的主人范钦是明朝嘉靖年间的进士，官至兵部右侍郎。阁坐北朝南，左右砖为垣，前后檐上下设窗，梁柱皆以松杉为之，为一排楼阁结构。为了防潮透风和安置楼梯，西偏一间，东偏一进，不贮书。阁前凿池，其东北隅又为曲池。阁六间，分上、下两层，其高下深广及书橱数目尺寸，俱合六数。以应"天一生水"，"地六成水"，取以水克火之意。当时藏书七万多卷。所藏碑碣除重复及明碑不计外，自三代至宋元，凡七百二十余通。

② 参见圆明园管理处《圆明园遗址的现状》，载《圆明园》第一集，中国建筑工业出版社 1981 年版。

③ 主要有：何重义等《圆明、长春、绮春三园总平面图及附记》，载《圆明园》第一集；白日新《圆明、长春、绮春三园形象的探讨》，载《圆明园》第二集，中国建筑工业出版社 1983 年版。

④ 程寅生辑：《圆明园考》。

⑤ 张驭寰：《圆明园的建筑彩画》，载《圆明园》第二集。

⑥ 《周易·系辞传上》郑玄注："天一生水于北，地六成水于北，一六合水。"

于中国五行说的建阁理论，虽然属于迷信，但说明在建阁时已很注意防火问题。在建筑布局上也多置水域，除了阁前池中有水外，墙外东、西、北又环水，实际上起到既阻止野火延烧建筑物，又能降低气温，避免达到燃点温度的作用，以预防外来火种和自然火源引起的火灾。

文源阁虽然仿照天一阁的结构形式，然而它的大木结构皆按《工部工程做法则例》规定修建，较之天一阁，当出檐较小，斗栱较少。在屋顶形式方面，为卷棚[1]，与天一阁的硬山屋顶不同。又，因为它是皇家的藏书楼，当高于天一阁。因此，它不是对天一阁的生硬抄袭，而是有所创新。[2]

文源阁有匾、联。匾是匾额。匾额的内容，或是封建帝王的述怀言志，如"文源阁"（外檐）；或是将述怀言志与阁的建筑美、自然美结合起来，如"汲古观澜"（内檐）。其用词凝练，言简意赅，起了画龙点睛的作用。联语是对题匾的补充、发挥或说明。阁联写的是："因溯委以会心，是处源泉来活水；即登高而游目，当前奥窔对玲峰"；屏联写的是："宁夸池馆消闲暇，雅喜诗书悦性灵"；檐柱联写的是："讨寻益富波澜，浩矣无涯神智益；披揽直探星宿，挹之不尽古今涵"。[3] 这些联语，语言优美，节奏鲜明，音调铿锵，对题匾起了烘云托月的作用。匾额和联语皆为弘历皇帝手写，字体秀逸潇洒。可能使用金漆，给人以美感。

文源阁前有一太湖石，名叫"玲峰"（石刻）。此石高七米多，可谓挺拔而庞大，但由于上面多孔，漏、皱、透兼备，又显得万分灵秀。石上刻有乾隆及其臣属曹文埴、彭元瑞、董浩等题

---

[1]　刘敦桢《同治重修圆明园史料》（载《中国营造学社汇刊》第四卷第二期）云：圆明园"园中殿宇，除安佑宫、舍卫城与正大光明殿外，鲜用斗拱。屋顶开关，仅安佑宫大殿为四柱庑殿顶，其余歇山、硬山、桃山、咸作卷棚式、一反宫殿建筑之积习。"文源阁当不例外。

[2]　参见杨鸿勋《略论圆明园中标题园的变体创作》，载《圆明园》第一集。

[3]　《日下旧闻考》卷八一。

写的诗文。后来这块巨石虽遭破坏，但是部分诗文仍依稀可见。乾隆在诗中称赞此石"大孔小穴尽灵透，凸突凹窊仍巉岈"①，"体大器博复玲珑，八十一穴过犹远"②。意思是说，文源阁前玲峰石的孔穴比起米芾宝晋斋异石八十一穴还要多得多，在形体大小和玲珑剔透程度上也远远超过。乾隆还在《题文源阁诗》中说："四库犹辽待，图书今古披。缥缃馥新岁，前后绕清池。触目资深造，澄怀得妙思。文源端在此，讵谓骋妍辞。"③ 这首诗和前述的匾额、对联一样，旨在标榜自己是一位博雅好学的"君子"和注重文治的"圣明"天子。

玲峰石前凿有池，引溪水入池中，用以防火。池南有一假山，山上树木掩映月台。月台上有乾隆亲笔所题"月台"二字④，当镌刻于台座中间石碑的碑身。人们可沿路登临至月台以赏月。假山前有门殿三间，卷棚顶。

文源阁的东侧有碑亭，可能用苏式"全琢墨夔龙"彩画⑤。亭中有隆碑，矗立在方形的台基上。碑首、碑趺和碑身周边雕刻着蟠螭纹和雷纹，图案精美纤细。碑的正面用汉、满两种文字镌刻着弘历撰写的《文源阁记》⑥，凡二百四十三字，其中云："文之时义大矣哉，以经世，以载道，以立言，以牖民。自开辟以至于今，所谓天之未丧斯文也。以水喻之，则经者文之源也；史者文之流也；子者文之支也；集者文之派也。派也，支也，流也，皆自源而分。集也，子也，史也，皆自经而出。故吾于贮四库之书，首重者经，而以水喻文，愿溯其源。"⑦ 这不仅表明了文源阁

---

① 《日下旧闻考》卷八一。

② 同上。

③ 同上。

④ 程寅生辑：《圆明园考》。

⑤ 张驭寰：《圆明园的建筑彩画》，载《圆明园》第二集。

⑥ 《光绪顺天府志·京师志四·苑囿》。

⑦ 《日下旧闻考》卷八一。

的旨趣和文化发生、发展的规律，暗喻学术研究的途径，而且以此炫耀他自己在学术上所谓追本溯源的探索精神。

需要指出的是，在文源阁，诗文以匾联题刻的形式融入园林，具有装饰与点景的作用，从而增强了园林艺术的感染力，既可丰富园林的文化内涵，又是一份无声的说明书、导游图，能启迪游园者对园林意境的领会与欣赏。这种以诗文的体裁应用于园林建筑的匾额，是我国古代园林的独特风格之一[①]。

文源阁是圆明园最大的藏书楼。邓之诚《骨董琐记》卷四引陈康祺《燕下乡脞录》云："文源阁藏书六万卷。装潢经史子集，以异色别之，仿隋唐旧制也。每卷着各印文源阁宝，上加古希天子圆玺。"除皇帝到这里游览外，还有高级官员和内阁侍从大臣到这里阅览。乾隆五十九年（1794），清高宗在这里查出《四库全书》内《盐铁论》漏写卷末《杂论》一篇，为此将原充提调和纂修等官予以处罚。

二

《四库全书》是古代中国以至古代世界最大的一部综合性丛书，也是中国历史上两部最大的抄本之一。《四库全书》是按照清高宗的意旨编纂的。他为什么要修《四库全书》呢？请看他的自白："予搜四库之书，非徒博右文之名，盖如张子所云：'为天地立心，为生民立道，为往圣继绝学，为万世开太平'，胥于是乎系！"[②] 意即要继承和发掘以往的封建思想道德文化，以征服人心，巩固统治。为此他利用当时较好的大规模修书条件，以怀柔的手段笼络人士，会集在武英殿编书，并在那里开设《四库全书》馆。"《四库全书》开馆，初由朱筠创议，就永乐大典，辑已佚之

---

① 参见张仲葛《圆明园匾额》，载《圆明园》第二集。
② 《文渊阁记》。

书，后乃遍征人间所藏。"① 全书除收录中国历代种种典籍外，还有朝鲜、越南、日本，以及印度和明清之际来华的欧洲传教士的一些著述。全书共纂修著作三千五百零三种，有七万九千三百三十七卷，分装三万六千三百零四册（据北京图书馆所藏原文津阁本统计）。

当时搜集的书籍，分应刻、应抄和存目三种处理办法。②

（一）应刻书籍

这是认为最好一类的书。因而一面抄写列入四库中，一面付印刊行天下。当时刻书在武英殿，先用木刻，后改用木活字排印。主持印刷和书籍装潢工作的是加入旗籍的朝鲜族人金简。因为是用活字排印，所以又称聚珍版，凡一百三十八种。刊印的书籍，精校细勘，纸精墨良，准予翻印、定购，以广流传。

（二）应抄书籍

这是认为合格的著作，仅抄写列入《四库全书》中，而不再付印刊行。

（三）应存书籍

这是认为不合格的著作，只保留书名于总目之中，所以又名"存目"书。其中有的价值不大（也有价值大而存目未抄的，如《使鞑日录》）；有的卷帙浩繁而不及细看；有的有涉"违碍悖逆"之嫌，即有种族歧视的书或明末包含民主思想的著作。有目之书共六千七百九十三种，约是四库收录的书的二倍。

当时《四库全书》馆因所采集的书，原本大小不一，全刻又

---

① 邓之诚：《中华二千年史》卷五中册，中华书局 1958 年版，第 111 页。
② 张政烺师：《清代〈四库全书〉的编纂》，《张政烺文集·古史讲义》，中华书局 2012 年版，第 414 页。

费时耗款，于是依《永乐大典》之例，全用抄本。以画着朱丝栏的上等白纸抄写，行款一致，颇为整齐。十五年间，先后抄写正本七部，共二十五万多册。除北京紫禁城内文渊阁、圆明园文源阁、热河避暑山庄文津阁、沈阳故宫文溯阁（以上总称内廷四阁）各藏一部外，清高宗又于反清最强烈的江苏、浙江一带的扬州设文汇阁、镇江设文宗阁、杭州设文澜阁（以上即江浙三阁），各藏一部，供文人士子"到阁抄阅"，"广为传写"。这实在是文化事业上一件十分难得的大事。在《四库全书》编成后，清高宗为了炫耀其渊博，好从中挑错，常有增加、剔除和调换的命令，因此七阁藏书的卷数并不完全相同。文源、文汇、文宗三阁藏书，已全部毁于战火。现存四阁藏书，文渊阁本贮于台湾，其余均在大陆。1935 年，商务印书馆根据文渊阁本，影印出版了《四库全书珍本》初集。1969 年至 1975 年，台北商务印书馆又陆续影印《四库全书珍本》共十二集。

此外，《四库全书》还有副本一份，保存在翰林院，许士子等进而抄阅。当清咸丰十年（1860）英、法联军和光绪二十六年（1900）八国联军入侵时，有的焚毁散失，有的被侵略者抢走，藏于英、法等国的图书馆中。

《四库全书》不仅字体工整，装帧也很精美。"（内廷四阁）四库书，每部以香楠木片，上下夹之，约以绸带，外用香楠木匣贮之。书面皆用绢，经用黄、经解用绿，史用赤，子用兰，集用灰色。所约带及匣，上镌书名，悉从其色。"①

《四库全书》按照西汉以来历代沿用的经史子集四部分类法编纂，四大部分各分若干类。四部分类：经部有易、书、诗、礼、春秋、孝经、五经总义、四书、乐、小学十类；史部有正史、编年、纪事本末、别史、杂史、诏令奏议、传记、史钞、载记、时

---

① 吴振棫：《养吉斋丛录》卷一七。

令、地理、职官、政书、目录、史评十五类型；子部有儒家、兵家、法家、农家、医家、天文算法、术数、艺术、谱录、杂家、类书、小说家、释家、道家十四类；集部有楚辞、别集、总集、诗文评、词典五类。在上述四十四类中，有十五类又按书的性质和内容划分为"属"，共分六十四个"属"。例如，地理类下面，分宫殿疏、总志、都会郡县、河渠、边防、山川、古迹、杂记、游记和外纪十"属"。这样的四部类属的分类法，比较细密详备，井然有序，较之前代显得简略的四部分类法，无疑有所发展。

在《四库全书》的编纂过程中，纂修官遵照清高宗的命令，在每种书的前面都写有提要。这些提要后来汇编在一起，经总纂官纪昀和陆锡熊的整理加工，成为专书——《四库全书总目》（又称《四库全书总目提要》）。《总目》全书共二百卷，按中国古代传统的分类法，分经、史、子、集四大类，每一大类又分若干小类，其中有些小类再细分子目。每一大类的前面有总序，每一小类的前面有序，子目的后面有案语，简明扼要地说明这一类著作的源流、是非、兼及所以分这一类目的旨趣、缘由等，可称全书的大纲。至于提要的内容，则是介绍作者生平，论列版本、卷数，概述大旨源流，指陈优劣得失。虽然《总目》著录的书基本上包括了乾隆以前中国古代的重要著作，既有系统详善的分类编排，又有对每种书介绍其内容得失的提要，可使读者一目了然，知其概略，按图索骥，有所抉择。所以《总目》既是清代一部承前启后的目录学代表作，也是一部评论古代学术的重要著作。嘉庆、道光以后，被奉为读书指南。后人评论说："窃谓自汉以后，簿录之书，无论官撰私著，凡卷第之繁富，门类之允当，考证之精审，议论之公平，蔑有过于是编矣。"① 此评堪称允当。

由于《总目》卷帙浩繁，翻阅不便，清高宗又令编制《简

---

① 杨家骆：《四库全书大辞典》下册，《四库全书概述·文献·编纂》。

目》，删除存目，省略文字，只载作者姓名、卷数、概要，名曰《四库简明目录》，凡二十卷。这个《总目》的凝缩品更便使用，可以帮助读者由书目而寻题要，由题要而得全书。但书中渗透封建统治阶级的思想和观点。正如鲁迅先后所指出的：它"其实是现有的较好的书籍之批评，但须注意其批评是'钦定'的"①。

三

在《四库全书》开馆纂修时，清高宗已是花甲之年。他唯恐生前不能看见全书的编成，所以先令人选择其中的精华，即有价值的书重抄，亦分四库，凡一万一千一百五十一册、一万九千九百三十一卷，四百七十三种，题名《四库全书荟要》。每书皆前有提要，后附考证。其中目录皆为纪昀工笔书写。乾隆四十年（1775），第一部成，藏于紫禁城御花园摛藻宫，现存台湾；乾隆四十七年（1782），第二部成，贮于长春园含经堂味腴书屋，在咸丰十年（1860）被英法联军烧毁。

《四库全书》从乾隆三十七年（1772）开始编纂，到乾隆四十七年（1782）完成。以后陆续重抄七部，又写定提要、目录，编辑荟要。总共历时近二十年。参加这项工作的人很多。其中有不少知名专家学者，如戴震、邵晋涵、周永年、王念孙、姚鼐、翁方纲、郭长发、陈际新、任大椿、金简、蔡新、庄存与、朱珪、朱筠、门应龙等，可谓人才济济，盛极一时。实际主持这项工作并总其成的是当时著名的学者纪昀（晓岚）和陆锡熊。他俩博览群书，功力深厚，亲行其事。其中纪昀贡献最多。江藩所写纪昀传说："四库全书提要、简明目录皆出公手，大而经史子集，以及医卜词曲之类，其评论抉奥阐幽，词理明正，识力在王仲宝、阮

---

① 许寿裳：《亡友鲁迅印象记》。

孝绪之上，可谓通儒矣。"①　当然，修书的决定者和名义组织者清高宗，也有一定的历史作用。

虽然清高宗下令编纂《四库全书》的目的，在于笼络士大夫，粉饰太平，加强对人民的思想统治，并为此在编纂过程中，对不利于清王朝统治和封建礼教的著作，或不予列入，或删改内容，或查禁抽毁，以致"全书"不全，有一些书已非原来的面目，确有摧残文化的一面。但是由于编修《四库全书》的专家学者具有好学深思，锲而不舍的精神，坚持严谨认真，实事求是，专精创新的学风，在整理古籍时还对古书中涉及的声韵、文字、训诂、天文、历法、数学、地理等学科进行了研究，其中有些是探求规律，发凡起例的工作，从而取得了当时最好的成就，对古代学术的发展作出了贡献。那时考据之学风靡学术界。编修《四库全书》的学者们尽管有脱离实际、烦琐细碎的缺点，但是在考证、整理和保存古典文献方面作出了出色的成绩。这些成绩除编修《总目》外，主要有以下三点。

（一）校注

学者们通经博史，涉猎很广，讲求校勘，用功很深。举凡群经、诸史和周秦子书，无不尽力遍寻宋元版本，精校细勘。这些校勘记录后来汇编成一百卷的《四库全书考证》。学者们还在《四库全书》中对经书和经传几乎逐字逐句地作了注疏。因而取得了很大成绩，既校正了古书中许多错字漏字，又补充订正了前人的不少解释，对后人的研究有很大帮助。由于研究经、史要具备一些数学、天文和地理知识，所以有关这方面的古书也较受重视，被校勘和注释的较多，例如古算书《九章算术》《海岛算经》和《缉古算经》都是重要而又难读的书，李潢为使人读懂这些典籍，

---

① 《汉学师承记》。

进行了注疏工作。他撰《九章算术细草图说》（二卷）、《海岛算经细草图说》（一卷）和《缉古算经考注》（二卷），把《九章算术》和《海岛算经》的问题，"按照原术补图演草，基本是正确的，对刘徽注中不易了解的文字也能解释清楚"①。又如，《水经注》是我国古代的地理名著之一，很有水平。但由于成书早，长期传抄翻刻，不免产生错字乱句等讹误。随着时间的流逝，有的经文与注文混淆不清，给研究这部书的人带来极大的不便。戴震、赵一清和全祖望等人仔细阅读和校注了《水经注》，他们以经文与注文在行文用字上的差异，作为区别经、注的标准，从而解决了长期以来不少经文、注文互相混淆的问题，又补充和纠正了该书的一些脱漏和错误，订正了它的作者和成书的时代②，从而增强了这部书的科学性，提高了它的学术价值和资料价值。再如，戴震校订《周髀算经》《孙子算经》《张丘建算经》《夏侯阳算经》《海岛算经》及《五曹算经》诸书，对这几部古算经的疑文奇义，屡有辨析，从而使中国古代的数学成就获得进一步的阐发。③

（二）辨伪

中国的古籍中，有一小部分是出于后人的伪造。如果凭借这种伪造的材料进行科学研究，那么必然得出错误的结论。而错误的结论比没有更有害。因此，考订材料的真伪，是整理古籍中一项十分重要的工作。当时的学者在辨识伪书方面，补充和纠正了前人不少的说法，辨清了许多问题，有一定的贡献。例如，认为《山海经》非夏禹、伯夷作。又如指出《海内十洲记》和今本《竹书纪年》都是伪书。这就给后来的研究者提供了可靠的材料和

---

① 参见杜石然等《中国古代科技简史》下册，科学出版社 1982 年版，第 229—230 页。

② 同上。

③ 《中国大百科全书·中国历史》，中国大百科全书出版社 1992 年版，第 153 页。

阅读、理解、使用古书的便利，使后人面对浩如烟海的古籍，不必望洋兴叹，而能根据书的真伪、价值，有所别择去取，而不至于空耗时间，走错路或弯路；在进行科研时也可不致误引伪书，以假当真。

(三) 辑佚

由于编纂《四库全书》，辑佚工作得以普遍开展，遂成为当时学术界的中心工作之一。学者们用严密的具有科学性的方法，以辛勤的劳动，从类书、古注和较早的著作中，搜辑、整理在流传中散佚了的古籍，以恢复原书的全貌或部分面貌。并取得了显著的成果，给后人留下了丰富的遗产。仅从《永乐大典》中辑出的佚书，录入《四库全书》和列入《四库全书存目》中的，就有经部六十种，史部四十一种，子部一百零三种，集部一百七十五种，共三百八十五种，四千九百二十六卷。今《四库全书总目》中标明"永乐大典本"的书，都是搜辑、整理出的佚书[1]。当时所辑的佚书，其中有不少价值颇高的名著。例如，在史学领域，有李焘《续资治通鉴长编》（五百二十卷）、薛居正《旧五代史》（一百五十卷）、郝经《续后汉书》（九十卷）和《东观汉纪》（二十四卷）。又如，在数学领域，有刘徽《海岛算经》（一卷）、秦九韶《数学九章》（十八卷）和《九章算术》（九卷）等。这些辑出的佚书，为历史、数学和其他学科的研究，提供了许多宝贵的资料，从而推动了学术文化的发展。

总之，《四库全书》卷帙浩繁，内容丰富，分类允当，考证缜密，字体工整，在客观上起了保存、整理和传播文化的积极作用，为研究我国古代的政治、经济、思想和文化提供了大量珍贵的资料，是祖国宝贵的文化遗产之一，值得我们予以批判地继承。《四

---

① 参见张舜徽《中国古代史籍校读法》，上海古籍出版社1980年版，第301页。

库全书》还相当全面地总结了 18 世纪中叶以前的学术，比较集中地反映了当时学术界的水平和成就，因而受到国内外的普遍重视，并对后世产生了深远的影响，尤其是推动了考据学、目录学和古籍整理工作的深入开展，促进了藏书事业和出版印刷事业的普遍发展。此外，《四库全书》装帧精美，体现了我国古代在书籍装帧方面的高度成就。

《四库全书》就其内容之广泛和篇幅之宏大来说，当时不仅在中国而且在全世界都是空前的。因此，有的学者把它与万里长城相并论："其工程之大，著录之富，足与长城、运河方驾……"①这评论是何等恰当和中肯啊！是的，《四库全书》同万里长城和大运河一样，凝聚着中华民族的聪明智慧，象征着中华民族的无限创造力，当然是值得我们引以为自豪的。《四库全书》还以自身造诣和价值雄辩地说明：中国古代的文化是丰富多彩和灿烂辉煌的，我们的祖先为子孙后代和全人类作出了巨大的不朽的贡献，这是中华民族的骄傲和光荣！

令人万分痛惜的是，文源阁和它储藏的《四库全书》，以及味腴书屋储存的《四库全书荟要》，自修成入藏之后，仅仅历时七十余年，却在清咸丰十年（1860），被英、法侵略者入侵北京时付之一炬，与被誉为人间仙境、举世无双的文化艺术宝库的圆明园同归于尽，从而在人类文化史上造成了无法估计的损失。

文源阁的兴废从一个侧面反映了中华民族的命运。它是帝国主义侵华和清朝统治者腐败无能的历史见证。它生动地告诉我们：在还存在着剥削制度和剥削阶级的历史条件下，落后就要挨打，贫弱必然被侮。我们要牢记这个历史的教训。

（本文在写作中曾得到业师、著名学者张政烺先生的教益，并

---

① 任启珊：《四库全书答问序》。

引用了他《清代〈四库全书〉的编纂》一文中不少学术成果，谨致衷心感谢。）

（原载海南大学中国四库全书研究中心《四库全书研究》）

加强城市学和城市史研究*

　　城市是人类文明的结晶和活动的中心舞台，是自然的、社会的和经济的综合有机体。城市旺盛的活力，较好的物质条件，多彩的生活方式，像巨大的磁力一样吸引着农村人口。世界城市化的趋势如江河奔流，似万马奔腾，不可阻挡。而今的世界，是城市主导人类生活的城市化时代。目前，欧洲、北美洲、大洋洲都已基本实现城市化。到 20 世纪末、21 世纪初，世界多数国家亦将实现城市化。

　　在我国，近十年，由于改革开放大潮的冲击，由于社会生产力和商品经济的发展，城市化的进程有不断加快的趋势。其主要标志是：新兴的城市大量涌现；城市的规模和生产急剧扩大；城市的人口迅速增加；城市在全国人口的比重日益提高；等等。

　　城市化作为一种社会历史进程，是社会分工和经济发展的必然趋势，是城乡对立运动的必然归宿。正如马克思所指出的："现代的历史是乡村城市化。"① 城市化也是社会进步的鲜明标志，它象征着一个国家或一个地区的经济发展水平。在发展中国家，城市化有利于缩小城乡之间和工农之间的差距，是一种振奋人心的崭新气象。

＊ 此文为《关于城市史几个问题》（载于《中国史研究》1989 年第 3 期）组文之一。

① 《马克思恩格斯全集》第 46 卷（上），第 480 页。

在我国城市化的进程中，由于历史的局限性，使我们视野不开阔，缺乏远见，急功近利，加以经验不足，以致出现种种失误，造成城市化速度过快，超越了经济发展水平，也超越了国家的财力、物力所能承受的程度，从某种意义说，带有一定的畸形性、消极性，因而产生了一些弊端。这主要是：

（一）城市规模失控，造成城市用地短缺，建筑密度过大，住房拥挤，供水不足，水源与大气污染，交通紧张，噪声成灾，以及基础设施、公用设施同城市发展相脱节等。

（二）由于城市人口的膨胀，没有同城市文化卫生事业的发展和就业机会的增加相配合，以致上学难、求医难、就业难、犯罪率增高，而农村人口的减少没有同农业现代化和集镇企业的发展相联系，以致民工盲目流入城市，这不仅给城市的供应和居住带来压力，也对城市的治安和卫生产生了不良影响。

要整治好上述弊端，建设理想的现代化城市，即基础设施高效能、管理工作高水平、生态环境高质量、分工协作高度社会化，就需要加强对城市学和城市史的研究。

城市学是将城市当作一个由多种要素构成的综合体来研究的。它包括城市规划学、城市建设学、城市地理学、城市经济学、城市社会学、城市管理学等分支。

先说城市规划学。城市规划是城市建设的前提。要建设城市，必须事先作周密的、整体的、综合的规划。举凡用地、建房、供水、排水、道路、交通、能源、通信、供电，以及商业、服务业、文教、体育、医疗、卫生、园林、游览、环境、娱乐，等等，都包含在内，以避免在城建上犯主观性、盲目性和片面性的毛病。

城市建设学研究城市的分布，城市的总体布局，城市的规划理论与指导思想，城市空间布局的艺术，以及城市的类型，等等。

城市地理学是研究城市（包括集镇）形成、发展及其地理分布规律的科学。主要内容有城市的性质、规模、类型和地理分布的特点，城镇形成、发展的因素，城镇人口集聚的规律性和城镇体系，城市的土地利用、内部区划和卫星城镇的布局等。

城市经济学是研究城市经济的本质及其发展运动客观规律的科学。它包括人口、交通运输、土地利用、手工业、商业、货币、物价、经济政策及行政等。

城市社会学作为社会学的一部分，它以城市社会现象为研究对象，调查城市的人口、工商业、交通运输、居民生活、文教卫生等情况。研究城市的社会问题，为城市的规划、建设和管理提供资料。

城市管理学是研究城市管理的专门学科。它研究城市管理的基本原则和主要方法，管理体制以及社会管理、经济管理、行政管理、文化教育管理、环境管理、治安管理等，旨在为城市市民的生产和生活，创造一个良好的社会环境。

城市规划学、城市建设学、城市地理学、城市社会学、城市管理学彼此之间有着密切的关系。它们和城市学的关系是局部与整体、子系统和母系统的关系。城市学是从总体上研究城市战略、城市发展、城市模式、城市性质和城市作用等一些具有根本性、综合性的内容，揭示城市生存、发展的一般规律，而城市规划学则是以城市的某一局部内容为研究的对象，从不同的角度来研究城市问题，提示其规律性。

为了给现代城市的建设和发展提供借鉴，并预测城市的未来，就需要研究城市史。城市史通过研究城市的起源、历史发展和必然趋势，揭示城市的本质和规律。

人类聚居的城市已有数千年悠久的历史，但是长期以来城市问题却为学术研究所忽视，而束之高阁。关于城市问题的研究，西方学者到 18 世纪后期才开始。我国关于城市管理学、城市社会学、城市经济学问题的系统研究，还是近几年才开始起步。就城市史研究而言，也是相当不够，其始终没有被作为一个独立的实体来进行研究。还有不少空白亟须填补，新的领域亟待开辟，薄弱环节需要加强。例如，迄今没有一部系统、完备的城市发展史。又如，城市文化史、城市风俗史、城乡关系史等，都未问世。再如，中外城市比较研究、中外城市的相互影响，基本上尚无人涉足。以上情况，既不适应现代化建设的需要，也与历史研究的深入开展相牴牾。因此改变这种状况，已成为刻不容缓的事了。

为了加强城市学和城市史的研究，笔者建议：1. 从教育着手，在高等院校增设城市学系或专业，增加专门人才；2. 创建城市研究院，对城市进行综合研究；3. 成立全国性的研究学会，定期交流研究成果；4. 创办学术刊物，为研究者提供园地；5. 兄弟单位之间要加强横向联系，互通情报，分工合作；6. 积极开展中外学者之间的交流，注意吸收发达国家的研究成果；7. 城市学是一门综合性很强的学科，它的研究，要求综合运用考古学、历史学、经济学、社会学、人口学、生态学、未来学、社会心理学、系统工程、控制论、信息论等多学科的知识。因此研究者应努力扩大自己的知识面，改变其知识结构。

随着改革开放政策的深入贯彻和商品经济的进一步发展，一个研究城市问题的热潮即将到来！

（原载《中国史研究》1989 年第 3 期）

下　编
风　俗

先秦漆器概述

中国在世界上最早发现了生漆造漆器。在漆器制造技术和装饰艺术上都有辉煌的成就，中国漆器历史源远流长。我国的漆器坚牢耐用，光泽多彩，工艺精美。不仅丰富了我国人民的物质文化生活，而且在国际上享有崇高的声誉。漆器既是我国文化史上的一朵奇葩，又是我国人民对人类文化的一个贡献。

在中国悠久的漆器史上，先秦时期是漆器的发端和发展的初期阶段。

早在传说中的尧舜时代，中国就有了漆器。《韩非子》第三卷《十过》云："尧禅天下，虞舜受之，作为食器……流漆墨其上……舜禅天下，而传之于禹。"所谓"流漆墨其上"，大概就是指的"髹漆"。这在考古发掘中可以得到印证。在浙江省余姚县河姆渡村（距今 7000 年）和江苏省吴江县梅堰新石器遗址，都发现了物理性能和漆相同的涂料。① 前者系朱红色，颜色鲜艳，涂于造型美观的木碗上；后者系彩绘，施于纹饰流利的陶器上。这种涂漆的木器、陶器，可能是漆器的雏形，标志着中国在新石器时代就已进入使用漆器的原始阶段。

在商代，漆器有了显著的发展，但出土的还不算多。

---

① 《余姚河姆渡村发现距今七千年的原始社会遗址》，《光明日报》1978 年 5 月 19 日；江苏省文物工作队：《江苏吴江梅堰新石器时代遗址》，《考古》1963 年第 6 期。

新中国成立前，在河南省安阳殷墟（商代后期）的小屯 Y388 号墓中，曾发现了豆、罍一类的漆器。虽然质料已很腐朽，但能看出精美的花纹。豆腹上为夔纹和园旋纹，豆足上为饕餮纹，罍上的花纹与铜罍的很相似。[①]

新中国成立后，在河北省藁城县台西村属于商代前期的第六号房基的南墙外和河南省安阳殷墟墓葬均有漆器发现。藁城出土的是一些漆器残片，一般不能辨识器形，能看出器形的只有盘和盒。胎为薄板木胎，有的雕花宛如浮雕。花纹有饕餮纹、夔纹、雷纹、蕉叶纹等，纤细精巧，比例匀称，与当时青铜器上的花纹相似。有的花纹上还嵌有圆形、三角形的绿松石。色彩是黑地红花，艳丽鲜明，漆面乌黑发亮，杂质很少。[②] 殷墟出土的棺椁皆已腐朽。据遗痕看，棺上一般涂数层红、黄色漆，少数棺上彩绘粉红、杏黄、黑、白等色，其图案多由“△”“○”“●”“WW”等几何花纹组成。随葬的漆器呈圆形，镶嵌有排成三角形或“之”字形的蚌饰。上述两地的漆器表明，商代在晒漆、兑色、髹漆和镶嵌等工艺方面，都达到相当的程度，漆工可能已经脱离木工而成了一项专门的行业。

在河南省洛阳庞家沟、洛阳中州路、三门峡上村岭、浚县辛村，陕西省长安普渡村、沣西、宝鸡市斗鸡台沟东区，北京市房山县琉璃河，湖北省圻春县毛家咀，安徽省屯溪和江苏省苏州虎丘等地，均有西周至春秋时期的漆器出土。其中多数已朽，完整的很少。从朽痕看，漆器的品种有杯、器托、器盖、盒、段、盘、豆、钵、盾饰、棺椁等。毛家咀西周早期遗址出土的一件漆杯是我国目前发现较早的成形漆器，底色为黑色和棕色，上绘红彩，

① 石璋如：《殷墟最近之重要发现——附论小屯地层》，《中国考古学报》第二册，第 52 页。

② 河北省博物馆等：《河北藁城县台西村商代遗址 1973 年的重要发现》，《文物》1974 年第 8 期。

色泽鲜艳。纹饰分 4 组，每组均由云雷纹或回纹组成带状，各组纹饰之间均用彩线间隔[1]，较铜器图案略为活泼。说明西周早期南方的漆器工艺有了一定的发展。北方的漆器制造，大概到西周中、晚期以后才逐渐普遍起来。[2] 三门峡上村岭属于西周晚期至东周早期的虢国墓中，曾发现 14 件漆器，就是一个例证。洛阳中州器（西工段）出土的一件漆器盖（可能是竹筐盖）表面有一层织物，可能已夹纻。上饰以红、黑两色彩绘，纹饰以圆心作中心，由内向外，分为三层，每层均绘几何形图案，其工艺比西周早期又有所进步。

当时流行用蚌壳磨制成的饰物——蚌泡、蚌片镶嵌在漆器上。在庞家沟 410 号墓，镶嵌蚌泡的漆器托与瓷豆同时出土[3]。在普渡村、辛村、斗鸡台和琉璃河的墓葬里，蚌饰的出土部位均有漆器残迹，应是漆器上的镶嵌物。在寿县蔡侯墓，残漆片中还附有残金叶、铜叶和饕餮头等，应是镶嵌在漆器上的饰件。推测当时在漆皮里面，应有一层木或纤维质编织的腔，用以镶嵌蚌、金、铜等饰件。这大概就是夹纻漆器的原始形态。

战国时期，我国由奴隶制向封建制过渡。社会的大变革提高了生产力，促进了漆器的大发展。漆器发展的具体原因有以下三点。

首先，社会的需要。从春秋战国之际开始，随着奴隶制的瓦解，出现了"礼崩乐坏"的局面。随着礼器的衰落，需要大量增加包括漆器在内的日用器。当时列国之间战争多，规模日益扩大，制造兵器所需的青铜量愈来愈多，也需要用漆木及其他材料代替青铜制造器皿。社会的需要推动着漆器的发展。

---

[1]　中国科学院考古研究所湖北发掘队：《湖北圻春毛家咀西周木构建筑》，《考古》1962 年第 1 期。

[2]　参见北京大学考古教研室商周组编著《商周考古》，文物出版社 1979 年版，第 174 页。

[3]　洛阳博物馆：《洛阳庞家沟五座西周墓的清理》，《文物》1972 年第 10 期。

其次，漆树的增多。适应社会上对漆器的大量需要，漆树的种植得到推广。民间已有较多的漆林。封建国家对漆林开始征税。《周礼·地官·载师》云："漆林之征，二十而五。"国家也经营漆园，并设官管理，例如庄周"尝为蒙漆园吏"。[1] 漆的产量激增。《禹贡》云：兖州"厥贡漆丝"，豫州"厥贡漆枲絺纻"。可见漆在兖、豫两州的贡品中均居首位。这就为漆器的发展提供了物质保证。[2]

最后，铁工具的推广。战国中期以后，随着冶铁水平的提高，铁制的手工业工具得到推广，逐渐代替了青铜工具。铁制工具有锛、斧、凿、刀、削、锤等，种类齐全，坚韧锋利。这就大大提高了制造漆器胎骨的生产效率，为漆器的发展创造了有利的条件。

由于上述原因，战国时期漆器制造已形成一个独立的手工业部门，漆器大量制作，漆工艺迅速提高。漆器的显著发展具体表现在以下四方面[3]。

（一）分布地域广，出土数量大

战国时期，北起河北省怀来，南迄广东省肇庆，东抵山东省蓬莱，西达四川省成都。在这一辽阔的地域内，都有漆器出土。漆器主要分布在长江和黄河流域，其次是长城内外，珠江沿岸。楚国、巴蜀和中原是漆器的三大产区。从出土漆器品种、形制、装饰和风格看，分属三个不同的地方工艺系统，其中楚国漆器与巴蜀漆器存在着许多共性，而与中原漆器则有着明显的差异。由于墓葬结构和地下环境的不同，出土漆器的保存以南方较好，北方较差。[4]

漆器出土的数量也大。例如：1957 年在信阳长台关一号楚墓

---

① 司马迁：《史记·老子韩非列传》。

② 参见杨宽《战国史》，上海人民出版社 1980 年版，第 174 页。

③ 以下所论述的战国漆器，其中也包括春秋战国之际的漆器，但不包括秦统一前后的漆器。

④ 参见马文宽《略谈战国时期的漆器》，《中国历史博物馆馆刊》1981 年第 3 期。

出土了 250 余件，1973 年至 1976 年在江陵雨台山 224 座墓中出土了 854 件，1978 年在随县擂鼓墩一号墓出土了 200 多件，1979 年在青川县 72 座墓葬中，出土了 170 多件。

（二）品种较全，式样较多

战国时期，由于漆器大量生产而得到较为广泛的应用。从饮食器到日用器，从家具到葬具，从乐器到兵器，从交通工具到艺术品，都已部分使用漆器。其中饮食器有羽觞（耳杯）、盘、碗、匕、豆、勺、鼎、盂、壶、卮、樽等；日用器有盒、奁、匜、笥、匣、鉴、席、梳、篦、杖、扇柄等；家具有几、案、床、箱、俎等；葬具有棺、笭床、镇墓兽等；乐器有鼓、瑟、琴、笙、排箫、竹笛及钟支架、磬支架等；兵器有甲、盾、弓、弩、箭箙、剑鞘及戈柲、矛柲、戟柲等；交通工具有车、肩舆、马镳等；艺术品有木雕禽兽座屏、木雕卧鹿、鸳鸯形豆、鸳鸯形盒、虎座飞鸟、虎座双凤鼓、跽坐人铜灯等。[①] 漆器的常见器形有耳杯、豆、盒、壶、卮、盘、奁、箱、几、案等，说明它主要用于日常生活。

漆器式样比较多。例如，壶有圆壶、扁壶和鸱鸮壶；盒有圆盒、方盒；耳杯有方耳杯和圆耳杯；豆有带盖豆和不带盖豆；肩舆有屋顶式和伞顶式；等等。

（三）制造技术精巧熟练

战国时期的漆器技术水平有了明显的提高。其表现主要是胎骨的制法比以前大有进步，胎骨的种类也增加了。

战国的漆器胎骨主要是木胎，其次是夹纻胎。此外，还有皮胎、竹胎、金属（铜、锡）胎和陶胎等。

战国早、中期的木胎厚重。常常用整块木料斫削、挖制而成，如江陵拍马山出土的蛋形漆杯、固始侯古堆出土的漆豆，或用两块整木剔挖黏合而成，再经过合缝、捎当、垸漆等工序，如青川

---

① 参见马文宽《略谈战国时期的漆器》，《中国历史博物馆馆刊》1981 年第 3 期。

出土的鸱鸮壶。其中有些木器，经过精工雕刻，旋磨光亮，再施以彩绘，成为造型生动、色彩艳丽的艺术品。例如，1965 在江陵望山一号墓出土的彩漆木雕座屏，运用透雕、浮雕相结合和左右对称的手法，在长方形外框中间，雕刻蟒、蛇、蛙、鹿、凤、雀等互相角斗的动物，凡五十一只。周身黑漆为地，彩绘朱红、灰绿、金银等色彩。① 雕刻生动，彩绘精细，想象丰富，图案优美，是难得的漆器代表作。又如 1978 年在随县曾侯乙墓出土的漆木鹿，头插真鹿角，昂首凝望，神态自若，作匍匐小憩状，遍体油漆画彩②，形象别致，栩栩如生，亦堪称艺术杰作。再如 1976 年江陵雨台山出土的漆豆，盖与盘合成一只鸳鸯，首、身、翼、脚、尾均雕刻成形，作盘颈侧视状，通体用朱、金、黄等色漆描绘，形象逼真，色彩鲜明，不可多得。③

战国中期以后，胎骨向轻巧发展，出现了薄板胎和类似后世的夹纻胎。薄板胎系卷制而成，坚固性差，不能耐久。为了加固，战国晚期发明了扣器。所谓扣器，就是在口、耳、足、底加银扣（箍）或铜扣的贵重漆器。例如，1953 年在成都羊子山 172 号墓出土了 9 件漆器，皆有银扣或铜扣，有的铜扣上还有精美的错银花纹。④ 又如 1977 年在北京市永定门外贾家花园出土了一件圆漆盒，上有 4 件非常精致的错金银铜扣。⑤ 扣器不仅轻巧，坚固耐用，而且光彩璀璨夺目，具有加固胎骨和装饰器物的双重作用。它的出现是漆器发展史上的一个里程碑。

所谓夹纻胎，就是在木胎与漆之间糊麻布，或刷麻灰，或涂

① 湖北省文化局文物工作队：《湖北江陵三座楚墓出土大批重要文物》，《文物》1966 年第 5 期。

② 湖北省博物馆：《随县曾侯乙墓》，《文物》1979 年第 7 期。

③ 荆州博物馆：《江陵雨台山楚墓发掘简报》，《考古》1980 年第 5 期。

④ 四川省文物管理委员会：《成都羊子山第 172 号墓发掘报告》，《考古学报》1956 年第 4 期。

⑤ 张先得：《北京丰台区出土战国铜器》，《文物》1978 年第 3 期。

漆泥，或贴细竹编，构成地子。如成都羊子山出土的大方扣漆器，是在木胎上贴上编织物后再髹漆的[①]；长治分水岭 14 号墓所出的漆棺涂漆泥多层，每层漆泥上都垫数层较细的织物，中间还夹了一层细竹编，然后再髹漆彩绘。[②] 常德德山 26 号墓出土的秘，用竹篾外裹布缠线再髹漆。[③] 这种技法提高了胎骨的质量，延长了漆器的寿命，并为脱胎夹纻器的出现打下了坚实的基础。

（四）装饰艺术丰富多彩

与制造技术的提高相适应，装饰艺术也有了进步。工艺技法高超，有彩绘、雕绘、镶嵌、针刻等。

彩绘。战国漆器大都有鲜艳的彩绘。漆色有红、黄、紫、兰、绿、褐、灰、白、金、银等多种。其中大都加入油料（应是桐油，据《辍耕录》所载，生桐油炼热加密陀僧，便为熟油，可以入漆和色），称为油彩；有的纯用油调白粉。例如信阳长台关出土的漆器，采用了两种不同的调色方法：一种是使用赭红、朱红等颜料调漆，另一种是使用石黄、灰绿等颜料调油，画在同一器物上[④]。由于使用油彩，漆画色泽鲜明，富丽堂皇。涂于器物表面的无色漆（清漆）亦加入油分，以增加漆器的润泽。

彩绘技法，一般用线描与平涂相结合，亦有用点苔法的。

彩绘题材有图案和漆画两种。图案多为几何纹，有回纹、雷纹、云纹、绳纹、涡纹、方格纹、三角形纹、锯齿纹、S 形纹等。大都组成平行的带状。其结构或严谨对称，或整齐而富有变化，与器物相协调，装饰性较强。

---

① 四川省文物管理委员会：《成都羊子山第 172 号墓发掘报告》，《考古学报》1956 年第 4 期。

② 山西省文物管理委员会：《山西长治分水岭古墓的清理》，《考古学报》1957 年第 1 期。

③ 湖南省博物馆：《湖南常德德山楚墓发掘报告》，《考古》1963 年第 9 期。

④ 陈大章、贾峨：《复制信阳楚墓出土木漆器模型的体会》，《文物参考资料》1958 年第 1 期。

漆画有非写实和写实两类。

非写实的漆画多表现幻想中的神话动物，如饕餮、夔龙、蟠螭、夔凤等，但与商周时代相比，多缩小而变形，往往不占主要位置，失去了昔日神圣的地位、恐怖的色彩和威吓的力量，最多只具有某种轻淡的神怪意味以供人玩赏装饰罢了。[①] 这反映了宗教束缚已经解除的社会现实。

写实的漆画反映现实生活。人世间的出行、车马、歌舞、狩猎、居住、馈赠等，都以接近生活真实的面貌和比较自由生动的形式上了漆器。例如，河南信阳出土的漆奁，上有一幅舞乐漆画，画中的人物姿态活泼优美，或跪地吹笙，或挥槌击鼓，或按弦弹瑟，或拍手唱歌，或翩翩起舞。热闹的场面，欢快的气氛，跃然纸上。构思巧妙，布局匀称，笔法简洁，线条流畅。显示了当时高超的绘画技巧，从一个侧面反映了思想解放、精神自由的时代风貌。[②]

雕绘。就是在精工雕刻的木器上施以彩绘（详见上述）。

针刻。针刻图案精细流利，给人以飘飘欲动之感，在漆器装饰上是一种创新。[③]

镶嵌。除上述铜钮、银钮（也是一种镶嵌，将铜、银与漆器结合，使漆器华美）外，还有贴金箔、嵌骨饰等。

总之，先秦漆器是我国漆器史上灿烂的一章。为后世漆器的发展、兴旺和繁荣，开辟了宽广的道路，奠定了雄厚的基础，产生了深远的影响。

（原载《中国生漆》1983 年第 2 期）

---

① 参见李泽厚《美的历程》，文物出版社 1981 年版，第 45—47 页。

② 参见中央音乐学院民族音乐研究所调查组《信阳战国楚墓出土乐器初步调查记》，《文物参考资料》1958 年第 1 期。

③ 参见沈福文《谈漆器》，《文物参考资料》1957 年第 7 期。

战国物质文明概说

　　物质文明是物化的文明，是人类通过劳动所创造的物质财富的总和。物质文明发展的水平是由生产力发展水平决定的，它是社会进步的重要标志之一。在源远流长的中国文明史上，战国是第一个高峰。那时发生了社会转型，从奴隶制过渡到封建制①，使广大劳动者摆脱了奴隶制的桎梏，加以各诸侯国普遍实行改革，奖励耕织，因此他们生产的积极性和主动性有了显著的提高。当时列国君主和贵族们养士成风，士成为社会上最活跃的阶层，他们著书立说，议论政治，阐述哲理，探索科技，从而出现了学术文化繁荣昌盛的黄金时代，儒、墨、道、法均为显学，形成了生动活泼的诸子百家争鸣的局面，有带动社会物质文明的作用。②又，当时华夏族与少数族在共同向自然进军，开发祖国资源的斗争中，加强了经济、文化联系。少数族在华夏族先进经济、文化的影响下，加快了历史前进的步伐（当然，少数族对华夏族也有一些影响），与华夏族的差距逐渐缩小或基本消失，而彼此进一步融合。此外，当时还少量地引进、消化和吸收了外国文化中的有

---

　　① 关于古史分期问题，学术界迄今见解不同，有西周封建论、战国封建论和魏晋封建论等说。这里从战国封建论说。

　　② 如法家商鞅奖励耕织，奖励垦荒，农家之学侧重于生产技艺，阴阳家讲究制定历法和时令，墨家主张用"兼爱"解决小农的"三患"（饥、寒、劳），都有利于农业的发展，起了推动物质文明进步的积极作用。

益成分。由于上述原因，战国时期的物质文明取得了辉煌成就，且富有特色。

一　战国物质文明的成就

战国时期物质文明的成就主要表现在以下五方面：（一）农业的发展；（二）手工业的进步；（三）商品经济的繁荣；（四）科学技术的兴旺；（五）物质生活的提高。

（一）战国农业的发展

战国时期，社会经济迅速发展起来。这首先反映在农业生产上。

生产工具是生产力的要素。战国中期，铁农具的使用逐渐普及。在中原广大地区以至边远某些地方，都有铁器出土。战国早期出土的铁器，量少型小，器类简单；战国中期以后，铁器的数量激增，质量提高，器类变多，基本成套，形制更加适应生产的要求。① 铁农具的种类计有：用于耕地的犁铧、镬、锸、耙、耢；用于中耕的锄、铲；用于收割的镰、掐刀等。河北省石家庄市市庄村战国遗址出土的铁农具，占各种质料农具的百分之六十五②，这说明起码在部分地区，铁农具是当时农业生产中占主导地位的生产工具。云梦秦简《司空律》有关于城旦舂毁坏铁器的处罚，《金布律》有关于隶臣妾"亡公器"的赔偿规定，都说明奴隶也使用铁器。《厩苑律》有关于借用铁农具，损坏了不令赔偿的条文，反映国家掌握了一部分铁农具，并出借给贫苦农民。由此可见，铁家具使用是较广泛的。

---

① 参见雷从云《战国铁农具的考古发现及其意义》，《考古》1980 年第 3 期。
② 河北省文物管理委员会：《河北省石家庄市市庄村战国遗址的发掘》，《考古学报》1957 年第 1 期。

青铜农具是一个颇有争议的问题。新中国成立以来，在一些地方的东周遗址和墓葬里，陆续有零星的青铜农具出土。其中以今江苏、浙江、安徽，即古吴越地区出土数量较多，种类较全。可见该地区在春秋以至战国中叶可能稍多使用青铜农具。① 但是由于青铜的贵重及其特性，在全国广大地区，青铜农具从西周到战国，始终都没有能成为主要的农具。当冶铁生产有一定程度的发展之后，它很快也就被铁农具完全排挤了。②

战国中、晚期铁农具的较普遍使用，可以为农业提供坚硬、锐利的工具，有利于大量垦荒，深耕细作，改造土壤，从而大大提高了劳动效率。《吕氏春秋·上农》云："上田夫食九人，下田夫食五人，可以益，不可以损，一人治之，十人食之，六畜皆在其中矣。"该书所载是战国末年的生产力水平，这较之战国初年"一夫挟五口，治田百亩"③ 的状况，无疑是一大突破。从而促进了农业的发展。

以畜力代替人力耕田，是生产力的一大进步。在中原地区，牛耕大约在春秋中期开始出现，在春秋晚期得到推广。《国语·晋语》云："宗庙之牲，为畎亩之勤。"意即原来作宗庙祭祀牺牲的牛，现在用于田间耕作了。在秦国，牛耕大概在战国中期开始出现，在战国末期得到推广。但还不普遍。《战国策·赵策一》云："秦以牛田……"徐复认为，即为牛耕④。其说可从。《云梦秦律》中的"田牛""其以牛田"，也是这个意思。《厩苑律》还规定对耕牛饲养要定期考核，奖优罚劣。牛耕在实物资料中可得到印证。考古出土的 V 形铁口犁铧就是套在木犁上使用的。铁犁比起以前

---

① 一说可能曾普遍使用青铜农具。参见李学勤《从新出土青铜器看长江下游文化的发展》，《文物》1980 年第 8 期。

② 参见林甘泉《从出土文物看春秋战国间的社会变化》，《文物》1981 年第 5 期。

③ 《汉书·食货志》。

④ 徐复：《秦用牛耕说》，《秦会要订补》，群联出版社 1955 年版，第 447—448 页。

的木犁、石犁，能增大破土的深度，便于垦荒和深耕细作。

随着铁农具的渐趋普及，一系列大型水利工程兴建起来。当时的水利工程分为灌溉工程、运河工程和堤防工程等门类。① 大型灌溉工程的修建始于春秋末年，到战国进入了高潮。人们对河流、湖泊加以利用、改造，灌溉农田。魏国大兴引漳灌邺工程，变盐碱地为水稻田，使河内成为富庶的鱼米之乡。秦国先后开凿了都江堰和郑国渠，使成都平原和关中沃野千里，连年丰收，成为富有的粮仓。此外，春秋末由楚国令尹孙叔敖领导修筑的芍陂，仍在发挥蓄水灌田，发展水稻种植的作用。那时魏国在黄河以南的荥阳开凿了鸿沟，齐国在淄、济二水间通渠，楚国沟通了汉水和云梦泽。这些运河主要起了发展水运的作用，但也兼有灌溉农田的经济效益。为了避免水灾的袭击，黄河两岸各国都沿河修堤设防。在没有河流、湖泊的地方，人们就凿井灌溉。战国水井的数量比以前有较大的增加。例如，在西安沣西客省庄村北二千余平方米的范围内，就发现战国水井二十六个②，水井的分布是很稠密的。灌溉的工具也有进步。在中原地区，用以汲水的瓮已普遍被桔槔所代替。"水利是农业的命脉"，是社会文明进步的一个重要标志。

与铁器的普及、牛耕的推广和大型水利工程的兴修相适应，耕作技术有了显著的进步。这首先表现在耕作制度的变化方面，主要是改变了部分地区的一年一熟制，而普遍推广了一年两熟制。③《礼记·月令》云："孟夏之月""升麦"，"孟秋之月""登谷"。意即农民四月献麦，七月得谷，可以"一岁而再获之"。④

---

① 参见《中国水利史稿》编写组《中国水利史稿》上册，水利电力出版社1979年版，第36页。

② 中国科学院考古研究所：《沣西发掘报告》，文物出版社1962年版，第27页。

③ 杨宽：《战国史》，上海人民出版社1980年版，第60页。

④ 《荀子·富国》。

其次，表现在采用"深耕易耨"①的耕种方法，即深翻土地，加强锄草，使庄稼茂盛。从而开始初步形成深耕细作的优良传统。再次，在种植上，根据土壤性质，因地制宜栽培。同时注意合理密植。并发明了垄作法（一称畦种法），这在当时世界上是一种最先进的方法。②复次，在肥料使用上，已知用动物骨头和麻子煮汁拌种，称作"粪种"。还注意对土地施肥，不仅用人、畜粪尿，而且懂得将草木烧成灰肥或沤成绿肥。最后，在改造和利用土地上，通过改良土壤、低地排水、旱地保墒和水田蓄水等措施，使土壤保持适宜作物生长的最佳状态，以最大限度地发挥地力。此外，还将高产优质作物水稻的种植由南方向北方推广，从而扩大了水稻的种植面积。③并注意杂种优势的利用。

由于铁农具的广泛使用、牛耕的推广、大型水利工程的兴修和碳水化合物技术的提高，耕地面积扩大了，农作物的品种增加了，产量也提高了。当时的粮食作物，据《吕氏春秋·审时》的记载，种类有麦、稻、黍（黄米）、菽（大豆）、禾（即稷，一称谷子）、麻（一种麻子，古书也称苴或蕡）等。这在云梦秦简《仓律》中可以得到印证。需要指出的是，《仓律》中还有答（小豆），并把稻分为粲（籼稻）、糯（糯稻）二类，分禾为黄、白、青三种。当时的经济作物有麻（麻皮可织布）、桑、漆、桐、果木、蔬菜等，其种类和数量都比以前增多了。粮食的单位面积产量有所增长。据李悝的估计，魏国在战国初年，一亩地（约是今三分之一亩强）一般可产粟一石半（约是今三斗），种得好的每亩可增产一倍到四倍，即三石（约是今六斗）到六石（约是今一石二斗）。这在当时的生产条件下确非轻而易举之事。粮食的增产

---

①　《孟子·梁惠王上》。
②　陈文华等：《中国古代农业科学技术成就展览〈资料汇编〉》，江西省科协等编印，1980年9月，第53页。
③　《周礼·夏官·职方氏》。

可以在考古材料中得到印证。《仓律》说秦国有许多"万石一积"
乃至"十万石一积"的粮仓。秦国的墓葬还最早出现了象征地主
积粮的陶囷明器①。战国的粮仓遗址在江西省新干县界埠②和河南
省洛阳③等地均有发现。其中新干的粮仓有四座，每座面积约六百
平方米，仓内尚存大量已碳化的粳米。新干当时属于楚国。可见
楚国和秦国都是当时积粮较多的国家。

战国时期的畜牧业比较发达。《墨子·天志上》云："四海之
内，粒食之民，莫不犓牛羊，豢犬彘。"畜牧业在白狄族（中山
国）、滇族、匈奴族和东胡族等少数民族的经济中尤占有重要的地
位。当时对家畜、家禽的饲养已经注意"无失其时"④，即按时喂
养、配种，还重视"畜养之理"⑤，即畜养的方法，以提高繁殖
率，增加畜、禽的产量。

（二）战国手工业的进步

随着农业生产的迅速发展，战国时期的手工业也有了明显的
进步。

战国手工业工具的种类有斧、锛、凿、锥、锯、刀、削、锤、
钻等。在采矿业等主要手工业生产中，铁制工具逐渐取代青铜工
具，而占据主导地位。在湖北大冶铜绿山古矿井，到战国中、晚
期，青铜工具已全部为铁制工具所代替。⑥

由于铁制手工业工具的较普遍使用，加以私营手工业者的较

①　中国硅酸盐学会主编：《中国陶瓷史》，文物出版社1982年版，第109页。
②　陈文华：《光辉灿烂的中国古代农业科技——中国古代农业科学技术成就展览
巡礼》，《文物》1980年第8期。
③　洛阳博物馆：《洛阳战国粮仓试掘纪略》，《文物》1981年第11期。
④　《孟子·尽心上》。
⑤　《韩非子·难二》。
⑥　铜绿山考古发掘队：《湖北铜绿山古矿井遗址发掘简报》，《文物》1975年第
2期。

多出现，官营手工业中小部分工匠地位的相对提高①，使手工业生产进入了一个迅猛发展的时期。手工业部门增多了，生产规模扩大了，技术也进步了。

　　冶铁业是当时最重要的手工业生产部门。迄今发现的先秦铁器大部分是战国中晚期的制品说明，冶铁业的明显发展，发生在战国中期以后。战国冶铁遗址在河南省新郑韩国故城②和登封告城（韩阳城）③ 等处均有发现。冶炼设备有熔铁炉、鼓风管、皮囊、陶范等，冶炼的燃料是木炭。皮囊用来鼓风，有时用一排皮囊，以提高炉温炼钢。与冶炼设备的进步相适应，冶炼技术较前也有显著提高。关于这个问题，本文第四部分有详细论述，这里从略。那时各诸侯国都建立了冶炼手工业地点。如邯郸、宛（今河南省南阳）、邓（今河南省孟州市东南） 等。生产的规模也大为扩大，如临淄齐故城冶铁遗址面积达四十余万平方米，河北易县燕下都的冶铁遗址面积约三十万平方米。随着冶铁业的发展，铸造铁器已开始使用铁范。河北省兴隆发现的铁金属范，多达四十二付八十七件，包括农具、工具、车具的铸范。④ 铁范本身是在高温下用铁水浇出的铸件，同时又是铸造铁器的模具，具有比较复杂的复合范和双型腔，还采用了难度较大的金属型蕊。使用铁范铸造铁器，可以提高生产效率，保证铸件质量，并降低成本。冶铁业的发展和金属铸范的发明，促进了铁器的广泛使用，对社会生产的发展产生了积极的影响。

　　青铜器铸造业是当时获得显著进步的手工业部门之一。考古

---

　　① 《云梦秦律》规定，官吏犯了轻罪，要罚甲，罚盾。这也适用于工。例如，《效律》说："工稟漆它县，到官试之，饮水，水减二百斗以上，赀工及吏将者各二甲。"可见工是有收入的，或是拥有少量资产。可能身份比较自由。

　　② 刘东亚：《河南新郑仓城发现战国铸铁器泥范》，《考古》1962 年第 3 期。

　　③ 中国历史博物馆考古调查组等：《河南登封阳城遗址的调查与铸铁遗址的试掘》，《文物》1977 年第 12 期。

　　④ 郑绍宗：《热河兴隆发现的战国生产工具铸范》，《考古通讯》1956 年第 1 期。

材料表明，战国的青铜器铸造业同采矿、冶炼业是分地进行的。铸铜遗址以山西侯马发现的最具代表性。该遗址出土的陶范约三万块，其中能复原器形的约有百件。可以辨认器形的包括礼器、工具、兵器、乐器、货币、车马器和日用装饰品等。花纹采用印版印刷，浅细而工整。陶范是用泥制成坯后焙烧成的，制作要求严格，结构比较合理。① 当时的青铜器工具和兵器，一般用单范铸造，青铜器容器则用复合范铸造。青铜铸造工艺，诸如失蜡法、浑铸、分铸，有了新的发展。其中失蜡法在我国有悠久的历史。1978 年河南下寺 2 号墓出土的透雕云纹铜禁时代为春秋晚期②，是已知最早的失蜡铸件。锡焊、铜焊、铅锡合金焊接等技术，已被人们掌握运用。与青铜有关的装饰工艺，诸如错金银、鎏金、包金、错铜、镂刻、镀锡、镀铬和镶嵌珠玉、绿松石等，有了较快的提高。其中错金银工艺达到了高峰。青铜铸造工艺的突破和加工技术的改进，促进了青铜器生产的发展。这一时期的青铜器，形制轻便、灵巧而美观；纹饰生动、新颖，富有变化，趋于写实；礼器减少，生活用器增多，有镜、带钩、灯、量器、炊器等，作为凭证的玺印、符节广泛应用。需要指出的是，那时有些青铜器，设计巧妙，造型奇特，不仅是实用器，而且是艺术品。如湖北曾侯乙出土的失蜡法铸铜尊盘、河北省平山县中山王墓出土的青铜错金银虎噬鹿器座。

　　丝织业在战国时期有很大发展。那时候，丝织品依然是统治阶级的衣着原料和观赏品。他们从自身的需要出发，积极鼓励养蚕种桑。《管子·牧民》云："养蚕麻育六畜则民富。"不少出土战国铜器上都刻有采桑图案，这是当时重视蚕桑业的历史见证。

---

　　① 山西省文管会侯马工作站：《1956 侯马"牛村古城"南东周遗址发掘简报》，《文物》1960 年第 8、9 期；《山西侯马东周遗址发掘大批陶范》，《文物》1960 年第 8、9 期；张颔：《侯马东周遗址铸铜陶范花纹所见》，《文物》1961 年第 10 期。

　　② 河南省文物研究所、河南省丹江库区考古发掘队、淅川县博物馆：《淅川下寺春秋楚墓》，文物出版社 1991 年版。

由于统治阶级的重视和鼓励，桑树的种植得到推广，当时黄河流域和长江流域的蚕桑业都是相当兴盛的。① 养蚕织绸成为农村妇女重要的劳动项目。丝织业在整个社会经济中的地位日益重要。较之春秋时期，生产增长了，技术提高了，品种增加了。当时丝织物的种类有锦、绢、纱、罗、绸、绣、纨、绮、縠等，已具备了汉以后的主要品种。在织法上，不仅能织细密的平纹，而且能织复杂的斜纹，还能够提花和绣花。其中锦的织法是当时最先进的技术②。推测那时应有复杂的有机台式的织机③。还有平放的织锦机④，西周已有的简单提花机当也得到改进。当时丝织品的主要产地是齐国和楚国。齐国出产的薄质罗纨绮缟和精美刺绣名闻天下，畅销各地，有"冠带衣履天下"⑤ 之称。楚国的纺织品，新中国成立以来在河南省、湖北省和湖南省等地都有出土。其中以湖北江陵出土的著称，被誉为"丝绸宝库"。除绮外，过去发现的战国丝织品种都有。在每一品种内又是织法多样，色彩纹样各异。丝织品和绣线的颜色有红、黑、棕、兰、白、黄、浅黄、橘黄、枣红、茶褐、灰绿等。其中兰、黑两色在我国先秦织染史上是首次见到。这批织品中尤以锦绣最为珍贵。锦为重经提花织物，单幅为二色至六色。多色的采取分区法。花纹多达十余种，主纹、地纹和辅助纹互相烘托，富有变化，色泽古朴大方。绣品多用绢作底。绣法主要是锁绣，间以平绣，纹样繁复多姿，纷呈异彩。图案有二十几种，构图奇特生动，有浓重的神话色彩。⑥ 除丝织业外，麻、葛纺织以及与之密切相关的炼梁技术也有巨大的进步。

---

①　详见杨宽《战国史》，上海人民出版社1980年版，第52页。

②　夏鼐：《考古学和科技史》，科学出版社1979年版，第104页。

③　李仁溥：《中国古代纺织史稿》，岳麓书社1983年版，第31—34页。

④　沈福伟：《中西文化交流史》，上海人民出版社1985年版，第21页。

⑤　《史记·货殖列传》。

⑥　荆州地区博物馆：《湖北江陵马山砖厂一号墓出土大批战国时期丝织品》，《文物》1982年第10期；陈跃均等：《江陵马砖一号墓出土的战国丝织品》，《文物》1982年第10期；沈从文等：《江陵楚墓出土的丝织品》，《人民画报》1983年第6期。

　　漆器制造业在战国时期有优异的成就，构成我国髹漆工艺史上灿烂的一章。战国初期，漆器制造还是木器业的附属部门；战国中期，随着漆树种植的推广、漆产量的激增和社会对漆器的大量需求，开始脱离木器业而成为独立的手工业部门。当时漆器的主要产地是楚国，其次是巴蜀和中原。[①] 漆器产品的数量相当大，仅近年湖北荆州地区出土的战国漆器就达数千件之多。因而得到广泛应用，从饮食器到日用器，从农具到丧葬用具，从乐器到兵器（主要是附件），从交通工具到艺术品，都已部分使用漆器。从漆器常见的器形看，它主要用于日常生活，其形式多种多样。漆器的制造技术精巧熟练，其主要表现是胎骨制法的进步和种类的增加。那时漆器的胎骨主要是木胎。战国早中期的木胎厚重。其中有些木器，经过精工雕刻，旋磨光亮，再施以彩绘，成为造型生动、色彩绚丽的艺术品。战国中期以后，胎骨向轻巧发展，出现了薄板胎和类似后世的夹纻胎。为了加固薄板胎，战国晚期发明了扣器。扣器不仅轻巧坚固，而且璀璨夺目。夹纻胎提高了胎骨的质量，延长了漆器的寿命。扣器和夹纻器的出现，是漆器发展史上的一个里程碑。除了木胎、夹纻胎外，还有皮胎、竹胎等。漆器的装饰艺术丰富多彩。装饰手法有描绘、镶嵌、针刻等。描绘技法一般用线描和平涂结合，亦有用点苔法的。描绘题材有图案和漆画两种。图案多为组成带状的几何纹，与器物相协调。漆画有非写实和写实的两类；前者多表现神话传说中的人物世界；后者则反映现实生活。镶嵌除在漆器口、耳、足、底加银扣（箍）或铜扣外，还有贴金箔、嵌骨饰等，具有加固胎骨和装饰漆器的双重作用。针刻是战国时期的创新，线条精细流畅，有飘飘飞动之感。

　　陶瓷器制造业在前代的基础上有了大的发展，官营作坊的生

---

①　参马文宽《略谈战国时期的漆器》，《中国历史博物馆馆刊》1983 年第 3 期。

产更加专业化，同时出现了不少私营作坊。陶窑的数量增多了，开始使用龙窑。圆窑窑炉结构的改进，不仅扩大了窑容量，而且使陶瓷的烧成温度有所提高。那时以灰陶器最多，印纹硬陶器与原始瓷器次之。灰陶器中的日用灰陶器大致与春秋时期略同。陶质多属砂质和泥质。品类有炊器、食器和盛储器。墓内随葬的陶器，除少数可能为日用器外，其余都是专为死者随葬用的明器。有的是仿照同时期的彩绘漆木器或青铜器制作的。陶器表面磨光，并饰暗纹、彩绘，或镂刻花纹。其中一些轮制黑陶器和彩绘陶器以其造型考究，装饰美观，而具有较高的工艺价值。印纹硬陶在南方呈现蓬勃发展的态势，其器类以食器和盛储器较多。器表装饰有米字纹、米筛纹等。且有在器的肩部粘贴 S 形纹、旋涡纹的。花纹整齐美观，器形规整，胎壁较薄。其中不乏造型与装饰兼优的艺术品。原始青瓷在造型、装饰、施釉和制作工艺等方面，较春秋时期都有新的提高。轮制使生产效率激增。不仅在长江以南和东南沿海地区的生产与使用数量更多，代替了一部分印纹硬陶器，而且在中原和北方地区也出现了不少原始瓷器。胎质多呈坚硬的灰白色，表明烧成温度相当高。瓷器表面的釉色多为青色或黄绿色。器类主要有饮食器和盛器。其中有不少仿造当时青铜器和灰陶器的器物，并出现了一批胎质细腻，造型规整，釉面均匀，制作工艺精湛的佳作。为秦汉时期原始瓷器的进一步提高和瓷器的形成与出现，奠定了坚实的基础。建筑用陶，不仅板瓦、筒瓦和瓦当的形制与纹饰较前有大的改进，而且出现了花纹方砖和空心砖。列国的瓦当各具特色，反映了当时雕刻艺术的成就。[1]

那时由于铁器的广泛应用，促进了砣具的改革，和真玉大量进入中原，制玉达到了一个高峰。其表现有三。一是纹饰的多样化和多变化。纹饰有云纹、谷纹、雷纹、柿蒂纹、蒲纹、绳纹、

---

[1]　中国硅酸盐学会主编：《中国陶瓷史》，文物出版社 1982 年版，第 94—106 页；安金槐主编：《中国陶瓷全集》2，上海人民美术出版社 2000 年版。

龙纹、凤纹等。不仅相同的纹饰，如龙纹，细部有变化，而且相同的器物，如玉璧，有不同的纹饰。此外，鹰、虎等禽兽纹已摆脱商周图案艺术的束缚，而带有写实的倾向。二是在技法上的创新。早期使用透雕、平雕、隐起等手法，而中后期则侧重隐起法的应用，注意对称性，活环技术渐臻熟练，出现了十六节玉佩挂饰、玉四节佩等珍品。又金属细工与玉作相结合，产生了金链舞女玉佩、包金镶玉嵌琉璃银带钩等一批富丽堂皇之作。三是在玉器的种类上玉佩的增多和新式器形的出现。那时佩玉成风。玉佩多位于身体下部，往往成串，走起路来发出清脆悦耳的声音。还出现了玉带钩、玉具剑、玉梳、玉杯等贴近生活的日用品，玉器的使用很是普遍，因此，新中国成立以来在河南省洛阳中州路东周墓、辉县魏墓、信阳楚墓、河北省平山县中山王墓、湖北省随县（今随州市）曾侯乙墓等大、中型墓里出土了大量战国玉器，传世的战国玉器也不少。此外，儒生以和田玉来体现礼学思想，用儒家的仁、智、礼、义、忠、信、德等传统观念，来比附和田玉物理化学性能特点，于是"君子比德于玉"，即玉器的人格化应运而生。正如郭宝钧先生在《古玉新诠》中所说："抽绎玉之属性，赋以哲学思想而道德化；排列玉之形制，赋以阴阳思想而宗教化；比较玉之尺度，赋以爵位等级而政治化。"总之，战国玉器在玉器史上占有重要的地位，是玉器史上灿烂的一页。①

此外，煮盐、竹木、皮革、酿酒、金银器、玻璃器等日用手工业，都有发展。

手工业的进步对于军事技术的发展有很大影响，为生产军需品提供了有利的条件，奠定了雄厚的物质基础，于是武器装备有了明显的改进。那时的铁兵器已相当锐利，有"白刃"之称，其种类有剑、戟、刀、矛、匕首等，以楚国、韩国和燕国出产的著

① 贾峨主编：《中国玉器全集》3《春秋战国》，河北美术出版社1993年版；杨伯达主编：《中国美术全集·玉器》，文物出版社1986年版。

名。楚国的"宛钜铁釶,惨如蜂虿"①。韩国的铁兵器"陆断马牛,水击鹄雁,当敌即斩"②。河北省易县燕下都四四号丛葬坑出土的燕国铁制兵器有胄、剑、矛、戟、刀和匕首,凡六种五十二件,其中有的经过柔化处理,有的系淬火钢制品。这批兵器,种类全,数量多,质量优,堪称战国晚期兵器的代表。不过铁兵器还没有完全取代铜兵器。铜兵器仍然为数不少,在制作上有所改进和创新。例如,矛的锋部愈来愈结实;戈的刃部成弧线形,装柄的"内"部有锋刃,绑扎用的"穿"增多了;兼有刺和钩两部作用的戟相当流行;箭镞由双翼式变为三棱式。③ 铜兵器以秦国出产的著称,品种全,制作精,表面经过错磨、抛光和铬化处理,色青光洁,锋利如新。④ 这时新发明的武器,有远射有力的连弩、用以攻城的云梯和舟战用的钩拒等。至于春秋后期在南方使用的弩,从战国初期开始向中原地区推广。随着进攻武器的进步,防御装备也相应有了改进。除皮甲继续使用外,战国后期开始制造铁胄和铁甲。铁甲胄的使用,标志着我国古代甲胄发展到了一个崭新的阶段。

(三) 战国商品经济的繁荣

随着农业、手工业的日益发展,社会分工的不断扩大,商品经济的比重也一天天增长。这是历史的必然,也是历史的进步。商品经济的发展表现在以下四个方面。

1. 商业贸易的扩大。春秋以前,商业主要是为贵族、官僚服务的,即换取他们自身消费所缺少的产品,而不是为了获取利润,因而用以交换的商品种类有限。民间交换大致也是这样。进入战

---

① 《荀子·议兵》。

② 《史记·苏秦列传》《战国策·韩策》。

③ 参见杨宽《战国史》,上海人民出版社1980年版,第279—284页。

④ 参见秦始皇陵兵马俑博物馆《秦始皇陵兵马俑》,文物出版社1983年版,第14页。

国时期，由于社会生产力的发展，由于劳动人民对山林薮泽的大量开发，商品交换充满了活力。与之相适应，出现了一批大商人，他们经商主要不是为了满足自身的消费，而是为了发财致富，因此努力扩大经营范围，增加商品的种类。当时和市场发生联系的不仅有贵族、官僚所需要的贵重消费品和奢侈品，而且有农民所需要的部分生产必需品和生活用品，以及手工业者所需要的生活必需品和原料。根据《荀子·王制》的记载，当时商品交换活跃，各地有无相通，农工商所需已可基本得到满足。

　　与这种"四海之内若一家"① 的全国性的商品流通相适应，在绝大多数城市里都出现了作为交易场所的"市"。有的市还兼营手工业和铸钱。② 市设在城内（一般在外城），"有些大都邑设有几个市"③。市里建有"列肆"（店铺），供工商业者做买卖用。为了管理市，并征收租税，各诸侯国政府都设置了专职官吏。④ 《华阳国志》卷三《蜀志》说，秦国成都市里的列肆，与国都咸阳同制，还设有盐铁市官。又据《云梦秦律》记载，秦国的市，置有巡察市肆的吏和管理税收的官吏。市上的商店以五家为伍，设列伍长协助官吏监督商人的活动。从齐国印文可以看出，"市官之长称市师，副职称市相。对于某些任务，市吏大概还有分月轮值的制度。"⑤ 在军队驻地，间或还有临时性的"军市"出现。至于广大的农村，交易则在旷野定期的集市进行。

　　2. 商人的活跃。在商品交换中，商人是最活跃的阶层。他们求富奔富，趋利逐利，不避危难，奔走四方。那时的商人可分个体小商贩和富商大贾两部分。前者来自农民、手工业者和城市贫民。其中个体手工业者大都是自产自销，身兼工商两种身份。他

① 《荀子·王制》。
② 裘锡圭：《战国文字中的"市"》，《考古学报》1980 年第 3 期。
③ 同上。
④ 郭沫若主编：《中国史稿》第 2 册，人民出版社 1979 年版，第 39—40 页。
⑤ 裘锡圭：《战国文字中的"市"》，《考古学报》1980 年第 3 期。

们本小利薄，营业额少，只从事少量的农副产品、日用小商品的买卖和短途贩运，在整个经济中起辅助的作用。后者有的是一身二任的官商和商人地主，如范蠡、白圭；有的兼营大手工业和商业，生财有道，发家致富的暴发户，如猗顿、寡妇清等。他们拥有雄厚的资本和大量商品，役使许多家僮、佣保和伙计，通过贱买贵卖的不等价交换，剥削小生产者而获取利润。其中贪贾奸商依靠囤积居奇，投机倒把，操纵物价，牟取暴利；而诚贾良商则善于掌握经营时机，坚持"待乏"和薄利多销的原则，通过丰歉差价和季节差价，较有节制地盈利。① 当时有不少商人以巨富闻名。如范蠡"十九年中三致千金"，后来家产富到"巨万"。② 随着时间的推移，"为富不仁"的贪贾奸商与日俱增，对社会经济的破坏越来越大。但商人在疏通城乡流通渠道，促进物资交流，活跃市场，保证供应，发展商品经济，分解自然经济上，也有一定的积极作用，表现了固有的二重性。他们当中有的以其富有，交通王侯，影响政治，甚至成为政界的显赫人物。如吕不韦在秦庄襄王元年（前249）被封为丞相、文信侯，到秦始皇初年又被尊为"仲父"，一度掌握了秦国的大权。

商人的活跃还表现在他们在经商实践中提出了一套经商理论。如白圭的掌握时机，"人弃我取，人取我予"③，贱买贵卖的生意经，又如范蠡的观察行情，预料市场，周转资金，购进销出，即所谓"侯时转物，逐十一之利"④ 的方法。这些经商致富的理论，具有某些科学成分和合理因素，不仅为当时的商人所效法，为后世商人所推崇，而且直到今天，仍耐人寻味，启人思索，具有某种借鉴意义。

---

① 吴慧：《中国古代商业史》第 1 册，中国商业出版社 1983 年版，第 277—288 页。

② 《史记·越王句践世家》。

③ 《史记·货殖列传》。

④ 《史记·越王句践世家》。

3. 铸造货币的广泛流通。适应商品交换活跃的需要，大约在春秋开始出现的金属铸币，到战国时期，其流通范围日益扩大，流通的数量大大激增，种类和式样也明显增多了。

战国的金属铸币有铜币、金币和银币三类。而铜币又分为布币、刀币、圆钱和贝币四种。其中刀币、布币又因产地的不同，而有大小、轻重、形制、单位和币制的差异。铜币用于一般买卖，其流通区域，大体上说，韩、赵、魏流通布币，燕、齐使用刀币，周、秦发行圆钱，楚国沿用贝币。这种地区性的差异，说明商品交换还带有地区性质，封建割据阻碍着交换的进一步发展。到了战国后期，随着地区间商业贸易的频繁，列国货币因互相影响而接近，如燕、赵、齐也发行圆钱，货币由复杂到单一化的趋势略有端倪。

金币作为称量货币，以斤、镒（一镒二十两，一说二十四两）作计算单位。那时楚国使用金币较多。楚国的金币有两种：一种是饼金，安徽阜南三塔公社楚墓出有碎块①；另一种是方形或长方形金块，表面加钤小方块印或小园印，钤印字样有"郢爰""陈爰""鄩爰""卢金""颍"等。其中"郢爰"被发现的最多。江苏省盱眙县穆店公社出土最大的一块长 12.7 厘米、宽 7.9 厘米、厚 0.4 厘米，钤印五十四方，重六百一十克②。战国文献关于用金的记载甚多，作为宫廷赏赐、馈赠、贿赂等大额支付手段以及税收、宝藏等。只有一小部分在社会上层间流通，出土的黄金碎块大约即是用于购买奢侈品，如吕不韦"以五百金买奇物玩好"③。适应这种需要，当时已有比较精密，专门用以称量黄金的天平、砝码。《云梦秦律·效律》规定，称黄金的衡器误差在半铢以上的

---

① 阜阳地区展览馆：《安徽阜阳地区出土的楚国金币》，《考古》1973 年第 3 期。

② 南京博物馆院姚迁：《江苏盱眙南窑庄楚汉文物窖藏》，《文物》1982 年第 11 期。

③ 《史记·吕不韦列传》。

要罚一盾。

春秋战国的银币历年在山东省[①]、湖南省长沙[②]、安徽省寿州（今寿县）[③]、河北省平山县[④]和河南省扶沟县[⑤]等地的东周遗址和墓葬里，都有少量出土。其形制有圆饼形、长方块形、贝形和铲镈形等，有的加钤印记，印文有"郢爰""鄗爰"等。这些银币的出土地，当时大都在楚国版图内，其形制又都和楚国货币相同，因此，全部或绝大多数是由楚国铸造的。其职能当与金币同。从考古材料的比较分析看，银布币当始于春秋早期或中期。

4. 城市的繁荣。农业和手工业的迅速发展，商业的空前发达，加以水陆交通的日趋便利，封建中央集权的建立，和步骑兵的野战、包围战代替了车战，促进了城市的发展。其表现如下。

（1）城市的数量增多，规模扩大，日趋兴旺。春秋中叶以前的城市，仅是统治者的居住地、官府的所在地和军事据点。城里的手工业主要是为统治阶级的消费服务的官手工业，商业尚未发展起来，绝大部分地区相当空旷荒凉，其居民大半从事农业。因此城市规模狭小，人口稀少，国都不过九百丈，卿大夫的都邑只有国都的三分之一或五分之一，甚至九分之一，即所谓"城虽大，无过三百丈者；人虽众，无过三千家者"[⑥]。可是到了战国中叶，

---

① 《周金文存》卷六第 143 页载有古银饼拓片，上有印文，邹安附记："与饼子金同，山东新出土。"又邹安《杂器·附说》云："银饼即银金之属，曾见合肥龚氏所藏。"广仓学窘印行 1916 年版。

② 商承祚：《长江古物闻见记·陈梦家序》后，商承祚按："蔡藏有银质白文郢爰，作祜，异品也。"金陵大学中国文化研究所丛刊甲种，民国二十八年（1939）出版。

③ 郑家相：《中国古代货币发展史》，生活·读书·新知三联书店 1958 年版，第 200 页。

④ 河北省文物管理处：《河北省平山县战国时期中山国墓葬发掘简报》，《文物》1979 年第 1 期。

⑤ 河南省博物馆等：《河南扶沟古城村出土的楚金银币》，《文物》1980 年第 10 期。

⑥ 《战国策·赵策》。

已是"千丈之城，万家之邑相望"①了。考古材料表明，当时大城的面积多达十余平方公里至三十余平方公里，小城的面积也有一平方公里至五平方公里。在交通便利的地方，出现了新的商业和手工业城市，如宋国的定陶（今山东省定陶附近）和楚国的宛。各大国的都城和著名的商业城市有十余座。据不完全统计，考古发现的中、小城址有四十余座。各国的都城既是政治中心，又是经济中心和文化中心。其中尤以齐都临淄（今山东省临淄北）和楚都郢（今湖北省江陵县西北纪南城）繁华。临淄有七万户人家，成年男子约二十一万。居民爱好音乐游戏，"无不吹竽鼓瑟，击筑弹琴；斗鸡走犬，六博蹋鞠者"②。在临淄的大街上，车水马龙，行人拥挤，一派兴隆热闹的景象。考古勘察表明：临淄由大小二城组成。大城周长十四公里，小城周长七公里。小城是宫殿区，大城是平民居住区与手工业、商业区。城内有炼铁、炼铜、铸币、制骨等遗址。据桓谭《新论》的描写，郢是"车毂击，民肩摩，市路相排突，号为朝衣鲜而暮衣弊"。虽有渲染的成分，但不至于远离事实。考古材料显示：郢东西 4.5 公里，南北 3.5 公里。已发现城门五座、水门二座，以分别通行车和船，可见水陆交通都比较便利。城内东南部是宫殿区，东北部和西南部是手工业区，已发现制陶和铸造的遗址，可见已有一定的规划设计水平。

（2）城市在布局上，能从实际出发，因地制宜，对于《周礼·王制》刻板的、僵化的格局有所突破。《左传》隐公元年《正义》云："天子之城方九里，诸侯礼当降杀，则知公七里，侯伯五里，子男三里。"又，《周礼·考工记·匠人》云："匠人营国，方九里。旁三门，国中九经九纬，经涂九轨，左祖右社，面朝后市，市朝一夫。"该书约成书于春秋战国之际。书中所记应是西周、春秋时的都城制度。从考古材料看，洛阳东周王城的形状

---

① 《战国策·赵策》。
② 《战国策·齐策》、《史记·苏秦列传》。

和规模，大致与之相类。其中所说城市都是四方四正，显然含有理想万分。对这种规模，战国时期的新兴地主阶级从自己的政治、经济和军事需要出发，提出了不同的见解和变革的主张。例如，《管子》一书就认为，城的大小要与粮食供应和守城兵力相适应，即所谓"夫国城大而田野浅狭者，其野不足以养民，城域大而人民寡者，其民不足以守其城"①。该书还指出，对于国都用地的选择和布局，要考虑交通、用水、供应和防守等实际问题，注重实效，不拘一格。即所谓"凡立国都，非于大山之下，必于广川之上。高毋近旱，而水用足。下毋近水，而沟防省。因天材，就地利，故城廓不必中规矩，道路不必中准绳"②。战国的城市建设实践，体现了上述新主张。列国都城的规模一般大于方九里，其平面或作不规则的长方形（如临淄），或作磬形（如下都），或作梯形（如安邑），或作扁方形（如郢），而均不作规整的正方形。又，列国都城一般可分"城""郭"两部分，其间以城墙或壕沟间隔。"朝"建"城"中，"市"置"廓"内③，二者不在一个城围之中。这与《考工记》"面朝后市"的规制有所不同。此外，列国都城的城门设置、城内纵横干道的数量和路宽等，也与《考工记》有关记述不尽相同。由此可见，这时的城市建造，已打破周礼王制的模式，根本不把周王室放在眼里了。

（3）在营建城市时重视军事需要，注意加强城防设施。战国时期，随着兼并战争的日益频繁和规模的不断扩大，随着城市攻防战争的主要形式，不少军事家都很注重研究攻城、守城的战略战术和选址、筑城的理论方法。墨子就是其中颇有代表性的一位。他说："国有七患"，其中第一患就是"城廓沟池不可守"。他针对当时的十二种攻城方法，提出城的位置要选择"难攻而易守"

---

① 《管子·八观》。
② 《管子·乘马》。
③ "市"，临淄和邯郸都设在郭，即外城，推测其他城市亦如此。

的地方，城的大小要和城内的人口与经济条件相适应，即所谓
"人众以选"，"薪食足以支三月以上"。^① 在城的构筑上，要"城
池修"，"（城）厚以高，壕池深以广"^②，在城外壕沟上应装置可
以起落的发梁（吊桥），使敌人不易攀越和摧毁。城上须有城楼、
堞、亭、房、厕等军事设施和生活设备^③，以便瞭望、隐蔽和防
守。城下要有障碍物——柴抟，以作为城的屏障。对城墙的薄弱
部分——城门、水门等，应采取加固措施，如"备城门为县门"，
即悬木板以为重门，并"施土扇上"，即在门板上涂泥，以防火
攻。考古材料和文献记载表明，墨子的上述理论在当时的筑城实
践中基本被应用了。这从以下两点可以看出，首先，列国的城墙，
既高且厚又坚固。列国都城的考古勘察数据，据不完全的统计，
外城墙厚十米至二十二米，残高三米至十八米；宫城墙基宽五米
至十六米。城墙系用杵夯土版筑而成，夯层厚八厘米至十二厘米。
这样的高度、厚度和坚硬程度，可以比较有效地防止敌人的进攻。
其次，列国都城都有外城和宫城两道城墙，有的在外城和宫城外，
还有壕沟或护城河环绕。又，列国宫殿一般都建在夯筑高台上，
居高临下，有利于监视人民，控制全城；在战时不仅是军事指挥
部，也是最后的防御堡垒，尤其可以避免水攻。这样深沟高垒，
层层设防，便于合理地部署兵力，组织纵深作战，阻止敌人的攻
势，赢得时间等待援军或转入反攻。

（四）战国科学技术的兴旺

马克思曾经指出："生产力里面也包括科学在内。"^④ 意即科
学技术也是生产力。我们认为，应用科学技术是直接的生产力，

---

① 《墨子·备城门》。

② 同上。

③ 参见岑仲勉《墨子城守各篇简注》，古籍出版社 1958 年版。

④ 马克思：《政治经济学批判大纲（草稿）》第三分册，人民出版社 1963 年版，
第 350 页。

非应用科学技术可以间接转化为生产力。科学技术的作用随着生产力的发展和社会的进步而日益增长。

战国是中国古代科学技术体系的奠基时期。由于生产力的大发展对科学技术的需要，由于劳动人民在生产实践中取得的丰富经验为进行科学抽象提供了大量材料，由于奖励农桑政策对总结农业科学技术具有积极意义，由于民族融合对科技交流起了促进作用，加以思想学术上"百家争鸣"局面的形成等因素为科技发展创造了有利条件。科技迅速发展起来了，人才辈出，群星灿烂，"构成后世中国古代科学技术体系的许多科学技术知识以及各种学说，都在这时形成了初始的状态与特征"①。其中某些学科的一些方面在世界名列前茅，堪与古希腊相媲美。这是我们中华民族对世界文化宝库的卓越贡献。

1. 冶铁术有了重大的发展。考古材料表明，已知中国境内最早的陨铁器发现于河北藁城县台西村商代中期遗址和北京平谷县刘家河商代中期（前14—前13世纪）墓葬中，皆发现了一件铁刃铜钺。② 后来在河南浚县辛村西周早期墓葬中，又发现了一件铁刃铜钺与一件铁刃铜戈③，经鉴定，其刃部是陨铁。可见至迟在商代中期，中国先民对铁的性能已有了一些初步认识。迄今所见中国最早的人工铁器（即铸铁、生铁）发现于河南省三门峡市上村岭虢国墓，M2001和M2009分别出土了一件玉茎铜芯铁剑（亦称铜柄铁剑）和一件铜柄铁刀。④ 虢国大墓的时代是两周之际（前8世纪前半叶），由此推知，中国铸铁最早出现的时间可能是西周中

---

① 杜石然等：《中国科学技术史稿》上册，科学出版社1982年版，第151页。
② 李众：《关于藁城铜钺铁刃的分析》，《考古学报》1976年第2期；张先得、张先禄：《北京平谷刘家河商代铜钺铁刃的分析鉴定》，《文物》1990年第7期。
③ R. J. Gettens, *Two Early Chinese Bronze Weapons with Meteoritic Iron Blades*, 1971.
④ 河南省文研所等：《三门峡上村岭虢国墓地M 2001发掘简报》，《华夏考古》1992年第3期。

晚期①，最迟是春秋早期。这在冶金史上是一个划时代的进步。这个发明要比欧洲早一千九百年②。铸铁的出现提高了生产率，降低了成本，为铁器的普及打下了良好的基础。为了克服铸铁容易断裂的缺点，劳动人民发明了柔化铸铁，比欧美要早两千年以上。③柔化铸铁的出现增加了铸铁的强度和韧性，增长了铁器的使用寿命，使铸铁被广泛用作生产工具成为可能。在铸铁技术提高的基础上，某些地区已能炼钢。这种经过水淬、锻打，含碳量达百分之零点五到百分之二，和近代的钢相类。钢比铁更锐利、更坚韧，它对于农具、手工业工具，尤其是兵器质量的提高，有积极的意义。铸铁、柔化铸铁和块炼铁渗碳钢这三项重大技术发明，开始并加速了生产工具铁器化的进程，给生产力的发展以新的推动力。

2. "积累了较丰富的找矿经验并作了初步总结，采矿技术也有了长足的进步。"④《管子·地数》的记载表明，当时人们已发现了矿苗和矿物的共生关系，这对于探寻矿床具有一定的作用。湖北大冶铜绿山古矿井的发掘鲜明地反映了当时采矿技术的发展。该遗址是迄今世界上发掘的同时代古矿井中面积最大、技术最先进的古矿冶遗址。从而大大提高了采掘效率。经化验，炉渣中含铜量仅千分之七左右，这个指标在今天也是比较先进的。⑤

3. 手工业生产技术开始规范化，其总汇《考工记》应运问世。该书记述了三十项手工业生产的设计规格和制造工艺等技术问题，代表着当时的技术发展水平，对手工业生产有一定的指导意义。尤其是该书总结了青铜冶铸的工艺流程，提出了"六齐"，

---

① 严文明主编、李零副主编：《中华文明史》第一卷，北京大学出版社2006年版，第226页。

② 杨宽：《战国史》，上海人民出版社1980年版，第226页。

③ 杜石然等：《中国科学技术史稿》上册，科学出版社1982年版，第91页。

④ 同上书，第94页。

⑤ 《湖北省博物馆主持几项重大考古发现闻名中外》，《光明日报》1984年1月1日。

即生产六种不同的性能和用途的合金的配方，这是世界上最早的合金成分规律。同时，在手工业方面，有许多技术发明。如春秋战国之际，发明了失腊法；战国时期，发明了叠铸法、提花织机；战国晚期发明了扣器。①

4. 天文学有了较广泛的发展。出现了许多观测、研究星象的专家，其中最著名的是甘德和石申。他俩合著的《甘石星经》阐述了五大行星出没的规律，还测定了一百二十一颗恒星的方位。该书属于世界上最早的星表之列②，它比欧洲第一个恒星表早了二百年。而在湖北随县曾侯乙墓出土的二十八宿天文图，是世界上第一张具有完备的二十八宿名称的天文图，它说明二十八宿最早在我国出现，并把我国关于二十八宿名称的记载提前了两个世纪③。又，据《春秋》，我国第一次（前720年2月22日）的日全食，比西方的记录早了一百三十五年；又公元前613年秋七月记"有星孛入于北斗"，天文学界公认这是"哈雷彗星"在世界上的最早记录，比欧洲的记载早了六百七十多年。

5. 天文学的发展推动了历法的进步。从春秋末年起，我国已经开始采用四分历。它规定，一年有三百六十五零四分之一日，较之罗马人在前43年用同样数值颁行的儒略历要早五百年左右。④四分历是当时世界上最先进的历法，它用二十四个节气注历，比最多只有四个节气注历的世界上许多国家的历法都要完备，便于农民妥善安排一年四季的农事活动。

6. 天文、历法的发展要求数学也有相应的发展，加以测量土地、征发赋役和建筑城市都需要精密计算，于是数学也取得了可

① 《85项中国古代重要科技发明创造》，《光明日报》2015年1月28日。
② 杜石然等：《中国科学技术史稿》上册，科学出版社1982年版，第126—128页。
③ 《湖北省博物馆主持几项重大考古发现闻名中外》，《光明日报》1984年1月1日。
④ 杜石然等：《中国科学技术史稿》上册，科学出版社1982年版，第130页。

喜的成就。其中尤其是十进位值制记数法和在此基础上以筹为工具的各种运算——加、减、乘、除、开方。时代为战国晚期的《清华简·算表》文献不仅被数学史家认定是目前国内发现最早的实用算具，还拥有超过以往如里耶秦简九九表、张家界汉简九九表、西北汉简九九表等古代乘法表的计算功能，可进行乘除法和开方运算。① 它较之当时世界上其他一些文明发生较早的地区的计算方法要先进得多。印度直到 7 世纪才采用十进位值制记数。现在通行的阿拉伯数码很可能起源我国②。当时已能进行分数、面积和体积的运算。值得注意的还有数学理论著作——《周髀算经》的出现。该书不仅对战国以前的数学成就作了科学总结，而且提出了举世闻名的勾股弦定理（一称商高定理）。墨家把在生产实践中积累的经验进行理论概括，下了不少几何学定义。如说："平，同高也。""中，同长也。""厚，有所大也"（以上皆见《墨子·经上》），这是我国理论几何学的萌芽。此外，还有盈不足术的发明。

7. 在医学、建筑学等领域也都有所建树。此时不仅出现了名医扁鹊，而且还出现了一些专门的医药学著作。尤其值得提出的是医学理论著作——《黄帝内经》，全书共十八卷，一百六十二篇，主要论述人体解剖、生理、病理、病因、诊断等基础理论，兼及针灸、经络、卫生保健等方面的内容，为祖国医学理论体系的建立奠定了基础。③ 建筑方面，除前述《考工记》总结了都城规制外，《礼记》中也有关于城市和宫殿的较完备的记载，对于后世建筑都产生了大的影响。又，河北省平山县中山王𰷹墓出土的

① 详见丰捷、邓晖《追索中华文明的根脉——记"清华简"的研究保护团队》，《光明日报》2014 年 1 月 7 日；张晓鸽《中国发现 2300 年前计算器，可进行乘除法和开方运算，为世界数学史上重大发现》。

② 杜石然等：《中国科学技术史稿》上册，科学出版社 1982 年版，第 116 页。

③ 同上书，第 143 页。

兆域图铜版，是迄今所见我国最早的一幅建筑组群的设计规划图。① 都江堰驰名中外。列国长城的修建也是浩大的工程，到秦代形成万里长城。此外，值得一提的工程成就还有曾侯乙编钟②。

在农学、物理学、地学上也均有发明创造。农学上的创造有杂种优势利用（不晚于东周），发明有分行栽培，即垄作法（春秋时期）、茶树栽培（周代）、柑橘栽培（不晚于东周）、多熟种植（战国晚期）。③ 物理学上的发现如小孔成像（前4世纪）、"阳燧取火"，发明司南。在地学方面，出现了讲述地理学知识的著作，如《禹贡》《山海经》和《管子》中的《地员》《地数》等篇。

（五）战国物质生活的提高

物质生活即消费，就是人们生存和创造历史所必需的生活资料和生活条件，就是社会存在和发展所必需的饮食、服饰、住宅、交通等物质条件。战国时期随着生产方式的变更和经济的发展，人们的物质生活也有了较大的改进和提高。

1. 饮食结构相当合理。饮食原料可分粮食、肉类、蔬菜、瓜果和调味品四类。今天的粮食品种，那时已基本上都有了。肉类有家畜（马、牛、羊、犬、豕）、家禽（鸡、鸭）、鱼、鸟、野兽等。蔬菜中有葵、藿、薤、葱、蓼、蒜、姜、桂、葫芦、萝卜、蔓菁、茴香等。瓜果品种，据文献记载和出土实物，有枣、桃、李、栗、柿、橘、苹果、樱桃、核桃、青梅、肉桂、花椒等。调味品有盐、酒、饴（蜜）、酱、醯（醋）等。河北省平山县和河南省伊川县④曾发现战国时期的酒。前者迄今还能闻到扑鼻的酒

---

① 河北省文物管理处：《河北省平山县战国时期中山国墓葬发掘简报》，《文物》1979年第1期。

② 《85项中国古代重要科技发明创造》，《光明日报》2015年1月28日。

③ 同上。

④ 《河南伊川县发现战国晚期酒器》，《新华半月刊》1984年第6期。

香；经鉴定，判明这种酒含有酒精率不超过百分之零点零五，推测是用谷类制成的。[①] 烹调食物的方法，有煮、蒸、炙、烧、脯、酱、渍等。[②] 饮食可分饭（即食）、膳、羞、饮四个主要部类[③]。饭，就是谷物作的主食；膳，是以肉类为主体加工的菜肴；羞，就是精制的美味点心；饮，是酒浆、冻饮、酸梅汤之类的饮料。湖北省随县曾侯乙墓出土一对铜方冰鉴，冰鉴内各套一个盛饮料的铜方壶，又各附一把舀饮料的提勺。[④] 食品不仅种类丰富，选料精细，而且烹饪高超，调味考究。

统治阶级和被统治阶级的饮食差别很大。前者往往"列鼎而食"，"食前方丈"[⑤]，美酒佳肴，极其丰盛。后者不过食"豆饭藿葵"而已，荒年只得以糟糠羊躯（可吃的草籽）充饥。

2. 服饰多样化。战国时期衣服的原料，有麻、葛、毛皮及丝织品。人们头上戴的，有冕、弁、冠、巾、帻、帽等。上体着衣，衣在华夏族居地为右衽，分禅衣、夹衣、复衣（一称绵衣）三种。下体贴身者为裈；类似今长裤的叫袴；逼束其胫，自足至膝者称邪幅（即后世的行縢）；形如今妇女裙子的叫裳（一名裙）。衣裳相连，称作袍。衣服裁制，北窄南宽。人们脚上穿的叫袜，登的叫屦或舄。衣服颜色有缁、紫、朱、黄、绿等，其中以缁素为主，紫色为贵[⑥]。战国服饰屡有出土，其中以江陵马砖一号战国墓发现的最完整，计有禅衣、绵衣、夹衣、袴、裳、屦、帽、衾，凡二

---

① 河北省文物管理处：《河北省平山县战国时期中山国墓葬发掘简报》，《文物》1979 年第 1 期。

② 参见吕思勉《先秦史》，上海古籍出版社 1982 年版，第 326—331 页。

③ 《礼记·内则》。

④ 湖北省博物馆：《随县曾侯乙墓》，《文物》1979 年第 7 期；《随县曾侯乙墓》，文物出版社 1980 年版。

⑤ 《孟子·尽心下》。

⑥ 张其昀：《中华五千年史》第六册《战国史》，中国文化大学出版部 1981 年版，第 88 页。

十余件。衣制作交领，右衽，直裾长袖，用锦绣缘边。①

服饰等级森严，不许随意穿着。丝织品（尤其是锦绣）和珍贵毛皮基本为统治阶级所专用，而麻、葛织品则主要是人民大众的衣料。富贵者日常穿着长而宽的"深衣"，其上悬佩成套的玉饰②，腰间束以有带钩的丝带。而且四季穿着不同，还有各种礼服。至于贫贱者，则只能穿短而窄的褐或襦。此外，冠屦佩饰，无一不有等第。

3. 住宅较为丰富多彩。战国时期的住宅，沿袭商周，依然为木（或竹木）构架建筑，由台基、屋身和屋顶组成一座房屋。但这时已出现了多层房屋及高大的台榭建筑，使这三部分的组合发生很多变化。总的说，此时建筑平面组合和外观，多采用对称方式，以衬托中轴部分的重要性。可是为了满足建筑功能和建筑艺术的不同要求，已形成了较为丰富多彩的多样化风格。③

宫室建筑，一般都是外观宏伟壮丽，内部装修考究。往往"堂高数仞，榱题数尺"④，"以荻蒿苫楚墙之"，"以炼铜为柱质"⑤ 可见其高大和坚固。从列国许多都城残存高大的夯土台并出土量多质优的建筑构件，也可以得出同样的结论。例如，秦咸阳一号宫殿遗址，根据遗迹复原，是一座高台宫观建筑，上下两层分布十一间高低错落、用途不同的大小宫室，周围有回廊环绕。内部有的地面涂朱，墙壁绘画，还有壁炉和排水池的设置，而回

---

① 荆州地区博物馆：《湖北江陵马山砖一号墓出土大批战国时期丝织品》，《文物》1982 年第 10 期；陈跃均等：《江陵马砖一号墓出土的战国丝织品》，《文物》1982 年第 10 期；沈从文等：《江陵楚墓出土的丝织品》，《人民画报》1983 年第 6 期。

② 参见贾峨《关于河南出土东周玉器的几个问题》，《文物》1983 年第 4 期。

③ 参见刘敦桢主编《中国古代建筑史》，中国建筑工业出版社 1982 年版，第 40—53 页。

④ 《孟子·尽心下》。

⑤ 《战国策·赵策》。

廊踏步则铺以带龙凤纹的空心砖。① 又如，楚宫室，据《楚辞·招魂》的记载，多是"高堂邃宇"，"层台累榭"，"网户朱缀"，"兰薄户树"。以满足王室贵族豪华生活的需要，并张扬君主的显赫和威严。宫室之外，还有离宫建筑，如吴的姑苏台、楚的章华台和赵的丛台，供统治者观赏游娱。丛台，《畿辅通志》记载"上有雪洞天桥，梳妆翠被及据胜亭诸景"。宋代贺铸有《丛台歌》云："君不闻丛台全胜时，绮罗成市游春辉。"可见当年之繁华。章华台，位于湖北潜江龙湾，遗址包括放鹰台、荷花台等22座夯土台。1987年开始对放鹰台1号宫殿建筑群基址进行发掘，发现它的建筑规格很高，由三层台、廊庑、庭院、贝壳路、广场、水榭等组成，建筑面积达13000平方米。② 姑苏台，据《洞冥记》所云："周旋诘屈，横亘五里，崇饰土木，殚耗人力，宫妓千人。台上别立春宵宫，为长夜之饮，造千石酒钟。又作天池，池中造青龙舟，舟中盛致妓乐，日与西施为嬉。又于宫中作海灵馆、馆娃阁，洞沟玉槛，宫中楹榱，皆珠玉饰之。"上述有关姑苏台规模和设施的记载，可能有夸大失实之处，但姑苏台是吴国建筑精华的载体，则是不容置疑的。山西省长治③和河南省辉县④等地出土的铜器建筑图像表明，为富贵者所享用的台榭楼阁为广室，重檐，铺瓦，屋脊饰飞鸟。两侧有阶梯，可攀登而上；楼台有栏杆，以凭倚远眺。而平民的住宅却相当局促，为"一亩之宫，环堵之室，荜门圭窬"⑤。至于穷苦的劳动者，则聊以栖身于简陋的草屋或半地穴的房子里。

---

① 秦都咸阳考古工作站：《秦都咸阳第一号宫殿建筑遗址简报》，《文物》1976年第11期。
② 湖北省潜江博物馆、湖北省荆州博物馆：《潜江龙湾》，文物出版社2005年版，第460—461页。
③ 山西省文物管理委员会：《山西长治市分水岭古墓的清理》，《考古学报》1957年第1期。
④ 中国科学院考古研究所：《辉县发掘报告》，科学出版社1956年版。
⑤ 《礼记·儒行》。

4. 交通工具日益完备。战国时期的交通运输工具有车、船、马、肩舆等。考古材料表明，车主要由车衡、车辕、车轮、车舆和车盖组成。各部分再细分，加上马具和辔饰，其名目有数十种之多。有的车子还髹漆彩绘。车饰有金质、银质、铜质、骨质等。近年甘肃张家川县马家塬战国墓地 M14 出土的车辆不仅髹漆彩绘，而且嵌金银锡铁片，十分高贵华丽，令人叹为观止。① 车的大小不一。种类有马车、牛车、人挽车等。战国不少铜器上都有船的图像。考古出土的船有大船、小船和独木舟，有的船上有桨。据文献记载，当时的舫船能运五十人及其所需三个月的粮食，顺流而下，"一日行三百余里"。② 水上除船外，还有桥，如黄河上就架设了浮桥。③ 肩舆，据出土实物，有大、中、小三型，分屋顶式和伞顶式两类。④ 为了解决远行的吃、住的问题，当时已有国家开设的驿站客馆和私人开设的客舍。当时富贵者出行，都以交通工具代步。而贫贱者出门，往往只能徒步跋涉。

以上所述，是战国时期人们物质生活的写照，也是当时物质文明的又一侧影。

二　战国物质文明的特色

战国时期的物质文明不仅成就巨大，而且富有特色。其表现主要是以下五方面。

---

①　早期秦文化课题组：《五方合作　十年探索　成果丰硕——早期秦文化与西戎文化考古工作十年》，《中国文物报》2014 年 11 月 25 日。

②　《战国策·楚策》。

③　《史记·秦本纪》说，前 257 年，秦国"初作河桥"。《史记·赵世家》说，前 240 年，赵国派"广舍将东阳、河外师守河梁"

④　固始侯古堆一号墓发掘组：《河南固始侯古堆一号墓发掘简报》，《文物》1981 年第 1 期。

（一）自成体系的东方文明

我国地处亚洲东部，东、南面临辽阔广大的太平洋，北接西伯利亚冻土带，西北和西南是浩瀚的沙漠和山岭。种种不易逾越的天然屏障，使大环境比较闭塞。中华文明就是在这样的环境里孕育的。其源远流长，据"中华文明探源工程"的成果，中华文明诞生于公元前3000年至前2000年的龙山文化时代。文明的创造者是大河（黄河、长江）流域的农业民族。经过夏、商、西周，到春秋战国时代，由于对前代文明的继承、改造与发展，"塑造了博大精深、丰富多彩的发展模式"①。这种文明模式，概括而言，就是规模巨大，小农经济，郡县制度，中央集权，祖先崇拜，礼乐文化，家国同构，以宗族为纽带，民族气节，爱国精神，"自强不息"，"厚德载物"，汉字载体。具有强大的内聚力和兼容性，绵延不绝。②

（二）中国古代文明的第一个高峰

春秋战国是中国古代文明的第一个高峰。其不仅在许多方面具有开创性，而且取得了令人惊叹的成就。如前所述，春秋战国时期科技发明创造如雨后春笋，在85项中国古代重要科技发明创造中，春秋战国时期就有17项，占五分之一。尤其是铸铁、韧性铸铁的出现时间，遥遥领先于欧洲。铁器的推广，有力地促进了农业的发展。具有中国特色的青铜器、丝织、原始青瓷、玉器、漆器制造业，因采用新技术皆有长足进步。③城市激增，商业都会兴起，富商大贾出现，形态各异的货币大量铸造出来，流通起来，

---

①　童超：《有容乃大：中华文明绵延不绝的精神基因》，《中国社会科学报》2015年2月11日。

②　参杨宽《战国史》（增订本）第1页，上海人民出版社1998年版；严文明主编《中华文明史》第1卷，第4—6页。

③　参严文明主编《中华文明史》第1卷，第23—27页。

还使用了标准的度量衡器，于是中国第一次工商业发展高峰到来，从而为以后的大发展奠定了基础。

（三）多元一体的格局

战国时期，由于自然环境、语言、历史传统、生产生活等方面的差异，形成了区域文化。中原华夏族各诸侯国政治、经济、文化发展不平衡。中原周边的少数族（东夷、南蛮、西戎、北狄）的经济、文化比较落后，人口数量也较少。这就使当时不同区域、不同民族之间的文明互有差异，如文字异形、车异轨，货币、度量衡和风俗习惯也不相同。这种差异构成了战国文明丰富多彩的内容。另外，这些不同地区、不同民族的文明，已逐渐互相联系、交流、影响和融合。其中以黄河流域和长江流域为代表的中原华夏文明为核心，核心向周围辐射，周围向核心靠拢、认同。这是相互关系的主流。从而使中华文明在吸收周边游牧民族的新鲜血液和有益基因后，变得更加充实完美、更加自信、更加生机勃勃。① 换言之，起码自西周以来已形成的多元一体格局虽经战乱与分裂，但没有任何一种文明元素被分裂出去，始终保持着这种大格局的完整性。

（四）对外传播主要是向近邻

由于当时交通条件的限制，战国物质文明向外传播还多是自发的、小规模的，而且主要限于东亚一些邻国。在朝鲜、日本和越南，发现了我国战国时代的铁器、铜器和货币②，在苏联中亚部

---

① 童超：《有容乃大：中华文明绵延不绝的精神基因》，《中国社会科学报》2015年2月11日。

② 参见周一良《亚洲各国古代史》上册，高等教育出版社1958年版，第56、89页；邵循正《二千年来中日人民的友好关系》，《人民日报》1955年9月5日；后藤守一《日本考古学》，第522—524页；喜田贞吉《铜铎考》，《考古地理》第33卷第2号。

分的阿尔泰，也发现了当时我国的丝织品、漆器和铜镜。[①] 上述事实是我国战国物质文明对外发生一定积极影响的历史见证，也是我国人民自古就与朝鲜、日本、越南和苏联人民互通有无的友好象征。与其他地区虽有辗转进行的经济、文化交流，如欧洲哈尔希塔特文化（约前10世纪至前五世纪）的青铜剑明显地受到中国中原地区和北方地区流行剑式的影响，中国青铜器传入欧洲的还有剑鞘带上所附形状对称、图文繁复的铜制或玉制饰品，祭祀用的青铜斧钺，器身细长的带扣项圈。又如，中国春秋战国时期的精美丝织品，通过西北的游牧民族，流向欧亚草原各地，甚至丝路西端的希腊，丝绸已成为希腊上层人物的服装。[②] 但那是次要的。

（五）打开大门吸收外来文化

任何文化交流和影响都是双向的。中国在向外传播文化的同时，也吸收外来的文化。如马具是中国从中亚草原民族引入和加以借鉴的。兵器亦受到欧亚草原的影响。在新疆发现的三叉护手剑和管銎战斧在形态上都比北方地区的早，且与欧亚草原的早期形态相似，这反映出新疆在上述两地之间起着一种桥梁作用。此外，中亚草原的用金习俗和黄金艺术逐渐经过中国北方向中原地区渗透影响。又如斯基泰——西伯利亚野兽纹和阿尔泰艺术在春秋晚期和战国时期，被中国北方动物纹造型艺术所吸收，表现出某些题材重复和模仿，如屈足鹿、鹰头兽、躯体扭转兽和格斗纹。[③] 除了吸收西方文化，还可能受到佛教的影响。如2000年湖

---

① C. N. 鲁金科：《论中国与阿尔泰部落的古代关系》，《考古学报》1957年第2期。

② 参沈福伟《中西文化交流史》，第20—24页。

③ 参沈福伟《中西文化交流史》，第24—26页；杨建华《东周时期新疆地区与周边地区的文化联系》，载《新疆通史》编撰委员会编《新疆历史研究论文选编·史前卷》，新疆人民出版社2008年版。

北省荆州市天星观2号墓出土的羽人，全器由羽人和凤鸟两部分组成。二者的身躯以一整木雕成。站立在凤鸟头顶上的羽人，人面鸟喙，两手前伸作捧物状，鸟尾，鸟足，四爪踏于凤鸟头上。凤鸟展翅欲飞。人作鸟形，说明人可转化成凤鸟或通过凤鸟飞天，与神沟通。有学者认为，它是与佛教有关的妙音鸟的造像，因为羽人的合掌（合十）姿势，即佛教中表示敬意的仪式之一。又如，天星观2号楚墓出土的漆凤鸟莲花豆，由分件雕刻的莲花豆盘、凤鸟和蛇座组成。豆盘外壁浮雕14瓣上仰莲花。豆柄为一曲颈凤鸟，豆座是一盘蜷的蛇。或以为此器是仿照佛祖莲花座制作的一件佛教造像。① 天星观2号楚墓其时代为战国中期。这说明此时佛教造像和梵俗已传入中国。对外来文化的吸收，促进了中华文明的发展。正所谓"面向大海，春暖花开"②。

（此文原载《中国史研究》1985年第4期，
收入《古史论丛》前作了较多修改）

---

① 荆州博物馆编著：《荆州重要考古发现》，文物出版社2009年版，第94—100页。

② 当代诗人海子诗句。

商品经济影响下的战国世风

　　商品经济影响下的战国世风是战国社会史上一个较为重要的问题，但迄今似无探析专文，为此笔者不揣浅陋，略陈管见于下，以抛砖引玉，敬请方家赐教。

　　战国时期随着社会分工和生产力的发展，商品生产活跃起来，以前所未有的速度，蓬蓬勃勃地成长，形成了那个时代令人关注的明显景观。虽然当时的商品经济是初步发展时期，发展程度不高，只属于简单商品经济类型，且在当时整个社会经济中只处于从属地位，却大大丰富了社会物质生活，积累了财富，为社会改革奠定了坚实的物质基础，同时也腐蚀着人们的思想，刺激着人们（尤其是统治阶级中大部分人）对财富和货币的占有欲望。于是世风较之春秋时期发生了巨大的变化。"天下熙熙，皆为利来；天下攘攘，皆为利往"①，这一在当时民众中间流传的固定语句——谚语，用简单通俗的话反映出人们普遍的价值取向。

一　拜金主义的盛行

　　战国时期，随着商品总量的激增，商品空前繁荣，商品流通畅快，商品意识潜移默化地渗入人们的思想。从国君到百姓，"巧

---

　　① 《史记·货殖列传》。

伪趋利"的现象带有普遍性，"众庶百姓皆以贪利争夺为俗"①，
"利之所在民归之"②。"民之于利也，犯流矢，蹈白刃，涉血捍肝
以求之。"③《吕氏春秋·先识览·去宥》讲述了一个攫金者的
故事：

> 齐人有欲得金者，清旦，被衣冠，往鬻金者之所，见人
> 操金，攫而夺之。吏搏而束缚之，问曰："人皆在焉，子攫人
> 之金，何故？"
> 对吏曰："殊不见人，徒见金耳！"

这虽是则寓言，所述的故事系假托，但却是当时一些人财迷心窍，
利欲熏心，为了钱财不择手段去干坏事的生动写照。

统治阶级在外交（国与国交往）中首先考虑的是对本国是否
有利的问题。如据《战国策·韩策二》"秦围雍氏五月"条，秦
宣太后公然对求救的韩国使者说："今佐韩，兵不众，粮不多，则
不足以救韩。夫救韩之危，日费千金，独不可使妾少有利焉？"是
否出兵救韩，以是否对秦有利为转移，掌握秦国实权的宣太后对
此毫不顾忌。

外交之外，上层社会缔结婚姻亦讲究权衡利害，首先考虑的
是政治利益，即是否能巩固自己的政权，是否能巩固或扩大其权
势，而通过联姻，取得外援，显得尤为突出。如战国中期，当出
现秦、韩、魏和楚、齐对峙局势时，秦为了欺骗楚王，使楚齐绝
交，并使秦做好全面反击歼灭楚军的准备，便派秦相张仪南下游
说楚王。《史记·张仪列传》云："（张）仪说楚王曰：'大王诚能
听臣，闭关绝约于齐，臣请献商于之地六百里，使秦女得为大王

---

①　《荀子·强国》。
②　《韩非子·外储说左上·经四》。
③　《吕氏春秋·节丧》。

箕帚之妾，秦楚娶妇嫁女，长为兄弟之国。此北弱齐而西益秦也，计无便此者。'楚王大悦而许之。"又《战国策·中山策》"昭王既息民缮兵"条载赵国在长平之战战败后，为了争取外援以抵抗秦国的入侵，"卑辞重币，四面出嫁，结亲燕、魏，连好齐、楚"。可见此类婚姻是各诸侯国为了国家利益常用的外交手段。

战国时期统治阶级中贪利者比比皆是。不少官吏对金钱趋之若鹜，为了金钱而卖官鬻爵，贪赃枉法，收受贿赂。① 典型的如张仪到楚国，在楚王面前盛赞郑、周之女的美貌，楚王就送给张仪不少珍珠美玉。其目的当然是想占有中原美女。楚王妻、妾南后，郑袖"闻之大恐"，令人对张仪说："妾闻将军之晋国，偶有金千斤，进之左右，以供刍秣。"另外，郑袖又赠张仪金五百斤。② 她们赠金给张仪，当属贿赂。其目的是不使张仪进郑、周美女给楚王，以固宠。又如赵王迁宠臣郭开、齐相后胜等。郭开受秦将王翦重金贿赂，使为反间，扬言赵名将李牧、司马尚欲降秦反赵。赵王疑之，遂杀李牧，废司马尚。次年，王翦大破赵军，攻陷邯郸，赵王迁被俘，赵亡。后胜任齐王建之相，多受秦贿，使宾客入秦，亦为秦所收买，皆为反间。屡劝齐王建朝秦，不修攻战之备，不助五国攻秦。公元前 221 年，秦将王贲攻齐，齐王建听从其计，不战而降，齐遂亡。此外，据《韩非子·外储说左上》的记载，过往行人务必"事关市以金"，"关市"才"舍之"放行。这显然是关市吏在勒索金钱。

士人中亦有受贿的，如据《战国策·魏策三》"齐欲伐魏"条所载，有一次齐国要攻打魏国，魏国以"宝璧二双，文马二驷"，向齐国辩士淳于髡行贿，请他规劝齐王的这一军事行动。他照此办理并奏了效。又如前 247 年魏信陵君率五国兵伐秦后，秦

---

① 参周自强《先秦廉政建设和反贪防腐的历史经验》，安徽教育出版社 2012 年版，第 26 页。

② 《战国策·楚策三》"张仪之楚贫"。

王以信陵君为大患，乃以万金贿赂晋鄙的门客（依附于其门庭的人，多为士），使其行反间于魏王，言信陵君欲称王，诸侯欲共立之。魏王中秦计，遂罢其将。

拜金主义还表现在赵地、郑地女俗上，《史记·货殖列传》所谓"赵女郑姬，设形容，揳名琴，揄长袂，蹑利屣，目挑心招，出不远千里，不择老少者，奔富厚也"，即是。

出土文献和考古文物材料可与上述记载相印证。属于战国末期的竹简《日书》大规模出土有两次：一次是1975年在湖北云梦县睡虎地秦墓中出土的竹简《日书》甲、乙两种；另一次是1986年在甘肃省天水市放马滩秦墓中出土的《日书》甲、乙两种。《日书》是占卜之书，主要内容是选择时日，如出行、见官、裁衣、修建房屋等都要选择时日。其他如房屋的布局、井、仓、门等应该安排在什么地方才会吉利，遇到鬼怪如何应付等，也是重要内容。①《日书》虽然是讲迷信的书籍，却也是难得的民俗学的资料。它反映了战国社会民众的日常生活，从占辞所呈现的各种占卜习俗中，可以看出当时人们在日常生活中是如何趋吉避凶，如何趋利避害的。又罗福颐先生主编的《古玺汇编》一共收录了二十方与财富有关的成语玺，如牛、羊、金、富、稷、禾、百牛、千百牛、百羊、千牛百羊、千金、万金、宜有千金、千稷、百禾、富生等等。又时代为战国初年的曾侯乙墓的墓主口中的玉琀，器小如豆，俱仿生圆雕，有羊、牛、猪、犬等，共21件，当有象征财富的含义。② 这反映当时人们大胆追求以牛羊、谷物等为代表的物质财富，和大胆追求以"金"为代表的货币财富。《古玺汇编》还载有与福禄有关的成语玺，如有福、大福、君寿、寿善、亲寿、有生、长生、千岁、百年、千秋、宜子、宜子孙、官、宜官、长官、安官、宜王、宜位、事、宜事、吉、行吉、行大吉、出入大

---

① 《睡虎地秦墓竹简》，文物出版社1990年版，第179页。
② 湖北省博物馆：《曾侯乙墓》，文物出版社1989年版，第426页。

吉、行慎等。这说明时人渴望健康长寿、追求官爵地位和生活平安。① 又战国私玺中的闲文玺，有吉语类。该类玺文有"善""吉""宜官""千秋""万金""日有百万""出内大吉""善寿""千秋万世昌"。这类玺文表现出作者对宫禄、财富、福寿的向往和祈求。②

综上所述，可见战国时期拜金观念泛起，人们求利、逐利心切。《韩非子》云："鳝似蛇，蚕似蠋，人见蛇则惊骇，见蠋则毛起，然而妇人拾蚕，渔者握鳝，利之所在，则忘其所恶，皆为孟贲。"韩子对人们趋利之比喻，可谓形容尽致，入木三分。

二　家庭伦理道德动摇

由于世之趋利，人际关系恶化，人自取利，无仁无义，无诚无信，人情、亲情淡漠，互相猜疑，纷争不息。以血缘为基础的孝道伦理也发生了严重的动摇，弃亲不养，父子争利甚至弑父卖母一类严重违逆人伦的事件也时有发生。《韩非子·外储说左上》记载这样一个故事："人为婴儿也，父母养之简，子长而怨，子盛壮成人，其供养薄，父母怒而诮之。"《管子·问篇》也提出了相近的问题。"问父母存不养而出离者几何？"其他文献亦载有"长少相杀，父子相忍"③，"好货财，私妻子，不顾父母之养"④，"子有杀父"⑤，"妻子具而孝衰于亲"⑥，父死不葬，卖母捞钱⑦等现

---

① 陈光田：《从战国成语玺看先秦时期人的价值取向》，《光明日报》2012年8月23日。

② 叶其峰：《战国玺印》，载《中国大百科全书·文物博物馆卷》，中国大百科全书出版社1993年版。

③ 《吕氏春秋·明理》。

④ 《孟子·离娄下》。

⑤ 《庄子·庚桑楚》。

⑥ 《荀子·性恶》。

⑦ 《淮南子·说山训》。

象，韩非说当时人际关系紧张，即使是父子之间也是"皆挟相为
而不周于为已也"①，"犹用计算之心以相待也"，民间"产男则相
贺，产女则杀之"是因为"虑其后便，计之长利也"。② 出土文献
里亦有类似记载。《睡虎地秦墓竹简·法律答问》有记"父子同
居，杀伤父臣妾，畜产及盗之"，"免老（六十岁以上老人）告人
以为不孝"，"假父（义父）盗假子（义子）"，等等。与之相关，
秦律案例中有父亲控告儿子的，因亲子"不孝"，父亲请求官府将
其杀死和断足流放，官府则予以照办③，此种亲情淡漠乃至泯灭的
状况在东方诸国也时有发生④。正如《韩诗外传》卷三所云："夫
民不知父子讼之为不义久矣。"

　　父子尚且如此，兄弟、亲戚、邻里、朋友关系更不待言。《战
国策·魏策一》载有"亲昆弟，同父母，尚有争钱财！"《吕氏春
秋·节丧》载有"忍亲戚、兄弟知交以求利"。《荀子·性恶》载
有"嗜欲得而信衰于友"。《孟子·离娄下》言："今有同室之人
斗者"，《孟子·告子下》亦言："胠兄之臂而夺之食"。这说明兄
弟争财已非鲜见，同室操戈，兄弟相残，关系恶化之程度，令人
触目惊心。《吕氏春秋·明理》说："弟兄相诬，知交相倒，夫妻
相冒，日以相危，夫人之纪，心若禽兽，长邪苟利，不知义理。"
可见人们因苟且求利，相互残害，已丧失人伦，伤及家庭情谊。
《吕氏春秋·高义》说"秦之野人，以小利之故，弟兄相狱，亲
戚相忍"，这是兄弟因小利而相诉讼。包山楚简《疋狱》载楚国
里人杀兄杀弟、强占妻妾、土地纠纷、继承权之争等事甚多，这
说明当时兄弟不仅争财，而且争田、争色。《管子》一书多处提到
齐国"民有鬻子""嫁妻卖子"。这固然是天灾、人祸等客观原因

---

① 《韩非子·外储说左上》。
② 参《韩非子》之《外储说右上》《六反》。
③ 详见《睡虎地秦墓竹简·封诊式》。
④ 如《说苑·政理》云："鲁有父子讼者"。

造成的，而且往往是不得已而为之，但也从一个侧面反映了亲情的危机。又《韩非子·说林上》云："卫人嫁其子而教之曰：必私积聚，为人妇而出，常也，其成居，幸也。"其意是在卫地，家长教其女嫁到婆家后要多积攒私房钱，即使因之被休回家，也无关紧要。这反映了家族中私有财产的逐渐扩展。

对于上述传统伦理道德的沦丧，汉人刘向在为《战国策》所作《书录》中说，仲尼既没之后，"父子不相亲，兄弟不相安，夫妇离散，莫保其命，泯然道德绝矣！"所谓"道德绝矣"，是指传统宗族伦理的丧失。[①]

马克思主义经典作家曾经指出："货币欲或致富欲望必然导致古代共同体的瓦解。"[②] 战国时期，伴随商品观念对家族组织的侵蚀，亲情冷暖，世态炎凉，唯财而争，唯利是图，无孝无信、无仁无义的风气充斥大家庭，使大家庭逐渐趋于分解，所谓"父子之亲经，张户别居"的"生分"态势即是。有学者进而指出："以家族为基础的古典家族组织也在逐渐松弛和解体。在土地和住宅可以买卖、外出务工经商等活动日益普遍的情况下，传统的家族聚居方式越来越多地被异姓混居所替代，《庄子·则阳》：'丘里者，合十姓百名而以为风俗也。'说明战国的里已基本上成为较单纯的地域行政组织。"[③] 这种见解是颇有说服力的。

三 社会刑事犯罪严重

拜金"走利"意识的泛起，家族伦理道德的沦丧，淫荡侈靡

---

① 冯尔康等：《中国宗族社会》，浙江人民出版社1994年版，第89页。
② 《马克思恩格斯全集》第46卷（上册），人民出版社1975年版，第172页。
③ 邵鸿：《战国时期商品经济的发展与社会变迁》，载周积明、宋德金主编《中国社会史论》，湖北教育出版社2000年版。

的习俗，加以城市人口密度的增大和流动人口的上升，使人情甚不美。战国诸子对此颇多感慨，如荀子云："人情甚不美，又何问焉。妻子具而孝衰于亲，嗜欲得而信衰于友，爵禄盈而忠衰于君。人之情乎，人之情乎！甚不美，又何问焉！"① 他还引用"民语"云："欲富乎？忍耻矣，倾绝矣，绝故旧矣，与义分背矣！"② 孟子曰："人不可以无耻。无耻之耻，无耻矣。"③ 又引阳虎的话说："为富不仁矣，为仁不富矣。"④ 韩非引民谚曰："千金之家，其子不仁。人之急利甚也。"⑤ 于是社会犯罪严重起来，犯罪率居高不下。所谓"盗贼多有"，"奸轨愈起"⑥ 就是对这种态势的概括。战国社会犯罪具有反社会性质。有学者认为："战国社会犯罪的种类之多，范围之广和数量之多，都是前所未有的。如财产侵犯、人身伤害、危害公共安全、破坏政治、经济秩序、妨害婚姻和家族等社会侵害行为，均屡见不鲜。"⑦《庄子·庚桑楚》载："民之于利甚勤……臣有杀君，正昼为盗，日中穴阫（屋后墙）。"《墨子·号令》提到一些城内"卒民相盗家室婴儿"的现象，又提到"钱金布帛财物，各自守之，慎勿相盗"。可见有相盗钱金、布帛、财物的现象。城市如此，乡间更甚。《列子·说符》言"晋国苦盗"，群盗杀死善于"视盗，千百无遗一焉"的郄雍然后逃往秦国。又言赵国乡间途中，群盗出没，路人遭杀，"尽取其衣装车马"。而《史记·货殖列传》言赵地男子"轻为奸"，"起则相随椎剽，休则掘冢作巧奸冶"，市井无赖子弟的典型行径跃然纸上。《睡虎地秦墓竹简·法律答问》记秦国楚地的盗窃行为，有"甲

----

① 《荀子·性恶》。
② 《荀子·大略》。
③ 《孟子·尽心下》。
④ 《孟子·滕文公上》。
⑤ 《韩非子·难四》。
⑥ 参见《汉书·酷吏传》。
⑦ 邵鸿：《战国时期商品经济的发展与社会变迁》，载周积明、宋德金主编《中国社会史论》（下），湖北教育出版社 2005 年版。

乙共盗"的，有"五人共盗"的，有"十人共盗"的，有盗牛的、有盗羊、盗猪的，有偷摘别人桑叶的，有盗钱的，有夫盗钱妻藏匿的，有"工盗以出（工匠偷出东西）"，有盗公室祭祀供品的，有盗掘王室祭祀祭品——"𡧇"的，有"盗盗人，买（卖）所盗，以买它物"的，有"假父盗假子"的，有私自移封（田地阡陌）的，有"把其假（携带所借官有物品）以亡的"，等等。而《封诊式》有关刑事案件中，大部分也是关于盗牛、盗马、盗钱、盗衣物等内容。其他犯罪大多也是为了钱财。如据《法律答问》，"匿户"是为了免缴纳户赋；宽免逃亡出境的人，是因为得到数目超过万钱的贿赂。不少案例令人发指，如秦国有人为了分到十钱竟受主谋的派遣盗劫杀人。① 又如楚国有人为了多卖建筑材料（茅）而一再焚毁他人的房屋（仓窌）②。复如郑国有人霸尸首勒索，"求金甚多"。③

此外，还有盗墓风。战国中晚期，由于铁制工具的普遍使用，牛耕的初步推广，大型农田水利工程的兴修，生产力有了大的提高，土地开始兼并，一部分失去土地的农民不愿当奴隶，沦为流氓无产者，"发冢"于是成为一时风气。④《吕氏春秋·安死篇》云："视名丘大墓葬之厚者，求舍便居，以微抇之，日夜不休。……故宋未亡而东冢抇，齐未亡而庄公冢抇。"又《史记·货殖列传》云：赵地中山"民俗懁急，仰机利而食。丈无。……起则相聚椎剽，休则掘冢作奸冶。"赵国挖墓成风可从建国以来的考古发掘中得到证实。1949年以后在邯郸地区所有发掘的战国秦治墓葬中，统统发现被盗掘的痕迹，有的墓被盗还不止一次。河北故赵版图内除战国中山王陵因墓葬形制特殊而有幸完整保存一部

---

① 《睡虎地秦墓竹简·法律答问》。
② 《韩非子·内储说下》。
③ 《吕氏春秋·离谓》。
④ 《张政烺文集·古史讲义》，中华书局2012年版，第328页。

外，其余战国墓葬普遍遭到过盗掘。① 这种盗墓风气一直延续到汉魏，并未衰歇。②

当时"斗殴之风十分酷烈"。《睡虎地秦墓竹简》所记的家族成员殴打和邻里纠纷械斗，令人触目惊心。如言"斗折脊项骨"；"妻凶悍，夫殴治之，决其耳，若折肢指、肤体（脱臼）"；"或与人斗，缚而尽拔其须眉"；"拔人发"；"或斗，啮断人鼻若耳若指若唇"；"士伍甲斗，拔剑伐，斩人发结"；"斗以针、铢、锥"，什么工具都用上，等等；还有"殴大父母（祖父母）""殴高大父母（曾祖父母）"者，此外《墨子·天志》有"逾于人之墙垣，揟格人之子女"。社会风气之败坏，令人震惊。③

战国社会犯罪的原因除前述外，还与剥削阶级的巧取豪夺、贫富两极分化和财富占有的差别太大有关。对此一些思想家已有清醒认识。如《管子》"仓廪实而知礼节，衣食足而知荣辱"的说法和孟子的"恒产论"就很精辟。

商品经济侵蚀下的战国世风，值得一提的还有淫侈习俗、"天下以市道交"等。限于篇幅，不能一一阐述。

需要指出的是，战国拜金求利之风具有明显的地区差异，如尚礼义的鲁国、趋同尚礼义的齐国与尚功利的秦国就有很大的反差。一个典型例证是齐人鲁仲连关心政事，不畏强暴，急人之难，为人排难解纷，对促进东方联合抗秦战线作出了巨大贡献。他不为名利所羁，功成之后不居功，不受赏，体现了思想品质的高尚廉洁。李白诗云："齐有倜傥生，鲁连特高妙。明月出海底，一朝光曜。却秦振英声，后世仰末照。意轻千金赠，顾向平原笑。吾亦澹荡人，拂衣可同调。"④

① 沈长云等：《赵国史稿》，中华书局 2000 年版，第 555—556 页。
② 《张政烺文集·古史讲义》，中华书局 2012 年版，第 328 页。
③ 宋镇豪：《中国春秋战国习俗史》，人民出版社 1994 年版，第 23 页。
④ 李白：《古风五十九首》之十。

综上所述，可以得出以下两点结论：第一，战国世风从一个侧面说明这一时期是社会形态的转型阶段；第二，商品经济是战国社会变迁的动力之一。

（原载葛志毅主编《中国古代社会与思想文化研究论集》，
黑龙江人民出版社 2006 年版）

战国楚漆器述略

　　漆器，在人类物质文化史上是一朵奇葩。我国的漆器，有悠久的历史、优秀的传统和独特的风格，因而闻名中外。在我国源远流长的漆工艺史上，战国是一个重要时期。战国列国中，以楚国的漆工艺比较发达，漆器出土最多，保存也最好。总结楚漆器的光辉成就，剖析楚漆工艺发达的原因，有助于我们加深对楚文化的认识，并能增强民族自尊心和自豪感，激励创造艺术珍品的勇气和信心。此外，对于研究楚国的经济基础和社会生活风尚，也有一定的价值。关于楚漆器的研究，新中国成立以来随着漆器的大量出土而日益受到重视，正在深入进行，并取得了不少成果。[1] 但是有关综合研究的论文还不够多，为此笔者不揣浅陋，试图在本文中仅就下面六个问题作点分析研究。

　　本人水平有限，错误难免，恳望读者指正。

一　楚漆器生产发展的原因

　　战国时期，由于适应生产力发展的封建制的生产关系基本取

---

　　① 沈福文等：《中国髹漆工艺美术简史》（人民美术出版社 1964 年版）的有关部分；王士襄：《〈髹饰录〉解说》（文物出版社 1983 年版）的有关部分；陈振裕：《略论湖北战国秦汉漆器的年代分期》，《江汉考古》1980 年第 2 期；马文宽：《略谈战国时期的楚器》，《中国历史博物馆馆刊》1981 年第 3 期。

代了不适应生产力发展的奴隶制的生产关系，农业经济迅速发展起来。随着农业的发展，社会分工进一步扩大化，有更多的劳动力脱离农业而投入手工业，其中当包括漆器制造。到战国中期，漆器制造开始脱离木器业，成为独立的手工业部门。

战国时期，由于农业生产的迅速发展，手工业水平有显著提高，这就为制造漆器提供了良好的技术条件。而其中的工艺美术品，如金器、银器、铜器、玉器、玻璃器（一名料器）等，也必然对漆工艺产生影响。

战国时期冶铁业有了重大发展。生铁冶铸、钢和铸铁柔化术的出现，给手工工具的变革以有力的推动，使木材的采伐与加工工具——柯斧、刀、凿、钻、锤、锯等，广泛使用铁器，较之西周、春秋使用的铜工具更锐利、坚韧，经久耐用，这就大大提高了漆器木胎和竹胎的生产、加工效率。

随着农业和手工业的发展，战国时期的商业和城市日益繁荣。商品交换扩大，货币广泛流通，店铺显著增多，交通相当便利，便于商品漆器的流通，成为促进漆器生产发展的因素之一。

从春秋战国之际开始，随着奴隶制的逐步瓦解，出现了“礼崩乐坏”的局面。青铜礼器逐渐衰落，这就需要包括制造技术限制较少的漆器在内的日用器去取代它。战国中期以后，随着列国之间战争的频繁和战争规模的不断扩大，制造兵器所需的青铜量愈来愈多，也需要包括漆、木在内的其他材料来代替青铜制造器皿。此外，统治阶级的腐朽生活和享乐欲望，也需要大量作为奢侈品的华美漆器。社会的需要刺激着漆器制造的发展。

除上述漆器生产发展的社会条件外，楚国还具备一些特殊的有利条件。

第一，楚国盛产漆树、竹、木（当包括油桐），有发展漆器制造的物质条件。

战国时期楚国的疆域，东达山东，西抵四川，南至湖南中部，北到黄河之滨①，大部分位于长江、汉水流域。这一带土地肥沃，气候温润，雨量充足，湿度较大。宜于漆树、油桐和其他树木的生长。因为楚国具有丰富的漆树资源，油桐子所得的桐油，是油漆的重要原料；竹、木是制造漆器胎骨的主要材料。这就为发展漆器制造提供了物质保障。

第二，楚国具有制造漆器的优秀传统。

技术和艺术的发展，有一定的历史继承性。漆工艺也不例外。楚国从创业建国之初，就处于荆山、丹阳等产漆区②，并与中原地区有来往，自然知道使用生漆，制造漆器。这可以在考古材料中得到印证。西周至春秋时期，在湖北圻春毛家嘴③、安徽屯溪④、寿县⑤等地，均有漆器出土。其中绝大多数已经腐朽，完整的极少。从朽痕看，漆器的胎骨为木胎，器形有杯、篚、盘等，漆色有黑、棕、红、赭等。毛家嘴西周早期遗址出土的一件漆杯是我国目前发现较早的成形漆器，其彩绘鲜艳，纹饰活泼，表明当时楚地的漆工艺就有一定的水平。可能经历了漫长的发展历程，或可追溯到遥远的原始社会。⑥安徽寿县蔡（前447年被楚所灭）侯墓出土的残漆器漆皮上附有残金叶、铜合叶、饕餮头等，推测那时在漆皮里面，应有一层或木纤维质编织的腔，用以镶嵌漆器上的饰件。这当是夹纻器的原始形态。由以上追溯可以看出，楚国的漆工艺水平在战国以前，正随着时间的推移而不断提高，从而为战国时期的大发展奠定了比较坚实的基础。

---

① 参见丁永芳《楚疆述略》，《江汉考古》1980年第1期。

② 见后德俊《试论楚国漆器大量出土的原因》，《中国生漆》1982年第1期。

③ 中国科学院考古研究所湖北发掘队：《湖北圻春毛家嘴西周木构建筑》，《考古》1962年第1期。

④ 安徽省文化局文物工作队：《安徽屯溪西周墓葬发掘报告》，《考古学报》1959年第4期。

⑤ 安徽省文管会等：《寿县蔡侯墓出土遗物》，科学出版社1956年版。

⑥ 1960年前后在江苏吴江梅堰新石器时代遗址，1978年在浙江余姚县河姆渡村原始社会遗址，均发现漆器，当系旁证。

二　楚漆器的出土概况

战国时期的楚漆器在新中国成立前后皆有出土。其中主要是新中国成立后出土的。

新中国成立前，在湖南长沙楚墓中发现了不少漆器，其中有些被劫运国外，只有少数被保留下来。在安徽寿县李三孤堆也有少量漆器出土，现已下落不明。①

新中国成立后，随着大规模建设的开展，地下的文物宝库被打开，楚漆器像雨后春笋一样大量出土。出土地区遍及湖北、湖南、河南、安徽、江苏、浙江等省。

湖北出土漆器的地点最多，计有江陵天星观、望山、拍马山、雨台山、马山、藤店、沙冢、太晖观、张家山、葛陂寺、武昌义地、溪峨山、九店、云梦珍珠坡、随县擂鼓墩、襄阳蔡坡、鄂城七里界、百子畈、洋烂湖、钢铁厂、松滋大岩嘴、郧县、当阳赵家湖、宜城、黄冈②等。

湖南出土漆器的地点较多。计有长沙左家公山、杨家湾、五里牌、子弹库、颜家岭、沙湖桥、仰天湖、扫把塘、烈士公园、浏城桥、火车新站工地、常德德山、耒阳西郊、株洲、湘乡、临

---

① 参见商承祚《长沙古物闻见记》，哈佛燕京学社 1939 年印行；唐兰《五省出土重要文物展览图录·序言》。

② 湖北省荆州地区博物馆：《江陵天星观 1 号楚墓》，《考古学报》1982 年第 1 期；湖北省文化局文物工作队：《湖北江陵三座楚墓出土大批重要文物》，《文物》1966 年第 5 期；湖北省博物馆等：《湖北江陵拍马山楚墓发掘简报》，《考古》1973 年第 3 期；荆州博物馆：《江陵雨台山楚墓发掘简报》，《考古》1980 年第 5 期；荆州地区博物馆：《湖北江陵马山砖厂一号墓出土大批战国时期的丝织品》，《文物》1982 年第 10 期；荆州地区博物馆：《湖北江陵藤店一号墓发掘简报》，《文物》1973 年第 9 期；湖北省博物馆：《湖北江陵太晖观楚墓清理简报》，《考古》1979 年第 6 期；湖北省博物馆等：《湖北江陵太晖观 50 号楚墓》，《考古》1977 年第 1 期。

澧九澧、益阳新桥山和赫山庙①等地。

此外，河南信阳长台关②、固始侯古堆③、安徽寿县赵家老孤堆④、舒城秦桥⑤、江苏六和程桥⑥、苏州虎丘⑦、浙江绍兴凤凰山⑧等地也有漆器出土。

上述诸地出土的漆器数量和品种多少不等。其中主要出土地点是江陵、随县、长沙、信阳。

---

① 湖南省文物管理委员会：《长沙左家公山的战国木椁墓》，《文物参考资料》1954 年第 12 期；湖南省文物管理委员会：《长沙杨家湾 M006 号墓清理简报》，《文物参考资料》1954 年第 12 期；中国科学院考古研究所：《长沙发掘报告》，科学出版社 1959 年；长沙市文物工作队：《长沙市五里牌战国木椁墓》，《湖南考古辑刊》第一集，1982 年；湖南省博物馆：《长沙子弹库战国木椁墓》，《文物》1974 年第 2 期；周世荣、文道义：《57·长·子 17 号墓清理简报》，《文物》1960 年第 1 期；湖南省博物馆：《长沙楚墓》，《考古学报》1959 年第 1 期；湖南省博物馆：《湖南省出土文物图录》，湖南人民出版社 1964 年第一版；李正光、彭清野：《长沙沙湖桥一带古墓发掘报告》，《考古学报》1957 年第 4 期；湖南省文管会：《长沙出土的三座大型木椁墓》，《考古学报》1957 年第 1 期；高至喜：《记长沙、常德出土弩机的战国墓——兼谈有关弩机弓矢的几个问题》，《文物》1964 年第 6 期；高至喜：《长沙烈士公园 3 号木椁墓清理简报》，《文物》1959 年第 10 期；湖南省博物馆：《长沙浏城桥一号墓》，《考古学报》1972 年第 1 期；长沙铁路车站建筑工程指挥部文物发掘队：《长沙新发现春秋晚期的钢剑和铁器》，《文物》1978 年第 10 期；湖南省博物馆：《湖南长德德山楚墓发掘报告》，《考古》1963 年第 9 期；湖南省文物管理委员会：《耒阳西郊古墓清理简报》，《文物参考资料》1956 年第 1 期；高至喜：《湖南株州战国墓清理》，《考古》1959 年第 12 期；湖南省博物馆：《湖南韶山灌区湘乡东周墓清理简报》，《文物》1977 年第 3 期。

② 河南省文化局文物工作队：《我国考古史上的空前发现——信阳长台关发掘一座战国大墓》，《文物参考资料》1957 年第 9 期；河南省文化局文物工作队：《信阳长台关第 2 号墓的发掘》，《考古通讯》1958 年第 1 期。

③ 固始侯古堆一号墓发掘组：《河南固始侯古堆一号墓发掘简报》，《文物》1981 年第 1 期。

④ 张子祺：《彩绘漆器残片的处理经验》，《文物参考资料》1955 年第 12 期。

⑤ 舒城县城文物工作组：《舒城马厂支渠战国楚墓》，《安徽省考古学会第三届年会论文》1982 年；安徽省文物工作队：《安徽文物考古工作新收获》，《文物考古工作三十年》，文物出版社 1979 年版。

⑥ 江苏省文物管理委员会等：《江苏六和程桥东周墓》，《考古》1965 年第 3 期；南京博物院：《江苏六和程桥二号东周墓》，《考古》1974 年第 2 期。

⑦ 苏州博物馆考古组：《苏州虎丘东周墓》，《文物》1981 年第 11 期。

⑧ 绍兴县文物管理委员会：《绍兴凤凰山木椁墓》，《考古》1976 年第 6 期。

楚漆器不仅出土地域广，而且出土数量大。例如，荆州地区近年出土漆器数千件①，又如，随州擂鼓墩一号墓出漆器二百多件②。再如，信阳长台关一号墓出漆器二三百件③。上述例证表明：作为楚国中心地区的湖北省出土漆器最多，其中尤以楚国的腹心之地——荆州地区突出。

荆州地区出土大量漆器不是偶然的，而是有其深刻的社会根源。荆州地区是楚都郢的所在地。郢是楚国的政治、经济、文化中心，是当时繁华的大城市之一。《太平御览》卷七七六引桓谭《新论》云："楚之郢都，车毂击，民肩摩，市路相排突，号为朝衣鲜而暮衣弊。"虽有渲染的成分，但不致远离事实。从考古勘探和发掘可知，郢都东西4.5公里，南北3.5公里，规模较大。已发现城门5座、水门3座；无论城门、水门，都各有3个门道，以分别通行车和船，这说明水陆交通是便利的，当然有利于商品漆器的流通。城的东南部是宫殿区，东北部和西南部是手工业区，可见已有一定的规划水平。城内的夯土台基很多，已探明的就有100多处，还发现400座以上的水井遗迹，这反映人口是相当稠密的。④ 其中当有许多贵族、官僚、大商人、大地主。他们生前过着奢侈豪华的生活，使用大量高级的漆器；死后将其随葬墓中，幻想在阴曹地府继续享用。

---

① 湖北省博物馆、荆州地区博物馆：《想像奇特，神彩飞扬——介绍楚文化中的漆器艺术》（电视解说词）。

② 随县擂鼓墩1号墓考古发掘队：《湖北随县曾侯乙墓发掘简报》，《文物》1979年第7期。

③ 河南省文化局文物工作队：《我国考古史上的空前发现——信阳长台关发掘一座战国大墓》，《文物参考资料》1957年第9期；河南省文化局文物工作队：《信阳长台关第2号墓的发掘》，《考古通讯》1958年第1期。

④ 湖北省博物馆：《楚都纪南城考古资料汇编》，1980年铅印本。

三　楚漆器的品种和胎骨

　　战国时期的楚漆器，不仅出土地域广，数量多，而且品种全。为了弄清漆器的品种，首先要弄清漆器的定名。我们认为：狭义地说，只有涂漆的生活用品和艺术品是漆器；广义地说，表面上涂有漆的器物都是漆器。那时漆的应用范围很广，不但应用于髹饰家具（案、几、俎、箱、床、屏风等）、饮食器（豆、耳杯、勺、盘、酒柱、樽、卮等）、容器（奁、盒、盂、壶等）、日用品（梳、篦、羽扇、绕线棒、六博棋、虎子等）、文具及其附件（简牍、鞘套、把柄、文具箱）和艺术品（木雕座屏、木雕卧鹿、卧鹿立鸟、盘龙、木雕凤、鸳鸯盒、鸳鸯豆、凤鸟悬鼓、鹿鼓等）；而且，还应用于髹饰乐器及其附件（鼓、瑟、笙、琴、排箫、竹笛、编钟锤、编钟和磬的支架等）、丧葬用具（棺椁、木俑、镇墓兽、虎座飞鸟、雕花板等）、兵器及其附件（弩、弓、盾、剑鞘、箭箙、箭杆及戈、矛、戟的柄和兵器架等）等。此外，还有在木建筑、金属器物和陶质器物表面涂漆的。漆器中以生活用品最多，可见它主要用于日常生活。其次用于军事和文化等领域。

　　楚漆器的式样也多。例如：盒有圆盒、方盒之分；羽觞（耳杯）有方耳、圆耳和弯月形耳之差；座屏有禽兽座屏、双龙座屏和四龙座屏三种；鼓有虎座凤鸟悬鼓、鹿鼓、建鼓、圆鼓四种，如此等等，不一而足。这就使漆器更加丰富多彩，以适应多种多样的社会需要。

　　楚漆器的胎骨，有木胎、夹纻胎、皮胎、竹胎四种。本文着重谈木胎。

（一）木胎

　　楚国的漆器主要是木胎，其制法因器形和用途的不同而异，有卷制、挖制和斫制三种。卷制的漆器为较大的圆形或扁圆形的容器，如樽、奁、壶、卮等，都是器壁与底、盖分别制作，其中壁用薄木板卷成圆筒形，然后把接合部分削成斜角，用漆黏合，放入底板，固定器形。盖上的钮与底上的足也用漆胶着。挖制的漆器为较小的容器，如豆、勺、耳杯、小盒等。斫制的漆器为简单的用具，如匕、杖等。挖凿与斫削往往结合进行，一般使用整块木料，表里还要加工——雕刻、磨光。其中有些木器，经过精工雕刻，旋磨光亮，再在木胎上面涂漆，然后用彩漆描绘图案，成为造型生动，色彩鲜明，纹饰绚丽的工艺品。江陵望山一号墓出土的一件彩漆木雕座屏是这一时期漆器工艺品的代表作。这件作品在高 15 厘米、长 51.8 厘米的长方形外框中间，用透雕和浮雕相结合的手法，雕刻出凤、鸾、鹿、蛇、蟒、蛙等 55 个神态各异，互相角斗的动物，再以黑漆为地色，漆绘朱红、灰绿、金银等多种色彩。画面优美，图案复杂，雕刻生动，彩绘精细，充分显示了当时能工巧匠丰富的想象力和高超的技术水平。

战国早期，楚漆器木胎厚重。战国中期以后，依然主要是厚木胎，但已开始出现了少数薄木胎和类似后世的夹纻胎。薄木胎坚固耐久性差，为了加固它，战国晚期发明了钿器。所谓钿器，就是加嵌金属（银、铜）钮、耳、足和钿箍（多在器物口、底）的贵重漆器。例如，舒城秦桥战国楚墓出土的一件镀银铜钿漆盒，造型美观，纹饰流畅，是战国时期的工艺美术珍品。[①] 箍钿具有加固胎骨和装饰器物的双重作用。因此，钿器不仅轻巧耐久，而且光彩夺目。它的出现无疑是漆器发展史上的一个里程碑。

---

① 舒城县城文物工作组：《舒城马厂支渠战国楚墓》，《安徽省考古学会第三届年会论文》1982 年；安徽省文物工作队：《安徽文物考古工作新收获》，《文物考古工作三十年》，文物出版社 1979 年版。

（二）　夹纻胎

所谓夹纻胎，就是在木胎上涂漆泥，粘贴或缠绕编织物，然后再髹漆的技法，如六和程桥东周墓出土的戟漆柲，即此胎①；亦有用漆或漆灰将若干层布或其他织物糊裱在一起作胎的，如 1964 年发掘的长沙左家塘三号战国墓，其中所出的黑漆杯及彩绘羽觞（耳杯）即此胎。② 前者提高了胎骨的质量，延长了漆器的寿命；后者的"特点是坚实轻巧，用来做某些种类的器物极为相宜"③，是漆器发展史上的一大进步。

（三）　皮胎

皮胎漆器有漆盾和漆甲胄，随县擂鼓墩、云梦珍珠坡、长沙五里牌、浏城桥、左家公山均有出土。其中五里牌出土的漆盾，略作葫芦状，内外两面均施黑漆，上用赭石和藤黄两色绘龙、凤花纹，色彩鲜艳，闪闪发亮，制作纤巧④堪称当时皮胎漆器的代表作。皮胎"颇具优点"，如"取形方便""不易开裂""体轻便于携带"⑤ 等。

（四）　竹胎

竹胎可分两种。一种是由竹筒加工制成，有的还有棕线缠附加固，如拍马山 19 号墓出土的竹卮⑥即是；另一种是用竹篾条片组织而成，有的周边用竹片加固，有的还用藤条穿缠。

① 江苏省文物管理委员会等：《江苏六和程桥东周墓》，《考古》1965 年第 3 期；南京博物院：《江苏六和程桥二号东周墓》，《考古》1974 年第 2 期。
② 王士襄：《〈髹饰录〉解说》，文物出版社 1983 年版，165 页。
③ 同上书，第 166 页。
④ 长沙市文物工作队：《长沙市五里牌战国木椁墓》，《湖南考古辑刊》第 1 集，1982 年。
⑤ 王士襄：《〈髹饰录〉解说》，文物出版社 1983 年版，第 168 页。
⑥ 湖北省博物馆等：《湖北江陵拍马山楚墓发掘简报》，《考古》1973 年第 3 期。

需要指出的是：在烧成的陶器表面涂漆①和在铜器上用彩漆绘画②，应与仿漆器有关，而不能叫作陶胎漆器和铜胎漆器。

四　楚漆器的生产情况

在当时的漆器制造手工业生产中，作为统治阶级享用的奢侈品之一的高级漆器，是在官营手工业作坊中生产的。官营手工业作坊的生产规模较大，生产工序复杂，分工日益细密，并设有种种材料库，其中之一就是"脂胶丹漆"库。官营手工业作坊有严密的管理组织，负责生产管理的工官和负责技术指导的工师同直接生产者工匠之间分工明确，等级森严。工官是压迫者，是统治阶级用以监督工匠的管理者；工师技术娴熟，是产品的设计者、生产的指挥者；工匠是被压迫、受奴役的劳动者，他们"不贰事，不移官，出乡不与士齿"③。却要受到封建国家的严格控制，不能改业，地位低下，因而缺乏生产的积极性和主动性。为了防止工匠怠工，实行"物勒工名，以考其诚"的制度，对工匠进行考核和监督；如果"功有不当，必行其罪，以究其情"④。对保证产品质量起了一定的作用。解放前长沙出土一件漆卮，上有针刻铭文："廿九年，大（太）后□告（造），吏丞向，左工帀（师）象，工大人台。""长"铭文记述了该器的制作年代、督造官职、管理工师、造器工匠和置用地等，是工匠题铭的一例。有些学者根据铭文字体为小篆，认为该器当系秦器。⑤其说可从。工匠题铭制度起

---

①　即漆衣陶器或整器涂漆，或外壁涂漆。多为黑漆；亦有红漆者，与彩绘结合使用。漆衣陶器在云梦、苏州都有出土，器形有豆、壶、敦、钫等。

②　例如，信阳楚墓出土的铜镜，背面用朱色和黑色漆，描绘饕餮纹或三凤纹，作为装饰。

③　《礼记·王制》。

④　《礼记·月令》。

⑤　参见裘锡圭《从马王堆一号汉墓"遗册"谈关于古隶的一些问题》，《考古》1974年第1期；李学勤《论美澳收藏的几件商周文物》，《文物》1979年第12期。

源于秦国，到公元前 300 年前后才通行各国[①]，其中也包括楚国。楚国在战国中后期漆器上的工匠题铭，其体例与这件漆卮铭文的体例应基本一致。由于官营漆手工业作坊生产的目的主要是满足封建统治者享乐生活的需要，所以不惜人力、物力和财力，不计时间、成本和利润。尽管劳动效率很低，产品数量不多，但质量却相当高。需要指出的是，同属漆器，在形制的大小、质量的好坏、成本的高低等方面，存在着很大的差别。在出土的楚漆器中，亦有不少粗糙简陋、质朴无文者。

除官营的漆器手工业之外，私营的漆器作坊随着工商食官局面的打破而出现了。例如长沙沙湖桥一座楚墓中出土一件漆耳杯，器底有漆书□里□[②]。"里"字之前无法辨认的字当是里的名称，"里"字之后一字应是制造者的名。长沙杨家湾 6 号墓出土一个漆盒，在盒盖里面和盒底外面有阴刻"王二"二字。同墓还出土二十件漆杯，每个底部都有一个相同的烙印。[③] 安徽舒城马厂支渠战国楚墓出土漆耳杯三件，底外均有相同的斜刻铭文二字。[④] 这些漆器上的文字与前述官府漆器上的工匠题铭不同，当是私人生产的。需要指出的是，漆器制造是一种工序复杂的行业，个体手工业者经营不易。上述漆器应多是富商大贾或商人地主经营的作坊所产。他们摆脱了官府的束缚，能够独立地自由地支配自己的经济。因此有较高的生产和经营积极性，努力提高生产技术，扩大经营范围。不言而喻，这是促进漆制造业兴旺的积极因素。随着时间的推移，到战国晚期，私营漆器手工业有了较大的发展。但官营漆

---

① 参见李学勤《战国时代的秦国铜器》，《文物参考资料》1957 年第 8 期。

② 李正光、彭清野：《长沙沙湖桥一带古墓发掘报告》，《考古学报》1957 年第 4 期。

③ 湖南省文物管理委员会：《长沙杨家湾 M006 号墓清理简报》，《文物参考资料》1954 年第 12 期。

④ 舒城县文物工作组：《舒城马厂支渠战国楚墓》，《安徽省考古学会第三届年会论文》，1982 年；安徽省文物工作队：《安徽文物考古工作新收获》，《文物考古工作三十年》，文物出版社 1979 年版。

器手工业仍然占相当重要的地位。

五 楚漆器的造型和装饰艺术

楚国漆器的艺术造型有两个特色:一是传真写实,形神肖似。如随县曾侯乙墓出土的漆木鹿,头插真鹿角,昂首凝望,神态自若,四肢蜷曲,作匍匐小憩状,遍体油漆画彩,形象逼真,栩栩如生。二是想象雄奇,构思独特。如江陵天星观一号墓出土的虎座飞鸟,虎昂首瞪目踞伏,尾下卷;虎背上屹立一飞鸟,作昂首凌空展翅状;鸟背上插对称的大鹿角。显得生气勃勃,神采飞扬,威力无穷。这是将现实世界的动物个体及其肢解部分,组合成魔幻世界的神物。[①] 它带有浓重的神秘色彩,这可能与楚人的迷信观念和宗教信仰有关。

楚国漆器不仅造型艺术水平高超,而且装饰艺术颇有造诣,其手法有描漆、描金、镶嵌、针刻等。

(一) 描漆

所谓描漆,就是用笔蘸色漆在涂有漆地的器物(包括雕刻的木器)上画花纹的做法。楚国的漆器大都采用描漆的手法,因而有富丽堂皇的彩绘。彩绘中包括红、黄、蓝、白、黑五色和各种复色,颜色错杂,光怪陆离。最常见的是朱、黑两色。色彩的衬托最普遍的是黑地朱绘或朱地黑绘。所用颜料大概是丹砂、石黄、雄黄、雌黄、红土、白土等矿物质颜料和蓝靛等植物性的染料。据分析,一些漆器,可能是用桐油作稀释剂,加色漆配成的油彩,来绘饰各种纤细的花纹图案。当时大概还发明了催干剂密陀僧(即氧化铅)。桐油的产量比漆多,而成本比漆低;使二者合用,

---

① 湖北省博物馆、荆州地区博物馆:《想象奇特,神彩飞扬——介绍楚文化中的漆器艺术》(电视解说词)。

既可降低成本，又能改善性能，可谓兼收其美。① 由于使用了矿物质颜料和油彩，因而光泽鲜明，色彩瑰丽，经久不变。

描漆技法，多以单线勾描，不同的形象采用不同风格的线条。设色平涂，兼施渲染。画中有的人物加彩，而动物及车子基本上用白描。线条有粗细疏密刚柔之差，颜色有浓淡深浅之别，从而使画面有明暗透视，造成立体感。

描漆题材有漆画和几何图案两种。

漆画的内容基本可分两个方面。一方面是反映较为广阔的现实社会生活。构图往往以人物（贵族、乐师、舞女、猎人、巫师）为主体，以鸟兽、花草、树木、车马和连续图案花边作陪衬。内容有车马出行、歌舞、奏乐、狩猎、烹调、餐饮、巫师作法等。这些写意画，一般笔法精练，布局匀称，结构新颖，线条流畅，神情活现，想象丰富，构成生动活泼的画面。例如信阳出土的漆瑟上的乐舞画，画面中，有的踞地吹笙，有的撞钟击鼓，有的按弦鼓瑟，有的舞姿婆娑②，各具姿态，妙趣横生。又如颜家岭35号墓漆奁上的狩猎画上部，描绘一猎人持戟刺向一只野犀，犀则扬角前扑，作抵御状；犀后另一猎人正引弓欲发。另外，有一只猎犬与一只野猪据地相峙。③ 猎人与困兽紧张搏斗的场面，真是扣人心弦，跃然纸上。这些画，基本上采用的是写实的手法，尽管它显得有些幼稚和初级，还不成熟，如物象的立体感不够强，还没有彻底摆脱作为图案规律之一的均衡对称形式等，但无疑是我国工艺美术上重要的一页。

漆画内容的另一方面是描绘传说中人物世界和神话中之奇异动物。例如随县曾侯乙墓一件漆箧盖顶上，一端朱绘两条相缠绕

① 参见杜石然等《中国科学技术史稿》（上册），科学出版社1982年版，第202—203页。
② 中央音乐学院民族音乐研究所调查组：《信阳战国楚墓出土乐器初步调查记》，《文物参考资料》1958年第1期。
③ 参见杨宗荣《战国漆器花纹与战国绘画》，《文物参考资料》1957年第7期。

的人面蛇，在两边绘相对称的两棵树，树顶有"¤"，树上还立有鸟和兽。两树之间有一峡谷，一人持弓立于谷中，从树上射下了一只鸟和一只兽。此外，还绘了一些蘑菇状的云彩。有的学者认为：这幅画画的是后羿射日以及伏羲和女娲的故事①。在另一件漆箇盖顶当中，用红漆彩绘北斗，两旁绘龙、虎，环绕北斗，按方向写有二十八宿的名称。这是迄今可见的最早的二十八宿图。需要指出的是，龙、凤、饕餮等动物在奴隶制时代所固有的神秘、恐怖色彩正在减退，已失去了威吓、主宰人们，支配其命运的历史威力，变得比较自由生动，世间化、理性化、多样化了。② 其中变形的龙凤纹往往绘成曲折回旋，互相穿插，流利有力，犹如卷云，成为供人玩赏、富于艺术效果的装饰。

几何图案如云纹、雷纹、S 纹、三角纹、旋涡纹、圆点纹、菱形纹、波折纹等，其组织结构排列往往组成带状，布局灵活自如，变化多端，以适合造型和纹样的统一，达到装饰的目的。

（二）描金银

所谓描金银，就是用毛笔蘸金银粉，描绘在漆器上作装饰，使其富丽堂皇。例如长沙仰天湖出土的彩漆雕花板，有浓重的金色。③ 信阳出土的彩绘漆瑟，在兽身的周围涂有极细的金彩，在瑟侧的带形图案中点有很小如尘埃、闪闪放光的金点；该地出土的两个带旋涡纹的大案，也施金或施银，还有用银、黄、赭红和深红等色构成变形云纹及饕餮纹的棺板。④ 这些例证雄辩地说明：我国早在两千多年前在漆器上已能较熟练地采用描金银的技法。日

---

① 参见郭德维《曾侯乙墓中漆箇上日月和伏羲、女娲图像试释》，《江汉考古》1981 年第 1 期。

② 参见李泽厚《美的历程》，文物出版社 1981 年版，第 45—47 页。

③ 见《文物参考资料》1956 年第 12 期图版。

④ 参见陈大章、贾峨《复制信阳楚墓出土木漆器模型的体会》，《文物参考资料》1958 年第 1 期。

本的描金之法，即所谓平莳绘，当是由中国传入的。[①]

（三）针刻

针刻是用针在漆地上刻画花纹作雕饰。花纹细若游丝，流利奔放，飘飘欲动，别具一格。例如长沙出土的针刻凤虎云气纹漆奁：奁盖和奁身通体花纹。奁盖刻画飞凤被一鹿追逐，凤受敌威胁，回首长鸣，一派惊慌的神态。凤前有一虎奔驰，转头向凤注视。奁腹刻有多种野兽，姿态矫健，在云气中追逐奔驰，都是用简洁的线条，勾画出扑朔迷离的动物画[②]。针刻是战国创造的一种技法，它增加了云气纹飘扬流动的效果，在漆器的装饰上开拓了崭新的道路。

（四）镶嵌

前述铜钮、银钮从装饰艺术的角度看，也是一种镶嵌。将铜钮、银钮与漆器相结合，使漆器既华美多彩，又坚固耐久。信阳出土的嵌石朱绘凭几，用朱漆描绘粗壮的回纹作纹样，但在两侧的立板上都对称地镶嵌有形状不一、表面略平的白色石英石作装饰。这种描绘与镶嵌相结合的装饰，使漆器家具不仅使用舒适，而且美观大方。此外，在临澧、九澧一号楚墓还发现用金箔粘花来装饰漆器，这种嵌金工艺当是钮器的进一步发展。

六　楚漆器所反映的社会风貌

漆器，作为造型艺术之一的工艺美术，是由工匠直接创造的，同人民的物质生活和文化生活相关。它的生产，常因历史条件、

[①]　参见朱云影《中国文化对日韩越的影响》，台湾黎明文化事业股份有限公司1981年版，第479页。

[②]　参见杨宗荣《战国漆器花纹与战国绘画》，《文物参考资料》1957年第7期。

地理环境、经济发展程度、文化技术水平、民族习尚和审美观点的不同，而表现出不同的风格特色。反之，它的风格特色又从一个侧面反映了当时的社会风貌。

楚国漆器中，有不少镇墓兽和虎座飞鸟。其中尤以镇墓兽突出和普遍。例如，江陵雨台山出土镇墓兽145件，占总墓数的26%；拍马山27座墓中，有10座墓出镇墓兽。[①] 这正是楚人"信巫鬼，重淫祀"的反映。镇墓兽、虎座飞鸟当是巫觋所用辟邪镇妖，保护死者之神物。

楚国漆器中，乐器所占比例较大，种类亦较全；漆画中，乐舞画较多。例如随县曾侯乙墓出土的鸳鸯形漆盒腹部左侧绘有编钟、编磬及撞钟的乐人，右侧绘一击建鼓的乐人和一舞人。[②] 又如，上述信阳出土的彩绘乐器狩猎纹奁中的乐舞图。再如，1941年冬长沙南郊黄土岭楚墓出土的彩绘舞女奁中的舞女图。这都是楚人感情激越、能歌善舞的反映和写照。

楚国的漆器中，武器及其附件占有一定的比例；漆画中，狩猎画不少。信阳出土的彩绘漆瑟和彩绘乐舞狩猎纹奁以及长沙颜家岭出土的狩猎纹漆樽，都生动地描绘了人们在狩猎中的勇猛姿态和手持兵器，与兽搏斗的紧张有趣的场面。从而显示了楚人的尚武精神。这与屈原在《国殇》中所赞颂的为国牺牲的将士的勇武刚强品性，可以互相印证。

楚国漆器中，有供人凭靠的漆几，有进餐时用以放置食物的漆案，反映了楚人席地而坐的生活风尚。

楚国的一些漆器，还反映了楚人的审美观点。如前述的彩漆木雕座屏，刻画了55个生气勃勃的动物形象，是一幅大自然的浓缩画。从中不难看出楚人的美学观，即认为美寓于大自然之中，

①　郭德维：《江陵楚墓论述》，《考古学报》1982年第2期。
②　随县擂鼓墩1号墓考古发掘队：《湖北随县曾侯乙墓发掘简报》，《文物》1979年第7期。

美存在于生命的运动里。①

从楚国漆器的出土状况看，其分布范围较广，出土数量较多，种类较全，主要是日常生活用具。这说明在战国时期，楚国的漆器在日常生活用具方面正逐步取代青铜器的地位；到战国晚期，已基本取代了青铜的地位。

楚国的一些漆器，不仅具有完整的画面，而且描绘了各阶层人物的生活面貌，生动活泼地再现了当时思想解放、学术自由、感情奔放的时代风貌。这些工艺品，从造型到纹样、装饰，无不具有较高的艺术水平，给人以美的享受，反映出能工巧匠对社会、自然界观察力的提高和表现技术的进步，闪耀着劳动人民聪明智慧的光辉，在文化史上有较高的价值。

综上所述，可以看出战国时期楚国的漆器制造业获得了长足的发展，达到了相当高的工艺水平。这不仅对当时的中原地区和巴蜀地区的漆器工艺发生了不小的影响，而且对秦汉的漆器工艺具有启迪的作用。秦汉的漆器工艺正是由于较全面地继承了楚国遗风并加以改进，又扩大了生产，才得以迅猛发展而臻于繁荣。

（原载《中原文物》1986 年第 1 期）

---

① 湖北省博物馆、荆州地区博物馆：《想象奇特，神彩飞扬——介绍楚文化中的漆器艺术》（电视解说词）。

东周秦国人殉、人牲与社会风貌

考古工作者不久前在秦公一号大墓发掘出 185 个殉葬人。这一重大的考古发现立即引起了考古界和史学界的普遍重视。许多学者提出：对春秋中晚期秦国社会风貌，有重新考察、认识的必要。笔者认为：要得出正确的结论，就需要弄清秦国"人殉""人牲"者的身份，并与"山东"（当时称崤山或华山以东为山东）列国进行比较。

一 东周秦国人殉、人牲的身份

首先，看一看考古资料中秦的人殉身份。现以发表过的秦人殉墓为例，加以具体剖析。

陕西凤翔秦公陵园一号大墓约当春秋中晚期。墓中发现 185 个"从死者"。"从死者是分为等级的，他们或以一棺一椁相安，或以一棺为伴；或紧贴墓主四周，或置之墓道，放之墓室上层填土；高贵者佩以金玉，裹以丝绸，低下者枕以工具。"[①] 有的学者认为，"殉者有相当数量是奴隶主贵族，这反映当时社会不同人身份等级的活资料"[②]。而有的学者则认为，"从死者"中有 70 具箱

---

① 白建钢：《秦公陵墓之谜》，《光明日报》1986 年 7 月 13 日。
② 同上。

殉，将人捆绑，置于髹漆的框架上，放于箱内，"旋环"其墓主人"左右"，为妻妾、匠人。还有94具匣（一称薄棺）殉，分布在箱殉的外围，大都是奴婢。[①]

除了在一号大墓中发掘出大量人殉、人牲棺椁外，还探明，在秦公陵园"有的墓在墓道一侧建起安放殉人的耳室，有的在墓外挖了大型人牲祭祀坑，有的把人活活杀死压入墓道，夯进填土，其数量相当众多"[②]。

秦公陵园北面的八旗屯，在年代属于春秋早、中期的十多座大墓中，大约半数用人殉葬，或附葬车马坑。殉人共有20名之多。人殉多置于壁龛中，并用薄棺装殓，一般一棺一人，也有一棺两人的。"从死者"骨骼完整，当是致死后放入的。他们一般随葬有蚌珧或玉珧，有的还有玉玦、玉璧、石圭等。可能是死者生前的近侍。[③]

陕西户县宋村三号墓年代属于春秋早期。其棺椁西侧的二层台上，分置殓以薄棺的四个男性殉葬者，左侧是两个五六十岁的老人，右侧是二十岁上下的青年和约十五岁的少年，其骨骼不甚完整。他们的口内含玉（石）块或蚌珧一块至两块，而身旁皆放铜铃一件。[④] 铃的用途有二：一是作为宗庙祭祀的乐器，如《周礼·春官·巾车》："大祭祀，鸣铃，以应鸡人。"二是作为旗上的饰物，如《毛公鼎铭》："朱旗二铃。"因此，从死者可能是为墓主人生前鸣铃或执旗的扈从。这个墓还有一个附葬坑，坑内除五具马骨、一具狗骨外，还有一具人骨，当是备驾乘的御者。

陕西凤翔高庄春秋晚期和战国早期殉人的秦墓计有四座，共

---

① 据韩伟同志1986年10月15日在中国秦汉史学会大会上的发言记录。

② 白建钢：《秦公陵墓之谜》，《光明日报》1986年7月13日。

③ 参看吴镇烽、尚志儒《陕西凤翔八旗屯秦国墓葬发掘简报》，载《文物资料丛刊》第3辑，文物出版社1980年。

④ 陕西省文管会秦墓发掘组：《陕西户县宋村秦墓发掘简报》，《文物》1975年第10期。

殉六人，皆致死后殓以薄棺中，其棺或放在墓室西头高台上，或置于壁龛中。① 其"所处地位似有亲疏之分"，又，随葬品也有种类和多少的不同，可见"殉葬者身份是很复杂的"。② 其中十号墓的三个"从死者"，棺内有陶囷、铜削、铜带钩、陶罐以及玻璃饰件，其身份不是奴隶，则是可以肯定的。

咸阳任家嘴有一爵（最低属士一级）者之墓时代为战国早、中期之际，墓中有两具殉人。其中一具为一成年男子，置墓室北壁高台一长方形竖穴中，有一薄木棺，仅存上半身，遗骨呈反抗惨遭杀害的样子，随葬两把铜削刀。③ 其身份当为被杀殉的奴隶。

山西侯马乔村秦墓年代虽有早晚，但大多属于战国晚期。其中殉人墓有60余座④，已发掘20余座。一般都是夫妇并穴合葬，四面围以狭窄的浅沟，沟内埋以殉人，最多的一座有18人，最少的一座有一二人。其中有青壮年男女，也有未成年的儿童。这些殉人都没有葬具，也没有任何随葬品。有的颈带刑具铁钳；有的已被肢解；有的遗骨上挣扎、反抗的迹象十分明显。⑤ 其身份当是生产奴隶或刑徒。

通过以上分析，可知秦墓人殉的身份比较复杂，计有奴隶主贵族、妃妾、侍从、御者、宫奴婢、工匠和生产奴隶。⑥ 当然，工匠也是生产奴隶。而官奴婢中也有在官府手工业作坊中劳动或从

① 吴镇烽、尚志儒：《陕西凤翔高庄秦墓发掘简报》，《考古与文物》1981年第1期。

② 韩伟：《略论陕西春秋战国秦墓》，《考古与文物》1981年第1期。

③ 咸阳市博物馆：《咸阳任家嘴殉人秦墓清理简报》，《考古与文物》1986年第6期。

④ 山西省文物工作委员会：《山西省十年来的文物考古新收获》，《文物》1972年第4期。

⑤ 山西省文管会等：《侯马东周殉人墓》，《文物》1960年第8、9期；又，《文物考古工作三十年》，文物出版社1979年版，第61页。

⑥ 参看顾德融《中国古代人殉、人牲者的身份探析》，《中国史研究》1982年第2期。

事畜牧、营建和耕种公田的。这与文献记载基本上是相吻合的。

在我国古代文献中，关于秦人殉的记载以《左传》《诗经》为最早。

《左传》文公六年云："秦伯任好（即穆公——引者）卒，以子车氏之三子奄息、仲行、铖虎为殉（杜预注：子车，秦大夫氏也），皆秦之良也。国人哀之，为之赋《黄鸟》。"《诗经·秦风·黄鸟》的内容与《左传》所记相同。

以后有关秦殉人的记载见于《战国策·秦策二》和《史记·秦本纪》等书的篇目。

从以上记载看，殉人的身份分别是良臣、贵族、妃嫔、宫女和工匠。除工匠属于生产奴隶外，都是有地位的人。[1]

下面分析秦"人牲"的身份。人牲和人殉是不同的。所谓人殉，是指从死的殉葬者；所谓人牲，是指供祭品的殉葬者。[2] 秦的人牲在考古中有所发现。在凤翔秦公一号大墓，被杀死压入墓道，夯进填土中的人即是，计有 20 具之多。[3] 在秦公陵园有的墓外所挖大型祭祀坑中的遗骨也是[4]。又八旗屯 BM104 填土中埋葬两具人殉，骨架的周围放置 4 块石头，同层的墓角又发现牛羊的肢骨，应是封墓过程中举行丧礼时用作祭祀的牺牲。[5] 又，咸阳任家嘴殉人墓中一具殉人为一小孩，被置于墓室西边箱内，并与牛骨并排放在一起，皆染成红色，当是作人牲来殉葬的。[6]

---

[1]　参看顾德融《中国古代人殉、人牲者的身份探析》，《中国史研究》1982 年第 2 期。

[2]　参看黄展岳《殷商墓葬中人殉人牲的再考察——附论殉牲、祭牲》，《考古》1983 年第 10 期。

[3]　据韩伟同志 1986 年 10 月 15 日在中国秦汉史学会大会上的发言记录。

[4]　白建钢：《秦公陵墓之谜》，《光明日报》1986 年 7 月 13 日。

[5]　参看吴镇烽、尚志儒《陕西凤翔八旗屯秦国墓葬发掘简报》，载《文物资料丛刊》第 3 辑，文物出版社 1980 年版。

[6]　咸阳市博物馆：《咸阳任家嘴殉人秦墓清理简报》，《考古与文物》1986 年第 6 期。

关于秦的人牲问题，在古代文献中也是有记载的。

《史记·秦本纪》云："（秦穆公）十五年，穆公虏晋君以归，令于国：'齐宿，吾将以晋君祠上帝。'"

《史记·六国年表》云："秦灵公八年，城堑河濒。初以君主妻河。《索隐》：'谓初以此年取他女为君主，君主犹公主也。妻河，谓嫁之河伯，故魏俗犹为河伯取妇，盖其遗风。……'"

《太平御览》卷八八二，神鬼部二引《风俗通义》云："秦昭王伐蜀，令李冰为守。江水有神，岁取童女二人为妇，主者自出钱百万以行娉。"

上述三条记载人祭的史料，其中第一条是被俘的君王；第二条是公主，其地位都很高；第三条是买来的童女，地位如同奴隶。①

顾德融同志曾指出：中国古代"牲人的身份是有变化的……但有始至终，都贯穿着俘虏这根主线"②。我们认为这对秦也是适用的。秦的牲人身份除俘虏外，还有奴隶。由于俘虏是秦国奴隶的最大来源③，所以有时对二者难以严格区分。

二　东周秦国人殉、人牲的特征

要弄清秦在东周时"人殉""人牲"的特征，就需要将它与当时"山东"列国加以比较。关于东周"山东"列国"人殉"，考古发现较多。

山东临淄故城周围郎家庄一号春秋晚期墓墓主椁室四周，环绕17个陪葬者。他们的埋葬坑，都有棺椁和积石，随葬成套仿铜

---

① 参看顾德融《中国古代人殉、人牲者的身份探析》，《中国史研究》1982年第2期。

② 同上。

③ 林剑鸣：《秦史稿》，上海人民出版社1981年版，第69—70页。

陶礼器、贵重的水晶、玉、骨、石等装饰品、带钩、乐器，以及车马器和陶俑。甚至有的坑还有自己的殉葬人。经鉴定，可以辨认年龄、性别的 6 个陪葬者，都是 20 岁左右的女子。上述情况说明，陪葬的年轻女子应是具有一定身份的近幸[1]，即妾妃、司乐之类，其他殉人看来是墓主人的臣属、御者[2]。

湖北随县战国初期曾侯乙墓有殉人 21 个，其葬具皆为彩绘木棺，随葬品为少量玉器、木梳、木篦等。骨架经鉴定均为青少年女子，当是曾侯乙的侍妾或乐舞人员。[3]

河南下寺春秋楚墓 M2 有 16 座殉葬的小墓，殉葬墓除个别出一两件玉器外，多数没有任何随葬品。[4] 其身份除个别为近侍外，其他当为一般家内奴仆。

河南固始侯古堆大墓，椁室内外发现殉葬人骨 17 具，排列在墓主人四周，既有棺木，又有陶器、玉器、铜带钩、铜削刀等少量随葬品。经鉴定，这些死者年龄为 20—40 岁，且多为女性。[5]可能是墓主人生前的亲近奴婢。

河南固始白狮子地一号墓，椁外及内外椁间有 13 具殉葬人，皆有棺，无随葬品。[6] 可能是墓主人生前较接近的仆从。

湖南长沙浏城桥战国初期楚国一号墓，椁内西南隅有殉葬人一具，有棺，无随葬品。[7] 可能是墓主人生前的家内奴婢。

---

[1]　中国社会科学院考古研究所：《新中国的考古发现和研究》，文物出版社 1984 年版，第 287 页。

[2]　山东省博物馆：《临淄郎家庄一号东周殉人墓》，《考古学报》1977 年第 1 期。

[3]　湖北省博物馆：《随县曾侯乙墓》，《文物》1979 年第 7 期。

[4]　河南省丹江库区文物发掘队：《河南省淅川县下寺春秋楚墓》，《文物》1980 年第 10 期。

[5]　固始侯古堆一号墓发掘组：《河南固始侯古堆一号墓发掘简报》，《文物》1981 年第 1 期。

[6]　信阳地区文管会等：《固始白狮子地一号和二号墓清理简报》，《中原文物》1981 年第 4 期。

[7]　湖南省博物馆：《长沙浏城桥一号墓》，《考古学报》1972 年第 1 期。

河北邯郸百家村战国中期赵国墓，有五座有人殉。多置于墓主的一侧或两侧，也有横陈在墓室一端的。每墓少则一人，多则三人。或有棺，或无棺，但均有少量的随葬品，诸如随身佩饰、铜器、车马器等。[①] 其身份当是墓主人的御者、卫士和奴婢。其中M57有一人殉头部饰十九颗水晶珠，身旁置戈、矛各一件，应是墓主人的近幸。[②]

河南辉县固围村战国中期魏国墓，有三座墓各殉一人，或有棺而无随葬品；或无棺又无随葬品或与玉璧、玉鸟同出。[③] 其身份当有不同。

河南汲县山彪镇战国中期1号魏墓，在墓主棺的四面各有一殉葬人，均有少量随葬品。[④] 可能是墓主人生前比较接近的仆从。

山东莒南县大店镇老龙腰两座春秋晚期莒国大墓，各有十个殓以木棺殉葬者。1号墓的分置于椁外东、北、西三侧，个别殉人棺外并有随葬的陶钵。这些殉人排列有序，头骨相向，未见受刑痕迹，可能是墓主人生前较为接近的侍从或家内奴婢。2号墓则环绕墓主人四周。其中八个殉人置于墓主人头端及两侧，面向墓主，有的还有简单的殉葬品（少量铜削、木梳、象牙器等），可能为墓主人生前的侍从。另外两个殉人有受刑痕迹，应是被杀殉的奴隶。[⑤]

安徽寿县春秋晚期蔡昭侯墓殉葬一人，没有葬具。[⑥] 其身份

---

① 河北省文化局文物工作队：《河北邯郸百家村战国墓》，《考古》1962年第12期。

② 中国社会科学院考古研究所：《新中国的考古发现和研究》，文物出版社1984版，第294页。

③ 中国科学院考古研究所：《辉县发掘报告》，科学出版社1956年版。

④ 郭宝钧：《山彪镇与琉璃阁》，科学出版社1959年版。

⑤ 山东省博物馆等：《莒南大店春秋时期莒国殉人墓》，《考古学报》1978年第3期。

⑥ 安徽省文物管理委员会等：《寿县蔡侯墓出土遗物》，科学出版社1956年版，第4页。

不明。

河北怀来北辛堡战国早期（或春秋晚期）燕（或北方游牧部落）1、2号墓共有五个殉葬人。或有棺，随葬少量武器、佩饰；或无棺，仅有头骨与牛、马、狗骨等同埋。① 其身份，前者应是墓主人的亲属或亲近奴婢；后者当是奴隶。

上述考古材料表明：东周时代"山东"列国的人殉绝大多数是墓主人的臣属、妃妾、司乐、舞伎、御者、侍从、奴婢等，只有极个别的是奴隶。②

那时的人殉也见于《史记》《左传》《礼记》《战国策》和刘向《列女传》等文献记载。对此，顾德融同志在《中国古代人殉、人牲者的身份探析》（载《中国史研究》1987年第2期）一文（以下简称顾文）中一一作了摘引，此不重复。从摘引材料看，殉人为得宠的贵族（安陵君、越姬）、贵族的女儿（申亥二女）、宠妾、宦官（小臣）、婢子等。③

此外《吴越春秋》卷四《阖闾内传》还记有："吴王有女滕玉……乃自杀，阖闾痛之，葬于国西阊门外。凿池积土，文石为椁，题凑为中，金鼎玉杯，银樽珠襦之宝，皆以送女，乃舞白鹤于吴市中，令万民随而观之。还使男女，与鹤俱入羡门，因发机以掩之，杀生以送死，国人非之。"亦属人殉。

东周"山东"列国的人牲在考古发掘中也有发现。例如山东临淄郎家庄一号春秋晚期墓，在主墓顶部填土中发现六个人，他们全无葬具，他们也无一定的葬式，或互相叠压，或似被捆绑后活埋，或被肢解，或身首分离，推测是墓主人下葬后用作人祭的牺牲。④ 其身份不是俘虏就是奴隶，这恐怕是不成问题的。

---

① 王仲殊：《洛阳烧沟附近的战国墓葬》，《考古学报》第8册，1954年。

② 河北省文化局文物工作队：《河北怀来北辛堡战国墓》，《考古》1966年第5期。

③ 参看顾德融《中国古代人殉、人牲者的身份探析》，《中国史研究》1982年第2期。

④ 山东省博物馆：《临淄郎家庄一号东周殉人墓》，《考古学报》1977年第1期。

文献中也有关于"山东"列国的人牲记载，见于《左传》《春秋公羊传》和《史记》等古籍。对此，顾文也都一一罗列出来，此不赘述。他依据上述材料，认为当时牲人的身份"主要是俘虏，部分是奴隶"[①]，这与考古材料相近似。

在人殉、人牲方面，将东周时代的秦国和同时的"山东"列国（楚国似例外）相比，不难看出：春秋时秦的殉葬墓比较普遍，殉葬人及其中身份为生产奴隶者也比较多；战国时期的秦墓依然殉葬较多的生产奴隶（参看附：春秋秦君墓殉葬人与山东列国国君墓的比较表）。

三 人殉、人牲所见东周秦国的社会风貌

人殉、人牲作为古代社会普遍存在之野蛮风习，从一个侧面反映了春秋战国时期秦国的某些社会风貌。

（一）存在较多的奴隶制残余

人殉、人牲虽是古代社会普遍存在的一种习俗，但与奴隶制也不无关系。奴隶社会的人殉、人牲从某种意义上多少反映了奴隶制的阶级关系。秦国也是这样，秦穆公（前659—前621年在位）、秦景公（前576—前537年在位）墓各殉葬臣民数百人，其中有一定数量的生产奴隶（工匠），可见奴隶主贵族对他们有生杀予夺之权，他们的生命得不到保障。直到战国初期，秦献公（前385—前362年在位），下令"止从死"，秦国才正式废除了人殉制度。这就从一个角度显示出：起码在春秋中期和晚期前段，残酷的殉葬制尽管在"山东"六国已经受到反对和谴责，但是它在秦国似仍在发展，而不是趋于衰落，秦国并未像当时"山东"多数

---

① 参看顾德融《中国古代人殉、人牲者的身份探析》，《中国史研究》1982年第2期。

国家那样，发生奴隶制危机，秦国的社会制度绝不比"山东"六国先进，而是恰恰相反。① 又，山西侯马乔村战国晚期秦人墓殉葬较多的生产奴隶，结合云梦秦简记载，直到战国晚期，秦国依然存在大量作为奴隶，并从事农业、手工业生产和畜牧、营建劳作的"隶臣""隶妾"等，可知虽然在战国中叶，由于商鞅变法，秦国的封建生产关系迅速成长起来，但是它仍然存在着相当多的奴隶制残余；既有先进的一面，也有落后的一面。这似乎揭示了这样一个规律，即：一般地说，古代历史的发展、社会的进步，年代离现代愈远（愈古），则速度愈慢。中国从奴隶制向封建制的过渡，经历了一个曲折的、缓慢的、渐进的过程。换言之，中国的封建社会拖着长而粗的奴隶制尾巴。

附　春秋秦君墓殉葬人与"山东"列国国君墓的比较表

国别	国君	殉葬人数	备注	资料出处
秦	秦武公	66		《史记·秦本纪》
秦	秦穆公	177		《史记·秦本纪》
秦	秦景公	185		《秦公陵墓之谜》,《光明日报》1986年7月13日
齐	齐桓公	不清	骸骨狼藉	《史记·齐太公世家》引《括地志》
宋	宋文公	不清		《左传》成公二年
晋	晋景公	1	不少于一人	《左传》成公十年
楚	楚灵王	2		《左传》昭公十三年
邾	邾庄公	5		《左传》定公三年
蔡	蔡昭侯	1		《寿县蔡侯墓出土遗物》,科学出版社1956年版
吴	吴工阖闾	不清	生埋美人	晋王嘉《拾遗记》卷八

（二）存在着君主集权的制度

如前所述，春秋中叶及其以后，秦国君主死后使用大规模人殉。这只有具备君主集权的条件才有可能。因为假如没有出现地

① 参看李学勤《东周与秦代文明》，文物出版社1984年版，第378页。

位很高、权力很大的国君，要想殉葬大批妃妾、大臣和侍从是不可想象的。可见秦国的君主集权由来已久。后来秦始皇确立并实行专制主义中央集权的统治绝非偶然，有其深刻的社会历史根源。这就是从春秋开始，秦国不实行分封制，全国的土地由国君直接控制，随着对外战争的胜利，在新占领区则设立直属国君的县和郡，这种高度中央集权（实质是君主集权）的政治统治形式，是在秦国历史上沿袭不衰的一个重要传统。[1]

（三）存在着森严的等级制度

前述秦国君王以人殉葬，一开始就有殉葬人六十六个，后来增至一百八十五个。殉葬人中不仅有奴隶，也有平民，甚至还有大夫。而中小奴隶主由于身份地位较低，其墓中的殉葬人没有国君墓中那么多。从已发掘的春秋秦墓看，每墓一般有数人殉葬。如陕西户县宋村春秋秦墓 3 号墓墓主人生前系一卿大夫[2]，作为一个中等奴隶主，他的墓中有四个殉葬人。可见墓中殉葬人的多少是与墓主人生前的身份地位高低相一致的。这正如《墨子·节葬》所云："天子杀殉（孙诒让案：天子下，疑当有诸侯二字），众者数百，寡者数十；将军大夫杀殉，众者数十，寡者数人。"又，殉葬人在葬具和随葬品方面，也有有无、多少和优劣之分。这当然不是阶级不同的反映，而是等级差别的表现。由此可见，奴隶社会的等级制度在秦国也是十分森严的。

（四）存在着以家庭为本位，唯父家长之命是从的社会

从宏观上看，中国古代存在着以家庭为本位，唯父家长之命

---

① 参看林剑鸣《秦国奴隶制社会形态的特点》，载《秦汉史论丛》第 1 辑，陕西人民出版社 1981 年版。

② 陕西省文管会秦墓发掘组：《陕西户县宋村秦墓发掘简报》，《文物》1975 年第 10 期。

是从的社会——文化模式。东周秦国也不例外。这从人殉、人牲
就可以看出来。当时人殉、人牲虽然已遭到非议,在"山东"六
国还出现以木制、陶制、玉制或金属(铜、银)制的俑代替活人
殉葬的事,但是秦国的人殉、人牲依然大量存在。而且殉葬人中
除奴隶和平民外,还有贵族、官僚、妃妾,这些人具有双重身份。
对于奴隶、平民来说,他们是主子,是奴役者;对于君王,即父
家长(古代君臣如父子)来说,他们又是奴婢,是受奴役者。由
此可见,主奴关系是当时相当普遍的人际关系。在迷信圣人、崇
拜权力、尊老惧老思想的支配下,大多数人认为家长的权威不可
侵犯,驯顺与奴性是社会的最高美德。他们视服从为天经地义,
忠信为社会准则,重君权、父权,无视人的尊严与权利,不知独
立人格、个人意志为何物,而唯家长之命是从,被驱使去说、去
做他人指令的话和事[1],其中就包括从死殉葬。须要指出的是:从
死者是贵族或平民,全部或多数是自杀的,从死在当时可嘉的,
与奴隶制无必然联系;殉葬者是奴仆、刑徒或战俘,通常都是他
杀的,殉葬在那时是可鄙的,是奴隶制的延伸。

(五) 存在着灵魂观念

人殉、人牲作为厚葬的内容之一,还反映了秦人普遍存在的
灵魂观念。即认为人死后灵魂不灭,而且永存。1974 年出土的云
梦秦简《日书》,有大量涉及鬼神的资料。《日书》中鬼的种类很
多,对鬼的描述,形象生动,多彩多姿。秦人心目中的鬼,怪异
的浪漫主义色彩较为淡薄,而世俗气息却颇为浓厚。"他们有男女
之情、口腹之欲、戏玩之心、喜怒哀乐之情,具有人的形象、人

---

[1]　参看陆震《论中国的家庭奴隶制社会——文化模式及其转轨》,第二届中国社
会史学术研讨会,1988 年,未刊稿。

的思维。"① 鬼的功能在于降福降灾，作祟害人。《日书》中父母作祟害子孙的例证很多，不胜枚举。因此，人们"事死如事生"。对死去的君主，不仅要按照他们活着之时住的规格设计、建筑宏伟的陵墓供其休憩，而且要随葬大量精美的玉器、铜器、漆器和陶瓷器等供其享用，还要殉葬许多身份不同的从死者供其役使，满足其在"阴间"的物质生活和精神生活的需要。人们这样做的目的，在于企望逢凶化吉，遇难呈祥，得到实惠，即与切身利益息息相关的日常生活安定，社会生产顺利。这从一个侧面反映了秦人重效果、重现实的功利主义的文化精神。

（原载《中原文物》1989 年第 2 期）

---

① 黄晓芬、李晓东：《从秦简〈日书〉看秦人的鬼神观——兼论秦文化的功利主义特质》，《中国秦汉史研究会通讯》，第三届年会即学术讨论会特辑，1986 年 11 月。

秦漆器试探

秦是一个短暂然而重要的朝代。秦漆器有较大的发展，并对后世产生了深远的影响。总结秦漆器的成就，对于研究中国漆器工艺史有一定的意义。本文主要探索秦朝漆器，但为了便于叙述，属于战国秦的材料，这里也加以引用。

一　秦漆器发展的社会原因

秦朝漆器在胎骨、品种、装饰和制法等方面都继承了战国[①]，并有所发展。以湖北省云梦和江陵地区为例，随葬漆器与楚墓相比，乐器、兵器和镇墓兽等迅速减少，以至消失，而代之以生活用具。新出现的器形有双耳长杯、双耳长盒、耳杯盒、椭圆奁、凤形勺、扁壶、圆壶、匕、盘等。根据器类和用途的不同，而进行巧妙的艺术加工，既实用，又美观，造型各异。薄木胎增多了；写实的动物纹样也增多了，一般采用连续萦回、主次分明的表现手法。漆画用笔简练传神。除彩漆绘、针刻纹外，还出现了暗纹。[②]

秦漆器是在战国漆器的基础上发展起来的。发展的原因我们

---

① 沈福文主编：《中国髹漆工艺美术简史》，人民美术出版社1964年，第一版。

② 《云梦睡虎地秦墓》编写组：《云梦睡虎地秦墓》，文物出版社1981年版；郭德维：《江陵楚墓论述》，《考古学报》1982年第2期。

认为有两方面：一是自身的原因，即漆器发展的规律性，其中包括随着经验的积累、技术的进步，漆器水平会逐步提高这一必然趋势；二是社会原因，即影响漆器发展的社会诸因素，其中包括政治的、经济的和思想文化方面的原因。本文只谈若干社会原因。

（一） 农业的发展

秦国由于变法彻底，奖励耕战，大力兴修水利，推广牛耕，普遍使用先进生产工具，扩大耕地面积，注意提高生产技术水平，因而农业飞速发展，粮食产量猛增。史载"秦粟如山"①"粟如丘山"②"积粟如丘山"③。到战国末年，秦国比六国都富庶，《史记·高祖本纪》云："秦富天下十倍"《战国策·秦策一》云：秦"道不拾遗，民不妄取，兵革大治"。《史记·商君列传》云：秦"道不拾遗，山无盗贼，家给人足……乡邑大治"。这些赞语未免有点夸张，但并非毫无根据。农业的发展，既保障了人民的基本生活需要，又促进社会分工的扩大，可抽出较多的劳动力，投入手工业，其中包括漆器生产。这样，秦漆器生产在人力上得到了保证。

（二） 冶铁业较发达

秦国铁矿丰富，森林茂密，具有发展冶铁业的有利条件。秦国设置铁官，管理铁器的生产和使用。如秦律中有"左采铁""右采铁"的官吏名，司马迁的先人司马昌曾"为秦主铁官"。④加以战国时期随着时间的推移，秦地不断扩大，六国以冶铁炼钢著称的地区相继归入秦的版图，因而促进了秦的铁器制造业的发

---

① 曹丕：《典论》。
② 《战国策·齐策一》。
③ 《战国策·楚策一》。
④ 《史记·太史公自序》。

展。属于战国中晚期的西安半坡出土的铁凿，经鉴定是用高碳钢制成的，标志着秦国的冶铁业已经发展到采用锻钢术的崭新阶段。锋利的铁制工具大大提高了制造漆胎骨（木胎、竹胎）的效率。

（三）盛产生漆

秦国的本土——今陕西的安康、汉中地区，历来是盛产优质生漆的重要地区[①]。《木谱》云："生漆以金州（今陕西安康地区）最善。"《本草纲目集解·别录》云："千亩漆生汉中山谷。"战国中、晚期，随着秦统一战争的节节胜利，六国产漆的主要地区——今河南、湖北、山东一带和巴、蜀生漆的重要产地——梓潼郡（今四川梓潼附近）、武都郡（今甘肃成县以西）等地都为秦所有。秦的生漆产量与日俱增，这就为漆器的发展创造了良好的物质条件。

（四）统治阶级奢侈生活的需要

以秦始皇为代表的地主阶级，由于其固有的贪婪和腐朽的本性，无不过着享乐奢侈的生活，秦始皇本人更是穷奢极欲，挥霍无度。[②] 他们需要大量精美轻便的漆器，以供玩赏，并满足其奢侈生活的需要。社会对漆器的需求量日增，必然会刺激着漆器的迅猛发展。

如上所述，在大规模生产漆器上，秦既有必要性和迫切性，又有充足的人力、良好的技术条件和物质条件。

[①] 林剑鸣：《我国古代劳动人民对生漆的发现和利用》，《西北大学学报》（自然科学版）1978 年第 1 期。

[②] 例如，秦始皇为了张扬专制君主的尊严和淫威，大兴土木，修建了许多宫殿。《史记·秦始皇本纪》《正义》引《三辅旧事》云"始皇表中外殿观百四十五"。又《史记·秦始皇本纪》载"关中计官三百，关外四百余"。这些宫殿规模宏伟，构制华丽。在这些宫殿中，充满了供秦始皇享乐用的美女玩好。

二　秦漆器的发现和出土概况

解放前，湖南省长沙出土一件漆卮，上有针刻小篆铭文："廿九年，大（太）后口告（造），吏丞向，左工币（师）象，工大人台。"文字外面，刻有很周正的长方框。在长方框的左侧，有横书的"长"字。从铭文为小篆看，当系秦器。铭文记载了该器的制作年代、督造官职、管理工师和造器工匠的名字等。铭文中的"太后"应是昭襄王的母亲宣太后，廿九年是昭襄王二十九年（前278）。宣太后是楚人，入秦以后，跟楚国总还有一定的联系。在楚地发现她的漆器是可以想见的。卮上的"长"字系长沙的省称，按照秦器的惯例，应是漆卮的置用地。至于漆卮本身，应是秦国制造的。①

新中国成立以来，在湖北的宜昌、江陵、云梦和四川的荥经、青川以及河南的泌阳等地发现并发掘了一批秦墓，秦墓中出土了不少漆器。现分述于下。

1971—1972年，在湖北宜昌前坪发掘战国墓6座，主要属战国末期，很可能是秦占夷陵后的秦墓。其中出土一件铜扣器（葛1：4），车舌状，高2.4厘米。应为已朽的漆器扣件。②

1971—1975年，在湖北江陵凤凰山出土的漆器品种不少。其中70号墓出土的一件漆盂，银扣嵌花，是一件具有高度工艺水平的"扣器"。器上针刻小篆七字："廿六年左工最元。"从铭文为小篆看，当系秦器。铭文记载了该器的铸造年代和造器工匠的名字等。铭文中的"廿六年"当系昭襄王二十六年（前281）③。

---

① 裘锡圭：《从马王堆一号汉墓遗册谈关于古隶的一些问题》，《考古》1974年第1期；李学勤：《论美澳收藏的几件商周文物》，《文物》1979年第12期。

② 湖北博物馆：《宜昌前坪战国两汉墓》，《考古学报》1976年第2期。

③ 《文物考古工作三十年》，文物出版社1979年版，第302—303页。

　　1975 年 12 月至 1976 年 1 月，在湖北省云梦县睡虎地发掘了 12 座战国晚期至秦代的墓葬，共出土漆器 186 件，主要器形有耳杯、圆盒、双耳长盒、长方盒、耳杯盒、圆奁、椭圆奁、盂、筒、凤形勺、匕、扁壶、卮、樽、杖等。其中以耳杯最多。这是我国秦漆器的首次重大发现，为秦漆器的研究提供了宝贵的新资料。[①]

　　1977 年在四川省荥经县古城坪发掘了三座木椁土坑墓，其中一座墓（即 M1）随葬器物以漆器为主，能辨出器形的有圆盒、耳杯、奁盒、双耳长杯、扁壶等。造型和制作与湖北云梦睡虎地秦墓出土的漆器具有同样的风格。其中一件带有"王邦"二字。汉避高祖刘邦讳，殉葬器物上不能用邦字。这应是秦器。又所出扁壶，蒜头状口，细短颈，扁腹，颇具秦文化的特征。[②]

　　1979 年 2 月至 1980 年 7 月，在四川省青川县郝家坪，发掘了 72 座战国墓，共出土漆器 177 件。可惜多数保存不好，只有少数保存较好，色泽如新。器类有耳杯、奁、鸱鸮壶、扁壶、圆壶、卮、圆盒、匕等。其中以耳杯最多，其次是奁。关于青川墓的年代，从随葬陶器的组合不同看，当有早晚之别，"早期相当于战国中期，晚期相当于战国晚期"。[③] 关于青川墓的国别，李昭和等同志根据青川 M50 所出的木牍，记载了秦武王二年更修田律等事，和该墓所出的"半两钱"，有秦钱的特征，以及《华阳国志·蜀志》关于"秦民移川"的记载，认为青川墓群多数墓葬可能是秦人墓，墓中的漆器系成都所制，而为秦人所有。[④] 笔者认为都是十分正确的。

　　1978 年，在河南省泌阳县官庄（村），清理并发掘了 4 座秦

　　① 孝感地区考古短训班：《湖北云梦睡虎地十一座秦墓发掘简报》，《文物》1976 年第 9 期；《湖北云梦睡虎地十一号秦墓发掘简报》，《文物》1976 年第 6 期。
　　② 荥经古墓发掘小组：《四川荥经古城坪秦汉墓葬》，《文物资料丛刊》第 4 期。
　　③ 四川省博物馆、青川县文化馆：《青川县出土秦更修田律木牍——四川青川县战国墓发掘简报》，《文物》1982 年第 1 期。
　　④ 同上。

墓。除 M3 外，其余三墓均遭破坏。M3 出土漆器共 17 件。器形有圆盒、耳杯、樽、方奁盖、舟等。全是木胎。器内髹红漆（或褐漆），器表髹黑漆，在黑漆地上用红、褐、棕、黄色漆，彩绘云气纹、鸟头纹、蟠龙纹、变形凤纹、变体雷纹、圈纹、星点纹、菱形纹、曲线纹、花朵纹和几何纹等纹饰。漆器的形制和花纹与湖北云梦睡虎地十一号墓出土的相似，而十一号墓的年代为秦始皇三十年。① 据此判断这四座墓葬应为秦代墓。大部分漆器上都有刻写或烙印的文字和符号，有的漆器的盖、身、底部边沿，还镶嵌有镀银的铜箍。② 李学勤先生认为，官庄三号墓漆器上的"铭文有两种不同的字体，有的是秦人文字，有的则系六国古文"。刻铭属于后者的两件漆盒乃战国晚期卫国文物，漆盒的纪年是卫嗣君（卫孝襄侯）的年号，为秦昭王后秦人东征的战利品。③ 我们认为，这是颇为精辟的见地。

三　秦漆器的品种和胎骨

秦漆器的品种较全。例如，盒有圆盒、双耳长盒、长方盒、耳杯盒等；奁有圆奁、椭圆奁等。

秦漆器的制造，从云梦睡虎地的考古材料看，可分四个步骤：先制好胎骨，再烙上作坊的戳印，然后涂漆，最后描绘花纹。④

秦漆器的胎骨，从出土材料看，多为木胎。胎骨的制作方法主要有挖制、卷制和斫制三种。究竟采用哪种方法，随器形和用途的不同而异。其中奁、卮、樽系卷制，其器壁和底，以及扁壶的两半边，皆分别制作好再黏合。卮和樽的附耳，亦是分别制作

---

① 孝感地区第二期亦工亦农文物考古训练班：《湖北云梦睡虎地十一号秦墓发掘简报》，《文物》1976 年第 6 期。

② 驻马店地区文管会、泌阳县文教局：《河南泌阳秦墓》，《文物》1980 年第 9 期。

③ 李学勤：《秦国文物的新认识》，《文物》1980 年第 9 期。

④ 《云梦睡虎地秦墓》编写组：《云梦睡虎地秦墓》，文物出版社 1981 年版。

好再粘上的。盒、盂、勺、壶、耳杯，以挖制为主的方法制成，匕、杖系斫制。①

为了加固卷制的薄胎漆器，还使用了铜钮和银钮。扣器在湖北省云梦睡虎地、江陵凤凰山、宜昌前坪和河南省泌阳官庄，都有出土。例如，睡虎地 M11 出土的一件漆樽，器身底下有三个铜矮蹄足，盖上原有三个铜钮饰（已失），口、腹、底部均有一道银箍，腹外还有一铜环形鋬。

秦漆器中，有的器物造型新颖别致，大小比例得当。例如，湖北云梦睡虎地九号墓出土的凤形勺，兽首，凤身，在凤背挖制成勺，雕刻精细，想象丰富。有的器物，用途相同而名称不同，因而造型各异。例如，睡虎地出土的卮和樽都是盛酒器，其形制皆为圆筒形附单耳，但樽的底部有三足而卮没有，以相区别。②

四　关于秦漆器的生产

秦漆器主要是官府手工业作坊的产品。管理官府手工业的官吏称之为工师。《礼记·月令》云："命工师令百工审五库之量……百工咸理，临工日号，母悖于时，母或作为淫巧以荡上心。""命工师效功，陈祭器，按度程……必功致为上，物勤工名，以考其诚，功有不当，必行其罪，以究其情。"《月令》从《春秋》十二纪抄来，故《月令》所反映的正是秦国所实行的制度。③按照这种制度，官府通过工师之类的工官，管理生产，监督工匠。所谓"物勒工名，以考其诚"，就是监督工匠的手段。睡虎地秦墓出土的漆器有这样一类针刻文字："大女子媭""大女子娎""小女子妭""小女子军""小男子左"等，有的书刻在好几座墓的漆

① 《云梦睡虎地秦墓》编写组：《云梦睡虎地秦墓》，文物出版社 1981 年版。
② 同上。
③ 吴荣曾：《秦的官府手工业》，《云梦秦简研究》，中华书局 1981 年版。

器上，应是漆器的制造者——工匠的名字，即"物勒工名"的标记。"物勒工名"不仅是封建统治阶级为了防止工匠怠工和粗制滥造而对工匠实行考核的反映，也是工匠严肃负责创造财富和文化的历史见证。

秦官营漆手工业规模较大，水平较高。睡虎地出土的漆器有一种烙印文字——"素""上""包"（"麭"）、"告""造"（之假借字），应是素工（作胎后造素地之工）、上工（可能是上地之工）、麭工、造工（当为总管之工）在制作漆器时所烙上的印记。① 表明当时的漆器生产有多道工序，分工已相当复杂了。睡虎地和江陵凤凰山出土的还有另一种烙印文字——"咸市""咸亭""咸甲""亭""许市"等。汉代县以上均设"市"（市井、市场）作为手工业和商业的集中场所，地方当局管理市井的官署称"市府"或"市亭"。汉承秦制，秦代当亦如此。过去发现的秦汉时期的大量陶文表明：某市即为某地市府（或市井）所管理的作坊制品的一种标志。在某市陶文上，凡地名为二字的，均省略了第二字。② 看来这也适用于当时漆器上的烙印文字。因此，"咸市""咸亭"应是"咸阳市亭"的省写；"许市"应是许昌市亭的省写。在湖北发现咸阳、许昌两地作坊的漆器产品③这还是破天荒第一次。那里的漆器远销到千里之外的南郡（今湖北省北部、西北部一带），充分反映咸阳、许昌的漆手工业相当发达，并且商品性生产较强。当然，漆生活用具作为一种奢侈品，当时主要是供宫廷、贵族和官僚直接消费的。此外，在四川青川和荥经出土的战国秦和秦朝的漆器上，发现有"成亭"的烙印戳记。"成亭"应是"成都市亭"的缩写。说明在战国秦和秦朝，成都可能拥有较

---

① 《云梦睡虎地秦墓》编写组：《云梦睡虎地秦墓》，文物出版社1981年版。
② 俞伟超：《汉代的"亭"、"市"陶文》，《文物》1963年第2期。
③ 《云梦睡虎地秦墓》编写组：《云梦睡虎地秦墓》，文物出版社1981年版。

大规模的漆器作坊。①

　　由于漆手工业较发达，生漆的需要量较大。适应这种需要，国家经营"漆园"，并设官管理。睡虎地秦简记载了有关秦国管理漆园的法令："桼园殿，赀啬夫一甲，令、丞及佐各一盾，徒络组各廿给。桼园三岁比殿，赀啬夫二甲而法（废），令、丞各一甲。"②《说文》："桼，枣也。"桼园即漆园。漆园属于县，故此处令、丞应为县令、丞。这段话大意是：漆园因管理不善被评为下等，负责的官吏要受到惩罚；如果连续三年被评为下等，则要受到更多的惩罚。秦简还记载了工官和工匠外出运取漆液，如有损失，要依照损失的多少，受到不同的处罚，或赔补使足原数。③

　　秦漆器手工业除了官营的外，还有私人经营的。例如，泌阳官庄三号墓出土的漆樽，器底中部有刻铭"羽"字，与前述官府铭文有别。这件漆器可能是私人生产的。

五　秦漆器的装饰艺术

　　秦漆器大都有鲜艳的彩绘。彩绘技法一般用细线与平涂相结合，即先用细线勾画，然后平涂。④多数容器是外髹黑漆，里涂红漆；少数是里外均涂黑漆。大部分器物还在黑漆地上用红、褐、棕、黄等色漆彩绘多种花纹图案，计有：风纹、云风纹、鱼纹、鸟头纹、变形鸟头纹、羽毛纹、波折纹、梅花纹、云龙纹、柿蒂纹、圆点纹、菱形纹和点格纹等二十几种纹饰。在湖北地区，秦漆器中常见的纹样是波折纹、云气纹和鸟云纹⑤。这些花纹图案，

---

　　①　四川省博物馆、青川县文化馆：《青川县出土秦更修田律木牍——四川青川县战国墓发掘简报》，《文物》1982年第1期。

　　②　《睡虎地秦墓竹简·秦律杂抄》。

　　③　《睡虎地秦墓竹简·效律》。

　　④　马文宽：《略谈战国时期的漆器》，《中国历史博物馆馆刊》1981年第3期。

　　⑤　陈振裕：《试论湖北战国秦汉漆器的年代分期》，《江汉考古》1980年第2期。

优美生动，构思巧妙，线条流利，勾连交错，萦回连续。

秦漆器的构图技法主要有二。一是主次分明。几何纹很少单独使用，往往用来陪衬动物纹。例如，睡虎地 M11 出土的一件漆盂，内地的黑漆底上绘两鱼一凤，凤作奔走状，鱼呈嬉游态。口沿内外，绘波折纹和点纹，起烘托主要图案的作用。二是左右对称。如睡虎地 M3 出土的漆扁壶，两腹朱绘双凤，昂首相向单足伫立，其间绘一物，宛如仙桃。

漆画的手法多为写实。按题材分，有人物画和动物画两种。

人物画仅在江陵凤凰山发现。凤凰山 53 号墓出土的一件漆奁中有木梳、篦各一件，大小相同，均长 7.4 厘米、宽 5.9 厘米、厚 1 厘米，保存比较完整。在梳、篦的柄部（呈圆拱形）正反面都有彩绘的人物画像，先以黑漆勾勒出物像，然后敷以红、绿、黄等彩色。①

梳柄正面是贵族进食的场面。画面中央是一个年轻的贵族，头戴雀尾冠，身着黄袍，弓身缓行。对面一男子双手捧物跪迎，地上摆着盛食物的豆。贵族身后一侍从持豆随行；一男子袒肩露膊恭敬地跪在一旁，面前地上亦置一豆。②

梳的反面是舞蹈的场面。画面中部为一女子，身着黄、黑相间的楚服，腰系红带，挥袖起舞。舞女的前方一人仰身而退，手持一物，打着节拍。后面一人赤身蹲地，踏着舞步。③

篦的正面是献酒的场面。画面中央是一贵族，他腰佩长剑，右手拉着一妙龄女子；那女子锥髻长袖，右手执牛角酒杯，正向贵族进酒。旁边二人身着兵士的戎装，一人坐在地上，另一人拍手助兴。④

---

① 程欣人：《我国古代相扑之一瞥》，《湖北省体育史志资料汇编》第 1 期。
② 同上。
③ 同上。
④ 同上。

　　奁的反面是"相扑"的场面：二人对搏，一人旁观。三人的装束相同，头上束发髻、上身赤裸、着短裤，腰系长带。对搏双方正相向扑来，旁观者前伸双臂，全神贯注地观察着双方，像是在对双方比赛进行评判，又像在指点他们进行训练①。这是我国已发现的"相扑"图像中最早的一件，弥足珍贵。

　　这四幅绘画从表现手法到内容都是现实主义的。它形象生动地反映了封建地主贵族吃喝玩乐的腐朽生活，为研究当时的绘画、舞蹈、体育和社会生活，提供了难得的实物资料。

　　动物画尽管也有龙有凤，但这种龙、凤"已完全失去其主宰人们支配命运的历史威力，最多只有某种轻淡的神怪意味以供人玩赏装饰罢了"，"已毫不令人惧畏、惶恐或崇拜，而只能使人惊讶、赞赏和抚爱"。② 例如，睡虎地 M11 出土的另一件漆盂，在内底中部的黑漆地上绘一凤两鱼。凤单足伫立，重心稳健，头上顶一竿，竿上似为一承盘，盘内置物，形象优美，与传说中的凤相像；鱼身体偏偏，有鳞和鳍，栩栩如生。在口沿上绘波折纹和点纹以象征水，显示鱼在水中游动。动物的形象十分生动活泼，一反呆滞的作风。有的漆画在写实的基础上加以艺术的夸张、理性化。例如，睡虎地 M11 出土的漆樽，内底绘有三只飞奔的凤，以曲卷的涡云纹示出美丽的凤尾，线条细如发丝，如飞如动。③

　　漆器装饰除了彩绘图案外，前述钿器上的金属钮饰、耳、足和口、腹、底上的圈箍等，也有较强的装饰作用。

　　综上所述，秦漆器手工业较发达，比前代有一定的进步。秦漆器在我国悠久的漆器工艺发展史上占有承前启后的地位。它不仅继承了先秦漆器工艺的成就，而且为汉代漆器工艺的繁荣开辟了宽广的道路。

---

① 《1979 年湖北省出土战国秦汉漆器展览简介》。
② 李泽厚：《美的历程》，文物出版社 1981 年版，第 47 页。
③ 《云梦睡虎地秦墓》编写组：《云梦睡虎地秦墓》，文物出版社 1981 年版。

秦代漆器对汉代漆器有着深远的影响。二者有不少相同之处。例如：有胎骨上，都以木胎为主，为了加固卷制的薄木胎漆器，使用了铜釦和银釦；在生产上，都主要是官手工业作坊的产品，分工进一步专业化，有素工、上工、髹工、造工等多道工序；在装饰艺术上，都以彩绘为主，漆画主要反映现实生活；等等。汉代漆工艺承袭秦代的传统，由此可见一斑。

（原载《中国生漆》1984 年第 2 期）

秦汉宫廷衣食住行探析

衣食住行是物质消费不可或缺的内容。在秦汉时期，皇宫的衣食住行消费水平最高。研究这一问题，对于深入探讨当时的消费水平和等级差异，都有重要的意义。关于这一问题，以前似没有专文论述。为此笔者不揣浅陋，略述管见，以就教于方家。

一 饮食

宫廷饮食是秦汉饮食的重要组成部分，以下我们从不同的层次和视角，探讨秦汉宫廷饮食的风情。

（一）饮食规模

1. 饮食消费最大：《周礼·天官冢宰·膳夫》说："凡王之馈，食用六谷，膳用六牲，饮用六清，羞用百二十品，珍用八物，酱用百有二十有瓮。"虽然具有程式化和理想化的色彩，但在秦汉皇帝的日常生活中，仍然可以看到这些说法的部分实践。① 据汉朝礼制规定，天子"饮食之肴必有八珍之味"②。他们"甘肥饮美，殚天下之味"③。在正月初一的宴会上，"庭实千品，旨酒万钟，

---

① 徐海荣主编：《中国饮食史》卷二，华夏出版社1999年版，第622页。
② 《三国志·魏书·卫觊传》。
③ 《后汉书·襄楷列传》。

列金罍，班玉觞，嘉珍御，太牢飨"①。宫廷饮食的消费量之巨大可想而知。

2. 膳食费用高：《后汉书·皇后纪·和熹邓皇后》载有宫廷中膳食费用的总额："旧太官汤官径用，岁且二万万。"这条材料表明：汉代宫廷中经常的膳食开支，一年用二万万钱。

3. 掌管饮食事务的官员众多：据《汉书·百官公卿表》的记载，西汉时期，少府之下，设置有太官、汤官、导官，各有令。师古注曰："太官主膳食，汤官主饼饵，导官主择米。"太官直接掌管太官园（以温室种植冬季蔬菜的场所）和"凌室"（冷冻保鲜食物的冰窖）。此外，还有主管种植和养殖的御羞令、禁圃令丞，有专管猎取野味的左弋（武帝太初元年更名佽飞），还有替皇帝种植、采购，运送橘到京师的巴郡橘官、为皇家采取和采购海珍品的南海郡圃羞官、交趾郡羞官等。

东汉时在官制上有所变化，在少府之下设置太官令，掌管御用饮食，其下分设左丞主管饮水；甘丞掌管珍贵食品和膳具；汤官丞主管酒；果丞掌管瓜果、蔬菜、燃料等。此外还设有导官令和胞人，分别掌管粮食、粮食制品和宰割。

4. 为宫廷从事饮食工作的人群庞大：《汉旧仪补遗》卷上说："太官、汤官奴婢各三千人。"这说明仅为宫廷做饭做菜的奴婢就有六千人之多。再加上供驱使在外种植蔬菜，饲养家畜、家禽，养殖水产品，猎取野兽野禽，采集和运输山珍海味、时新果品和薪炭的军卒、犯罪徒隶、官奴婢等，总数不下万计。②

（二）饮食品种

1. 范围广泛：宫廷饮食的品类，非常广泛。有本土产的，有

---

① 《文选》卷一班固《东都赋》。
② 参考马大英《汉代财政史》，中国财政经济出版社1983年版，第290—292页。

远方藩国贡献的，还有从外国传入的[①]。食料有粮食、肉类、禽蛋、水产、海产、野味、山珍、蔬菜、水果；饮料有酒、茶、浆、水、冷饮等。真是应有尽有，无所不包。

据研究，仅汉代宫廷的面食就有汤饼（汤煮的面食）、煮饼（把未发酵的死面饼掰碎，丢入汤中熬煮）、水引饼（以面粉和肉汁而成的面条）、馄（和今日的馄饨类似）、胡饼（由西域传来，采用炉烤的制法，香脆可口，别有风味）等品种。

汉代宫廷的副食，肉食以牛、羊、猪为主。牛、羊、猪三牲齐备，称"牢"和"太牢"，是那时帝王祭祀或宴饮时最隆重的礼品。

2. 珍奇味美：秦朝国君讲究饮食的特点是：以奇巧和好吃最突出[②]。据《吕氏春秋·本味篇》的记载，能做美味饭的粮食，有玄山出的谷子，不周山出的粟，阳山出的穄，南海出的黑黍。菜类中好吃的有：昆仑山产苹草和寿木的花；有阳华出产的芸菜，云梦泽里生长的水芹，太湖地区生产的韭华等。肉类中最美味的有猩猩的嘴唇，獾獾的脚掌，肥壮燕子的尾肉，以及旄牛和大象的腰子等。鱼类中可做佳肴的有：洞庭湖中的鳟，东海的鲕子鱼，鳢水里有六个足的朱鳖，以及藋水里的鳐鱼。调和口味最好的材料是：阳朴产的姜，招摇产的肉桂，骆越产的食用菌，鳖和鲔产的鱼醢，大夏产的盐，以及长泽产的鲲鱼子。水中甜美的，要数昆仑山的井泉水，泪江山丘下的摇水，高泉山上涌出的泉水等。果实中最香甜的，有沙棠的果实，和箕山以东所产的甘栌，以及江浦的橘子，云梦的柚子和汉水上游的石耳。

---

① 据统计，在汉代从西域传入我国的饮食原料有卞头（葡萄）、石榴、胡麻（芝麻）、胡桃（核桃）、西瓜、甜瓜、胡瓜（黄瓜）、菠菜、胡萝卜、茴香、芹菜、胡豆（豌豆、蚕豆）、扁豆、苜蓿、胡荽（芫荽）、莴苣、胡蒜（大蒜）、胡葱（大葱）以及胡饼、貊炙、蓰餥（油炸饼）等。

② 洪光柱：《中国宫廷饮食和满汉全席》，载［日］中山时子主编《中国饮食文化》，中国社会科学出版社 1992 年版，第 188 页。

枚乘在《七发》中列出汉代的"至味",即天下最可口的饮食有九款:"犓牛之腴,菜以笋、蒲";"肥狗之和,冒以山肤";"楚苗之食,安胡之饭,搏之不解,一啜而散";"熊蹯之胹,勺药之酱";"薄耆之炙";"鲜鲤之脍,秋黄之苏";"白露之茹";"兰英之酒,酌以涤口";"山梁之餐";"拳豹之胎"。① 枚乘主要的活动时期是汉文帝和汉景帝两代(前179—前141)。他先后在吴王刘濞和梁孝王刘武的宫廷做文学侍从之臣,对大国诸侯王宫廷的生活很熟悉,对宫廷饮食的描写当然是真实的。

3. 美器至美:与上述美食相搭配的是美器。美器按质料分,有漆器、青铜器、瓷器、金银器、玉器等。

秦汉时代的髹漆饮食器皿,包括鼎、壶、钫、樽、盂、卮、杯、盘等。汉代漆器的制作,形态精巧,色彩鲜艳,花纹优美,装饰精致,所谓"银口黄耳,金罍玉钟","金错蜀杯",甚是珍贵。汉代宫廷漆器上刻有"大官""汤官"等字,显系主管皇家膳食的官署所藏的器皿;书写"上林"二字的,则是为上林苑宫观所用的。②

秦汉主要的青铜食器和酒器有鼎、钟、壶、钫等。适应现实生活的需要,向灵便、轻巧、朴素发展。但宫廷所用的青铜器,鎏金、鎏银以及用金银、玻璃、宝石之类镶嵌花纹的技术则相当发达。如满城汉墓出土的"错金银鸟篆纹壶""长乐饮(食)官壶""楚大(太)官糟钟"等就是其代表作。③

东汉后期,开始出现成熟的青瓷器,瓷质光润,吸水率低,胎釉结合得牢固。由于瓷器美观、坚固、耐用,所以受到统治阶级的喜爱而作为饮食器皿。

---

① 参考林乃燊《中国饮食文化》,上海人民出版社1989年版,第90—92页。
② 参考《中国大百科全书·考古学卷》,第167页。
③ 同上书,第172页。

（三）社交宴饮

宫廷一日三餐或四餐。《白虎通》记载天子的饮食曰："平旦，食少阳之始也。昼，食太阳之始也。哺，食少阴之始也。莫，食太阴之始也。"宫廷宴饮，无不豪华。这里所讲的宫廷宴饮，不是这种日常的筵席，而是指具有一定社交意义的宴饮。举凡为出征的有功将士庆功的宴饮，巡视郡国慰问当地官吏的宴饮，回到老家会见"故老"的宴饮，接见外宾的宴饮，在朝廷大宴群臣等。这种宴饮大致有以下两个特征。

1. 百戏相伴："百戏"是杂技、武术、幻术、滑稽表演、音乐演奏、演唱、舞蹈等多种民间技艺的综合串演，可能因为它包括了许多不同的表演艺术形式和丰富的节目，因此称为"百戏"。[1] 由于百戏是能代表国家表演水平的艺术形式，所以经常出现在宫廷，出现在皇帝招待外国使节及少数民族首领的盛大宴会中。如武帝时代曾"设酒池肉林以飨四夷之客、作《巴俞》都卢、海中《砀极》、漫衍鱼龙、角抵之戏以观视之"[2]。

2. 礼仪烦琐：在我国这个极重视礼仪的国度，最为统治者所重视，流行也最广泛的是饮食之礼。宫廷讲究饮食的礼仪，就是必然的了。不但宴饮时主客的座次有尊卑、贵贱、长幼之分，而且重菜肴陈设，重尊老敬老，还有不少禁忌。

秦末楚霸王设鸿门宴"款待"刘邦，席上项羽为显示自己的上尊而向东坐之，为蔑视刘邦的下卑而请他向北坐之。这是宴席上主宾、尊卑意识的反映。那时的礼仪风俗是以东方的尊上，南而次之，北而又次之，西为最末。[3] 这就是古传的"室中以东向

---

① 王克芬：《中国舞蹈发展史》，上海人民出版社 1989 年版，第 91 页。

② 《汉书》卷六十六《西域传》。

③ 王文锦：《古人座次的尊卑和堂室制度》，载《古代礼制风俗漫谈》，中华书局 1983 年版。

为尊"礼仪的真实写照。因为旭日由东升起，夕阳坠落西山。

秦汉统治者不仅注意座次的排列，而且对进食有严格的规定。《礼记·曲礼》云："凡进食之礼，左肴，右胾，食居人之左，羹居人之右，脍炙处外，醯酱处内……"这虽是先秦礼仪的内容，但从汉代画像砖、画像石、帛画、壁画中常见的宴饮图来看，这种礼仪，在汉代似普遍存在着。①

汉代以孝治天下，在饮食中提倡尊老。宫廷亦不例外。例如，汉高帝九年（前198），未央宫落成。"高祖大朝诸侯群臣，置酒未央前殿。高祖奉玉卮，起为太上皇寿。"②

秦汉饮食生活中还有一些禁忌。如日月薄食不饮，俗说饮者将蚀口。③ 宫廷当不例外。

（四）价值取向

秦汉宫廷的饮食活动，体现了多重价值的集合。其中侧重的是政治、军事目的。

1. 炫耀权势：汉高帝十二年（前195），刘邦过沛，置酒沛宫，悉召故人、父老等佐酒，酒酣，作《大风歌》。高祖衣锦还乡，反映了他夸饰其尊贵地位和炫耀其荣华富贵的意向。

2. 显示富强：据《汉书·张骞传》的记载，汉武帝为了向外国和少数民族地方政权的使节显示汉之"富厚"，即国家的富强，表现其震慑力量，以"酒池肉林"招待外国客。

3. 以酒攻心：汉王刘邦元年（前206），在鸿门宴上，樊哙带剑拥盾闯入军门，指责项羽。项羽让部下"赐之卮酒"，并"复饮之"，以求平息他的怒气，并动摇其死保刘邦的决心。

---

① 林剑鸣等：《秦汉社会文明》，西北大学出版社1985年版，第215页。
② 《史记》卷八《高祖本纪》。
③ 见《风俗通义》。

二　服饰

（一）秦代宫廷服饰

秦并天下后，采用邹衍的终始五德之说，以为秦得水德，因此认定"衣服旄旌节旗皆上黑，数以六为纪，符、法冠皆六寸"[①]。

秦始皇服通天冠。《晋书·舆服志》云："通天冠，本秦制。高九寸，正竖，顶少斜却，乃直下，铁为卷梁，前有展筒，冠前加金博山述，乘舆所常服也。"秦始皇又废除了周代的六冕之制，郊祀之服，"唯为玄衣绛裳，一具而已"。[②]　"绛"，深红色。"玄"，为黑色带红。可见秦色尚黑，但不是衣服旄旗一切皆黑。秦始皇陵出土的彩绘陶俑更是历史的见证。天子冠服所用的衣料，从李斯《谏逐客书》所说"阿缟之衣，锦绣之饰"看，以齐地东阿县的缟帛最著名。秦始皇佩长剑，称为"太阿之剑"，剑长七尺（约合今尺四尺半），以显示君主的威严。

掌管御府的是御府令丞。此外，秦又置六尚，其中的尚衣、尚冠二职必与御服有关。由他们主持制作的御服，除供皇帝服用外，还用于赏赐皇族和臣下。

有关秦的后妃冠服，不见于秦汉的史籍记载，从（唐）马缟的《中华古今注》可知，嫔妃们"当暑戴芙蓉冠子，以碧罗为之，插五色通草花朵子，披浅黄藄罗衫，把云母小扇子，靸蹲风头履，以侍从"。又，"宫人梳仙髻，帖五色花子，画为云凤虎飞升"。夏季宫人"戴黄罗髻，蝉冠子，五花朵子，披浅黄银泥飞云帔，把五色罗小扇子，靸金泥飞头鞋"。此外，还有凤钗、短裙、丝鞋等。其中丝鞋已在云梦出土秦简中得到印证。

---

① 《史记》卷六《秦始皇本纪》。
② 《太平御览》卷六九〇引挚虞《决疑要注》。

皇太子常用的冠服是远游冠。从《晋书·舆服志》知，其形制似通天冠而无冠前所加的山述，但有展筒横于冠前，且以翠羽为绣，缀以白珠。大约诸皇子也可以享用远游冠的待遇，只是不能以翠羽为绣和缀白珠，但用青丝而已。

（二）西汉宫廷服饰

汉承秦制。宫廷冠服制度亦不例外。所不同的，仅是汉初把祫玄、长冠定为祭祀大典的通用冠服。所谓长冠，原本叫刘氏冠，是刘邦微贱时所作，材料用竹皮，仿楚冠制，登基称帝后，稍加改革，成为天子冠服。其制"高七寸，广三寸，促漆纚为之，制如板，以竹为里"①。此外，还有内宫之服的最后确定。所谓内宫之服，即皇后、贵人等的服制。祭服，太皇太后、皇太后、皇后均为"绀上皂下"，即上衣天青色，下裳黑色。朝服，服色"青上缥下"，即上衣藏青色，下裳月白色。贵人则"纯缥上下"，即上衣、下裳皆月白色。上述之服，都是深衣制。其服饰区别明显。太皇太后、皇太后俱有簪珥。皇后除簪珥外，还有假结，步摇。贵人则为黑玳瑁，加簪珥。长公主较之贵人，加了步摇。而其他公主则仅有簪珥。

（三）东汉宫廷服饰

东汉依据周代冠服之制，参考秦制，制定了一套较完备的冠服制度。并以应火德而得天下，而以红色为最尊。

天子祭祀天地、宗庙、明堂，服冕旒。冕旒是特制冠，据《续汉书·舆服志》记载，"冕皆广七寸，长尺二寸，前圆后方，朱绿里，玄上，前垂四寸，后垂三寸，系白玉珠为十二旒，以其绶彩色为组缨"。着"玄衣纁裳"，即黑红色上衣，浅红色下裳。

---

① 《后汉书》志第三十《舆服下·长冠》。

所用图案为十二章纹，其依次为日、月、星辰、山、龙、华虫、宗彝、藻、火、粉米、黼、黻。日、月、星辰取其照临；山，象征稳重；龙，象征应变；华虫（一种雉鸟），象征文丽；宗彝（祭祀礼器），象征忠孝；藻，象征洁净；火，象征光明；粉米（白米），取共滋养；黼（斧形），象征果断；黻（常作亚形），象征明辨。

当时的常用朝服；天子服通天冠，有袍，随五时色，深衣制；诸侯王服远游冠，有袍。

祭祀时，为显示礼仪的隆重，必佩有珩与璜组成的一挂玉佩。天子系玉佩用白珠，公卿诸侯则用彩丝绳。佩玉除了表明身份地位，还标志佩者的封建道德涵养和才能。例如，修道无穷则佩环，能大道德则佩琨，能决嫌疑即佩玦。

三　居住

秦汉两代由于社会物质条件的不同，在宫殿苑囿的规模和具体内容上，有所不同，秦以高、大、多取胜，汉则以壮丽为美。[①]

（一）秦代宫苑

秦在关中有宫苑 300 所，关外及各地宫苑有 400 余所，可见数量之多。

在都城咸阳，著名的宫殿有六国宫殿、信宫、咸阳宫、朝宫、阿房宫等。

六国宫殿在渭水北岸咸阳"北阪"上。秦在兼并六国的过程中，每破灭一国就仿照其国宫殿样式盖起同样的宫殿，形成高低错落、绵延数十里的庞大建筑群，由咸阳直达泾渭二水的交汇处，

---

① 《中华文明史》第 3 卷，第 352 页。

并以复道把它们和咸阳的雍门联连起来。集六国宫殿于一处，体现了多样性统一的艺术特点。这是所得诸侯、美人居住的地方。

咸阳宫亦曰信宫①，是秦的皇宫，位于渭河北岸黄土塬上，通过渭河桥与南岸的兴乐宫相通。咸阳宫在秦统一六国的过程中得到扩建。这里是秦王接受使者朝见和秦始皇"听事""决事"的地方。宫中列有铜人，金玉珍宝很多。

甘泉宫为咸阳南宫，曾是太后居住的地方。

阿房宫在渭河南岸的上林苑中，是朝宫的前殿，开始营建于秦始皇三十五年（前212），其东西五百步，南北五十丈，上可坐万人，下可建五丈旗。周驰为阁道，自殿下直抵南山，表南山之巅以为阙。为复道，自阿房渡渭水，可达咸阳。《三辅黄图》卷一说阿房宫"以木兰为梁，以磁石为门"，表现了秦人尚高尚大的意向。但传世文献和近年考古显示，阿房宫并未建成。②

考古发掘表明，秦咸阳建筑群都是建筑在夯土台基上。每座建筑自成一独立体，互相之间又以甬道、复道等连接成一组合体。对称式布局。主室中央已经使用都柱。宫室的墙面均经墐涂，表面再粉刷成红色、白色，或彩绘以壁画。地面呈朱红或青灰色，经磨光处理，少数用方砖铺地，设有比较完备的排水系统。通风、采光、通道等都有比较合理的安排，门窗饰有青铜铺首，使用铰链、合页等金属构件。③ 以上所述表明：秦宫殿建筑技术超过了以往的水平。

---

① 从陈直说，见《三辅黄图校正》，陕西人民出版社1985年版。

② 《史记·秦始皇本纪》云："阿房宫未成；成欲更择令名名之。"由于秦代阿房宫未更名，所以说阿房宫"未成"。新的考古发现显示，阿房宫前殿的台基上，没有秦代宫殿建筑中必有的瓦当及瓦当残块，也没有火烧的痕迹。可见阿房宫前殿遗址状况，与文献所载阿房宫的工程进度是吻合的，项羽火烧阿房宫的说法应否定。详见中国社会科学院考古研究所、西安市文物保护考古所阿房宫考古工作队《阿房宫前殿遗址的考古勘探与发掘》，《考古学报》2005年第2期。

③ 中国社会科学院考古研究所编：《新中国的考古发现和研究》，文物出版社1984年版，第384页。

　　除上述宫城的宫殿外，秦还修建了众多的离宫别馆。它们同秦宫城的宫殿一样雄伟壮观。宫室之中，"木衣绨绣，土被朱紫"①。其中在咸阳以外供秦皇巡游时居住和办理政务的行宫，近年来多有发现。如碣石宫遗址，有大型夯土台和大型建筑构件，有宫墙和多级建筑。行宫内分为始皇驻所、后勤保障、仓库粮库等多个功能区。

（二）西汉宫苑

　　西汉宫殿的建筑风格与秦一脉相承，更臻于完美，而壮丽过之。

　　汉长安城内，有长乐宫、未央宫、桂宫、北宫、明光宫，城西郊有建章宫。分述于下。

　　长乐宫在长安城内东南隅，在西汉宫室中营建最早。宫城周20里，开四门。其主要大殿是前殿，东西面阔49.7丈，南北进深12丈。殿前列12个铜人。宫内有殿多座，还有渐台等。长乐宫作为汉朝初年的"正宫"，是刘邦起居、受朝的地方。

　　未央宫在长安城西南隅。汉高祖时建，汉武帝时扩建，是最杰出、最有代表性的汉宫殿建筑群。②宫城周二十二里九十五步，考古勘测为8560米。四面各有门，东门和北门是主要入口。《西京杂记》说：未央宫有"台殿四十三……池十三，山六……门闼凡九十五"。此外还有渐台及凌室、织室等作坊。在明、清以前的中国古代宫城中，未央宫是最大的一座，连著名的唐代大明宫、兴庆宫和太极宫都望尘莫及。未央宫建筑组群中最重要的宫殿是前殿，其东西阔50丈，南北深15丈，高35丈。据《西京赋》的描述，该建筑面阔九间，重檐四柱，三层基座，前面的阶分成东、

---

　　① 《史记》卷六《秦始皇本纪·正义》引《庙记》。
　　② 雷从云、陈绍棣、林秀贞：《中国宫殿史》，台湾文津出版社1995年版，第83页。

西两道，分别称为"主阶"和"宾阶"。未央宫是刘邦死后汉朝的正宫。从惠帝开始，汉诸帝的主要活动都在这里进行。前殿是举行国家大典、重要朝会的地方。前殿中的宣室是朝廷的布政教之室。白虎殿是召士对策、引见单于之处。还有后宫，作为嫔妃所居之宫室。东宫、长信宫为太后所居，中宫、椒房殿为皇后所居。

建章宫在长安西郊，起建于太初元年（前104），周回30里，有"千门万户"之称，前殿高过未央宫，东面有高20余丈的东阙，西有数里的虎圈，北面有泰液池，池中有蓬莱、方丈、瀛洲三岛，池边有渐台，高20余丈，南面有玉堂殿、璧门等；有神明台、井干楼高50余丈，之间有辇道相通。以上所述表明，建章宫是一座规模宏大的宫苑相结合的建筑群，这里的优美风景使人流连忘返，以至武帝以后的诸帝大都常来此居住游玩。

汉长安，除长乐、未央、建章等宫外，还有桂宫、北宫、明光宫。桂宫在未央宫北，为武帝所建，其周围十余里，建筑华美。汉成帝曾居住在这里。

北宫在桂宫附近，为高帝时草创，武帝时增修之。周回十里，中有前殿，广五十步。孝惠皇后和孝成皇后曾居住此宫。北宫内有神仙宫、寿宫，"张羽旗，设供具，以礼神君"①。表明这些建筑与祭祀有关。

明光宫在长乐宫北，系武帝太初四年（前101）所建，其规模不小。武帝晚年，迷信鬼神，贪图享乐，明光宫就是为求仙而建，还"发燕、赵美女二千人充之"。新莽始建国元年（9），改明光宫为定安馆，作为定安太后的居处。

宫廷的建筑装修非常考究，艺术水平很高。未央宫"以木兰为棼橑、文杏为梁柱，青琐丹墀，左城右平，黄金为壁带，间以

---

① 《汉书》卷二五《郊祀志》。

和氏珍玉，风至其声玲珑也"①。其中孝成赵皇后之妹赵昭仪居住
的咸阳宫，"其中庭彤朱，而殿上髹漆，切皆铜沓（冒）黄金涂，
白玉阶，壁带往往为黄金釭，函蓝田璧，明珠、翠羽饰之，自后
宫未尝有焉"②。意思是说，宫廷内部装饰多用黑、红漆地面和天
井，以镀金的铜作门槛上的冒，用白玉砌台阶，用黄金釭饰壁带，
把玉璧、明珠等用绳穿连，悬挂在柱间墙面当装饰，这是汉以前
历代后宫所未曾有的。宫廷内的家具都是名贵的。如桂宫内就陈
设有七宝床、杂宝桉、厕宝屏风、列宝帐等，这应带有普遍性。

汉代皇宫，是在大宫中套有若干小宫。小宫的位置带有随意
性，自立门户，宫内有山、水等自然景物，成了宫室、苑囿的组
合体，这显然是受到战国楚宫的影响，而与后世如明清宫室有规
律的组合完全不同。③

除宫殿外，还有许多苑囿。其中著名的有上林、甘泉两苑。
上林苑周数百里，内有离宫70所，能容千乘万骑。中有周40里，
烟波浩渺的昆明池。苑里养育禽兽鱼虾，种植奇花异果。甘泉苑
周540里，苍山茫茫，内有宫殿、台、阁100多所。上述两苑具
有多种功能，但主要是供皇家观赏游娱。

（三）东汉宫苑

东汉洛阳城内的宫殿，主要是南宫和北宫。

南宫在西汉时已有一定的规模。建武元年（25）以后陆续扩
建，于建武十四年建成规模最大的前殿。南宫平面呈长方形，南
北约1300米，东西约1000米。北宫是明帝永平三年至八年
（60—65）建成的。北宫最重要的宫殿是德阳殿。其"周旋容万
人陛高二丈"，规模宏伟，殿前的朱雀阙，高耸云天，从40多里

---

① 《三辅黄图》卷之二《汉宫·未央宫》。
② 《汉书》卷六七《外戚传》。
③ 参见《中华文明史》第3卷，第354页。

外就可以望见。德阳殿是纹石作坛，朱梁画栋，玉阶金柱，所以有"珠帘玉户如桂宫"之说。北宫平面呈长方形，其范围较南宫为大。[①] 南北两宫不相连接。但由于有复道往来，交通是便利的，也能保障帝王们的安全。

除宫殿外，东汉洛阳还有供帝王游乐和畋猎的皇家园林。见于记载的有上林苑、西苑、广成苑、鸿德苑、显阳苑、平乐苑、罼圭灵昆苑和西园、南园、芳林园、濯龙园和直里园等[②]，这些宫苑的数量和规模都不如西汉，但精巧美丽都已过之[③]。

四　宫廷交通工具

皇家的交通工具，应包括宫廷中所使用的车子，以及马匹等役畜。

（一）秦代宫廷交通工具

秦代车制，据《续汉书·舆服志》的记载，是"上选以供御，其次以赐百官"。

供御之车，其一为金根车。其制：驾上所乘曰金根车，驾六马。有五色安车，五色立车各一，皆驾四马，是为五时副车。安车、立车的模型均于1989年在秦始皇陵封土西侧发现。两车各部位均仿照真车、马制造，相当于真车马的二分之一，结构完整，鞁鞦具齐全，图案装饰华丽。安车车舆（厢）分前后两室，前室为御宫驾驭处，后室是主人坐卧之席。立车上立一柄铜伞。

其二为辇。辇为人君之乘，以彫玉为之，方径六尺。或使人

---

① 《中国大百科全书·考古学卷》，第182页。

② 《中华文明史》第3卷，第354页。

③ 刘致平著、王其明增补：《中国居住建筑简史》，中国建筑工业出版社1990年版，第22页。

輓之，或驾果下马。

其三为属车。大驾属车八十一乘。法驾半之。属车皆皂盖、赤里，朱轓，戈矛弩服，系尚书、御史所乘。

又有辟恶车。桃弓苇矢，所以被除不祥。

车驾出行，必有参乘、前驱、警跸、髦头和相风罩网①。

（二）汉代供皇帝出行用的舆马，因出行缘由和侍从多少的不同，在规格上有大驾、法驾和小驾的差异

大驾用于庄严肃穆的场合。《后汉书·舆服志》云："西都（指西汉）行祠天郊甘泉，备之。官有其注，名曰甘泉卤簿。东都（指东汉）唯大行（为皇帝送葬）乃大驾。"

大驾的规格最高。《汉旧仪补遗》卷下云："乘舆大驾仪，公卿奉引，太仆御，大将军参乘，属车八十一乘，备千乘万骑。"

法驾用于行祠天地的场合。其规格较大驾次之。《后汉书·舆服志》云："乘舆法驾、公卿不在卤簿（仪仗队行列）中。河南尹、执金吾、洛阳令奉引，奉车郎御，侍中参乘。属车三十六乘。前驱有九斿云罕，凤凰阖戟，皮轩鸾旗，皆大夫载。……后有金钲黄钺，黄门鼓车。"

小驾用于祠宗庙。其规格最低。《后汉书·舆服志》说祠地、明堂较之行祠天郊"省什三，祠宗庙尤省"。

汉代皇帝乘的车，据《东汉会要》所载，有金根、安车、立车、耕车、戎车、猎车等。这些车"皆玄黄五色，饰以金玉，翠羽珠珞，锦绣茵席"②。其中金根、安车、立车供出行时用，耕车系皇帝亲耕籍田时用，戎车在征伐时用，猎车系狩猎时用。

皇帝所乘的车，往往具有最高车速。汉安帝延光四年（125）

---

① 参考马非百《秦集史》，中华书局1982年版，第506—507页。
② 《后汉书》志第二九《舆服上》耕车条注引桓谭《新论》。

崩于叶县道中，"行四日，驱驰还宫"①。以现在最便捷路线的里程计，日行 60 公里左右②。这充分体现了皇帝乘舆的优良车辆性能。

太皇太后、皇太后法驾，皆御金根车；非法驾，则乘紫罽軿车。长公主乘赤罽軿车。大贵人、贵人、公主、王妃、封君乘油画軿车。皇太子、皇子皆乘安车。皇孙乘绿车。

西汉前期，宫廷用马比较少。据《汉书·贡禹传》的记载，高祖、文帝、景帝时期，厩马只有百余匹。武帝时期特别多。《汉旧仪》说："天子六厩……马皆万匹。"大概其中有不少军马。由于当时汉王朝和匈奴多次发生大规模的激战，军马损失很多，所以武帝末年，历昭帝、宣帝，至元帝初年，厩马减为万匹③。元帝初年以后，文献中屡次出现减谷食马的记载，推估这个时期，宫廷的用马匹数，可能已在万匹以下，这种情况一直持续到西汉末年未变④。反映皇帝迫于经济不景气的形势不得不讲求节约。

东汉初期，宫廷用马较少，估计不超过两千匹。和帝以后，文献中有减用马和用费的记载。然而顺帝以后，宫廷用马激增。原有的园厩容纳不下，开始设置承华厩和承华厩令。光和四年（181），朝廷开始设置骙骧厩承，负责把征调郡国的良马集中到外城供宫廷备用。这反映了当时皇帝、宦官穷奢极侈的腐朽生活。

综上所述，不难看出：秦汉宫廷的衣食住行就是帝王之家的衣食住行，也是等级最高的衣食住行，较之民间、官府乃至贵族的衣食住行都有着特殊的优势。在秦汉社会，人们的生活消费，其中尤其是享乐消费，是与消费者社会地位成正比的。所谓"见其服而知贵贱，望其章而知其势"⑤。所谓"圣王明礼制以序尊

---

① 《后汉书》卷一〇下《皇后纪》安思阎皇后条。
② 王子今：《秦汉交通史稿》，第 106 页。
③ 见《汉书》卷七二《贡禹传》。
④ 马大英：《汉代财政史》，中国财政经济出版社 1983 年版，第 301 页。
⑤ 《新书》卷一《服疑》。

卑，异车马以章有德，虽有其财而无其尊，不得逾制"①。帝王之家过着穷奢极侈的生活，必然加重对广大农民的剥削，从而引发社会矛盾和冲突。随着社会危机的日益深重，农民起义就像火山一样爆发了。②

（未刊稿）

---

① 《汉书·成帝纪》。
② 参看林甘泉《汉代家庭的生活消费》，载张政烺先生九十华诞纪念文集编委会《揖芬集——张政烺先生九十华诞纪念文集》，社会科学文献出版社2002年版。

秦汉时期边郡社会物质生活初探

关于秦汉边郡的社会物质生活，是一个迄今甚少有人涉足的学术园地。为此笔者不揣浅陋，略陈管见，以就教于方家。

秦代废除分封制，确立中央集权，分天下为郡县，把今浙江、福建、广东、广西等地的百越，云南、贵州的笮、僰、夜郎等族，纳入郡县建制。汉朝的版图较秦大，少数民族也较秦多，除秦朝已有的少数民族外，还有东北的鲜卑、乌桓、肃慎、夫余等族，北方的匈奴，西域的乌孙等族，西方的羌等。汉朝对其管统下的各少数民族，根据其不同的情况，分别治理。有的设郡、县治理；有的专设相当于郡的属国，置都尉统辖；有的专设相当于县的道，置令长治理。此外，还有使匈奴中郎将、护羌校尉、护乌桓校尉和西域都护、戊己校尉管辖北方和西域各族。[①] 因此，边郡的社会物质生活风貌主要是边疆少数民族的社会物质生活风貌。

秦汉边郡的社会物质生活像一条很长很长的画廊，丰富多样，姿采纷呈，流光亮丽，奥秘无穷。

以下试从饮食、服饰、居住、交通四个方面探讨。

---

① 参见刘荣峻等《中国各民族传统文化百科全书总论》，载《民族研究动态》1993 年第 2 期。

一　边郡的饮食

秦汉时边郡的少数民族在各自生息的自然环境里，进行创造性的开发食物资源的劳动。他们就地取材，提高加工方法，使不少植物成为富有营养、美味可口的食物。

由于我国边郡各少数民族所处的地理环境、物产和社会经济的类型、发展状况，以及民族文化传统各不相同，因而各少数民族的饮食呈现出品种丰富和多样的状况。

（一）"饭稻羹鱼"的膳食结构

《史记·货殖列传》云："楚越之地，地广人稀，饭稻羹鱼。"这是司马迁对江南越人生活方式的概括。游修龄先生认为"饭稻羹鱼"当然不能从字面上理解为吃米饭和吃鱼，饭指以稻米为主食，也还吃其他的谷物杂粮。鱼指水生的鱼、虾、蛤、蚌等。[①]《逸周书·王会解第五十九》云："东越海蛤，瓯人蝉蛇……且欧文蜃（文蜃即大蜃），其人玄贝（即贻贝）。"《博物志》云："东南之人食水产……食水产者，鱼、鳖、螺、蚌以为珍味，不觉其腥臊也。"《淮南子·精神训》云："越人得髯蛇，以为上肴。"《盐铁论·论菑》云："越人美蠃，而简大牢。"可见越族人民喜欢食水产品和大蛇等有腥臊味的水生或陆生动物，并且视蛇肉为上等菜肴。当然，也食瓜果。"饭稻羹鱼"中稻与鱼各占一定比重，但鱼的比重很大。尽管后来增加了饲养猪、牛、羊、狗、禽（鸡、鸭），但鱼食在越人食谱中始终占首要地位。居住在益州郡东部地区，即今滇池区域的滇人，其膳食结构与越人相近。《后汉书·西南夷列传》记载滇池地区"有盐池田渔之饶，金银畜产之

---

① 游修龄：《百越农业对后世农业的影响》，载《国际百越文化研究》，中国社会科学出版社 1994 年版，第 304 页。

富"。鱼虾等水产的蛋白质，可消化率则优于猪肉、牛肉、羊肉。又鱼中含有高量 DHA（廿二碳六烯酸），DHA 是一种大脑营养必不可少的高度不饱和脂肪酸，对大脑细胞，特别是对脑神经传导和突触的生长、发育有极重要的作用。而牛和猪的脂肪、谷物、薯类、淀粉、水果等几乎都不含 DHA。所以，"饭稻羹鱼"的营养结构更有利于人脑的发育，这是营养学和人类演化所首肯的。①

（二）"饭粟羹肉"的膳食结构

这里的"粟"凡指粮食；"肉"凡指家畜、家禽的肉。可分两种类型。

第一种类型是以肉类和奶类为主，粟类为辅。

这种饮食类型主要流行于游牧民族。匈奴人自君王以至一般牧民，都吃畜肉，食"鼎蠡"（干酪）②，喝"重酪"（乳汁）③。匈奴人的肉食品种除了属于家畜的马、牛、羊、驴、骡、骆驼和犬外，还有野生的兽类鹿、羚羊、野猪、狼、鼠、狐、兔等。猛兽如虎等当偶有食用。禽类有鹰和鸟④。匈奴族也食水产品，俄罗斯南西伯利亚匈奴伊沃勒加城镇遗址出土鱼骨很多，还有不少渔网⑤，就是实证。秦汉以后，随着农业的发展，匈奴人的食物结构发生变化，由单一的肉食改为以肉食为主，以粮食为辅。粮食除粟、谷（都是小米的别称）外，还有黍（黄米或黏米）、穄（粘的黍）⑥，并饮酒。

东胡人的社会经济以畜牧业为主，还从事渔猎，农业在社会

---

① 游修龄：《百越农业对后世农业的影响》，第 305 页。
② 《汉书》卷八七《扬雄传》。
③ 《史记》卷一一〇《匈奴列传》。
④ 见《桃红巴拉的匈奴墓》，《考古学报》1976 年 1 期；《西沟畔匈奴墓》，《文物》1980 年第 7 期；策·道尔吉苏荣：《北匈奴墓》，《科学院学术研究成就》1956 年第 1 期。
⑤ 策·道尔吉苏荣：《北匈奴墓》，《科学院学术研究成就》1956 年第 1 期。
⑥ 《汉书》卷九四《匈奴传》。

经济中不占重要地位①，其饮食当与匈奴同。公元前 206 年，东胡被匈奴击破，余部分为两支，即乌桓与鲜卑。乌桓"食肉饮酪"，但也食农作物青穄和东墙（实如葵子）。②能做白酒，但酒曲还要依赖汉人，靠从中原输入。鲜卑的饮食风俗与乌桓同，此外，还"捕鱼以助粮食"③。

汉代的夫余人正处在从畜牧经济文化类型向农业经济文化类型转化的时期④。《三国志·魏书·夫余传》云："其国善养牲，出名马"，"皆以六畜名官"，有"豕牢"，"马栏"，这表明夫余人主要从事畜牧。但已有了农业，《后汉书·夫余列传》云：夫余"土宜五谷。"《三国志·魏书·夫余传》载："有敌，诸加自战，下户俱担粮食饮食之。"可见夫余人除食畜肉外，也吃粮食（五谷）。其食饮皆用俎豆，则是中原汉人文化传入所致。

秦汉时期挹娄的经济文化类型具有畜牧、农业、狩猎。⑤《后汉书·挹娄列传》云：挹娄"有五谷、牛、马、麻布"。"其俗好养猪，食其肉。"又"东夷饮食类皆用俎豆，唯挹娄独无"。这说明他们的食品和其他族不同。

西域乌孙人"不田作种树，随畜逐水草，与匈奴同俗"⑥。新疆伊犁河流域汉代乌孙人的土墩墓的封土堆内经常发现马、羊、狗的骨骼，与文献记载相吻合。但陶器和铁犁铧的发现，反映当时已过着定居的生活，并有一定的农业。⑦这说明乌孙人除食马、羊、狗等畜肉外，亦食一些谷类。准噶尔盆地国家和塔里木盆地少数国家饮食结构与乌孙相同。

---

① 参见林幹《东胡史》，内蒙古人民出版社 1989 年版，第 9 页。
② 《后汉书》卷九〇《乌桓鲜卑列传》。
③ 同上。
④ 孙进已：《东北各民族文化交流史》，春风文艺出版社 1992 年版，第 85 页。
⑤ 同上书，第 99 页。
⑥ 《汉书》卷九六《西域传》。
⑦ 中国社会科学院考古研究所：《新中国的考古发现和研究》，第 486 页。

冉駹夷"土地刚卤，不生谷粟麻菽，唯以麦为资，而宜畜牧"①。这说明冉駹夷的食品以畜肉为主，以麦为副。

羌人"所居无常，依随水草。地少五谷，以产牧为业"②。又，"多禽兽，以射猎为事"。可见羌人是以畜牧和狩猎为业的。此外，"羌田""羌麦"屡见记载。这说明农业是存在的。由此可以推论，羌人以食畜肉为主，也吃麦等粮食。

主要分布在洱海地区的昆明人族属"氐类"。《史记·西南夷列传》称其"皆编发，随畜迁徙，毋常处，毋君长"。据此，可知昆明人的畜牧经济较发达，但也存在以稻作为主的农业经济。《华阳国志·南中志》明确指出昆明人居住的洱海地区"土地有稻田、畜牧，但不蚕桑"。因此，学者认为："洱海地区的昆明人是农畜并重的，只不过区内各地或许视环境的差异而在农畜之间有所侧重而已。"③

这种饮食结构有合理的一面。因为这种饮食结构的主体是肉类和奶类，而肉类含有丰富的高质量的且易为人类吸收的蛋白质。至于乳类，则含有丰富的钙质、核黄素和维生素 A、D。这种饮食结构又有不合理的一面，因为它缺乏蔬菜、水果。而蔬菜和水果含有丰富的水分、维生素、矿物质、纤维素，是膳食中胡萝卜素、维生素 B2、维生素 C，以及钙、磷、铁、镁、钾、钠的主要来源，在体内代谢过程中形成碱性物质，能够与肉类、谷类等成酸食物中和，以保持人体内的酸碱平衡。

第二种类型是以粟类为主，肉类、蔬菜、水果为辅。

高句丽属于农业经济文化类型④。《后汉书·高句丽列传》云：高句丽"多大山深谷，无原泽，随山谷以为居，无良田，虽

①　《后汉书》卷八〇《南蛮西南夷列传》。

②　《后汉书》卷八七《西羌传》。

③　林超民、秦树才：《秦汉时期西南夷新论》，未刊稿。

④　孙进已：《东北各民族文化交流史》，第 90 页。

力不足以实腹。其俗节食"。"无大仓库，家家自有小仓，名之为桴京"。可见人们的饮食生活来源主要依赖农业，家家都有小仓以储存粮食。但由于自然条件的限制，还不能吃饱饭，因此俗尚节省吃的。又，《三国志·魏书·高句丽传》载："其人洁清自喜，善藏酿。"这反映高句丽人讲究卫生，喜欢喝酒。

西域塔里木盆地国家多以城郭为中心，兼营农牧。如大宛，"其俗土著，耕田，田稻麦。有蒲陶（葡萄）酒。多善马，马汗血，其先天子马也"①。可见大宛人以稻、麦为主食，饮葡萄酒，亦食畜肉。

居延人们的饮食，谷类吃的是米（粟）、大麦、黍、稷、秔麦、矿麦、糜、䅽、穬、秫、黄米、豆、胡麻等类；肉类有牛、羊、豚、鸡、鱼类；蔬菜有大薯、韭、葱、芜青、大荠、戎芥等类；调味有豉、姜、桂等类。盐酒之外，又有造酒的曲。②

僰人作为羌之分支，其分布经过了一个漫长的迁徙过程，先由河湟地区向南迁入四川岷江与青衣江之间一带（今雅安地区），后再沿岷江南徙入犍为郡。③ 首任犍为属国都尉文齐在任职期间"穿龙池，溉稻田，为民兴利"，④ 促进了当地僰人农业的发展。僰人有发达的灌溉农业。夜郎、邛都（在滇之北）"皆……耕田，有邑聚"⑤。又，分布在永昌郡的哀牢人"土地沃美，宜五谷、蚕桑"⑥。上述少数民族都过着定居的农业生活。考古材料表明：他

---

① 《史记》卷一二三《大宛列传》。

② 陈直：《两汉经济史料论丛》；徐乐尧：《居延汉简所见的市》，载《秦汉简牍论文集》，甘肃人民出版社 1989 年版。

③ 参见方国瑜《古代云南之居民与发展》，载《方国瑜文集》第 1 集，云南教育出版社 1994 年版，第 18 页；林超民：《僰人的族属与迁徙》，《思想战线》1982 年第 5 期。

④ 《华阳国志》卷四《南中志》。

⑤ 《史记》卷一一六《西南夷列传》。

⑥ 《后汉书》卷八〇《南蛮西南夷列传》。

们食稻、大豆等农作物。①

上述饮食结构有合理的一面。因为这种饮食结构以谷类为主，水果、蔬菜、肉类为辅，互相补充，相得益彰，使食品多样化。而不同的食物中所含的营养素的种类、数量、组合比例以及它们本身的品质是不同的。只有摄取多种食物，才能取得人们赖以维持生命并保证健康所必需的全部营养素——蛋白质、脂肪、糖（碳水化合物）、各种矿物元素、多种维生素等五大类和水，并保证人体内的酸碱平衡。

这种饮食结构又有不合理的一面。它是低级的、简单的、幼稚的饮食结构。因为这种饮食结构的主体是五谷，而五谷，虽然能供给人们一部分蛋白质，但是质量不够好，"必需"的氨基酸少，即称为"不足价蛋白质"或"不完全蛋白质"。加以这种蛋白质由于纤维素包围的关系，被吸收的程度差，因而营养价值低，被称为低蛋白。而含有质量好的蛋白质，可以弥补粮食缺欠的肉类，只是辅助食物之一。至于营养丰富的乳类，一般没有。在这种情况下，尽管豆类食物含有较高的蛋白质，其质量也还不错，但是，营养素的摄取还是不平衡，糖类的摄入过多，而优质蛋白、钙、核黄素和维生素 A 的摄入不足，铁的吸收率也较低。由于蛋白质的摄入量不足，脑物质中的儿茶酚胺浓度不够，去甲肾上腺素传递迟缓，注意力和耐力较弱，这不利于人体素质和寿命的延长。②

二　边郡的服饰

服饰是民族文化中最具特色的部分。由于各少数民族所在地区的地理环境、气候、资源和物产的不同，以及受文化传统（如

---

① 《威宁中水汉墓》，《考古学报》1981 年第 2 期。
② 《中华文明史》第 3 卷，第 687—688 页。

风俗习惯、审美情趣)、民族心理、生产力发展水平、创造能力等
多方面因素的影响，秦汉时期边郡各少数民族的衣着互不雷同，
各具特色。但大体上可分为以动物的皮毛为主和以布棉类为主两
大类型。

(二) 以动物皮毛为主的衣着类型

居住在高原和山区的游牧、渔猎民族，受单一物产资源的影
响，适应御寒的需要，逐渐形成了这一衣着消费特色。

乌桓人"以毛毳为衣"①。鲜卑"习俗与乌桓同"②。其中当包
括服饰习俗。"又有貂、豽、鼲子，皮毛柔蝡，故天下以为名
裘。"③ 这名裘当为贵族所穿着。

挹娄气候寒冷。他们习惯上喜欢穿猪的皮，冬天用猪油涂在
身上，厚有好几分，用来抵御风寒。夏天则赤身露体，只用少量
麻布做一裤衩，蔽其前后。④

匈奴人"衣皮革，被毡裘"⑤。满城一号汉墓出土的匈奴官吏
当户跪擎铜灯的"铜俑服饰似属胡服，短衣直襟左袒……手有臂
褠，脚着长靴"⑥。在蒙古也出土了匈奴人的长衣、裤子、长筒靴
和帽子。据外国学者研究，这些衣服，制作考究，威严而优美，
大概是王或王后的礼服；两件长衣加内裆，制作合身，颇稍松弛，
和承担运动量，这非常适合骑马民族；裤腿较瘦，帽子呈尖顶或
椭圆形，帽带护耳，以貂皮贴边，当是为了保暖御寒。⑦ 匈奴在战
争时期穿革笴（皮制的铠甲），大概也穿铁铠甲。

---

① 《后汉书》卷九〇《乌桓鲜卑列传》。
② 同上。
③ 同上。
④ 《三国志》卷三〇《魏书》三十。
⑤ 《汉书》卷九四《匈奴传》。
⑥ 《满城汉墓发掘报告》，第71页。
⑦ 详见加藤定子《关于古代衣服的研究——诺音乌拉六号匈奴墓出土的长衣》；
策·道尔吉苏荣《北匈奴》。

匈奴的发式有椎结。《汉书·李广苏建传》载李陵、卫律"持牛酒劳汉使,博饮,两人皆胡服椎结"。除椎结外,还有披发。《淮南子·齐俗训》云:"胡、貊、匈奴之国,纵体拖发。"所谓"拖发",林干先生指出:"拖发"就是披发①,即把头发拖向身后,或垂于肩,或垂于背,并在发端束一个结。②陕西长安县客省庄104号战国晚期匈奴墓出土一件透雕铜饰,雕刻二人二马,二人作相扑戏,其发式都从头顶拖向背后,束以一结。③

西域的大月氏、乌孙"与匈奴同俗"④。其服饰消费风俗当与匈奴同。而休循、捐毒、尉头等国"衣服类乌孙"⑤。

羌人穿皮毛,亦用布制衣。⑥

2. 以麻布、葛布和绢帛为主的衣着类型

夫余人在国内穿衣崇尚白色,为白布大袖。身穿袍子、裤子、脚穿兽皮鞋子。出国时则崇尚穿缯、绣、锦、罽等丝织绣花衣服,大人加穿狐狸、狖白、黑貂之皮做的皮衣,并用金、银装饰帽子。该国出产赤玉、美珠,大的珠子像酸枣般大。府库中有几代人的玉璧、珪瓒。⑦当为王后贵族所佩戴。上述表明夫余人的服饰深受中原汉人的影响。

高句丽的服饰,据《三国志·高句丽传》载:"其公会,衣服皆锦锈金银以自饰,大加主簿头著帻,如帻而无后,其小加著折风,形如弁。"表明高句丽的服饰,模仿中原,但又有自己的特点,且和夫余有较大区别。同时,他们在公共场合,非常注重衣服的装饰。

---

① 参见林干《匈奴通史》,人民出版社1986年版,第181页。

② 参见马长寿《氐与羌》,上海人民出版社1984年版,第210页;《北狄与匈奴》,生活·读书·新知三联书店1962年版,第75页。

③ 《1955—1957年陕西长安沣西发掘简报》,《考古》1959年第10期。

④ 《汉书》卷九六《西域传》。

⑤ 同上。

⑥ 参考《中国大百科全书·中国历史卷·秦汉史》,第122页。

⑦ 《三国志》卷三〇《魏书》三十。

东沃沮人的衣服与高句丽相似①。

涉人以麻布、丝绵为衣料，所穿衣服与高句丽有别，男女都穿圆领外衣，男人系有宽数寸的银花装饰，不把珠玉作为珍宝。②

新疆民丰县的尼雅遗址，在西汉时为精绝国，东汉初则属鄯善。在尼雅遗址发现了一些墓葬，其中一座为贵族墓，女主人头发多辫，戴指环，佩项链，身上穿的都是丝织品。有些锦绸上还织有"万世如意""延年益寿大宜子孙"等隶书字样。③

居延等西北边郡士卒所穿服装，由官府给，种类为袍、单衣、襦、襜褕、袭、绔、袜、履等。此外，戍卒多带有衣囊。

夜郎、滇、邛都"皆椎结"。④ 所谓"椎结"就是盘发于顶。威宁中水区 22 号墓的死者，头插两根铜制的长发钗，可视为夜郎"椎髻之民"的真实形象。从赫章可乐、威宁中水等地发现的墓的随葬品看，知上述夷人头插发钗，手套镯，佩戴各种扣饰以及玉石珠饰，使用牛头形带钩和条形木梳。

滇人的社会性质是处于奴隶占有制的早期阶段。出土的贮贝器盖上雕铸的各种人物表明：奴隶主的服装与奴隶显著不同。滇人女奴主挽银锭式发髻，穿宽大的对襟外衣，臂套扁形镯，耳戴"叠片式"环。男子作螺形髻，衣袖甚短，腰间束带，带前饰圆形扣，臂、耳也分别戴镯、环；奴隶主加帔巾；奴隶梳发辫或披发。不论性别、贵贱，无不跣足。⑤

莋都夷，其人皆被发左衽。⑥

槃瓠蛮能"织积木皮，染以草实"⑦。其衣服五彩斑斓，赤髀

---

① 《三国志》卷三〇《魏书》三十。

② 同上。

③ 参考《建国以来新疆考古的主要收获》，载《文物考古工作三十年》，第 174 页；《新中国的考古发展和研究》，第 485 页。

④ 《史记》卷一一六《西南夷列传》。

⑤ 《新中国的考古发现和研究》，第 489 页。

⑥ 《后汉书》卷八〇《南蛮西南夷列传》。

⑦ 同上。

横裙，以枲束发，群长冠用獭皮。

哀牢人"土地沃美，宜五谷、蚕桑。知染采文绣"①。著名的织品有罽氍、帛叠、兰干细布和桐华布。其俗穿鼻儋耳（雕刻颊皮，上连耳郭），镂身文身。

关于越人的服饰，《史记·越世家》云："夫剪发文身，错臂左衽，瓯越之民也。"《战国策·赵策二》也有相近的记载："被发文身，错臂左衽，瓯越之民也。""被发"即"剪发"，也就是断发。这说明：越人不蓄长发，短发是越人的习俗。越人的短发经梳理后成为"被发""髽鬐"和"椎髻"等发式。② 其中"被发"就是披发于后，或垂于肩，或垂于背，"椎髻"或称"独髻"，是说"为髻一撮似椎而结之"。③ "文身"，据《春秋谷梁传》哀公十三年范宁注："刻划其身以为文也。""错臂"，《索引》云："谓以丹青错其臂。""左衽"，右襟压左襟，在左腋下挽结。岭南一带的越人是穿桶裙的，即服布如单被，穿中央为贯头，"以布贯头而著之"。④ 考古发掘表明：百越人衣绸、麻布、纱衣、织棉等。⑤

三　边郡的居住

由于边郡民居建筑的形成和发展主要受社会因素（包括社会生产力、社会意识、民族差异、宗教信仰和风俗习惯、审美观念等等）和自然因素（主要是地理位置、地形地貌、气候条件、材料资源等）两个方面的影响，各民族在建筑形式上存在着较大的

---

① 《后汉书》卷八〇《南蛮西南夷列传》。
② 徐恒彬：《断发文身考》，《民族研究》1982年第4期。
③ 《史记》卷九七《陆贾列传》《索隐》注。
④ 《后汉书》卷八〇《南蛮西南夷列传》。
⑤ 刘诗忠等：《贵溪崖墓所反映的武夷山地区古越族的族属及文化特征》，《文物》1980年第11期。

差别。北方不同于南方，牧区不同于农区，山地不同于平原。

各民族在边郡的建筑形式主要有以下七种。

（一）穹庐

一称"穷庐"，俗称"毡称"。《盐铁论·论功》云："匈奴织柳为室，旃席为盖。"可见它是内撑以木架、木栅，外包以毛毡，缚以毛绳，其形如穹庐，能够拆卸转移的住室，具有适应自然环境和生产生活需要的特点。这种毡包式居住消费风俗主要盛行于秦汉时期的游牧渔猎民族。如乌桓、鲜卑、匈奴、大月氏、休循、捐毒、尉头、乌孙等。据文献记载，乌桓的穹庐"东开向日"①。乌孙的穹庐以旃为墙②。

类似穹庐的是庐帐。庐帐即帐篷，是帐幕做的房子。东汉时，西域的蒲类国、东且弥国皆"庐帐而居，逐水草，颇知田作"③。

（二）穴居

我国古代穴居除在黄河流域有发现外，在少数民族居住的东北边远地区也有存在。《三国志·魏书·乌丸鲜卑东夷传》云：挹娄住房"处山木之间，常穴居，大家深九梯，以多为好"。又，文献和考古材料表明，北沃沮人亦穴居④，应与他们所处地区特别寒冷有关。

（三）石室

石室独特而精湛。《汉书·西域传》载乌秅国"山居，田石间……累石为室"。又，《后汉书·西南夷传》载，汶山郡的冉駹

---

① 《后汉书》卷九〇《乌桓鲜卑列传》。
② 《汉书》卷九六《西域传》。
③ 《后汉书》卷八八《西域传》。
④ 详见孙进己《东北各民族文化交流史》，春风文艺出版社 1992 年版，第 96—97 页。

夷"皆依山居止，累石为室，高者至十余丈，为邛笼"。按："邛笼"，即碉楼。屋以居人，碉以自卫，其功能各异。

（四）干栏

出土文物考古资料表明：干栏建筑是滇、夜郎、邛都等西南夷人和百越民族的居住建筑形式。① 学者认为：干栏"一般是指房屋建于平台（托架）之上，其下以木柱构成底架，使房屋底面离开地面。原始时期的底架多采用打桩深埋柱的做法，秦汉时期也有采用以砾石垫墓立柱的做法，即将木柱立于地面之上，不埋于柱洞或土中"②。干栏的特点为：一是底部悬空；二是正脊的两头翘起，并长于屋檐；三是屋顶的结构作两面坡式。③ 干栏式房屋有高干栏和低干栏之分④。高干栏建筑底架一般距地表较高，底间用以圈养家畜、家禽和堆放什物，楼上则铺设木板用以居人；低干栏建筑一般底架距地表较低，其主要作用大概仅为防潮。干栏不仅形式多样，各具特色，而且有的规模巨大，如福建崇安汉城村闽越国都城⑤高胡坪宫殿遗址的干栏式建筑就是这样。

需要说明的是，边郡少数民族的居住建筑受到先进的中原文化的影响，并发生了作用。如匈奴有汉式宫殿建筑群。⑥ 中原宗法制的崇神祭祖观念对少数民族民居的平面布局、房间构成和规模大小有着深刻的影响。如高句丽在居地左右两边修起大屋，祭奠神鬼，并祭祀灵星、社稷⑦；而滇人的"干栏式"房屋不但作居

---

① 参考《新中国的考古和发现》，第489页。

② 蒋炳钊等：《百越民族文化》，学林出版社1988年版，第210页。

③ 刘诗忠等：《贵溪崖墓所反映的武夷山地区古越族的族属及文化特征》，《文物》1980年第11期。

④ 林蔚文：《古代东南越人建筑述略》，《中南民族学院学报》1985年第4期。

⑤ 林蔚文：《崇安汉城的外来因素及其评估》，《考古》1993年第2期。

⑥ 详见周连宽《苏联南西伯利亚所发现的中国宫殿遗址》，《考古学报》1956年第4期。

⑦ 《三国志》卷三十《魏书·乌丸鲜卑东夷传》。

室，同时也作祭坛。①

汉族在居延等西北边郡的居住建筑形式，据现有材料，候长、
燧长等官吏及其家属居住在里中之舍里，而戍卒居住在坞内房屋
之中。

（五）里

即土筑的城堡。据美籍学者张椿树等人的研究，里有以下四
个基本特征。即：（1）建筑布局整齐划一，设计严密而合理；
（2）有外围墙，并筑有四五座（或更多）门，门或以数字编号，
或以文字命名；（3）里中建筑井然有序，以有专名的道路为网络，
将居舍划分为若干有编号的区；（4）每家的门口向东或向南。②

（六）坞

一称壁、营等。考古发掘表明：居延地区的坞呈方形，约
47.5×45.5 米，坞四周 3 米以内地面，埋设 4 排尖木桩，沟距 70
厘米，整高 33 厘米，三角形排列。这便是史书和汉简上所说的
"虎落""强落"。坞内房屋有 37 间，东侧一组包括吏卒住室、灶
屋和文书档案室，在坞南 50 米处，有一侯官专用的烽燧。③

（七）楼

1984 年，在云南大理下关西大展屯村一座东汉墓中，出土一
个与内地汉代庄园门楼相类似的门楼模型，楼凡三层，有斗栱与
底檐。④ 既有门楼，当有楼房。

---

① 参考《新中国的考古发现和研究》，第 491 页。

② 何双全：《〈汉简·乡里志〉及其研究》，载《秦汉简牍论文集》，甘肃人民出
版社 1989 年版。

③ 甘肃居延考古队：《居延汉代遗址的发掘和新出土的简册文物》，《文物》1978
年第 1 期。

④ 大理州文管所等：《大理市一号汉墓清理简报》，《云南文物》1984 年第 15 期。

四 边郡的交通工具

由于自然环境和生产力发展水平的不同，秦汉时期边郡各族的交通工具是有差别的。

匈奴人往往以马、骡、驴、骆驼为代步和运输的工具。马备鞍。诺彦乌拉六号墓出土的马鞍呈四方形，既宽又大。这大概是因为马鞍宽大，人和马才能轻松自如，不易疲劳，又适应经常的马背上的生活需要。[①]

主要交通工具除马等牲畜外，还有车。匈奴车的特点，是"无银黄丝漆之饰，素成而务坚"[②]，即坚固而无华。有专门的制车工场，主要原料是成材的大木。匈奴的车是用马驾的。车被广泛应用于日常生活和军事运输。汉同匈奴作战，一次缴获匈奴车辆动辄以千计算[③]，可见匈奴拥有的车辆之多，其运输能力应是相当可观的。

匈奴也拥有水上运输工具——船。匈奴的船以马皮制造，名叫"马革船"。但其主要运输工具则是牲畜和车。

关于秦汉时期西南夷的交通，有关材料甚少。《后汉书·哀牢传》记载，其王贤栗，遣兵乘箪船南下江汉，击附塞鹿茤夷。箪船，即今之竹木筏。[④] 又，云南晋宁石寨山滇墓出土的青铜铸像场面表明：女奴隶主坐肩舆出行，而奴隶则是徒步的。[⑤]

此外，在濒海的广西合浦东汉墓中，出土了陶牛和陶牛车，

---

① 见于右任《考察外蒙古谢图汗部诺彦山下苏珠克图地方二百二十古墓记》，《新亚细亚》1932 年第 5 期。

② 《盐铁论》卷九《论功》。

③ 见《后汉书》卷一九《耿夔列传》、卷八一八《西域传》车师条。

④ 参考吕思勉《秦汉史》，上海古籍出版社 1983 年版，第 614 页。

⑤ 参考《新中国的考古发现和研究》，第 489 页。

可知在广西的一些地区已广泛使用畜力拉车。①

百越（根据其语言、习俗和地域的差异，秦汉时的越人依当时的称谓可分为瓯闽、南越、西瓯、雒越）既修筑了大道与中原相连，又在江河和海上开辟了水路。船是主要的交通工具。史载"适越者，坐而至；有舟也"②。而吴国"不能一日而废舟楫之用"③。

汉代居延地区的交通工具，有车有马。日本学者森鹿三先生认为，"起码在西汉，还同时存在着驾车和骑乘这两种使用马的方法"，"传马就是驾车之马"，即用以拉车的马，是由车站供给的。"要得到这样的马，必须持有政府发给的使用证件，这种证件，原则上只限官吏用于公务"。驿马是每隔三十里准备替换用的马。是传达公文的快速乘马。此时传车正向骑乘演变过渡。东汉以后，传车就渐渐不用了。④

综上所述，可以得出以下六点结论。

1. 秦汉时期边郡各族都是当时中华民族大家庭的一员，曾以自己的勤劳和智慧，为创造光辉灿烂的秦汉文明，作出了卓越的贡献。

2. 人们的衣、食、住、行等属于社会物质生活的范畴，其形成的状况同时代、地区、地形、气候、生态、物产和民族风俗传统等有直接关系。而同一民族在不同的时代可以有相当大的变迁。这说明在同样的地理环境和自然条件下它可以有不同的表现。从中就可以看到其精神活动的轨迹。从这个意义上说，衣、食、住、行都是精神生产的一种结果。

3. 边郡各少数民族在衣、食、住、行上有同也有异。其异，

---

① 参考方铁等《中国西南边疆开发史》，云南人民出版社 1997 年版，第 80 页。

② 《吕氏春秋·慎大览第三·贵因》。

③ 顾栋高：《春秋大事表》卷三三。

④ ［日］森鹿三著，姜镇庆译：《论居延所见的马》，载《简牍研究译丛》第一辑，中国社会科学出版社 1983 年版。

概括地说，是地区的和民族的不同造成的。如百越民族过着稳定的农业生活，生活节奏慢，所以饮食比较复杂细致；而匈奴民族过着不稳定的马背游牧生活，生活节奏快，所以饮食比较简单粗糙。其同，如西南夷和匈奴的发式皆有椎髻和披发，则当是通过位于它们之间的中央王朝这个中介相互影响的结果，也可能与民俗传承有关。

4. 西南夷一带，由于各地经济、文化发展的不平衡性，因而在社会物质生活上，存在着地区性的差异。如在服饰上，滇人的对襟外衣、臂镯耳环，槃瓠蛮的五彩衣服、赤髀横裙，哀牢人的穿鼻儋耳、镂身文身，各具风采。

5. 边郡各少数民族虽然各有其自身发展的历史和独特的文化，但是都与其他民族，尤其是与中原汉族有着密切的交往与联系。它们都受到先进的中原文化的影响，如滇东、滇中和贵州地区出土草叶纹镜、照明镜、日光镜、百乳镜等用于照面的铜镜，为典型的汉式铜镜，当是由内地传入。[1] 同时中原民族也汲取了它们的文化精华，从而丰富了自己的物质文化和精神文化。如岭南出产的龙眼、荔枝、橘、柚等水果，源源运往内地，不仅供汉宫廷享用，百姓也得常食，以至"民间厌橘柚"。[2] 由此可见，民族间文化的交流往往是双向的，文化的传播一般也是双向的。

6. 边郡民族还是中国和域外各民族交往的中介。其中特别是北方草原民族的中介，把中国美丽而柔软的丝绸传向亚洲、欧洲各地。而来自域外的怪兽珍禽、名香异草以及饮食、服饰、家具等也传入了中国，除了陆上丝绸之路，还有海上丝绸之路，我国东南沿海的百越民族素以擅长航海见称，和东南亚各地早有联系。秦汉以来，番禺（今广州）成为南方海内外所产果品、棉布、犀

---

① 参考方铁等《中国西南边疆开发史》，第78页。
② 桓宽：《盐铁论》卷三《未通》。

象、珠玑的集散地。而附近的徐闻、合浦，连同汉代所属日南郡的边塞，则发展成远航印度洋的启航港。

（原载中国秦汉史学会编《秦汉史论丛》第八辑，

云南大学出版社 2001 年版）

秦汉社会生活器具文化概说

　　器具，是中华文明史研究的重要对象之一，在历史的长河里，作为文物的器具是幸存者，因为只有它们才突破了时间和空间的限制，从一个方面给后人展示古代人类社会生活的实相。

　　秦汉时代的社会生活器具五彩缤纷，其中漆器、铜镜等，在造型、纹饰、技巧和意境上，都极端精美，使后人瞠目结舌，叹为观止。秦汉器具具体地显现出了人间力量及其对物质世界的改造和艺术性的更新。

　　秦汉时代的社会生活器具，按质料分，有铁器、铜器、金银器、陶瓷器、漆器、玉器等。按用途分，有炊具、食器、家具、灯具、文具、梳具等。

一　炊具的种类及功能

　　秦汉炊具主要有厨刀、釜、镬、甑、灶等。

　　汉代的厨刀从别的各种刀类中分化出来，专门按庖厨的需要而制造，当时由于炼钢技术的发明与百炼钢工艺的日益成熟，钢制厨刀显著增多，给屠宰和烹调业的切割提供了新的坚硬锐利的工具。

　　釜作扁圆腹，圜底，可放在灶眼上，甑作敞口，外折平口沿，器底有箅孔，放在釜上，用以蒸食物。釜、甑有陶制的，也有铜制和铁制的，其中铁釜在汉代广泛使用。河南南阳房庄发现的一件大铁镬，直径达 2 米左右，可能是煮盐用的。铁镬和铁釜，能耐高温，有利于蒸、煮、炖、炒，为炊事提供了方便。

灶的形状一般为立体长方形，前有灶门，中为灶面，后为烟囱。灶面有大灶眼一个，小灶眼一个至两个。灶眼上置釜或镬。洛阳烧沟西 14 号汉墓出土的陶灶和宁夏银川平吉堡汉墓出土的陶灶，其灶眼上都是放釜的。这种多火眼的陶灶，较之战国以前常用的地灶和单火眼陶灶，是一大进步，因为它既省能源，又可有多种用途，在同一时间内，烧水、煮饭、炒菜三不误，堪称方便。这时炉灶的烟突（烟囱）也有革新，战国以前的那种往往漏火成灾的直突不见了，代之而起的是曲突（突口穿出墙外）和高突（突口高出屋顶），高突不仅能防火，而且可避免因烟尘在室内的散溢而引起的污染，还能提高烹饪的速度和质量。

此外，汉代还有一种简易炉灶——铁三脚架，放在石板火塘或耐火砖上，架上可置釜以烹煮，同时又能围坐取暖。由于火塘里空气流通，所以柴火得以彻底燃烧，减少烟熏。

汉代的炊具还有甗、镘、鏊、镶斗等，一般为铜制，其中有的系继承前代的形制而略有改变，有的为汉代所新创。

当时烹煮一般用柴草，也有烧牛矢的。《太平御览》卷八五〇引应璩《薪诗》曰："灶下炊牛矢，甑中应豆饭。"考古发现和文献记载表明，汉代已知用煤（当时称为"石炭"）、石油和天然煤气作燃料，其中煤用于冶炼，天然煤气用以煮盐，但是否用于炊饭，尚难确定。

二　饮食器具的种类及用途

所谓"饮食器"，是指吃喝的器具，包括食器、水器、酒器及用作储藏的容器等。一般人使用的饮食器是陶制，但青瓷器开始逐渐普及，富贵人家使用的饮食器少量的是铜制，大量的则是轻巧美观的漆器。此外，也有金、银制的。

秦汉的陶制饮食器，一般呈青灰色，火候均匀，质地坚实。凡属圆形的容器，多系轮制，形态规整，表面光滑。秦代的饮食陶器有瓮、罐、钵、茧形壶、蒜头壶等。汉代的饮食陶器，数量大、流行时间长的是瓮、罐、盆、樽、盘、碗、鼎、钟等，仅见于西汉的有钫、豆、"鸭蛋形壶"等。需要指出的是，汉代在长江以南流行硬陶，它较之灰陶，烧成温度更高，陶质更坚硬，其种类有瓮、罐、壶、盒、碗等，其中匏形壶、三足罐、四联罐或五联罐等，在形态上具有显著的地方色彩。而东汉后期，在浙江、安徽、江苏、河南、湖北、四川、广东等地，开始出现青瓷器，器形主要是罐，此外还有盂、瓿、钵、碗、盘、壶、杯、鼎等，大都质地纯净，胎质坚实，细腻莹润，釉色光亮，说明青瓷的制作技术已相当成熟。

秦代的青铜制饮食器，据云梦睡虎地秦墓的考古发现，种类有鼎、盒、壶、鍪、勺、匕、盘等，一般造型新颖别致，大小比例得当。其中鍪和蒜头壶是秦文化的典型器物。[①] 汉代的铜制饮食器主要是鼎、钟、壶、钫等，它们继承前代的形制而略有改变。其中钫只流行于西汉。此外还有盘、杯、樽、卮、鉴、铜等，在形制上都具有汉代特点。周代流行的豆在西汉时尚偶有所见。

秦代的漆器在湖北云梦睡虎地出土。其中饮食器有扁壶、耳杯、盂、勺、匕、卮等几种。一般为薄木胎。根据器类和用途的不同，而进行巧妙的艺术加工。既实用，又美观，造型各异。漆器多内红外黑，在黑地上用红、褐漆和金色绘出连续萦回的凤纹、鸟纹、云气纹、卷云纹、柿蒂纹、变形凤鸟和各种几何纹。其中有的继承战国作风，有的是独创。漆盂中的一件，在黑漆的盂心，

---

① 《云梦睡虎地秦墓》，文物出版社1981年版。

用朱漆绘二鱼一凤，在口沿上绘波浪纹和点纹，以象征水，亦有写实感。①

汉代的漆器在战国、秦漆器的基础上有了长足的发展，其产地之广、数量之多、传播之远，都是前所未有的。其中髹漆的饮食器皿有鼎、壶、钫、盂、卮、杯、盘、勺、匕等。有的器物与战国的相似，有的形制、技法则为战国所未见，具有汉代的特色。如甘肃武威出土的漆葫芦（可能是装酒用的）、广州龙生岗出土的漆匏勺，就是前所未有的新品种，漆器的胎质，主要有木胎和夹纻胎两种。也有少数为竹胎。木胎的制法有轮旋、割削和剜凿、卷制三种，不同的器形分别采用不同的方法。就器形而言，能从实用出发，做到大小具备，新颖精巧。如马王堆3号墓出土的六个漆盘，最大的一个直径达73.5厘米、高13厘米，马王堆1号墓出土的镟木胎大平盘，直径达59.6厘米，镟木胎钟高达57厘米，要镟出这样大型的器物，确实需要高超的技术。马王堆一只汉墓出土的耳杯盒，内套装耳杯七具，六具顺叠，一具反扣，扣合紧密，填满了盒内空间，可称设计绝巧。漆器的颜色多是黑红或紫红的，色彩鲜艳，花纹美丽，装饰精致。在漆器上旋花纹，有漆绘、油彩、针刻、贴金银箔等方法。西汉中期以后，流行在盘、樽等器物的口沿上镶镀金或镀银的铜箍，在杯的双耳上镶镀金的铜壳，这就是"银口黄耳"或"釦器"。有些漆器如樽的盖上常附有镀金的铜饰，有的还镶嵌水晶或琉璃珠。漆器制作，工序复杂，分工很细，有"素工""髹工""上工""铜耳黄涂工"或"铜扣黄涂工""画工""泪工""清工""造工"等。扬雄《蜀都赋》云"雕镌钿器（现代雕填及镶螺钿的前身），万技千工"，《盐铁论·散不足》云"一杯棬用百人之力，一屏风就万人之功"，就是说的这种情况。因此漆器是珍贵的器物，只有皇室、贵

---

① 《云梦睡虎地秦墓》，文物出版社1981年版。

族、官僚、富商家里才使用，即所谓"富者银扣黄耳，金壘玉钟，中者野王纻器，金错蜀杯"①。作饮食器皿，漆器比青铜器更具优越性，所以为汉代统治阶级所爱好，制作极盛，数量甚大，在一定程度上取代了青铜容器。

秦汉统治阶级还使用金银食器，以满足其奢侈享乐生活的需要。出土文物提供了实证。如1979年山东省淄博市窝托村附近古墓陪葬坑出土一件罕见的大银盘，口径37厘米、高5.6厘米，盘内外装饰华丽的龙凤纹，錾花部分均鎏金，制作精细。盘外底部刻有铭文，共47字，其中有"御羞"二字，说明该盘主人的身份地位相当显赫，可能与当时帝室有密切关系。②1976年广西贵县罗泊湾1号汉墓出土银碗、银碟各一件，其主人可能是西汉初年岭南割据政权南越的高级官吏。

三　梳妆器具的种类及功能

秦汉的梳妆器具，种类繁多。其中主要有铜镜、梳篦、簪笄、奁、盒等。

铜镜是照面饰容修正衣冠的主要用具，它与人们的日常生活关系甚为密切。它又是精美的工艺品，制作精良，外观华美，图纹绚丽，铭文丰富，是我国古代文化宝库的珍品之一。

秦汉是中国铜镜的繁荣鼎盛时期。中国古镜以汉镜的出土数量最多。当时漆器和陶瓷器正日渐取代青铜日用品，而铜镜却获得了重要的发展，成为那时铜铸造品中最多的产品。当时的一般铜镜，呈圆形，镜背中央有用以穿绦带的纽，平均含铜约70%，锡约24%，铅约5%。其中锡的含量与其他铜器相比较高，从而使镜面光亮，宜于映面照容。

① 《盐铁论·散不足》。
② 参见《全国出土文物珍品选·金银器》，文物出版社1987年版。

　　秦代的铜镜上保存着优美的花纹图案，可分为分离式三螭三禽纹、缠绕式三禽三螭纹、细地四兽纹、螭凤纹、飞仙飞龙纹、缠绕式四螭、方胜相连纹等纹式，可见当时雕刻技艺之精。云梦睡虎地九号秦墓出土的武士斗豹纹铜镜，直径 10.4 厘米、缘厚 0.2 厘米。圆形、三弦纹纽。细线勾连雷纹地，上有两个武士，身材匀称，体魄健壮，头挽单髻，赤膊赤足，下着长裤，举盾挥剑，勇猛威武，与虎搏斗，人兽的形象皆栩栩如生，其相斗的场面扣人心弦，可称富有特色的代表作。秦代铜镜基本没有铭文。

　　汉代铜镜的铭文有长短两类。短铭文的有三字句、四字句和六字句等，如"见日之光，天下大明""长宜子孙，位至三公""内清质以昭明，光辉象夫日月"等。长铭文的多为七字句，如"刘氏去，王氏持，天下安宁乐可喜，井田平贫广其志""尚方作竟真大巧，上有仙人不知老，渴饮玉泉饥食枣，浮游天下敖四海"。从王莽的新朝开始，有的铜镜铭文中有了纪年。到东汉时，有纪年铭的铜镜逐渐增多。

　　铜镜的背面的花纹和铭文，既是一种装饰，又是当时的政治、经济、思想文化、社会生活和社会风尚的反映。由于镜背面积较小，其图纹和铭文所选用的题材更具有典型性和代表性，为认识和研究当时社会提供了重要的实物资料。如西汉后期和王莽时期铜镜铭文中，祈祷高官、子孙蕃昌、长生不死的铭辞是常见的吉祥语，这从某个侧面反映了当时某些社会阶层的人生观。而"尚方"铭、纪氏铭、纪地铭以及"善铜"铭的出现，则标志着汉代官私铸镜业的普遍发展和铜镜生产商品化程度的增加，也意味着铜镜使用的逐渐广泛，还说明铜镜的制造中心有洛阳、丹阳、广汉、会稽、吴郡等地。东汉中期以后，铜镜题材中大量吸收了广为流传的西王母和东王公的内容。特别有趣的是在反映神仙世界的图案中，涌现出车马、歌舞等大量反映现实生活的画面。从而集中地再现了当时社会上层既强烈企慕神仙世界，又热情追求现实世界富贵享乐的欲念。

梳篦的总名叫栉。《释名》曰："梳，言其齿疏也；篦，言其细相比也。"它是整理头发和胡子的用具。据《礼记》的记载，男女不共用同一把梳篦。《左传》载秦君使公室怀嬴为在秦国作人质的晋太子圉侍执巾栉，可见至迟到春秋时期已使用梳篦。

秦的梳篦在湖北江陵凤凰山发现。凤凰山 53 号墓出土木梳、木篦各一件，大小相同，均长 7.4 厘米、宽 5.9 厘米、厚 1 厘米，保存比较完整。梳、篦的柄部均呈圆拱形，正反面都有彩绘的人物画像——梳柄正面是贵族进食的场面，反面是舞蹈的场面；篦柄的正面是献酒的场面，反面是"角抵图"。这四幅绘画从表现手法到内容都是现实主义的，它形象生动地反映了封建地主贵族吃喝玩乐的腐朽生活，为研究当时的绘画、舞蹈、体育和社会生活，提供了难得的实物资料。[①]

汉代梳篦在湖南长沙马王堆汉墓出土。其中梳子为木制，呈半椭圆形，弧背。

簪笄，一名钗。《释名》曰："叉，枝也，因形名之也。"它是别着发髻的条状物，用金属、玉石、骨头等制成。先秦女性在成年时，要"及笄"，即在发髻上簪笄，以示到了婚龄。秦汉时犹沿袭此制。《续汉书》曰："贵人助蚕，戴瑇瑁钗。"《华阳国志》曰："涪陵山有大龟，其甲可卜，其缘可作钗，世号灵钗。"后汉崔瑗《三子钗铭》曰："元正上日，百福孔灵，鬓发如云，乃象众星，三珠璜钗，摄媛赞灵。"可见当时钗的用料，或用瑇瑁，或用龟，或用玉，据周天游同志研究，汉代常见的有金雀钗，其形制当与先秦鸟状钗相似。乌状笄十分精美，一端刻有五六厘米大小的上耸冠毛的水鸟。东汉时由于礼承周制，所以贵妇多用金银六笄[②]，即所谓"副笄六珈"制度。《毛诗传》说："副者，后夫

---

① 　详见陈绍棣《秦漆器试探》，《中国生漆》1984 年第 2 期。

② 　林剑鸣等：《秦汉社会文明》，西北大学出版社 1985 年版，第 198 页。

人之首饰，编发为之。笄，衡笄也。珈，笄饰之最盛者，所以别尊卑。""副笄六珈"，就是在发上加扇面形的饰物。皇后头戴假结步摇，"步摇以黄金为山题，贯白珠为桂枝相缪，一爵（雀）九华（花），熊、虎、赤罴、天鹿、辟邪、南山丰大特六兽……诸爵（雀）兽皆以翡翠为毛羽"。[1] 金题，白珠珰鹿，二角者叫辟邪。南山丰大特，即是南山丰水的大牛。用六兽作簪钗上的首饰，并垂之以五彩珠玉，堕步而动摇，所以称步摇。汉代贵族妇女的首饰除步摇外，还有各种珠翡花钗。以炫耀其荣华富贵。庶民百姓家的妇女，只有少数人有簪钗。至于贫苦人家的妇女，甚至连簪钗都没有。当时男子也用笄，多单用，横穿椎髻，或先用小冠将发髻套着，再用笄横过冠下孔中，以使其固定。

奁、盒是放置梳妆用品的容器。湖北云梦睡虎地九号秦墓出土的漆双耳长盒，器形呈椭圆形，由器身与盖扣合而成，盖上与器底的两头均有弧形假足，两头有双耳作把，器表在黑漆地上用红、褐漆绘鸟云纹、鸟头纹、圆圈纹等，而两端的彩绘花纹似兽嘴，造型新颖生动，花纹线条流畅，图案富于变化。而湖南长沙马王堆 1 号汉墓出土的圆奁盒两件，均内漆朱地，外漆黑地，表面绘红彩或作金银色泽的花纹。其中一件为双层奁盒，其直径 35 厘米，上层放丝巾、镜袋、手套等物，下层嵌放九件不同形状的小漆盒，分别放假发、梳篦、毛刷、脂粉等物。另一件为单层奁盒，其直径 33 厘米，内放铜镜一个（带红绢镜套）、大小不一的小圆盒五个，以及梳篦、小刀、毛刷、脂粉、印章等。安徽天长县汉墓出土的鸭嘴柄漆盒，以鸭嘴为关键来开头盒盖，制作很新颖。[2] 铜奁中亦不乏精品。如广州东郊沙河出土的一件汉代铜奁，奁身用宽带纹划分为三段，并用对称的两只衔环铺首，将器身分

---

[1] 《续汉书·舆服志》。
[2] 王世襄：《中国古代漆器》，第 14 页。

为东西两组进行装饰。上段每组各刻画两龙一凤，中段各刻一龙一凤，近底一段用几何形纹交错组成带状图案，盖面作花蕾形，并配以蕉叶纹及凤纹，下有三熊足。刻画精巧，线划细如毫发。又如故宫太和殿陈列的建武廿一年（45）造"鎏金铜奁"，奁身仅有弦纹三道及辅首衔环双耳，三只鎏金足作圆雕式小熊。由于鎏金技术较高，至今仍金光灿灿，耀人眼目。

四　家具的用途及礼俗

所谓家具，就是家庭用具，主要指漆木器。秦汉时的家具种类，有席、几、床、案、屏风等。

秦汉时期，人们席地而坐。席为家居必备之物，一般来说，席以蒲草或蔺草编成。汉文帝"以莞蒲为席"，郭丹"常持蒲编席"。马王堆汉墓出土完整的莞席两件，一件长219厘米、宽81厘米，另一件长222厘米、宽82厘米，席边都用黄绢包缝，边宽20厘米左右。除草席外，还有竹席，其精细的称为簟。《东观汉纪》云："殇帝诏有荏弱平簟。"又，据《西京杂记》的记载，会稽献竹簟供皇帝用，当时称为流黄簟，银川出土的竹席，系用薄篾编皮制而成，席纹呈人字形，色灰，当是民用的样式。当时流行的还有精席。它缀以兽皮（貂皮、熊皮），"杂薰诸香"，为皇室贵族所用。那时讲究室内陈设的人坐重席，即在席上再加上一张席，而贫苦人家往往无席无铺。

几为长方形，矮足。略如时下北方的炕桌。几置于床上，是坐时凭依以助休息的。《艺文类聚》卷六十九《服饰部上·几》引《九州春秋》云："孔融为北海太守，为袁谭所攻，流矢雨集，矛戟内接，然融凭几安坐，读书论文自若也。"又，《续汉书》曰："大将军何进，辟郑玄，玄以进权戚，不敢违意，不得已而诣之。进为设几杖，待之甚优。"帝王还赐几杖表示养尊敬老。如汉平帝赐太师孔光灵寿杖，"令为太师省中坐置几，太师入省中用杖"。①

秦汉的床多无栏杆，北京大葆台汉墓出土的大床即是这样。床基本上是木制，主要是供人坐的。《太平御览》卷七〇六引《后汉书》曰："羊茂为东郡太守，夏日坐一榆木板床。"又，《史记·酷吏列传》说："数年，（朱买臣）坐法废，守长史，见（张）汤，汤坐床上，丞史遇买臣弗为礼。"床还有接见宾客的用途，不过这种床较小，便于搬动，又称榻，通常只坐一人。长者、尊者在榻上施帐。其中特小之榻，配以榻登，用于登大床。《释名》云："榻登施大床之前、小榻之上，所以登床也。"大床布满室内，床上置几。从东汉后期始，胡床从北方少数民族那里传入中国。胡床床面用绳带交叉贯穿而成，可以折叠，颇似而今的马扎，因此又叫绳床、校（交）椅。胡床当时在宫廷和贵族间流行，但仅用于战争和行猎，尚未普遍使用。

案有玉石制和木制之分。以木案居多，形态或长方形，或方形，或圆形，有隔水边沿，案腿纤细，作栅栏状曲棍式、圆柱式、板式等式样。有的则作马腿或兽脚腿式。汉朝的案已逐步加宽加长，或重叠一、二案，陈放器物。案按用途分，有三种。一是食案。一般人使用的案，长1米左右，宽约半米，所以孟光能举案齐眉，以示对丈夫梁鸿的敬重。上层社会的小型宴饮，也用小案，如赵王张敖设宴款待刘邦，"自持案进食"。大案只有在大型宴会上才使用，北京大葆台汉墓出土的一件鎏金漆案即是，该案长约2米、宽约1米，下有四兽腿，十分精致。二是书案。《东观汉纪》卷八《刘玄传》云："（更始）韩夫人尤嗜酒，每侍饮，见常侍奏事，辄怒曰：'帝方对我饮，正用此时持事来乎？'起，抵破书案。"就是一例证。三是奏案。《江表传》云："曹公平荆州，仍欲伐吴，张昭等皆劝迎曹公，唯周瑜鲁肃谏拒之，孙权拔刀斫前

---

① 《汉书·孔光传》。

奏案曰：'诸将复有言迎北军者，与此案同。'"由此可见，奏案为最高统治者专用。

屏风是放在宽敞的室、堂进门不远处，用以挡风或隔断后部视线的一种用具。它有利于在室、堂前居中放置案前家具。一般用木头或竹子做边框，下面装有屏足或底座。框子内蒙以绢帛。屏风或单扇，或多扇，可以折叠，上面统一构图，作绘画、雕刻或文字等予以美饰。由于屏风具有使用和审美的双重价值，所以深为人们所喜爱。

我国至迟在战国时代已使用屏风了。《史记·孟尝君列传》云："孟尝君待客坐语，而屏风后常有侍史，主记君所与客语。"孟尝君为战国时齐国相。这说明当时在社会上层已有在室内安置屏风的习惯。文物考古可与之相印证。1974 年在河北中山王墓中出土的错金银铜虎噬鹿、错金银铜犀、错金银铜牛这三件青铜器就是一个屏风的座足。

秦汉的屏风屡见于文献记载，其种类也有云母屏风、雕镂屏风、素屏风、琉璃屏风、火齐屏风、木画屏风等。屏风上多绘彩画，刻文字，美观而实用。而从辽宁辽阳东汉壁画看，当时的屏风作曲尺形，立于床的后面和侧面。马王堆汉墓出土一木五彩画屏风，其长 72 厘米、宽 62 厘米，当是缩小的模型，因为据遣策所记，其原长 5 尺、高 3 尺。

五　文具的种类及用途

秦汉官吏、儒生的住宅放有书案，以便承文书或书卷，形制较大一些的书案，如孙权拔剑所斫之奏案，还可展阅书卷文字，并可据案书写。

案除放置文书书卷外，还放置文房四宝——笔、墨、砚、纸。笔，滥觞于商。甲骨文上的文字即先用笔写，后用刀刻成的。

战国的毛笔先后在湖南长沙战国木椁墓和河南信阳长台关一号墓内出土。长台关一号墓相当于战国早期，毛笔通长 23.4 厘米、笔锋长 2.5 厘米，笔毫是用绳捆缚在竹竿上，杆径 0.9 厘米。笔头套在竹管内。长沙左家公山 15 号墓相当于战国中期，出土时毛笔全身还套着一支小竹管制成的笔筒，笔杆长 18.5 厘米、径 0.4 厘米、毛长 2.5 厘米。笔毛用最好的兔毫做成，做法是将笔杆的一端劈成数开，把笔毛夹在中间，然后用细丝线缠着，外面再涂一层漆。两相比较，可以看出笔的发展趋势是：笔毛由捆缚在笔杆周围改为插入笔腔，这是适应文化迅速发展对改进书写工具必须提出的要求①。

1975 年，湖北云梦睡虎地十一号秦墓内，出土三支毛笔，竹笔杆镂空而成毛腔，用以插入笔毛。这已与现代毛笔制法基本相同，较之战国时代又有所进步。其中较长的一支，杆长 21.5 厘米、径 0.4 厘米，毛腔里的笔毛长约 2.5 厘米。

1975 年，湖北江陵凤凰山 168 号西汉初期墓内，出土了一支毛笔，与秦笔制法一致。通长 24.8 厘米，笔杆上细下粗，上径 0.3 厘米、下径 0.5 厘米，杆腔里的笔毛已朽。1973 年，地处汉朝西陲的居延肩水金关遗址出土的西汉中期毛笔，其制法与秦笔一致。这说明我国此时笔毛已经定型了。笔毛插入杆腔，能多含墨汁，有效地提高书写数量和质量，这为信息的传播和知识量的积累，都提供了很大的方便。蔡邕《笔赋》云："惟其翰之所生，生于冬季之狡兔，性喜㤿以摽捍，体遄迅以聘步。创文竹以为管，加漆丝之缠束。"可见汉代的笔，笔毫以兔毛为主，而笔管多以竹制作。

墨早在商代已开始使用。1976 年湖北云梦睡虎地 4 号秦墓出土的墨，圆径 2.1 厘米、残高 1.2 厘米。同时出土的有砚和研墨

---

① 朱启新：《古代毛笔的改型与定型》，《光明日报》1989 年 4 月 16 日。

石，砚面和研墨石面均有使用痕迹与墨迹。显然，早期的墨是在磨石上研磨使用的。汉初已能生产成锭、成丸的松烟墨。《汉官仪》云："尚书令、仆丞、郎，月赐渝糜大墨一枚、小墨一枚。"可见当时已能按规格进行成批生产了。著名的产墨之地是右扶风的渝糜（今陕西千阳附近）。此地的工匠以终南山的松树为原料所制之墨皆精品，因此为尚书省所专用。汉代除松烟墨外，还有石墨。《计然万物录》云："石墨出三辅，上石价六十。"又《大戴礼记》所载砚铭曰"石墨相着而黑"，可见这种石墨呈黑色。广州市象岗山南越王墓出土的墨质地细腻，色泽莹润。这说明西汉的墨已有较高的质量。

砚在文房四宝中有着独特的作用和价值，它既是书画的工具，也是精致的工艺品。砚在先秦墓葬内时有出土，多为石质，制作比较简单，用一小块石头稍加工即成研石，另找一块石板磨出一个平面即成砚盘。

我国最早发现的秦代文具砚，是 1973 年在湖北云梦睡虎地 4 号秦墓出土的。砚盘用不规则的鹅卵石加工制成，长 6.8—7.0 厘米、宽 5.3—6.0 厘米、高 2.0 厘米。研石也用鹅卵石加工制成，高 2.2 厘米。

及至汉代，砚的制作逐渐精细，使用砚，大多为石砚，有圆形和椭圆形等。1979 年湖北江陵凤凰山十号墓出土的石砚和 1983 年广州市象岗山南越王墓出土的石砚，均使用天然的扁圆形鹅卵石制成，造型古朴大方，研面光滑如冰。而河南南乐县出土的石砚和湖北江陵凤凰山 168 号墓出土的石砚皆作圆形。前者石质较细腻，呈灰色，砚盖上浮雕九条龙，砚下有三兽形足，设计甚为精巧。后者制作规整，磨制光滑，砚盘径 9.5 厘米、底径 9.8 厘米、厚 1.5—1.6 厘米，研石最大径 5.0 厘米、最小径 3.7 厘米、高 3.5 厘米，皆有墨迹。同墓出土的还有毛笔、无字木牍和近似瓜子形的墨块。这时，砚已与笔、墨、木牍成为配套文具了。砚有盒。1976 年，在山东临沂金雀山 9 号西汉中晚期墓出土了一件漆盒石砚和一支毛笔。漆盒石砚包括砚石、研石和砚盒三部分，盒中还留有若干芝麻粒大小的墨丸，实在弥足珍贵。除石砚外，还有陶砚和夹沙砚。夹沙砚在安徽寿县马家古堆东汉墓出土，它的形制并不精美，只是后来流行的漆沙砚可溯源于此。天子用玉砚或铁砚。当时士人家中皆备砚。《汉书·张安世传》云："安世小男彭祖，彭祖又小与上（汉宣帝——引者）同席研书。"就是一例。

纸的发明是我国科技史上伟大的成就之一。到东汉时期，造纸术又有了长足的进步，出现了用麻类韧皮纤维制造的麻纸，它表面比较光滑，便于书写。汉代虽有纸的发明，但是使用很少。竹木简牍和帛仍是当时的主要书写资料，尤其是竹木简牍。据《后汉书·吴祐列传》的记载，东汉中叶，吴恢任南海太守，"欲杀青简以写经书"，就是一个例证。

简牍这类材料，最初不作商品，市上没有卖的，往往需自己动手制作。因此，著述者或抄写者所必备的，除笔墨外，还有制作简牍的工具。

河南信阳长台关、湖北江陵望山和浙江绍兴坡塘狮子山等地战国墓出土的文物表明，战国时期，制作书写材料，起码需要备置锯、锛、刻刀、削刀（把写过的字删去）、锥、砥石（修磨锛、刀）和线锤（拉线夹简，以编织长册）等，比书写工具多。

到了汉代，制作简牍的工具有增无减。1983 年，在广州象岗山南越王墓发现一漆木箱，内有一套修治竹简的工具，计有斧、锛、曲柄铲、锤头、削、刮刀、带鞘刻刀、凿、锉、锯等 70 多件。这说明制简的工序复杂化了。

当然，富贵者所用的书写材料，是无须自己动手的，而由奴仆制作。这自不待言。

需要指出的是，汉代的书写材料已经成了在市肆出售的商品。

居延汉简有"出钱六十二，买椠二百"的记载。椠，呈方形，是制作木简的半制成品，有时也用以书写。

由于那时简牍容易购得，所以文具盒内只需放置书写工具就行了。1975年，在湖北江陵纪南城凤凰山168号汉墓内出土的一件竹笥里，放着毛笔一支、墨数块、砚石一方、研石一个、青铜刀一把、无字木牍六只，这是迄今所见最完整的一套汉代文具，可谓书写用品，应有尽有。

帛是丝织品的一种。"帛"字始见于甲骨文。帛的种类很多，可供书写的有数种。帛的长短不一。唐人徐坚《初学记》卷二一云："古者以缣帛，依书长短，随事截之。"意思是说，抄写书籍时，要根据其内容的长短，剪裁或缝接。所以帛书的长度，长则数丈，东汉末年董卓的部下因此用以做帷盖或滕囊；短的只有数尺，如马王堆帛书《战国纵横家书》长约192厘米。帛书的宽度亦不一致。如马王堆帛书，一种是用半幅的帛来书写，宽约24厘米，《周易》《战国纵横家书》即是；另一种是用整幅的帛来写的，宽约48厘米，《老子》即属此类。又如敦煌所藏东汉初年缣帛书信，其一长15厘米、宽6.5厘米，另一件约9厘米见方。由此可见，帛书的宽度亦是根据实际需要裁剪的。

文房四宝的变迁，反映了文化不断发展的轨迹。

六　灯具的种类及形制

灯具是古代的照明器具，其形制为下有座，中有柄，上用金属圆盘或小瓷碗，燃以膏油，可见系由烛台脱胎而来。但它并未完全取代烛。

在古代，灯的发明与火的发明和用火照明密切有关。从文献记载和出土实物看，我国至迟在战国时期就已经开始使用灯来照明了。如《楚辞·招魂》云："兰膏明烛，华灯错些。"各地战国中晚期墓中出土的灯有豆形灯、盒形灯、多枝灯、人俑持灯、兽形灯和陶灯等。

秦朝的灯具，文献中有一些记载。如《长安志》乾祐县条云："秦步高宫，在县西南三十里。"这证明秦有步高宫。又，《小校经阁金文》卷十一第八十四页，有"步高宫行镫"铭文，可见秦时有宫灯。又如《西京杂记》云："高祖入咸阳宫，周行府库，金玉珍宝，不可称言。其尤惊异者，有青玉五枝镫，高七尺五寸，作蟠螭，从口衔灯，镫燃，鳞甲皆动，焕炳若列星而盈室焉。"这说明秦代有多枝灯，其装饰华丽，造型生动。出土的实物，填补了有关秦代灯具文献记载不足的缺欠。如1966年在咸阳塔儿坡出土的雁足灯，形制为一大雁之腿，股部托着一环形灯盘，上有三个灯柱，可同时点燃三支蜡烛，雁足踏在桃形灯座上。又如1974年甘肃平凉庙庄7号墓出土的铜鼎形灯，由身、盖键、耳几部分组成，制作敦厚规整，造型独特。

两汉时期的灯具，对战国和秦的灯具既有继承，又有创新。从形式说，除座灯之外，新出现了吊灯。从质地说，除了陶灯、青铜灯以外，新出现了铁灯和石灯。其中以青铜灯具最为多彩多姿。宫灯的种类增多，且各具用途。仅据《小校经阁金文》卷十一的记载，就有"骀荡宫镫""池阳宫灯""骀荡宫高镫""林光宫行镫""万岁宫镫"。此外，河北满城西汉中山靖王刘胜夫妇墓曾出土鎏金长信宫灯，长信宫为汉太后居住之宫。出土实物表明，灯的数量显著增多，这标志着它的使用已经相当普及了。

两汉时期的灯具造型，有作人物形象的"宫女"灯、"当垆"灯、"羽人"灯、"男奴"灯等；有作动物形象的牛形灯、羊尊灯、朱雀灯、凤鸟灯、雁足灯、雁鱼灯、鹤龟灯、麒麟灯、鱼灯、龟灯、蟾蜍灯等；有模拟器物形态的豆形灯、盒形灯、卮灯、耳杯形灯、辘轳灯、三足炉灯、刨灯等；此外，还有多枝灯、行灯等。总之，汉代的种种不同人物、动物形象和器物形态，都进入了当时灯具匠师的造型领域，并制作得栩栩如生，达到了绝妙的境界。

两汉的灯具，据学者研究，有以下特色和成就。

一是体现了科学性和艺术性的高度统一。如前述的长信宫灯。其形为宫女踞坐持灯，通体鎏金。全器通高 48 厘米，由灯盖、烟道、炉具、灯座、灯盘和灯罩六部分分铸组合而成。灯盘供点燃灯火，灯罩因用可移动的弧形屏板构成，既能挡风，又能调节灯光照度和照射方向。烟道供点燃之后的烟通入炉具溶于水中沉淀，避免污染，保持室内清洁。此外，灯的各部分均可拆装，有利于清除烟垢。其设计合理，在采光、省油、避风、除垢等方面都是科学的，在造型上又注意了生动逼真和外观美感，充分显示了劳动人民的高超技艺。[①] 又如山西平朔汉墓出土的铜雁鱼灯，工艺考究，结构精巧，在我国灯具史上占有重要地位。

二是多枝华灯灯具的流行。汉代的多枝灯，一般为一个灯座之上，支撑着高低错落，为数几个至十几个灯盏。如甘肃武威雷台东汉墓出土的青铜十二枝灯、河南洛阳烧沟汉墓出土的铁十二枝灯、洛阳涧西出土的陶十三枝灯等。它们均由灯座、灯柱、灯枝和灯盏等几部分组成。有的青铜多枝灯的各部分相互间以榫卯套扣合成一体，可以置上卸下。多枝灯加大增强了照明的亮度，充分表现了劳动人民的创造才能。它本身不仅是灯具，而且是精美的工艺品。据《西京杂记》记载，汉代灯匠丁缓即是制造奇巧灯具的行家里手："长安巧工丁缓者，为常满灯，七龙五凤，杂以芙蕖莲藕之奇。"这种常满灯，镂饰华丽，推测与连枝灯形式应当相合。《西京杂记》还记载：赵飞燕为皇后，其女弟合德昭仪在昭阳殿，馈赠飞燕贺礼中有"七枝镫"。可见多枝灯是一种高级的灯具。

---

① 参阅《满城汉墓发掘报告》，文物出版社 1980 年版。

　　三是吊灯灯具的出现。这种灯具可用于悬挂，使用起来相当方便。如湖南长沙出土的七人奏乐铜吊灯，灯盘为圆形，下有三足，盘沿上有一半圆形提梁，在提梁的顶部、中腰和盘的四周，附有七个小铜人和两只飞鸟，铜人或作引吭高歌状，或鼓瑟，或吹竽，或吹笛，形态生动。

　　综上所述，不难看出，秦汉的制灯工艺已日臻成熟，达到了很高的水平。

（原载《东南文化》1992 年第 5 期）

秦汉婚姻礼俗刍议

婚姻，作为社会风俗和伦理关系的重要表现，属于礼制的范畴。汉代人所讲的"礼"，除了典章制度和道德规范外，还包括社会生活里的各种约定习俗。婚俗即是其中之一。婚俗由其背后的思想观念支配，受传统文化的影响。因此，对婚俗的研究，可以从一个视角探讨当时的精神文明程度。通过婚俗，还能够从一个侧面反映出社会物质文明的程度。

秦汉的婚姻形态在中国古代婚姻史上占有十分重要的地位。尽管秦汉尚遗留某些原始婚俗，但是较稳定的一夫一妻制已占主导地位，封建伦理观念（如敬先、奉孝、繁衍）系统化了，封建的婚姻等级关系开始形成，维护封建地主阶级利益的婚姻法规得到确立。同时，出现了系统的婚姻观、生育观。考察汉代的婚姻形态，有助于全面认识整个中国古代婚姻形态的构成、特征及其对社会的影响。

一　婚姻制度

婚龄　男女婚配应以身体发育成熟为前提。所以礼书规定，男子三十而娶，女子二十而嫁。然而秦汉人并未遵循古制，而是尚早婚。如班昭十四岁，便嫁给了曹世叔；又如汉昭帝刘弗陵八岁即位，立上官安六岁的女儿为皇后。据《后汉书·循吏传》和成书于汉末至三国初的《孔子家语》的记载，当时人普遍的初婚年龄为男子二十，女子十五。据杨树达先生《汉代婚丧礼俗考》研究，汉代男子有十五六岁而娶的，女子有十三四岁而嫁的。有的学者运用模糊性研究和精确性研究相结合的方法，勾勒出汉代男子和女子婚龄结构的概貌，简言之，即汉代男子的普遍初婚年龄在十四至十八岁，西汉时期女子初婚年龄在十三四岁至十六七岁。丈夫的年龄要比妻子高一岁至四岁。平均约为两三岁。[1]

需要指出的是，上述汉代男子和女子的正常初婚年龄，还要受家庭经济状况、婚姻当事人品行、政治斗争、求学、战乱与社会动荡等多种因素的影响，而出现婚龄偏高或偏低的情形。[2]

汉代人的初婚年龄结构，对以后人们的婚龄结构起了颇大的影响。"男子三十而娶，女子二十而嫁"的古礼很少有人遵从了，从西晋到明清，其间近2000年，男子和女子的初婚年龄大都在这一范围内波动。从这个意义上说，汉代形成的婚龄，在中国古代起到了奠基的作用。[3]

汉代人的初婚年龄结构属于低婚龄结构。造成这种状况的基本原因在于汉代社会中广泛存在的个体小农经济。广大小农要想扩大再生产，可以循行的途径之一就是投入更多的劳动力。而要让劳动力尽快进入生产过程，早婚就是自然而然的了。其次，早生子嗣，继承财富，传宗接代，防老养老的动机也起了一定的作用。再次，汉政权对"民数"的重视，对劳动力的需求以及为此而实行奖励生育的政策，也对当时的早婚状况产生了很大影响。[4]

两汉时期的低婚龄状况，虽然对人的健康可能会造成不良的影响，但对人口增长、社会经济的恢复与发展，以及汉政权的稳

---

① 彭卫：《汉代婚姻形态》，三秦出版社1988年版，第96、98页。
② 同上书，第92—95页。
③ 同上书，第96页。
④ 同上书，第99—104页。

固，却起了积极的作用。

议婚　议婚是婚姻的前奏。汉代议婚的形式多样，或男家向女家提出，或由中人（介绍人）从中撮合，或女家向男家请议，或由女子自己做主决定。当时的择偶标准，主要是经济、政治地位，以及由此决定的社会地位的相近，但人们的侧重点不同，有以才贤名的，有以门第高的，有以资财丰的，有以相貌美的[①]，需要指出的是，当时人们对女方能否生育很关心。《汉书·外戚传》云："中山卫姬，平帝母也。父子豪……子豪女弟为宣帝倢伃，生楚孝王；长女又为元帝倢伃，生平阳公主，成帝时中山孝王无子，上以卫氏吉祥，以子豪少女配孝王。"这里的吉祥，是指卫氏女多嫁皇室生子女一事。在"不孝有三，无后为大"思想风行的汉代，宜生子女被视为"吉祥"，无疑是顺理成章的事。

议婚还有特例——"指腹婚"，即子女尚在母胎，就由父母为其联婚的。如《史记·项羽本纪》："张良出，要项伯，项伯即入见沛公，沛公奉卮酒为寿，约为婚姻。"又如贾复在镇压河北义军时身负重伤，刘秀为了笼络他，以稳定军心，安慰说："闻其妇有孕，生女邪，我子娶之，生男邪，我女嫁之，不令其忧妻子也。"[②]

婚仪　秦汉离古不远，其婚仪基本是按照古代"六礼"进行的。所谓"六礼"，据《仪礼·士昏礼》疏解为："纳采""问名""纳吉""纳征""请期""亲迎"。这"六礼"详记了士这个阶层婚礼的过程和礼节制度，士以上阶层可以类推。

议婚时，男家请媒人向女家说明缔结婚约的请求，以雁为礼物，叫作纳采。所派遣的人执雁，向女家主人请问女子之名，叫作问名，这时女家要设酒进行款待。男家得知女子之名，即进行占卜，看婚姻是否吉利。获得吉兆，要告知女家，仍用雁为礼物，

---

① 参看杨树达《汉代婚丧礼俗考》，第一章《婚姻》第一节《议婚》，商务印书馆1933年版。

② 《后汉书·贾复列传》。

叫作纳吉。此时双方婚约已定，男家要送给女家玄纁、束帛、俪皮（两张鹿皮），叫作纳征。最后，男家再用雁向女家请问合婚日期，叫作请期。

到了婚期，新郎乘黑漆的车，亲往迎接新娘，前面有人执烛前导，后面有两辆从车。准备新娘坐的车也是这样。到女家，新娘之父迎于门外，把新郎接进家中。这时男子仍将雁给打扮好的女方，新郎行礼而出，新娘随行。新郎请新娘上车，然后由专门的驾车人赶车上路。新郎则乘上自己的车，先到自家门外等候。等新娘到达，由新郎接进家门，叫作亲迎。亲迎以后便可以"合牢而食，合卺而饮"了。

第二天清晨，新娘要谒见舅姑（公婆），以枣栗献于舅，干肉献于姑，然后还要向舅姑进食。①

"六礼"的程序，并非人人恪守。② 一般来说，结婚按"六礼"办事的，只是讲究礼仪的帝王和官宦之家。就普通人的婚姻来说，不可能"六礼"皆备，但在成亲前，还是要相亲、定亲的。

应当指出，史籍所记汉代皇家贵族婚礼，要比《士昏礼》奢华得多。据《汉书·王莽传》载："故事，聘皇后黄金二万斤，为钱二万万。"王莽娶杜陵史氏女为皇后，"聘黄金三万斤，车马奴婢杂帛珍宝以巨万计"。东汉皇帝选后，往往以黄金二万斤、雁、璧、乘马、束帛为礼。一般的诸王列侯、达官贵人也相效仿。《汉书·淮阳宪王刘钦传》云：赵王"使人愿尚（张博）女，聘金二百斤，博未许"。董卓聘皇甫规妻，"聘以轺辎百乘，马二十匹，奴婢钱帛充路"。③ 不仅皇帝贵族行纳征礼花钱很多，而且皇帝请期迎亲也很隆重。

媵妾　秦汉时代，以往曾在国君和贵族中实行的媵妾陪嫁，

---

① 参考李安宅《〈仪礼〉与〈礼记〉之社会学的研究》。
② 参看孙晓《中国婚姻小史》，光明日报出版社1988年版，第48页。
③ 《后汉书·列女传》。

已与岁月一起流逝了。但汉代人并非严守一夫一妻制，媵妾之类依然存在。这实质上是一夫多妻制。当时从官宦到富豪，除正妻之外，还有小妻、小妇、少妇、旁妻、下妻等相当于后世小老婆的称谓，有妾、傅婢、御婢之类的女奴。当然，这些人又是主人的玩物。此外，还有不为社会所承认，与西方情妇相似的"外妇"。①媵妾用以调剂富贵者夫妻以外的性生活，满足其声色之好，并实现其广后嗣，得血脉的人生归宿。

周代的媵妾在秦汉变成封建帝王的后妃制②。《后汉书·皇后纪》记载：秦并天下，宫备七国，爵列八品；汉兴，因循其号，"自武、元之后，世增淫费，至乃掖庭三千，级增十四"；及光武中兴，六宫称号，唯皇后、贵人……又置美人、宫人、采女三等。东汉还有"八月算人"之制，即：每年八月份派"遣中大夫与掖庭丞及相工，于洛阳乡中阅视良家童女，年十三以上，二十以下，姿色端丽，合法相者，载还后宫，择视可否，乃用登御"。显然，封建帝王把治下的所有女性，都视为自己的媵妾、供其淫乐的玩偶和生育子女的工具。帝王之外的统治者，也都是妻妾成群。《汉书·外戚传》言太子有妃，有良娣，有孺子，凡三等；皇孙妻妾无号位，皆称家人子。《汉后·高五王传》说诸侯王以令置八子，秩比六百石。《续汉书·百官志》注引胡广说云：后汉制，诸王娶小夫人，不得过四十人。其实，还有不止于此者，如贡禹曾说 诸侯妻妾或至数百。《盐铁论·散不足》亦云："今诸侯百数，卿大夫十数，中者侍御，富者盈室。"

媵妾的社会来源有买卖和掠夺两种途径。媵妾的社会地位，从总的说，是属于婢仆之流的。③武帝、昭帝死后，霍光用宫女看

---

①　参看杨树达《汉代婚丧礼俗考》，第一章《婚姻》第七节《妾媵》，商务印书馆1933年版。

②　阴法鲁、许树安主编：《中国古代文化史》第2册，北京大学出版社1991年版，第97页。

③　林剑鸣等：《秦汉社会文明》，西北大学出版社1985年版，第342页。

守园陵，等于以活人变相殉葬。尤有甚者，由于时俗以多媵妾为荣，所以宦官威侮良家，娶女以为姬妾，实幽闭之，至有毕生寂寞不得匹配者，"是以女或旷怨失时，男或放死无匹"①。这种"逆于天心"的残酷做法，真是令人发指。

秦汉时豪富民畜养歌舞者成风。这种歌舞者，实质是变相的媵妾。她们当中虽有个别人因机遇而跻身上流社会的行列，但多数命运都比较悲惨。

二 婚姻习俗

秦汉时代，特别是汉代，男女结婚、离婚有一定的自由②，尤其尊重妇女本人的意见，这是以妇女在当时社会中有较高的地位为前提的。淳于缇萦谏言废肉刑，刘细君、王昭君出塞和亲，冯嫽三次出使乌孙建奇勋，班昭东观续《汉书》，蔡文姬创作《悲愤诗》《胡笳十八拍》，等等，均传为千古佳话。刘向、范晔分别为烈女立传，绝非偶然。在陇西地区，一般妇女亦可以自立。《陇西行》云："健妇持门户，亦胜一丈夫。"就是这种情况的写照。

妇女由于在社会上有较高的地位，因而能与男性有比较正常的交际。《史记·高祖本纪》载，"高祖还过沛，置酒沛宫，沛父兄、诸母、故人日乐饮极欢，道旧故为笑乐。"又，据《后汉书·光武帝本纪》，建武十七年（41），光武祠旧宅，观田庐，置酒作乐，宗室诸母因酣悦相与语。可见汉代州闾之会，妇女参与人数尚多。同时，妇女在婚姻上较为自主，在一定程度上能按照自己的意愿择偶，不像后世那样专由父母包办。如卓文君私奔；外黄富人女先嫁庸奴，后嫁贤者张耳；朱买臣妻因家贫求去更嫁。均为显例。

---

① 《盐铁论·散不足》。
② 韩养民：《秦汉文化史》，陕西人民教育出版社 1986 年版，第 133 页。

春秋战国时代，男女之间的关系比较宽松，社会的中下层自由恋爱。秦始皇统一中国后，为了用宗法思想愚弄民众，巩固专制的中央集权，因此提倡贞节，加强对婚姻的控制。《会稽刻石》说："饰省节义，有子而嫁，倍死不贞。防隔内外，禁止淫佚，男女洁诚。夫为寄豭，杀之无罪，男秉义程。妻为逃嫁，子不得母，咸化廉清。"① 这是针对当地风俗文化落后，男女关系混乱的状况，试图用严厉的制裁办法加以纠正。

汉承秦制，继续提倡贞节。例如，汉宣帝神爵四年（前 58）诏赐"贞妇顺女帛"②。又如，汉安帝元初六年（119），"诏赐贞妇有节义十斛，甄表门闾，旌显厥行"③。这实质上是用名利引诱女性作贞妇、节妇，而置人性和妇女的幸福于不顾。

然而，秦汉统治者对贞节的提倡收效甚微，混乱的婚姻现象虽多少受到控制，但人们的节烈观念依然比较淡薄。④ 一是妇女再嫁比较自由。当时寡妇改嫁及男子续弦，都是司空见惯的事。例如，蔡文姬初嫁卫仲道，再嫁匈奴左贤王，三嫁董祀。又如，张负孙女五嫁，夫辄死，于是六嫁陈平。即使贵为至尊的皇帝和作为皇储的太子，亦把妇女改嫁看作正当要求，甚至娶再嫁妇人。如汉光武帝姊湖阳公主新寡，光武帝为她牵线搭桥，欲招宋弘为夫。又如汉景帝为太子时，纳已生育的金氏妇，汉成帝将已适人之王凤小妇女弟张美人纳后宫等。二是婚外恋较多。例如，在秦国历史上长期左右政局的宣太后，曾与戎王义渠姘居，并生二子。临死，遗嘱将其男宠魏丑夫殉葬。又如，汉武帝姑馆陶公主寡居，宠董偃十余年。武帝女鄂邑盖公主寡居，而一向私通于外人。清河孝王女阴城公主系班超之子班始之妻，然而却与嬖人居帷中。

① 《史记·秦始皇本纪》。
② 《汉书·宣帝纪》。
③ 《后汉书·安帝本纪》。
④ 林剑鸣等：《秦汉社会文明》，西北大学出版社 1985 年版，第 343 页。

　　重亲是秦汉婚俗的一个显著特点①。所谓"重亲"，就是婚姻之家复为婚姻。重亲在汉代上层社会中很流行。重亲者主要是从政治上着眼，其目的，在于借婚姻以结外援，巩固自己的地位，保障和扩大自己的权势。重亲有同辈间互为婚姻的，如汉武帝为胶东王时，金屋藏娇，与其姑母长公主刘嫖之女结为连理。再如，梁荒王刘嘉娶任宝姊为妻，荒王子刘立又娶任宝兄任昭之女为妻。复如，钟瑾之母是李膺的姑姑，钟瑾又娶李膺的妹妹为妻。也有嫁娶不论行辈，不计长幼的。如汉惠帝娶胞姐鲁元公主的女儿，是舅父以外甥女为妻；吕后以其侄吕产女，配高祖子、赵王刘恢为妻②，这是表叔娶表侄女为妇；宣帝立霍光小女为皇后，是以叔祖母的姨母为妻。因为宣帝是昭帝的侄孙，昭帝的上官皇后是霍光的外孙女，又是宣帝的叔祖母，而霍皇后是上官皇后的亲姨母。他们的关系如下图所示。

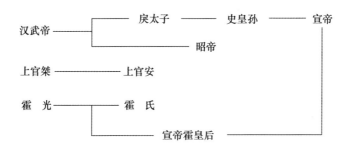

　　这种不以行辈嫁娶的重亲还有不少，此不赘述。上述重亲婚由于血统太近，对于子孙繁衍和智力发展都不利，因而是异常落后的婚俗。

　　秦汉时期内地的原始婚俗，除重亲（近亲）外，还有蓟地

---

①　林剑鸣等：《秦汉社会文明》，西北大学出版社1985年版，第343页。
②　《汉书·高五王传》。

"宾客相过，以妇侍宿"① 的共妻制残迹、燕赵之间一妻多夫习俗、蜀郡的野合而婚（成都近郊曾出土一块野合而婚的画像砖）习俗、贵族间的姐妹共事一夫及男女双方之间的交叉婚等。限于篇幅，这里从略。

如前所述，统治阶级在嫁娶上奢华无度。上行下效，竞相攀比。《潜夫论·浮侈篇》云："富贵嫁娶，车骈各十，骑奴侍僮，夹毂节引。富者竞欲相过，贫者耻不逮及。"于是，嫁娶奢靡成风，几乎长盛不衰。就阶层而言，豪富是此风的积极追随者。如西汉蜀地富商大贾卓王孙给其女卓文君的陪嫁物是"僮百人，钱百万，及其嫁时衣被财物"②，价值在三百万钱以上，相当中家三百户的家产。又如，《华阳国志》卷十下云："礼珪，成固陈省妻也，生二男，长娶张度辽女惠英，少娶荀氏，皆贵家豪富，从婢七、八，资财自富。"就地区而论，愈是经济发达的地区，此风便愈严重。例如秦地"嫁娶尤崇侈靡"；太原上党地区"嫁娶送死奢靡"。③

奢侈的嫁娶之风造成了严重的社会后果。首先，由于嫁娶花销高昂，以致婚嫁之后，"富者空减，贫者称贷"④。劳动人民无力扩大再生产，势必影响国库的收入。其次，一些地区的青年因无力筹措聘礼嫁妆而不能结婚，这无疑不利于人口的增殖，影响劳动力的增加。正如西汉王吉所说："聘妻送女无节，则贫人不及，故不举子。"⑤ 最后，因结婚耗费过大而贫乏破产者人数的激增，还是导致社会不安定的一个重要因素。《盐铁论·国疾》在揭露当时社会上盛行的嫁娶纷华靡丽的陋习后，一针见血地指出，"是以民年急而岁促，贫即寡耻，乏即少廉，此所以刑非诛恶而奸

---

① 《汉书·地理志》。
② 《汉书·司马相如传》。
③ 《汉书·地理志》。
④ 《盐铁论·国疾》。
⑤ 《汉书·王吉传》。

犹不止也"。这是很有见地的。

此外，还值得一提的是在婚宴酒席上往往饮酒欢笑，言行无拘无束，随随便便，似为后代闹新房风俗的滥觞。《群书治要》引仲长统《昌言》云："今嫁娶之会，槌杖以督之戏谑，酒醴以趣之情欲，宣淫泆于广众之中，显阴私于亲族之间，污风诡俗，生淫长奸，莫此之甚，不可不断者也。"

（原载《中国妇女管理干部学院学报》1992 年第 1 期）

东瓯风俗初探

瓯族得名于"瓯水"（后来的瓯江）。以汉字记音等原因，所以"瓯"字又被异写为沤、欧、区或讴。瓯是百越民族的一支，其主要是由当地的土著渐渐发展形成的。

西周以来的瓯即东瓯，东周时期与闽越合成东越。西汉惠帝封其首领驺摇为"东海王"，都东瓯，俗号"东瓯王"。关于东瓯的疆域，史无明文。多数学者认为，其核心地域应在浙江南部的瓯江流域，即温州、丽水和台州部分地区。

东瓯在汉武帝时期举国迁徙到汉境以内的江淮间，但仍有不少民众逃避山区，三国时期的"安家民"即是其中一部分。他们很可能是东瓯的一个部落，其风俗被吴国丹阳太守沈莹记录在《临海水土异物志》里。

关于东瓯的风俗，已有多篇文章，但迄今尚无专文进行系统、全面的论述。为此笔者不揣浅陋，试图作一些探索。敬请方家指正。

一　东瓯风俗的风貌

东瓯风俗的内涵很广泛，涉及物质生活和精神生活诸多层面。

（一）饮食风俗

饮食是东瓯人的头等大事，所谓"民以食为天"。饮食与生产力水平和经济发达程度有关。战国秦汉时代的越地地广人稀，"饭稻羹鱼，或火耕而水耨，果隋蠃蛤"①。又"民食鱼稻，以渔猎山伐为业，果蔬蠃蛤"②。这反映越人的主食是水稻。由于农业尚不发达，人民还须通过渔猎、采集，以满足其对基本生活资料的需求。

东瓯人的副食，主要是水产品。《博物志·五方人》云："东南之人食水产……鱼、蛤、蚌以为珍味，不觉其腥臊也。"东瓯东临大海，境内河流密布（仅浙江南部台州、温州辖区内就有灵江、瓯江、飞云江及鳌江），盛产鱼类，人民喜食鱼腥味。《逸周书·王会解》云："东越海蛤"，"且瓯文蜃"，所谓"文蜃"就是色彩交错的大蛤蜊。《越绝书》卷三正义注云："楚越水乡，足螺鱼鳖，民多采捕积聚，煮而食之。"瓯人还喜欢食蝉蛇，"蝉蛇顺，食之美"。③《山海经·海外东经》载有越人"啖蛇"。大蛇肉和腌制的生鱼肉是上等佳肴。《淮南子·精神训》云："越人得髯蛇以为上肴。"注："髯蛇，大蛇也，其长数丈。"又沈莹说，与安家民文化习俗相似的夷州民（今台湾高山族的先民）"取生鱼肉杂贮大瓦器中，以盐卤之，历月余日乃啖食之，以为上肴"。又"以粟为酒"。"饮食皆踞相对"④，即蹲踞，而安家民"皆好猴头羹，以菜和中以醒酒，虽无肉曜不及之。其俗言'宁自负人千石之粟，不愿负猴头羹曜'"⑤。

一般认为，东瓯人用印纹陶作盛贮器，用原始青瓷器作食用器。

① 《史记》卷一二九《货殖列传》。
② 《汉书》卷二八《地理志下》。
③ 《逸周书·王会解》。
④ 张崇根：《临海水土异物志辑校·正辑》，农业出版社1981年版。
⑤ 同上。

（二）服饰风俗

《史记》卷四十三《越世家》云："夫剪发，文身，错臂左衽，瓯越之民也。"所谓"剪发"就是剪断头发而成短发，短发或披或髻。《战国策·赵策二》："被发文身，错臂左衽，瓯越之民也。"《吴越春秋·吴王寿梦传》云：吴越"以锥髻为俗"。上述二例可证。除披发，锥髻外，还有髡头。沈莹说，文化习俗与安家民相似的夷州民"人皆髡头穿耳，女人不穿耳"。"髡头"即剃去头发，光头。这与中原畜发冠笄的风俗恰成鲜明的对照。① 又安家民"男女悉无履"。由此可见，断发（或髡发）、文身、左衽（上衣的对襟从左边开裆）、跣足，是东瓯人服饰文化的主要特征，这与当地气候湿热、环境多水是相适应的。② 东瓯人佩戴玉器。塘山大墓（塘山 M1）遭严重盗掘，仍出土玉璧和残玉觿各一件。③玉璧和玉觿都是佩饰品。此外，与安家民文化习俗相似的夷州民戴假面具，"能作细布（当为细葛——引者注），亦作斑纹布"④也是值得一提的。

（三）居住风俗

东瓯的居住类型有三。一是干栏。干栏分布在山区。沈莹《临海水土异物志》云："安家之民，悉依深山。架立屋舍于栈格之上，似楼状。"⑤ 这种具有高敞疏朗特点的建筑形式，既能避免瘴疠之气的侵袭，又能防止猛兽蛇蝎之害。二是地面建筑。这种建筑形式是干栏建筑的发展。营建于低矮的小山或平原之上，前

---

① 方杰主编：《越国文化》，上海社会科学院出版社 1998 年版，第 313 页。

② 同上书，第 311 页。

③ 陈元甫：《温岭东瓯国城址与贵族大墓的调查与发掘》，林华东主编《瓯文化论集》，浙江人民出版社 2009 年版。

④ 张崇根：《临海水土异物志辑校·正辑》，农业出版社 1981 年版。

⑤ 同上。

者有新石器时代晚期的老鼠山房屋建筑遗迹。该建筑遗迹位于海拔 61 米的老鼠山主峰岗顶西南部分，有连片成排石基建筑遗存，总面积达 200 多平方米，"从解剖的几组石柱基结构看，柱子底部铺垫柱础，在柱根部围筑护石"。又"平面形态大致呈长方形，面宽约在 8 米以上，进深五六米"。其建筑基址规模大，营建讲究，显示出老鼠山聚落建筑错落有致的布局特点。① 后者如大溪古城内偏西发现一座规模庞大的"故宫台基"，其面积约 8000 平方米，隆突高出地面 2—3 米不等。基址的西、南断面上有排列规律的地下水管。② 从其规模大和设施好看，应为大贵族的住所。

（四）交通风俗

如前所述，东瓯人处于一个多水的自然环境中。这就决定了其"交通以航运为主，舟楫是内外交通的主要工具"③。越人便于舟闻名遐迩。《越绝书》卷十生动地描绘了越人娴熟的驾船技巧："以船为车，以楫为马，往若飘风，去则难从。"其乘舲舟（小船），漂于江湖④的绝技在当时无有匹敌者。越人在造船上也有卓越的贡献。有学者指出越人至迟在春秋晚期发明了木板船（拼板船），至战国时已使用船帆作为航行的推进工具。⑤ 又越人还发明并最早使用了"双身船"⑥。双身船就是两船相并而成的"方舟"。温州市郊山曾出土四条并排而列的独木舟，经鉴定为两艘双体独木舟，即方舟、双身船的遗存。石钟健先生根据广西贵县出土的

① 蔡钢铁：《温州好川文化遗址的内涵特征和地理环境》，林华东主编《瓯文化论集》，浙江人民出版社 2009 年版。
② 林华东：《东瓯国都地望》，林华东主编《瓯文化论集》，浙江人民出版社 2009 年版。
③ 孟文镛：《于越与东瓯关系初探》，林华东主编《瓯文化论集》，浙江人民出版社 2009 年版。
④ 《淮南子·齐俗训》。
⑤ 林华东：《吴越舟楫考》，《东南文化》（第二辑），江苏古籍出版社 1987 年版。
⑥ 梁钊韬：《西瓯族源初探》，《学术研究》1978 年第 1 期。

有双身船纹的铜鼓，认为东瓯人就是乘着双身船迁徙到西瓯的。①

（五）婚姻风俗

两周秦汉时期，东瓯属周边地区，由于其所受礼制影响较小，性生活和婚姻习俗，较之中原地区，显然比较原始、落后，且宽松，甚至无拘无束。《尚书大传》说："吴越之俗，男女同川而浴。"反映了私奔、野合的习尚。又《日知录》卷十三记秦始皇会稽刻石辞云："饰省宣义，有子而嫁，倍死不贞，防隔内外，禁止淫佚，男女洁诚。夫为寄豭，杀之无罪，男秉义程。妻为逃嫁，子不得母，咸化廉清。"可见这一带在周秦时期的淫佚情况。又作为古越人一支的夷州民"舅姑子妇男女卧息，共一大床，交会之时，各不相避"。没有性事隐私的观念。又"甲家有女，乙家有男，仍委父母，就往之居，与做夫妻，同牢而食。女已嫁，皆（缺）去前上一齿"。②这说明在婚姻上是从妻居的对偶婚，而缺一齿是已婚的标志。

（六）丧葬风俗

东瓯人的墓葬可分四种类型，即土坑墓、石室墓、崖墓及土墩墓。兹分述于下。

土坑墓就是在高地挖坑掩埋，它"是瓯地原始和主要的墓葬形式"③。已发现的先秦土坑墓有好川墓地、老鼠山遗址、卧旗山墓地、牛鼻山墓地、瑞安隆山4座土坑墓和凤凰山土坑墓等。已发现的汉代土坑墓则是温岭市大溪镇塘山大墓。该墓三面环山，有明显隆起的封土，封土墩呈东西向长方形覆斗状。墓葬形制为

---

① 石钟健：《论西瓯和东瓯》，《民族史论文选》下册，中央民族学院出版社1986年版。

② 张崇根：《临海水土异物志辑校·正辑》，农业出版社1981年版。

③ 黄舟松：《先秦时期东瓯文化初探》，林华东主编《瓯文化论集》，浙江人民出版社2009年版。

带墓道的长方形深土坑木椁墓，有斜坡式墓道，墓葬整体平面呈甲字形。规模大，坑口长 15.5 米、宽 6—7 米、深 3.7 米。墓道长 12 米以上。随葬原始青瓷器、印纹硬陶器、玉器等。墓外置一陪葬坑，出土仿青铜的陶质礼乐器 28 件。有学者认为，"将仿青铜的礼乐器专门设坑陪葬于墓外，是该墓的一个重要特点，反映出当时的一种葬制与葬俗"①。甚是。

石室墓亦称石棚墓，分布在近海岸的矮丘陵地区。其建构是在地面上以天然石块构起三面体，上覆大条石，形成棚状石室。这种石棚墓在瑞安岱石山、苍南桐桥等地发现，随葬原始瓷、印纹陶等。其时代"当在西周初期到春秋末期"②。

崖葬。沈莹《临海水土异物志》云："安家之民父母死亡，杀犬祭之，作四方函以盛尸。饮酒歌舞毕，乃悬着高山岩石间，不埋土中作冢椁地。"其特点为犬祭，以歌舞代哭，崖葬。崖葬反映了"尚高"的心理和作风。

土墩墓是不掘墓坑，平地掩埋垒土起封的埋葬方式。东瓯土墩墓仅发现三处：浦城土墩墓群、黄岩小人尖土墩墓、温州仙岩土墩墓。都随葬大量形制相似的青铜器。

（七）信仰风俗

《淮南子·人间训》云："荆人鬼，越人机。"《玉篇》："机，鬼俗也。吴人鬼，越人机。"《始安记》云："吴越之境，其人好巫鬼，重淫祀。"

越族人认为自己是蛇的后代。《说文·虫部》云："南蛮，蛇种。"他们视蛇为保护图腾。这就是越族盛行断发文身的根本原因。《说苑·奉使》载越人"剪发文身，灿然成章，以象龙子者，

---

① 陈元甫：《温岭东瓯国城址与贵族大墓的调查与发掘》，林华东主编《瓯文化论集》，浙江人民出版社 2009 年版。

② 陈元甫：《浙江石棚墓初论》。

将避水神也"。又《汉书·地理志下》云："文身断发，以避蛟龙之害。"注引应劭云："常在水中，故短其发，文其身，以像龙子，故不见伤害。"上述"龙子"指蛇类。显然，越人"文身"，以蛇的形象出现，就在于求得蛇的保护。

越人对蛇图腾的崇拜还表现在几何印纹陶的兴起。温岭市大溪镇塘山大墓出土的印纹硬陶器有拍印方格纹、刻画弦纹和水波纹，大溪古城遗址出土的印纹硬陶器除拍印的方格纹外，还有刻画的水波纹、篦点纹与弦纹。有学者认为，这些都是蛇的形状，是蛇的不同姿态的模拟、简化与演变。[1]

（八）精神风俗

东瓯人尚武尚勇。《汉书·高帝纪》云："粤人之俗，好相攻击。"《汉书·严助传》云："越人相攻击，其常事。"又云："越人习于水斗。"史实不胜枚举。例如，同为越族的吴、越彼此攻杀数十年之久。又如，秦末群雄蜂起，原东瓯王摇与闽越王无诸，率领越人归附鄱阳令吴芮，跟随诸侯灭了秦朝。又如楚汉相争时，他们佐汉灭楚。因为军功，西汉高帝五年（前202）封无诸为闽越王。惠帝三年（前192）封摇为东海王，俗称东瓯王。

东瓯人的尚武尚勇还表现在青铜武器的制造上。春秋晚期，越人的戈与剑就驰名天下。瓯族铸剑大师欧冶子为楚王所铸的龙渊、太阿、工布三剑和为越王所铸的湛卢、纯钧、胜邪、鱼肠、巨阙五剑都是千古名剑。台州境内的黄岩小人尖西周土墩墓，温州境内的仙岩西周土墩墓和福建土墩墓群都出土有制造精良的青铜剑、戈、箭镞等兵器。在被认为是东瓯人后裔的台湾土著高山族中，曾流行一种以杀人取头为荣的风俗。沈莹《临海水土异物志》云："战得头，著者还，中庭建一木，材高十余丈，以所得头

---

① 陈文华：《几何印纹陶与古越族的图腾崇拜》，《考古与文物》1981年第2期。

差次挂之，历年不下，彰示其功。"①

二　东瓯风俗的基本特征

（一）东瓯风俗具有扩布性和融汇性

融汇性即融合汇聚性，扩布性是指风俗在空间伸展上的蔓延性，也是指风俗文化的横向传播过程。东瓯风俗的扩布性特征，主要表现在它与于越、闽越、西瓯以及中原汉族在风俗上的互动（互相作用，互相影响）和渗透。

1. 东瓯与于越的关系

据孟文镛先生的研究，在百越中于越文化最发达，瓯越距离于越最近，且关系最为密切，曾被于越统一，封为东瓯王国。楚败越后和秦灭越后，都有于越人沿海南下，进入瓯越地区。彼此经过长期融合，有基本相同的生产生活方式和风俗习惯。②

2. 东瓯与闽越的关系

东瓯是从闽越国中裂土分封出来的。梅华全先生认为，东瓯与闽越早在新石器时代已有联系，青铜时代交往更为密切，并进一步融合，风俗面貌渐趋一致，到西汉初年完全一样。③

3. 东瓯与西瓯的关系

学者指出，西瓯有部分可能来自东瓯。东瓯与西瓯在物质文化、精神文化等层面上的确存在着千丝万缕的联系。④ 西瓯与南迁的汉族经过磨合，有相当部分融于汉。⑤

---

① 张崇根：《临海水土异物志辑校·正辑》，农业出版社 1981 年版。

② 孟文镛：《于越与东瓯关系初探》。

③ 梅华全：《论闽越与东瓯的关系》，林华东主编《瓯文化论集》，浙江人民出版社 2009 年版。

④ 何英德：《略论东瓯与西瓯之文化关系》，林华东主编《瓯文化论集》，浙江人民出版社 2009 年版。

⑤ 徐杰舜、徐桂兰：《东瓯与西瓯比较论》，林华东主编《瓯文化论集》，浙江人民出版社 2009 年版。

4. 东瓯与中原汉族的关系

秦汉时期，随着社会财富的增加和商品经济的发展，中原风俗具有浓厚的世俗化色彩，人们普遍的心态是求富趋利。[①]《史记》卷一二九《货殖列传》引谚语云："天下熙熙，皆为利来；天下攘攘，皆为利往。"生动形象地展示了这个时代的风貌。这种对财富和享乐无止境的追逐势必引发价值观念的改变。贾谊尖锐地指出："今世以侈靡相竞……弃礼仪，捐廉耻，日甚。逐利不耳，虑非顾行也，今其甚者杀父兄矣。"[②] 这种改易的世风势必会传播到边远地区的东瓯。史实也正是这样。如前 154 年发生吴楚"七国之乱"，东瓯出兵万人造反，反汉拥吴。不久吴王刘濞战败。汉廷派使者以重利为诱饵游说东瓯，东瓯王贪财图利，又见大势已去，便反戈一击，欺哄刘濞出营劳军，乘机派其弟与诸将用铍（短矛）杀死刘濞，然后以木匣盛头颅驰传汉景帝。

东瓯风俗对中央王朝也有影响和渗透。据《史记》卷二十八《封禅书》的记载，汉武帝元封元年（前110），当时已经灭了南越、东越，越人名叫勇之的就说："越人风俗崇信鬼，而他们祭祀时全能见到鬼，多次有效。过去东瓯王敬重鬼，活到一百六十岁。后代人怠慢鬼神，所以很快就衰败了。"皇帝于是命令越地巫师建立越人的祠庙，安置了祭台，没有祭坛，也祭祀天神、上帝和各种鬼，而采用鸡骨占卜。皇帝相信它，越人的祭祀方法和鸡骨占卜就开始在中原汉族地区使用了。

东瓯后来迁徙河淮间，通过移民道路融于汉。

（二）东瓯风俗具有传承性与变异性

传承性是指风俗文化在时间上传衍的连续性，即历时的纵向

---

① 彭卫、杨振红：《中国风俗通史·秦汉卷》，上海文艺出版社 2009 年版，第 11 页。

② 《汉书》卷四八《贾谊传》。

延续性。这是因为风俗具有相对的稳定性，它的发展并不会由于朝代的更替而迅速发生变化。因此，前代的许多风俗，在后世往往依然存在，并像及时的春雨一样，产生"润物细无声"的影响。东瓯风俗也不例外。如饭稻羹鱼，断发文身，习水便舟等风俗，从新石器时代到西汉中期，都沿袭不变。

当然，风俗在传承的过程中，由于受社会、政治、经济以及军事等因素的影响，其为适应周围环境而作出相应的变化，即机能的自身调适。东瓯风俗在传承中也是这样。如迄今为止东瓯在新石器时代发现的都是土坑墓，到铜器时代又出现了土墩墓、石室墓（石棚墓）。又如，东瓯人在东瓯王摇生前敬鬼虔诚，但"后世怠慢"①。

此外，东瓯上层社会对风俗习尚有导向的作用，《汉书·地理志下》云："吴，粤之君皆好勇，故其民至今好用剑，轻死易发。"《淮南子·主术训》也有类似记载："越王好勇，而民皆处危争死。"可见习俗的传播方式是从少数上层传播到社会下层。

（收入《炎黄文化研究》第十七辑，大象出版社 2015 年版）

---

① 《史记》卷二八《封禅书》。

匈奴社会物质生活初探

匈奴是战国秦汉时期我国北方的一个重要少数民族，在开发祖国北疆，创造灿烂的草原文化，丰富我国文化宝库及沟通中西文化的交流中，作出了可贵的贡献。在匈奴史研究的园地上，社会物质生活迄今仍有空白。为此笔者不揣浅陋，综合目前所见文献资料与考古资料，试作一些初探。

一 匈奴的饮食

饮食是人类的天然本能和生理需要，即所谓"大欲"。人类要想生存和生活，首先就必须饮和食。因此，饮食是人生中的头等大事。饮食的状况，取决于生产力的发展、经济的类型和科技的水平。吃什么、怎样做、如何吃都是我们应当考察和研究的。

战国秦汉时期的匈奴族，驰骋在当时中国北部边疆的广阔天地。这里有一望无际的草原，是水草丰美的天然牧场。据《汉书·匈奴传》的记载，匈奴人长期过着"逐水草迁徙""随畜牧而转移"的游牧生活。畜牧业在整个社会经济中占主导地位。畜群是他们的生产资料，也是其生活资料和主要财富。牲畜以马、牛、羊为多，还有骆驼、驴、骡等。匈奴人自君王以至一般牧民，都吃畜肉，食"潼蠡"（干酪）①，喝"湩酪"（乳汁）②，又，"壮者食肥美，老者食其余"③，从一个侧面反映了"贵壮健，贱老弱"的民俗。需要指出的是：马是不可少的代步工具，所以不会轻易被食用。

狩猎业在匈奴人的经济生活中，原居于重要的地位。《汉书·匈奴传》说匈奴人"儿能骑羊，引弓射鸟鼠，少长则射狐菟，肉食"。又说"其俗，宽则随畜田猎禽兽为生业"。即平时一边赶着牲畜放牧，一边射猎禽兽维持生活。到西汉时期，随着畜牧业的发达，狩猎业退居次要的地位，有时竟成了将士练习骑射和休息娱乐的手段，猎获物于是转变成补充食品。但是直到前 1 世纪，狩猎在匈奴人的经济生活中，尚未全部丧失它的地位和作用。永光元年（前 43），原已臣附，并入居塞下的呼韩邪单于打算北归漠北，其原因之一，就是"塞下无禽兽，则射猎无所得"④。

上述匈奴的游牧、狩猎生活，在考古材料中可以得到印证。例如，1973 年在内蒙古伊克昭盟杭锦旗桃红巴拉发掘的七座墓，随葬品中有马、牛、羊的头和蹄，数量不等，最多的达四十九具，还有兽形和鸟形铜饰牌⑤。又如，1979 年在内蒙古准格尔旗西沟畔发现的三座墓葬，出土遗物中有各种动物纹金银饰片。⑥ 复如，蒙古前 7—前 1 世纪墓葬中，差不多每一座墓都发现有许多马、牛、绵羊、山羊的骨骼，也有鹿、野驴、骆驼、鸟类的骨骼。在有的墓中还发现牛、马等动物的铜饰牌和石雕像。⑦ 文化艺术与人们的经济生活息息相关。上述有的匈奴墓中出土的各种动物纹饰

① 《汉书·扬雄传》。
② 《史记·匈奴列传》。
③ 《汉书·匈奴传》。
④ 《汉书·匈奴传》师古注。
⑤ 《桃红巴拉的匈奴墓》，《考古学报》1976 年第 1 期。
⑥ 《西沟畔匈奴墓》，《文物》1980 年第 7 期。
⑦ 详见策·道尔吉苏荣《北匈奴坟墓》，《科学院学术研究成就》1956 年第 1 期；策·道尔吉苏荣《北匈奴》，新蒙文版，乌兰巴托 1961 年。

牌和雕像，是匈奴民族在长期的生产斗争中创造的一种实用艺术，也是他们生活实践的结晶，富有民族特色，带有浓厚的草原气息，生动而形象地反映了匈奴游牧、狩猎的社会经济生活。同时，由于匈奴人崇拜祖先，信仰灵魂不灭，认为死者在黄泉将如生前那样生活，所以墓中殉葬的牲畜当是墓主人生前的主要财富、生产资料和生活资料的象征。这说明：匈奴人的肉食品种除了属于家畜的马、牛、羊、驴、骡、骆驼和犬外，还有野生的兽类鹿、羚羊、野猪、狼、鼠、狐、兔等。猛兽如虎等当偶有食用。禽类有鹰和鸟。

匈奴族也食水产品。苏联南西伯利亚匈奴，伊沃勒加城镇遗址出土鱼骨很多，还有不少鱼网①，就是实证。

以上所述表明：匈奴人的食物范围是相当广泛的。

匈奴本是一个"毋城郭、常处、耕田之业"的游牧民族。农业是在与中原华夏族长期交往中逐步学会和掌握的。秦汉以后，它作为游牧经济的补充，在匈奴的社会经济中占有一定的地位。文献中有匈奴人"种田"②、"穿井、筑城、治楼以藏谷"③的记载。元狩四年（前119），汉大将军卫青率五万骑兵破匈奴单于于漠北，"遂至寘颜山赵信城，得匈奴积粟食军，军留一日而还，悉烧其城余粟以归"④。可见匈奴有一定的积粟。后元元年（前88），汉朝降将贰师将军李广利被丁灵王卫律谋杀。之后，匈奴"连雨雪数月"，"谷稼不熟"，"单于恐惧"。这除了说明单于迷信鬼神之外，还说明黍穄等谷稼播种面积不小，其收成的丰歉受到统治者的重视。又蒙古诺彦乌拉匈奴墓葬曾出土属于前3—前2世纪农作物种子和储存谷物的大型陶器；蒙古其他地区也出土了属于前1

---

① 策·道尔吉苏荣：《北匈奴》。

② 《汉书·西域传》"车师"条。

③ 《汉书·匈奴传》。

④ 《史记·卫将军骠骑列传》。

世纪匈奴人使用的铁镰和铁犁铧。这是匈奴人从事农业生产的见证。随着农业的发展，匈奴人的食物结构发生变化，由单一的肉食改为以肉食为主，以粮食为辅。粮食除粟、谷（都是小米的别称）外，还有黍（黄米或黏米）、稷（不黏的黍）①，并饮酒②。史载"斩首虏赐一卮酒"③。可见当时饮酒带有一定的普遍性。需要指出的是：匈奴人的一部分农业产品饮食是通过"和亲""关市"和掠夺，从中原地区得到的。

关于匈奴的炊具、食器，据考古资料，有用于蒸煮食物的铜鼎、铜釜；有用于容放食物的陶壶、陶缸、陶罐、陶碗、陶盘、陶碟等；有用于盛酒的铜卮、陶尊；有用于挹取食物的铜勺、骨勺、骨筷子、木勺等。其中双耳青铜釜和夹砂粗陶器是典型的匈奴遗物。

匈奴的饮酒器也见于文献记载。《汉书·苏武传》云且鞮侯单于之弟于靬王弋射北海时，曾馈赠苏武一些物品，其中有服匿。服匿即陶缶。其形态为小口，大腹，方底。用于盛酒浆。又，《汉书·匈奴传》载，汉元帝时，汉车骑都尉韩昌、光禄大夫张猛与呼韩邪单于登诺水东山，刑白马饮血结盟，曾以留犁挠酒。留犁就是饭匕。

关于匈奴饮食的阶级和等级差别，以及地域特色，限于材料，这里从略。

二　匈奴的服饰

古人云："民以食为天，衣其次也。"④ 在人民生活中，服饰

---

① 《汉书·匈奴传》。
② 同上。
③ 《史记·匈奴列传》。
④ 《三国志·吴志·陆凯传》。

是仅次于饮食的大事。服饰是有关人体外部装饰的总称，除衣服、鞋帽外，它还包括首饰和佩饰等。服饰具有保护身体和装饰自己的双重作用。[①] 服饰的状况取决于经济的发展程度，以及民族、气候、风俗信仰等。

秦汉时期，匈奴不仅盛产毛皮，而且毛织业和皮革业相当普遍。[②] 史载"匈奴出秽裘"[③]，有"罽帐"[④]。尤其值得注意的是：建武二十八年（52），北匈奴使者至京师洛阳贡裘[⑤]。裘被作为贡品，其制作必然精美。这是匈奴毛皮加工和制裘技艺具有相当高的标志。

由于匈奴气候寒冷干燥，匈奴人衣皮革，被毡裘。[⑥] 战国时期，赵武灵王仿效林胡、楼烦的服装式样，实行易"胡服"的改革，即以褶裤代裘裳。[⑦] 以左衽代右衽，以靴代履。[⑧] 匈奴与林胡、楼烦毗邻，且同为我国北方的游牧民族，此时的服装可能与之相近。匈奴服装屡有考古发现。内蒙古阿鲁柴战国后期匈奴墓出土的金冠，由冠饰和饰带两部分组成，顶上立一展翅雄鹰，鹰头用绿宝石琢制，它不仅是艺术的结晶，而且是权力的象征，很可能属于匈奴某一个君王。[⑨] 满城一号汉墓出土的匈奴官吏当户跪擎铜灯的"铜俑服饰似属胡服，短衣直襟左袒……手有臂褠，脚

---

① 参见乌丙安《中国民俗学》，辽宁大学出版社 1985 年版，第 84—88 页。

② 林幹：《匈奴史》，内蒙古人民出版社 1979 年版，第 10 页。

③ 《淮南子·原道训》。

④ 《后汉书·文苑列传·杜笃》。

⑤ 详见《后汉书·南匈奴列传》。

⑥ 《汉书·匈奴传》。

⑦ 《事物原会》卷二十五《袴褶》引《舆服杂事》云："赵武灵王有袴褶之制，……盖乃上之服也。"按：袴同裤。

⑧ 《太平御览》卷六八九引《释名》曰："鞾（与靴同），本胡服也，赵武灵王始服之。"靴是有统的，用皮制造。《说文解字》："鞮，革屦也，胡人屦连胫，谓之络鞮。"《中华古今注》卷上："靴者，盖古西胡也，昔赵武灵王好胡服，常服之，其制短勒黄皮，闲居之服。"

⑨ 《内蒙古阿鲁柴登发现的匈奴遗物》，《考古》1980 年第 4 期。

着长靴"①。又，山东地区出土有"胡汉交战"题材的画像石。画面上，一方的士兵多戴武弁大冠，而与之对立的另一方战士则多戴尖顶帽。孙机同志根据后者首领身边有"胡王"或"胡将军"的刻字，认为后者代表胡族（匈奴人），而前者代表汉族。② 其说可从。上述服装是与匈奴人经常跋涉于水草之间，进行游牧、乘骑和射箭相适应的。

在蒙古也出土了匈奴人的服饰。其中比较完整的是在诺彦乌拉大型墓（即君王贵族之墓）里发现的。其中以六号墓出土长衣三件（其中单衣的长衣和夹衣的长衣两件完整，另一件仅有残片）、裤子一件、长筒靴两只、帽子两件。十二号墓出土靴两只、帽子一件。对于上述服饰，日本学者梅原末治、加藤定子，苏联学者鲁金科和蒙古学者策·道尔吉苏荣等都曾进行了研究，并分别在著作或专文中论及。③ 为了作进一步的研究，现将他们的研究成果归纳于下：（一）诺彦乌拉出土的衣服制作技术比较高超，兼有威严和优美的特色，大概是王或王妃在举行仪式时使用的礼服；（二）两件长衣的共同特征是，都以中国制的平纹丝绸为主要材料，缝线均用当地制造的毛线，袖子非常长，领子为交襟，领子、袖子、下摆均镶边，背缝在腰的位置深缝，腋下加内裆，肩线呈下垂。使用这种加内裆的技术，制作合身、颇稍松弛和承担运动量的衣服，这对骑马民族是非常合适的；（三）裤瘦，帽子是尖顶或椭圆形顶的，帽带护耳，以貂衣贴边，当是为了保暖御寒。

上述诺彦乌拉出土的匈奴长衣，和《盐铁论·论功》所载匈奴"无文采裙袆曲襟之制"不符。当是模仿汉式丝绸服装，并根据自己的实际需要，加以改造而成的。这与《汉书·匈奴传》所

① 《满城汉墓发掘报告》，文物出版社 1980 年版，第 71 页。

② 孙机：《洛阳金村出土银着衣人像族属考辨》，《考古》1987 年第 6 期。

③ 梅原末治：《蒙古诺音乌拉发现的遗物》；加藤定子：《关于古代衣服的研究——诺音乌拉六号匈奴墓出土的长衣》；鲁金科：《匈奴文化和诺音乌拉古坟》；策·道尔吉苏荣：《北匈奴》。

载汉皇帝赐匈奴服装可以互相印证。

匈奴族在战争时期穿革笥（皮制的铠甲），内蒙古曾发现铜制的小型甲片①。有的学者认为这可能是匈奴族的遗物。看来可能是同时代的模拟品②。大概匈奴人也穿铁铠甲。

关于匈奴的发式，文献记载不详。《淮南子·齐俗训》说匈奴人是拖发。林幹先生认为"拖发"就是"披发"③。其说可从。《周书·突厥传》云：突厥，"其俗被发左衽"，"犹古之匈奴也"。又，陕西沣西客省庄匈奴墓出土的长方形透雕铜饰牌，画面上两个人物皆披发。④ 至于《汉书·李陵传》载李陵与卫律见汉使，"两人皆胡服椎结"，似与披发的记载相矛盾，其实是由于观察的角度不同。就在脑后拖垂而言，是为拖发；就髻形而言，是为椎髻。可见说的本是同一事物。⑤

《淮南子·齐俗训》载匈奴人"纵体"。所谓"纵体"就是不检点约束自己的仪表举止，似乎匈奴人不修边幅。其实这一记载中有不确切的成分。事实是匈奴人也注意修饰自己。《史记·匈奴列传》"索引"引习凿齿与燕王书云：山下有"红兰"（一种菊科植物），足下知道否？北方人（匈奴人）采取其花（花红黄色）之鲜艳者染粉以制作胭脂，妇女用它来面饰以美颜容；匈奴人称妻为"阏氏"，今可音烟肢，就是一个例证。又，《新书·匈奴》谈到"胡戏"（匈奴传入中原之戏）时说："令妇人傅白墨黑，绣衣而侍……"胡戏作为文学作品的一种形式，就宏观而论，决定它的因素之一是当时的现实社会生活。因此，胡戏中妇人的精心梳妆，正是当时现实生活中的匈奴妇女注意打扮自己的集中表现。

---

① ［日］江上波夫：《内蒙古·长城地带》，东亚考古学会 1953 年版。

② 杨泓：《中国古兵器论丛》，文物出版社 1985 年版，第 36 页。

③ 林幹：《匈奴史》，内蒙古人民出版社 1979 年版，第 157 页。

④ 中国科学院考古研究所：《沣西发掘报告》，文物出版社 1962 年版，第 138—140 页。

⑤ 孙机：《洛阳金村出土银着衣人像族属考辨》，《考古》1987 年第 6 期。

同时，战国秦汉匈奴墓中出土的金制、银制、铜制、琉璃制、玉石制和石制的装饰品种类繁多，尤以环、扣、联珠形饰、兽头形饰、动物纹饰牌为代表小型青铜器最为典型。还出土了不少铜镜以及宝石、琥珀等。则更是富有说服力的实物证据。以上所述，反映了匈奴人热爱生活，美化自己的乐观开放的民族性格。

由于北方游牧民族在社会经济方面相似，生活上的流动性又较大，因而在衣着和服饰方面当互相仿效和互相影响。[①] 同时，由于汉代实行"和亲"和"通关市"，汉朝的絮、缯、帛、织锦、刺绣、汉式衣裳、冠带以至篦梳等大量精美物品都传入了匈奴，并对匈奴的服饰产生了深刻的影响。这在考古材料中可以得到印证。各地发现的西汉匈奴墓中，既有带本民族特色的遗物，同时也几乎都有中原地区的产品。例如，蒙古诺彦乌拉的君王贵族墓，随葬品中就有汉朝绚丽的丝织品、明亮的铜镜和华美的漆器等。此时的丧葬是从认为死者有知出发的，随葬品是供死者在黄泉下享用的。这岂不正是匈奴贵族生前服饰生活的见证吗？而此时的平民墓，仅随葬粗布衣服和量小质劣的装饰品。大、小墓葬的鲜明对比，反映了匈奴在服饰上严格的等级制度。

三　匈奴的居住

匈奴原来没有城郭和固定住处。过着逐水草迁徙的游牧生活。秦汉以后，随着社会经济的发展和与汉族之间经济、文化交流的开展，匈奴人开始学习中原地区的"穿井""筑城"和"治楼技术"，出现局部走向定居的崭新气象。秦汉时期，阴山河套地区建

---

① 林幹：《试论匈奴的族源族属及其与蒙古族的关系》，载《匈奴史论文选集》，中华书局1983年版。

有头曼城和龙城（又名茏城），漠北地区建有赵信城和范夫人城。[①] 这些城的规模、形制、布局等因文献失载已不可考。但在西域康居所筑郅支城（一称单于城）还是有一定的参考价值的。据《汉书·陈汤传》记载，郅支城大约是初元四年（前45）开始营造的。"发民作城，日作五百人，二岁乃已。"其规模当不小。该城有内外两重。内城为土城，外城为重木城。土城"城上立五采幡织"，城墙有门，城中有楼，有"大内"（单于之内室）当是政治活动中心。而重木城，"从中射，颇杀伤外人"，当是屯驻守兵的戍所。

考古工作者也发现了一些匈奴古城。截至1960年，在蒙古和苏联亚洲南部，已发现十多处匈奴城镇遗址，并对其中五处进行了考古发掘。这五座城镇是：伊沃勒加、高瓦—道布、特列勒今·多尔布勒今、布尔黑·多尔布勒令、巴隆多尔奥。它们的规模都不大，皆为数万平方米，呈四方形，四面有围墙，有的围墙里面或外面挖有壕沟，一般有两个至四个栅门。各城镇内有若干大小不同的建筑物。例如，高瓦—道布城址中央有一座大型夯土建筑基址，长56米、宽45米、高3米，周围分布着十一座小型建筑基址。[②] 这些城镇遗址表明，匈奴人在一定程度上过着定居生活，农业起辅助作用。

上述五座城镇以伊沃勒加面积最大，出土遗物也最多。在该城镇共发掘了10多所匈奴的房屋遗址，可分为普遍房屋和大型房屋两种。普通房屋有9所，面积一般为20多平方米。这些房屋的墙，或是在石基上垒土砸实；或是用许多柱子做成木构架，然后再填土夯实。地面都经过夯打，有的还经火烧过。门开在南边。反映了北方住室向阳背阴的坐向习惯，这对于采光、取暖和避风

---

① 《汉书·匈奴传》有贰师"追北范夫人城"的记载。应劭曰："本汉将筑此城，将亡，其妻率余众完保之，因以为名。"可见范夫人城为汉人所筑。

② 策·道尔吉苏荣：《北匈奴》。

都是有利的。房屋东北角有石砌的炉灶，西北角和西南角的下边大都有烟道遗迹。房屋里面发现许多陶器、武器、用具和装饰品，还有不少畜骨、兽骨和鱼骨。大型房屋与普通房屋相错杂，建在土丘上。其筑墙方法是：先树立一些粗大的柱子，然后在其中间填土夯实。屋顶上部的情况不明，下部是在钉好的木板上涂抹灰土。房屋东北角有长、宽均为 2.5 米的大型石砌炉灶，炉口向西，有三条烟道从炉灶中伸出，再合成一条，然后沿着北面和西面的墙壁，直抵房屋的西南角，与砌在墙内的垂直圆形烟囱相连。沿着烟道，有一段土坑。屋里有许多碗碟之类的器具。有的学者认为：住在普通房屋里的是从事农耕的定居居民，而住在大型房屋里的则是贵族。[1] 其说可信。因为普通房屋是由地基、墙壁和屋顶构成的固定生活空间，这种居所是与稳定性的农业生产活动相适应的。而大型房屋建在高敞处，较之普通房屋面积大，构造精，乃当时建筑中的上乘之作。那时候匈奴正处于奴隶制时代，统治阶级支配了主要建筑活动。建筑技术活动的优秀成果被统治阶级所窃占，为统治阶级所利用，是不言而喻的事。

　　匈奴贵族的住宅，除上述大型房屋外，还有巍峨壮观、高级华贵的汉式宫殿建筑群。它已在苏联境内的阿巴干发现。从考古材料可知其大略。中央大殿平面呈正方形，长、宽各 12 米，墙壁有门 7 扇，有的门扇旁嵌有铜制铺首，庑殿顶。此殿为该建筑群最高最大的部分。其四周则环绕着较矮的房屋，计 19 间，连大殿本身共 20 间。各房屋互相连属。大殿正门向南，与南面一层相通。除大殿外，以此屋最大。其东西宽与大殿相等，似系过厅。墙为黏土筑成，厚约 2 米。地下通暖气的渠道以石块砌成，曲折回环，除通入大殿外，并达半数以上的房屋。其余不通暖气的房屋，则多数似有火盆设置。在该建筑群遗址上，发现了汉式的瓦

---

① 策·道尔吉苏荣：《北匈奴》。

当、方砖。其中瓦文为"天子千秋万岁常乐未央"①。以上所述表明：此宫殿建筑群不仅规模宏大，错落有致，而且结构复杂，设备完善。而从该宫殿建筑群的形体、结构和建筑材料看，它可能是由居住在当地的汉族工匠营造的。

匈奴牧民住在穹庐里。穹庐，一称"穷庐"，俗称"毡帐"，这是适应自然环境，根据匈奴的游动性的生产活动的需要制成的移动性的生活空间，经常拆卸转移，处于不固定状态。《盐铁论·论功》云："匈奴织柳为室，旃席为盖。"可见它是内撑以木架、木栅，外包以毛毡，缚以毛绳，其形如穹庐，能够保暖避风雨的住室。又据《汉书·西域传》所载，乌孙与汉同俗。汉元封中，武帝派遣江都王刘建女细君为公主，以妻乌孙王昆莫。公主悲愁，自作歌曰："……穹庐为室兮，旃为墙。"可见汉人对这种陌生的住室，是不习惯居住的。

四　匈奴的交通

匈奴人往往以马、骡、驴、骆驼为代步和运输的工具。马备鞍，马鞭系藤条所制。② 马衔、马镳、马面饰、马鞍、马蹬、鞍峰等马具在墓中屡有发现③。诺彦乌拉 6 号墓出土的马鞍呈四方形，既宽又大。这是因为，马鞍宽大，人和马才能轻松自如，不易疲劳，与经常的马背上的生活需要相适应。④

交通工具除马等牲畜外，还有车。匈奴车的特点，据《盐铁论·论功》记载，是"无银黄丝漆之饰，素成而务坚"。即坚固

---

① 详见周连宽《苏联南西伯利亚所发现的中国式宫殿遗址》，《考古学报》1956 年第 4 期。

② 见于右任《考察外蒙古谢图汗部诺颜山下苏珠克图地方二百十二古墓记》，《新亚细亚》1932 年第 5 期。

③ 参见林幹《匈奴墓葬简介》，载《匈奴史论文选集》。

④ 策·道尔吉苏荣：《北匈奴》。

而无华。专门的制车工场设在方位错入张掖郡的地区。"车以材木为之"①，即主要原料是成材的大木。当然，有的零件是用铜、铁等制造的。1954年策·道尔吉苏荣发掘的积石积砂墓随葬有汉式轿车的车轮，这说明匈奴车受汉式车的影响是相当大的。匈奴的车是用马驾的。《汉书·匈奴传》载，前元四年（前176），冒顿单于遗汉书曰："使郎中系虖浅奉书请，献橐佗一，骑马二，驾二驷。"这里的"驾二驷"，意思是用于驾车的马二乘（八匹）。汉王朝还多次赐匈奴单于及贵族安车、鼓车、轺车等。② 车被广泛应用于日常生活和军事运输。《盐铁论·散不足》云："胡车相随而鸣"，《汉书·扬雄传》载《长杨赋》云："硦辐辐，破穹庐。"这里的"胡车"和"辐辐"都是匈奴车。永初三年（109），汉兵击败南单于，获其穹庐及车千余辆③。阳嘉三年（134）夏，车师后部司马率加特奴等千五百人在阗吾陆谷掩击北匈奴，大捷，所获甚多，仅车就有千余辆。④ 汉同匈奴作战，一次缴获匈奴车辆动辄以千计算，可见匈奴拥有的车辆之多，其运输能力应是相当可观的。

匈奴也拥有水上运输工具——船。匈奴的船以马皮制造，名叫"马革舩（船）"⑤。此外，匈奴人还能筑路、架桥⑥，以利交通。

以上我们从衣、食、住、行四方面，初步探索了战国秦汉匈奴的社会物质生活。从中既可看到鲜明的民族特色，又能发现中原先进经济、文化的深刻影响。匈奴的游牧经济本身是一种不完全的经济，它需要汉族富裕的农业经济的支援，与农业经济互相

---

① 《汉书·匈奴传》。

② 详见《汉书·匈奴传》《后汉书·南匈奴传》。

③ 《后汉书·耿夔列传》。

④ 《后汉书·西域·车师传》。

⑤ 详见《后汉书·南匈奴列传》。

⑥ 参《史记·匈奴列传》；《汉书》：《匈奴传》《陈汤传》。

依存，共同发展。史载匈奴"尚乐关市，嗜汉财物"①。这绝不是偶然的。正是由于中原地区的农产品、手工业品和生产技术不断输入北方，才有力地促进了匈奴的经济发展，并大大丰富了匈奴人民的物质生活和文化生活。当然，匈奴的牲畜和畜产品也曾输入中原。史书上说，匈奴的马匹"衔尾入塞……尽为我畜"②。匈奴的养马技术也传入内地，从而为中原的农耕和运输提供了动力，对内地畜牧业的发展也是一种支持。又，乳制品传入内地，曾丰富了人们的物质生活。以上所述雄辩地说明：各民族之间的相互关系，取决于一个民族的生产力、分工和内部交换的发展程度。

（原载《西北民族研究》1989 年第 1 期）

---

① 《史记·匈奴列传》。
② 《盐铁论·力耕》。

百越与匈奴衣食住行之比较研究

从东周到秦汉，百越和匈奴分别是我国南方和北方的主要少数民族。将百越与匈奴的衣、食、住、行进行比较，弄清当时我国南、北方少数民族社会物质生活的特征及其差异，并分析形成这些差异的原因，对于深入研究我国古代的少数民族史和社会生活史，都是有益的。

一　饮食之比较

饮食是人类的天然本能和生理需要。人类要想维持生命进程，繁衍后代和从事劳动，改造世界，首先就必须饮和食。"民以食为天"，饮食是人们生活中的头等大事。

（一）食物种类和饮食结构之比较

百越的食物，可分粮食、肉类和瓜果蔬菜三大类。其中粮食有稻米和杂粮两种。稻米包括籼稻米和粳稻米，杂粮包括粟、小麦、高粱、玉米、芝麻、豆、菰、芋、薏苡等[1]。肉类有水生动物和陆栖动物两种。水生动物包括各种鱼类和蛤、螺、龟、鳖、蚌、蛇、牡蛎、蚬等；陆栖动物（含已训养的）是猪、牛、狗、羊、

---

① 游修龄：《百越农业对后世农业的影响》，《浙江学刊》1990年第6期。

鹿、熊、虎、象、鸡、鸭等。① 越人还饮酒，尤喜饮黄酒。江南越人的饮食结构似可概括为"饭稻羹鱼"。游修龄先生在《百越的农业对后世农业的影响》一文中认为："'饭稻羹鱼'当然不能从字面上理解为吃米饭和吃鱼。饭指以稻米为主食，当然也还吃其他的谷物杂粮，'鱼'指水生的鱼、虾、蛤、蚌等。……'饭稻羹鱼'中稻与鱼各占一定比重，但鱼的比重很大。尽管后世增加了饲养猪、牛、羊、禽，但鱼食在越人食谱中始终占首要地位。从营养学的角度来看，鱼虾等水产的蛋白质质量，其消化率要优于猪、牛、羊肉。'饭稻羹鱼'的营养结构，更有利于人脑的发育，是营养学和人类演化所首肯的。"这是很有见地的。

匈奴人吃畜肉，食潼酥（干酪）②，喝"潼酪"（乳汁）③。文献材料和考古材料表明，匈奴人的肉食品种除了属于家畜的马、牛、羊、驴、骡、骆驼和犬外，还有野生的兽类鹿、羚羊、野猪、狼、鼠、狐、兔等。猛兽如虎等当偶有食用。禽类有鹰和鸟。④ 匈奴族也食水产品，苏联南西伯利亚匈奴伊沃勒加城镇遗址出土鱼骨很多，还有不少渔网⑤就是实证。秦汉以后，随着农业的发展，匈奴人的食物结构发生变化，由单一的肉食改为以肉食为主，以粮食为辅。粮食除粟、谷外，还有黍、穄⑥，并饮酒。

（二）名菜佳肴之比较

越人好食腥味，"得蚺蛇以为上肴"⑦。又，《吴越春秋·王僚

① 蒋炳钊等：《百越民族文化》，学林出版社 1988 年版。
② 《汉书·杨雄传》。
③ 《史记·匈奴列传》。
④ 《桃红巴拉的匈奴墓》，《考古学报》1976 年第 1 期；《西沟畔匈奴墓》，《文物》1980 年第 7 期；策·道尔吉苏荣：《北匈奴墓》，《科学院学术研究成就》1956 年第 1 期；王炳华：《新疆东部发现的几批铜器》，《考古》1986 年第 10 期。
⑤ 策·道尔吉苏荣：《北匈奴》，乌兰巴托 1961 年。
⑥ 《汉书·匈奴传》。
⑦ 《淮南子·精神训》。

与公子光传》记载，专诸学了三个月，才学会制造叉烧鱼。可见烹制这种闻名天下的菜，需要高超的专门技术。除了叉烧鱼，吴国的酸辣羹也颇为有名。《楚辞·招魂》云："和酸若苦，陈吴羹些。"这里的"吴羹"，大概就是楚国聘来的吴国高级厨师所做的酸辣羹。①

匈奴的名菜佳肴大概是"貊炙"，即烤牛、羊肉，整只或整腿用火烤，吃时各自切开。这种烹调方法在西汉中叶传入中原，在汉族上层中流行。干宝《搜神记》卷七"翟器翟食"条云："……貊炙，翟之食也。自太始以来，中国尚之。贵人富室，必畜其器，吉享佳宾，皆以为先。"

（三）炊具、食品之比较

百越民族的炊具，有炊煮兼用的鬲、鼎、釜，有仅是蒸煮用的甑；食器和盛贮器有陶器、原始青瓷器、木器、竹器等。② 据考古资料，盛器有印纹硬陶和原始青瓷的罐、坛、瓿、盂、壶等，食器有原始瓷质及陶质的碗、盏、盘、碟、豆、盅，以及青铜质的盘、豆、匜等。③ 而居住在旧郁江两岸地区的骆越之人④"相习以鼻饮"⑤。

匈奴的饮具、食器，据考古资料，有用于蒸煮食物的铜鼎、铜釜；有用于容放食物的铜壶、陶壶、陶缸、陶罐、陶碗、陶盘、陶碟等；有用于盛酒的铜卮、陶尊；有用于挹取食物的铜勺、骨勺、骨筷子、木勺等。其中双耳青铜釜和夹砂粗陶器是典型的匈

---

① 林乃桑：《中国饮食文化》，上海人民出版社 1989 年版，第 57 页。
② 蒋炳钊等：《百越民族文化》，学林出版社 1988 年版。
③ 《中国考古学年鉴·1986 年》，文物出版社 1987 年版，第 40 页；《江苏丹徒大港土墩墓发掘报告》，《文物》1987 年第 5 期；《浙江淳安左口土墩墓》，《文物》1987 年第 5 期。
④ ［日］刘茂源：《关于百越族分布领域的浅见》，《浙江学刊》1990 年第 6 期。
⑤ 《资治通鉴》卷二十八。

奴遗物。

匈奴的饮酒器也见于文献记载。《汉书·苏武传》云且鞮侯单于之弟于靬王弋射北海时，曾馈赠苏武一些物品，其中有服匿。服匿即陶缶。其形态为小口，大腹，方底。用于盛酒浆。又，《汉书·匈奴传》载，汉元帝时，汉车骑都尉韩昌、光禄大夫张猛与呼韩邪单于登诺水东山，刑白马饮血结盟，曾以留犁挠酒。留犁就是饭匕。

百越和匈奴饮食状况的不同，是由于经济类型的不同。百越地处气候温润、水乡泽国的江南，农业因其生活环境的不同而有水田稻作和旱地杂粮栽培两种类型①，而以稻作农业为主。渔业发达，除沿海渔捞外，还在井中养鱼，开辟鱼塘养鱼，在水稻田养鱼。② 匈奴人驰骋在当时中国北部边疆的广阔天地。长期过着"逐水草迁徙""随畜牧而转移"③ 的游牧生活。畜牧业在整个社会经济中占主导地位。畜群是他们的生产资料，也是其生活资料和主要财富。狩猎业在匈奴人的经济生活中，原居于重要地位，到西汉时期，退居次要地位，猎获物于是转变成补充食品。农业在秦汉以后，作为游牧经济的补充，在匈奴的社会经济中也占有一定的地位。

二　服饰之比较

服饰是有关人体外部装饰的总称，除衣服、鞋帽外，还包括发式、首饰、脸型、化妆、肤色、体态、佩饰等。

---

① 游修龄：《百越农业对后世农业的影响》，《浙江学刊》1990 年第 6 期。

② 同上。

③ 《汉书·匈奴传》。

（一）衣帽之比较

吴越人是穿左衽衣服的。《史记·越世家》云："夫剪发文身，错臂左衽，瓯越之民也。"《战国策·赵策二》也有相近的记载："被发文身，错臂左衽，瓯越之民也。黑齿雕题，鳀冠秫缝，大吴之国也。""左"，即对襟从左边开裆。"鳀冠秫缝"，是戴大鲇皮冠和穿制作"粗拙"的衣服。又，岭南一带的越人是穿桶裙。[①] 考古发掘表明：百越人衣麻、苎麻、棉、丝织品等[②]，即丝绸、麻布、纱衣、织棉等[③]。

匈奴人衣皮革，被毡裘。战国时期，赵武灵王仿效林胡、楼烦的服装式样，实行易"胡服"的改革，即以褶裤代裘裳。以左衽代右衽，以靴代履。匈奴与林胡、楼烦毗邻，且同为我国北方的游牧民族，此时的服装可能与之相近。匈奴服装屡有考古发现。内蒙古阿鲁柴登战国后期匈奴墓出土的金冠，由冠饰和饰带两部分组成，顶上立一展翅雄鹰，鹰头用绿宝石琢制，不仅是艺术的结晶，而且是权力的象征，很可能属于匈奴某一个君王。[④] 满城一号汉墓出土的匈奴官吏当户跪擎铜灯的"铜俑服饰似属胡服，短衣直襟左祖……手有臂褠，脚着长靴"[⑤]。在蒙古诺彦乌拉也出土了匈奴人的长衣、裤子、长筒靴和帽子。据外国学者研究，这些衣服，制作考究，威严而优美，大概是王或王后的礼服；两件长衣加内裆，制作合身，稍松弛，这非常适合骑马民族；裤腿较瘦，帽子呈尖顶或椭圆形，帽带护耳，以貂皮贴边，当是为了保暖御

---

① 蒋炳钊等：《百越民族文化》，学林出版社 1988 年版。

② 《福建崇安武夷山白岩崖洞墓清理简报》，《文物》1980 年第 6 期。

③ 刘诗忠等：《贵溪崖墓所反映的武夷山地区古越族的族属及文化特征》，《文物》1980 年第 11 期。

④ 《内蒙古阿鲁柴登发现的匈奴遗物》，《考古》1980 年第 4 期。

⑤ 《满城汉墓发掘报告》，文物出版社 1980 年版，第 71 页。

寒。① 上述诺彦乌拉出土的匈奴长衣，与《盐铁论·论功》所载匈奴"无文采裙祎曲襟之制"不符。当是模仿汉式丝绸服装，并根据自己的实际需要，加以改造而成的。匈奴在战争时期穿革笥（皮制的铠甲），大概也穿铁铠甲。

（二） 发式之比较

百越人的发式，如前所述，为"剪发""被发"。"被发"即"剪发"，也就是断发。徐恒彬同志认为，这说明：越人不蓄长发，短发是越人（包括吴人）的习俗。越人的短发经梳理后成为"被发""鬐髴"和"椎髻"等发式。② 其中"被发"就是披发；"椎髻"或称"独髻"，是说"为髻一撮似椎而结之"。③ "椎髻"是百越地区最流行的发式④。

匈奴的发式，文献记载不详。《淮南子·齐俗训》说匈奴人是拖发。林幹先生认为："拖发"就是披发⑤。又，陕西沣西客省庄匈奴墓出土的长方形透雕铜饰牌，画面上两个人物皆披发⑥。《汉书·李陵传》载李陵与卫律见汉使，"两人皆胡服椎结"。

（三） 美容术之比较

前述吴越人"文身""错臂""雕题"。"文身"，据《春秋谷梁传·哀公十三年》范宁注："刻划其身以为文也。""错臂""雕题"，分别是文身的部位之一。"错臂"，《索引》云："谓以丹青错其臂。"而"雕题"，则是在面部的额头刻文⑦。 "黑齿"，是

---

① 加藤定子：《关于古代衣服的研究——诺音乌拉六号匈奴墓出土的长衣》；策·道尔吉苏荣：《北匈奴》。

② 徐恒彬：《断发文身考》，《民族研究》1982 年第 4 期。

③ 《史记·陆贾列传》《索隐》注。

④ 徐恒彬：《断发文身考》，《民族研究》1982 年第 4 期。

⑤ 林幹：《匈奴史》，内蒙古人民出版社 1979 年版，第 157 页。

⑥ 中国科学院考古研究所：《沣西发掘报告》，第 138—140 页。

⑦ 董楚平：《吴越文化新探》，浙江人民出版社 1988 年版，第 175 页。

"南方民族爱嚼槟榔，染齿为黑①"。此外，越人还有凿齿（即拔牙，俗称"摘齿"）和裸以为饰的风俗②。

匈奴人也注意修饰自己。《史记·匈奴列传》索引引习凿齿与燕王书云："山下有'红兰'"，足下知道否？北方人（匈奴人）采取其花之鲜艳者染粉以制做胭脂，妇女用它来面饰以美颜容……"就是一个例证。

（四）装饰品之比较

百越的装饰品，突出的是玉器。百越先民的玉器，解放前在良渚、双桥等地就有发现。新中国成立后在考古调查、发掘中，玉器的发现更是普遍，而且数量可观。如 1987 年在浙江省余姚县城瑶山遗址出土玉器计 635 件（组）③。又在江苏省吴县春秋吴国玉器窖藏里出土装饰品 149 件。其品种较多，有虎形佩、鸟形佩、鹦鹉首拱形饰、双系拱形起脊饰、珑、觿、镯、珠和管等。这批玉器表面刻有精细的装饰纹样，有适于插嵌的榫孔、浅槽或可供佩挂的圆孔，以写实手法表现动物的形象特征，雕琢工艺水平高，可能是吴国的宫廷用玉。④ 而广州市象岗山南越王墓出土的玉兽首衔环璧、龙虎并体玉带钩及一批精巧的玉具剑饰，则堪称玉器的稀世珍宝。

匈奴墓中出土的金制、银制、铜制、琉璃制、玉石制和石制的装饰品种类繁多，尤以环、扣、联珠形饰、兽头形饰、动物纹饰牌为代表小型青铜器最为典型。还出土了不少铜镜以及宝石、

---

① 田继周：《先秦民族史》，四川民族出版社 1988 年版，第 374 页；一说"黑齿"是"以草染齿为黑"，见《战国策·赵二》"武灵王平昼闲居"条注，上海古籍出版社 1985 年版。

② 徐杰舜：《越民族风俗述略》，《浙江学刊》1990 年第 6 期。

③ 《中国考古学年鉴·1988 年》，文物出版社 1989 年版，第 164 页。

④ 《江苏吴县春秋吴国玉器窖藏》，《文物》1988 年第 11 期；《中国大百科全书·考古学》，第 462 页。

琥珀等。由此可见匈奴装饰品之丰富多彩。

通过以上比较可以看出：百越与匈奴的服装有同亦有异。其相异处是社会的综合因素促成的。

百越地区的纺织技术水平，春秋至秦汉时已有较大提高。这时纺织品的种类已达十余种，计有棉布、丝绸、绢、罗、縠、荃、葛、缔、纱、广幅布、练子布、络布等。印染工艺也有明显进步①。加以这里地处海滨，气温又高，所以越人服棉、麻、丝织品，或不戴帽，或跣足（不穿鞋）。

百越境内，河流交织，湖泊密布。人们信仰水神，崇拜龙，而"剪发文身"就与之有关。《说苑·奉使篇》："彼越亦天子之封也；不得冀兖之州，乃处海垂之际，屏外蕃以为居，而蛟龙又与我争焉。是以剪发文身，烂然成章，以象龙子者，将避水神也。"就是一个实证。

越族盛行鸟图腾和鸟崇拜②，所以装饰品中不乏以写实手法表现鸟的形象特征，如鸟形佩、鹦鹉首拱形饰等。

匈奴不仅盛产毛皮，而且毛织业和皮革业相当普遍。史载"匈奴出秽裘"，有"羃帐"。尤其值得注意的是：建武二十八年（52），北匈奴使者至京师洛阳贡裘。裘被作为贡品，其制作必然精美。这是匈奴毛皮加工和制裘技艺具有相当高的标志。又，匈奴人的衣服比较紧窄，这与他们经常跋涉于水草之间，进行游牧、射猎的马背上的生活，是相适应的。至于匈奴人佩戴各种动物纹饰牌和雕像，当与他们的游牧、狩猎的社会经济生活不无关系，也是其勇敢坚强、豪迈开朗的民族性格的反映。

① 蒋炳钊等：《百越民族文化》，学林出版社1988年版。
② 林华东：《再论越族的鸟图腾》，《浙江学刊》1984年第1期；石兴邦：《我国东方沿海和东南地区古代文化中鸟类图像与鸟祖崇拜的有关问题》，《中国原始文化论集——纪念尹达八十诞辰》，文物出版社1989年版；王士伦：《越国鸟图腾和鸟崇拜的若干问题》，《浙江学刊》1990年第6期。

三　居住之比较

居住是消费生活中仅次于饮食和服饰的要素。它包括住宅、内部格局、室内装饰、取暖、设施、照明设备和家具陈设等。住宅和城市有密切的关系。

（一）城市建设之比较

文献记载表明，东周至秦汉时代，百越地区出现了许多"城"。其中多数是城堡，大概只有吴都城（今苏州市）、会稽城（今绍兴市）、崇安粤王城及番禺城（今广州市）属于城市。[①] 现以吴都城、崇安粤王城为例，略述百越的城市建设。

吴都城（今苏州市）位于长江下游南岸，东通吴淞江，南濒太湖，北临阳澄湖，西有风景秀丽的山峦。这一带气候温润，土地肥沃，河流如网，物产丰富。吴城平面作亚字形，由外郭、大城、内城三重城垣组成。[②]《越绝书》云："吴大城周四十七里二百一十步二尺（约 23900 米），陆门八，其二有楼；水门八。""吴郭周六十八里六十步（约 34000 米）。""吴小城周十二里（约6000 米），其下广二丈七尺，高四丈七尺，门三，皆有楼，其二增水门二，其一有楼，一增柴路。"城内有宽广的街衢和河道，据《越绝书》的记载，陆道广二十三步至三十三步（宽 30—40 米），水道广二十八步（约宽 34 米）。这些街衢、河道都通城外，水陆交通相当发达。宽阔而密集的河道除利于交通外，还便于排水蓄水。河道的蓄水既可补给一定的地下水源，部分地供应城市用水，又能消防，且有吸热、吸尘、通风等作用，同时还可以调节城市

---

① 蒋炳钊等：《百越民族文化》，学林出版社 1988 年版。

② 吴奈夫：《东吴古都阖闾城——苏州》，《中国历代都城宫苑》，紫禁城出版社1987 年版。

气候，美化城市。城内置官署，驻军队，有多种手工业作坊和市场。城外建有军事性质的城堡，还建有许多土城，其中有的是王室的畜牧业生产基地，有的是王室储藏粮食的仓库，有的是王室的生活设施。①

崇安粤王城址坐落在丘陵之上，依山而筑，平面不规则。东城墙长 800 米、高 5—6.1 米、宽 8.5 米；西城墙长 750 米、高 6 米、宽 9 米；南城墙长 500 米、残高 2—6 米、宽约 8 米；北城墙长 505 米、高 4 米、宽 10 米。总长 2555 米，面积 48 万平方米。② 城墙之外绕以壕沟。其东、西、北三面有崇溪环绕，是古代通往建阳、建瓯以达闽江的主要航道。③ 城内高处分布着几座大型宫殿遗址，城内外还分布着居民区、作坊区、驻兵区、墓葬区以及街道、护城壕等。④

匈奴原来没有城郭和固定住处，过着逐水草迁徙的游牧生活。秦汉以后，随着社会经济的发展和与汉族之间经济、文化交流的开展，匈奴人开始学习中原地区的"筑城"和"治楼"技术，出现局部走向定居的崭新气象。阴山河套地区建有头曼城和龙城，漠北地区建有赵信城和范夫人城⑤。这些城的规模、形制、布局等已不可考。但在西域所建单于城（一名郅支城）有参考价值。据《汉书·陈汤传》记载，营造该城，"日作五百人，二岁乃已"。其规模当不小。该城有内外两重。内城为土城，外城为重木城。土城"城上立五采幡织"，城墙有门，城中有楼，有"大内"，是政治活动中心。而重木城，则是屯驻守兵的戍所。

---

① 吴奈夫：《东吴古都阖闾城——苏州》，《中国历代都城宫苑》，紫禁城出版社1987 年版。
② 同上。
③ 《文物考古工作三十年》，文物出版社 1981 年版，第 254—255 页。
④ 蒋炳钊等：《百越民族文化》，学林出版社 1988 年版。
⑤ 《汉书·匈奴传》有贰师"追北范夫人城"的记载。应劭曰："本汉将筑此城，将亡，其妻率余众完保之，因以为名。"可见范夫人城为汉人所筑。

考古工作者也发现了一些匈奴古城。对蒙古和苏联亚洲南部匈奴五座城镇的考古发掘表明，其规模都不大，皆为数万平方米，呈四方形，四面有围墙，有的围墙里面或外面挖有壕沟，一般有两个至四个栅门。各城镇内有若干大小不同的建筑物。例如，高瓦—道布城址中央有一座大型夯土建筑基址，长56米、宽45米、高3米，周围分布着11座小型建筑基址。① 西拜达里格河畔的古城中央有高台和石砌墙基，城内有一个直径约40米的椭圆形大坑，有人推测系供贮存淡水之用。伊沃尔加城内发现80余座住所遗迹，城中心发现一座13米×11.5米房屋遗址，推测系首领住宅，其东侧附建一小房，当系仆役居所。在此以东有一大型的生产性房屋，出土有生吹炼铁炉。城中出土铁铧、铁犁等农具，和黍粒、谷窖及家畜遗骨。② 这些城镇遗址表明，匈奴人在一定程度上过着定居生活，农业起辅助作用。

（二）宫殿台阁之比较

百越的宫殿台阁富丽堂皇，它有三个特点。一是数量众多。从《越绝书》和《吴郡志》知，吴国在高平里，建有阖闾宫；在长乐里，筑有南越宫。在长秋，营造有东宫和路西宫，其周长分别为一里二百七十步和一里二十六步。在华池里和安阳里，各建射台一座。此外，吴王阖闾和夫差还在都城外营建了许多离宫别馆，诸如姑苏台、馆娃宫、石城，等等。二是规模宏大。如姑苏台"经营九年始成，其台高三百丈，望见三百里外，作九曲路以登之"③。三是建筑豪华。如夫差扩建后的姑苏台，"周旋诘屈，横亘五里，崇饰土木，殚耗人力……台上别立春宵宫……造千石酒钟。又作天池，池中造青龙舟……又于宫中作海灵馆、馆娃阁，

---

① 《中国大百科全书·考古学》，第606—607页。
② 同上。
③ 同治《苏州府志》卷三五《古迹》。

铜沟玉槛，宫中楄榱，皆珠玉饰之"①。以上记载可能有夸大之处，但应有一定事实作根据。

匈奴有汉式宫殿建筑群，在今俄罗斯的阿巴干发现。其中央大殿平面呈正方形，长宽各 12 米，墙壁有门七扇，门扇旁嵌有铜铺首，庑殿顶。此殿为该建筑群的最高最大部分。其四周则环绕着较矮的房屋，计 19 间，连大殿本身共 20 间。各房屋互相连属。大殿正门向南有一似过厅的大屋。墙为黏土筑成，厚约 2 米。屋内有暖气或火盆设施。② 居住在这种规模宏大，错落有致，结构复杂，设备完善建筑群里的，当为贵族。

（三）一般住宅类型之比较

百越与匈奴都适应各自的自然条件和生活需要，分别创造了多种形式的居住建筑。

百越的住宅类型有干栏式、地面式和半地穴式等。

干栏式建筑是百越民族的重要居址建筑物之一。它一般是指房屋建于平台（托架）之上，其下以木柱构成底架。其特点有三："一是底部悬空；二是正脊的两头翘起，并长于屋檐；三是屋顶的结构作两面坡式。"③ 这与多雨地区的需要是相适应的。干栏式房屋"有高干栏和低干栏之分"④，高干栏建筑底架一般距地表较高，底间用以圈养家畜、家禽和堆放什物，楼上则铺设木板用以居人；低干栏建筑一般底架距地表较低，其主要作用大概仅为防潮。

地面式建筑即地面上的房屋。1992 年浙江绍兴坡塘 306 号战

---

① 《洞冥记》。

② 周连宽：《苏联南西伯利亚所发现的中国宫殿遗址》，《考古学报》1956 年第 4 期。

③ 刘诗忠：《贵溪崖墓所反映的武夷山地区古越族的族属及文化特征》，《文物》1980 年第 11 期。

④ 林蔚文：《古代东南越人建筑述略》，《中南民族学院学报》1985 年第 4 期。

国墓出土的伎乐铜屋即是。该铜屋屋顶作四角攒尖式，顶端有一鸠鸟柱。屋平面呈长方形，三间三进式；前面敞开，立圆形明柱两根。两侧壁作隔窗式，后壁中心处开一小窗。屋顶、立柱和四阶饰错金花纹。[1] 此屋当是当时房屋建筑的缩影。从屋柱较少以及四坡式攒尖顶等形式看，可能属于抬梁式木构架结构。这样的房屋，适合温暖而又潮湿的我国南方通风、采光和排水的需要。

此外，还有半地穴式建筑。限于材料，此处从略。

匈奴的住宅类型有穹庐、半地穴房屋、普通房屋和大型房屋。

穹庐，俗称"毡帐"。《盐铁论·论功》云："匈奴织柳为室，旃席为盖。"可见它是内撑以木架、木栅，外包以毛毡，缚以毛绳，其形如穹庐，能够拆卸转移的住室，具有独特的民族风格和鲜明的建筑艺术，当供牧民居住。

半地穴房屋和普通房屋均在伊沃尔加匈奴城址发现。前者"一般为圆角长方形"，"面积约 6 米 × 4 米，居住面夯实或抹泥，发现火塘遗迹。墙用土坯筑成，内面抹草泥，沿墙用础石承托木柱。屋顶用檩、椽及横置的圆木杆搭成，上面苫盖桦树皮和草皮。屋内有炕及木板铺位"[2]。后者面积一般为 20 多平方米。其墙或是在石基上垒土砸实；或是用许多柱子做成木构架，然后再填土夯实。地面都经过夯打，有的还经火烧过。房屋东北角有石砌的炉灶，西北角和西南角的下边大都有烟道遗迹。[3] 二者的门均开在南边，反映了北方住室向阳背阴的坐向习惯，这对于采光、取暖和避风都是有利的。这种由地基、墙壁和屋顶构成的固定生活空间，是与稳定性的农业生产活动相适应的。

大型房屋亦在伊沃尔加匈奴城址发现。它建在土丘上。其筑墙方法是：先树立一些粗大的柱子，然后在其中间填土夯实。屋

---

① 《绍兴 306 号战国墓发掘简报》，《文物》1984 年第 1 期。
② 《中国大百科全书·考古学》，第 606—607 页。
③ 策·道尔吉苏荣：《北匈奴》，乌兰巴托 1961 年版。

顶上部的情况不明，下部是在钉好的木板上涂抹灰土。屋内有炉灶、烟道和土坑等设施。[①] 这种大型房屋建在高敞处，面积大，规格高，其居住者当是贵族。

百越和匈奴城市规划布局之所以不同，是因为这两个民族所在地区之间的地形、气候条件差别很大。吴越所在的南方，地形比较复杂。城市布局要从实际出发，因地制宜，因而灵活多样。山地城市常背山面水而筑，如福建崇安城就是这样。而在长江中下游地形比较平坦的地方，城市常沿河发展，如吴越。城市沿河布置可以充分利用水上交通，节省运输费用，同时，取水和排水也比较方便。百越城市的不规则布局主要是由地形条件决定的，要顺着山坡或河道开辟道路系统。此外，南方天气较热，不是很需要日照，甚至还要避免太阳光多晒室内，因此，城市建筑大多不作正南北向布置。匈奴地处地形比较平坦的北方，城的形状以方形居多。主要街道一般作直角相交，呈十字形。十字形的道路系统便于交通，布局上也比较规整对称。这种比较方整平直的布局，除了地形条件，还与气候条件、建筑朝向和居民生活习惯等因素有关。北方冬季寒冷，要求建筑朝南以获得较多的日照。同时，北方雨季较短，居民有较多的时间利用院落进行活动。这也促成了匈奴比较规矩整齐的城市格局。

百越和匈奴主要居住类型的不同，则是由经济类型和气候条件的差异造成的。百越地处我国南方，气候温热，雨量充沛，湿度较大。农业在整个社会经济中占主导地位。作为主要住宅的干栏式建筑，是由上、下两层构成的固定生活空间，即能满足稳定的农业生活活动的需要，又因高爽疏朗，可收通风干燥、防湿防潮之效，也有利于圈养家畜家禽和防止毒蛇猛兽的侵袭。匈奴气候寒冷干燥，经济以畜牧业为主，供广大牧民居住的穹庐处于不

---

① 策·道尔吉苏荣：《北匈奴》，乌兰巴托 1961 年版。

固定状态的移动性的生活空间，不仅可以满足匈奴游动性的生产活动的需要，而且能够适应自然环境，保暖避风雪。

四　交通之比较

交通，虽是联系生产与消费，促进贸易的纽带，但从旅行角度讲，它是作为社会物质生活的一个要素，而列于衣、食、住之后。它的内涵有设施、工具和职业集团等。[①]

百越既修筑了大道与中原相连，又在江河和海上开辟了水路。吴都越城都有水门。船是主要的交通工具。史载"适越者，坐而至；有舟也"[②]，而吴国"不能一日而废舟楫之用"[③]。吴人和越人都擅长水战。春秋后期，吴国已能造出各种类型的战船，包括"余皇""三翼""突冒""楼船""桥舡"等。其中"余皇"是战时作为指挥的大型战船，航行性能优良。三翼包括大翼、中翼、小翼，是主要战舰。大翼长十丈，阔一丈五尺，可载士兵九十多人。三翼体型瘦长，桨手众多，航速很快。唐朝诗人元稹用它来形容时光的易逝，写下了"光阴三翼过"的著名诗句。越国的水军则配备有"戈船""楼船"，有"死士八千人，戈船三百艘"。[④]大规模的水军是发达造船业的反映。

造船和航海紧密相连。有发达的造船业，就必然有兴旺的航海业。蒋炳钊等先生认为，《周书》关于"周成王时，于越献舟"的记载，反映了西周时期由今浙江东部直通江苏东北部或山东半岛北面的海上交通。他们还指出，吴越人从东周时起，多次进行海战，这说明越民族有一定的航海经验、知识和技术。又，百越

---

① 乌炳安：《中国民俗学》，辽宁大学出版社1987年版，第78—79页。
② 《吕氏春秋·慎大览·贵因》。
③ 顾栋高：《春秋大事表》卷33。
④ 《越绝书·越绝外传记地传》。

人早就跟台湾和南洋群岛有联系和来往，从而为西汉时期海外交通的新发展奠定了基础。①

　　匈奴有水路和陆路两大交通路线，其中主要是后者。他们能铺路、架桥，以利交通。

　　匈奴也拥有水上运输工具——船。匈奴的船以马皮制造，名叫"马革船"。但其主要运输工具往往以马、骡、驴、骆驼为代步和运输工具。车也是匈奴人的主要交通工具。匈奴车的特点，是"无银黄丝漆之饰，素成而务坚"②，即坚固而无华。有专门的制车工场，主要原料是成材的大木。匈奴的车是用马驾的。车被广泛应用于日常生活和军事运输。汉同匈奴作战，一次缴获匈奴车辆动辄以千计算③，可见匈奴拥有的车辆之多，其运输能力应是相当可观的。

　　百越和匈奴在交通运输上的差异，主要是地理环境的不同造成的。百越境内，江河纵横，湖泊棋布，又东、南两面滨海，有一望无际的海域。长期的水上活动，锻炼出越人善于驾舟的高超技能，即所谓"以船为车，以楫为马，往若飘风，去则难从"④。故水路和海上交通发达，以船为主要交通工具。而匈奴地处内陆，所以陆路运输兴旺，车和牲畜在交通工具中名列前茅。这正如《淮南子·齐俗训》所云："胡人便于马，越人便于舟。"

　　综上所述，可以得出以下五点结论。

　　1. 人们的衣、食、住、行等属于社会物质生活的范畴。其形成的状况同时代、地区、地形、气候、物产和民族风俗传统等有直接关系。而同一民族在不同的时代可以有相当大改变。这说明

①　蒋炳钊等：《百越民族文化》，学林出版社1988年版。
②　《盐铁论·论功》。
③　《后汉书·耿夔列传》、《后汉书·西域车师传》。
④　《越绝书·越绝外传记地传》。

在同样的地理环境下它可以有不同的表现。从中就可看到精神活动的轨迹。从这个意义上说，衣、食、住、行都是精神生产的一种结果。

2. 百越和匈奴在衣、食、住、行上有同也有异。其异，概括地说，是地区的和民族的不同造成的，如百越民族过着稳定的农业生活，生活节奏慢，所以饮食比较复杂细致，而匈奴民族过着不稳定的马背游牧生活，生活节奏快，所以饮食比较简单粗糙。其同，如都食炙（叉烧）肉，俱为左衽、披发、椎髻，则当是通过位于它们之间的中央王朝这个中介互相影响的结果，也可能与民俗传承有关。

3. 百越境内，由于各地经济、文化发展的不平衡性（吴越地区社会经济的发展走在其他地区前面），因而在社会物质生活上，存在着地区性的差异。如在烹饪方法上，句吴的叉烧，山夷的生腌，各有特色。又如，在饮食器具上，骆越的鼻饮，山夷的大竹筒饮，风情迥异。再如，在衣着上，吴越人的"左衽"衣服，南越人的桶裙，各具风采。

4. 百越与匈奴都是古代中华民族大家庭的一员，曾以自己的智慧和血汗，为创造光辉灿烂的中华古代文明，作出了卓越的贡献。

5. 百越与匈奴虽然各有其自身发展的历史和独特的文化，但是都与其他民族，尤其是与中原民族（先秦时的华夏族、秦汉以后的汉族）有着密切的交往与联系。它们都受到先进的中原文化的影响，使其农业经济有不同程度的发展，生产力水平获得显著提高。同时中原民族也汲取了它们的文化精华，从而丰富了自己的物质文化和精神文化。由此可见，民族间文化的交流往往是双方的，文化的传播一般是双向的。

（原载《国际百越文化研究》，中国社会科学出版社 1994 年版）

中国古代婆媳之礼初探

  中国自古就是礼仪之邦，中华民族一向以重礼而著称于世。礼起源于原始社会的祭祀活动。进入阶级社会后，礼成为上层建筑的一部分。礼规定了统治阶级和被统治阶级的界限，规定了社会各个等级的尊卑贵贱，它是不平等的，具有鲜明的阶级性，是维护当时社会等级的工具。[①] 礼也规定了人际往来的行为准则，成为一种不断被深化的道德观念。

  在中国古代多种多样的礼仪规定中，家庭的礼仪规定占有重要的地位。它体现多方面的说教，有规范人心，引导大众为善和维持、安定国家社会的效用，而且易于施行，成为约束社会生活的一种力量。"治国在齐家，齐家在于修身"的政治原则，也通过它得以贯彻执行。

  学者认为：家礼是中国封建家庭的必然产物。它好像一面光亮的镜子，显明地照射出中国封建家庭、社会及民族最深处的特质，为我们认识本民族自身的潜在心理和民族性格，提供了一把钥匙。[②] 这是很有见地的。

  婆媳之礼是家礼的主要内容之一。它规定了婆婆和媳妇各自的等级名分和行为准则，充满了封建伦理道德的说教。

---

  ① 李学勤：《古代礼制》，谭家健主编《中国文化史概要》，高等教育出版社 1988 年版，第 3 页。

  ② 李晓东：《中国封建家礼》，陕西人民出版社 1986 年版，第 2 页。

　　婆媳之礼至迟在汉代就产生了。这一礼仪，归纳起来，主要有以下几点。

　　首先，舅姑（公婆）在家庭中有至高无上的地位。"夫得意一人，是谓永毕；失意一人，是谓永讫。"① 婆婆所说的一切，媳妇都要洗耳恭听；婆婆的所有指示，媳妇都必须绝对服从，不得争辩，更不能抗拒不遵。"姑云不尔而是，固宜从令；姑云尔而非，犹宜顺命。勿得违戾是非，争分曲直。此所谓曲从矣。"② 媳妇如有不如意处，婆婆可以打骂虐待她，即"责罚加身"③。而媳妇只得忍气吞声，不能有怨言，所谓"处家之法，妇女虽能，孝顺为先。翁姑有责，曾如不曾……是非休习，长短休争"④。例如，《后汉书·应奉列传》注引《汝南记》曰："华仲妻本是汝南邓元义前妻也。……元义还乡里，妻留事姑甚谨，姑憎之，幽闭空室，节期食饮，嬴露日困，妻终无怨言。"又如，兹溪人王氏，年仅17岁，就因丈夫病故而守寡。然而婆婆因不愿她留在家里而经常责骂她，两个小姑子也对她拳打脚踢。王氏却毫无怨言，晚上就睡在小姑的床下，随着时间的推移，患了风湿病，但仍不改守节的初衷。⑤ 如果媳妇忤逆了婆婆的旨意，不能俯首帖耳，无条件地服从婆婆，那么就要受到婆婆的斥责体罚，打骂凌辱，甚至被赶出家门。《大戴礼记·本命》云："妇有七去：不顺父母去；……不顺父母，为其逆德。"这里的"去"，是指被责令离开婆家，回到娘家。"七去"是婆婆通过儿子赶走媳妇所持的七种所谓正当理由。学者认为，这七种理由，都和宗法制有关。宗法制讲求社会纵的关系，要求顺从父母的心意，否则就是"逆德"，即

---

① 班昭：《女诫》。
② 班昭：《女诫》。
③ 宋若莘：《女论语》事舅姑章第六。
④ 宋若莘：《女论语》和柔章第十一。
⑤ 见《明外史·列女传》。

背叛封建道德，所以把不顺父母列为首条。①

　　著名叙事诗《孔雀东南飞》描述的就是这种情况，汉末建安（196—219）中，庐江府小吏焦仲卿热烈地爱着他的贤妻刘兰芝，夫妇彼此感情很好。但兰芝不合蛮横的焦母的心意，她最终还是被逼走了。兰芝"自誓不嫁，其家逼之，乃投水而死。仲卿闻之，亦自缢于庭树"②。兰芝与仲卿的双双自尽，正是那时婆媳之礼剥夺广大青年男女自由与幸福，甚至窒息他们生命的典型反映。

　　无独有偶，南宋时期，著名诗人陆游和他表妹唐婉的婚姻悲剧也是严苛的婆媳之礼造成的。陆游 20 岁娶唐婉为妻，夫妻感情和好。但陆母讨厌唐氏，他们夫妇被迫离异。离婚后，陆游非常痛苦伤心，常常背着母亲去探望她。后被母亲察觉制止，从此就断了音信。1155 年，31 岁的陆游在沈园游览，偶然见到了唐婉，当时各已再婚，但仍怀有深挚的感情，彼此凄然无语。唐婉派人送酒肴来，更增添了他的伤感，一腔悲愤涌上心头，当即在园中粉墙上题了一首调名《钗头凤》的词，以寄托他对前妻的思念之情：

　　　　红酥手，黄縢酒，满城春色宫墙柳。东风恶，欢情薄，一怀愁绪，几年离索。错！错！错！
　　　　春如旧，人空瘦，泪痕红浥鲛绡透。桃花落，闲池阁，山盟虽在，锦书难托。莫！莫！莫！

　　唐婉也依韵答词。词中被弃人对浇薄世态人情的憎恶，对前夫的深情厚谊，以及她内心深处的幽怨伤感！如泣如诉，催人泪下。不久，唐婉也就含恨与世长辞了。

　　然而，陆游总是怀念着她。当他 75 岁时重游沈园，触景生

---

① 孙晓：《中国婚姻小史》，光明日报出版社 1988 年版，第 51 页。
② 《孔雀东南飞·序》。

情，缅怀往事，又写下了两首感动人的七言绝句，以抒发他对唐婉始终不渝的爱情。

其次，侍奉公婆，是媳妇应尽的职责。汉代《礼记·内则》说，媳妇侍奉公婆，要像儿女侍奉父母一样，黎明起床，梳洗穿戴完毕，即去公婆住处，首先要下气怡声地问候寒暖。公婆出入走动时，要在旁边扶持；盥洗时要亲奉汤水，洗毕再递上面巾；然后请示一天的饮食，尽量按照公婆的意思安排，并用枣栗饴蜜等来调和饮食，使食物甜滑可口，必待公婆品尝以后才能告退。唐散郎陈邈妻郑氏《女孝经》事舅姑章第六云："女子之事舅姑也，敬与父母，爱与母同。守之者义也，执之者礼也。鸡初鸣，咸盥漱衣服以朝焉。冬温夏清，昏定晨省，敬以直内，义以方外，礼信立而后行。"唐宋若莘《女论语》事舅姑章第六云："阿翁阿姑，夫家之主，既入他门，合称新妇，供承看养，如同父母，敬事阿翁，形容不睹，不敢随行，不敢对语，如有使令，听其嘱付。姑坐则立，使令便去，早起开门，莫令惊忏，换水堂前，洗濯巾布，齿药肥皂，温凉得所，退步阶前，待其淙洗，万福一声，即时退步，备办茶汤，逡巡递去，整顿茶盘，安排匙筋，饭则软蒸，肉则熟煮，自古老人，牙齿疏蛀，茶水羹汤，莫教虚度，夜晚更深，将归睡处，安置辞堂，方回房户，日日一般，朝朝相似，传教庭帏，人称贤妇。"该篇以四字一句的形式，用通俗的语言，对媳妇如何侍奉公婆，作了较为具体的规定。接着告诫说："莫学他人，跳梁可恶，咆哮尊长，说辛道苦，呼唤不来，饥寒不顾，如此之人，号为恶妇，天地不容，雷霆震怒，责罚如身，悔之无路。"

宋代以后，要求媳妇孝敬公婆更周详，侍奉公婆更柔顺。如《郑氏规范》的《女训》说："家之和不和，皆系妇人之贤否。何谓贤？事舅姑以孝顺，奉丈夫以恭敬，待娣姒以温和，接子孙以慈爱，如此之类是已。何谓不贤？淫狎妒忌，恃强凌弱，摇鼓是非，纵意徇私，如此之类是已。天道甚近，福善祸淫，为妇人者，不可不畏。"《庞氏家训》的《女训》更进而威胁说："长舌厉阶，画地成狱。妒悍相残，身'攒百镞'。"（明）郑氏《女教篇》云："适舅姑所，亲执箕帚，蠲除堂室，指拭几斗。釜甑必洁，器用必净，饮食必精，供奉必敬。悦其心志，乐其耳目，候其寒暖，省其安不。命不敢违，怒不敢怨，言不敢訾，物不敢玩。"清陆圻《新妇谱》对新妇如何做人做事，如何曲尽孝道，作了较为详细的阐发，强调"事公姑不敢伸眉"，要"一味小心谨慎"，"不可纤毫触恼"。甚至新妇说话的声音，也颇有讲究，"妇人贤不贤，全在声音高低、语言多寡中分：声低即是贤，高即不贤；言寡即是贤，多即不贤"。颜色表情也要注意："愉色婉容是事亲最要紧处，男子且然。况妇人乎？但事公姑丈夫之色，微有不同，事姑事夫和而敬；事翁肃而敬。"这样，就把汉代班昭《女诫》提出的标准具体化和系统化，从而在严格性上超过了《女诫》[1]。

上述有关媳妇侍奉公婆的职责规定当然过于严苛和绝对化，甚至不近情理，但从某种意义上，也体现出了中华民族尊老敬老的传统美德，出现了许多侍奉公婆甚得妇道的贤妇。当然其中不少是被扭曲了人性的，但也有像不避强暴，不惜生命，冒白刃保护婆婆的唐郑义宗妻卢氏之类的人物，即使在今天，也是值得称道的。

侍疾养姑是婆媳之礼的一项重要内容。《礼记·内则》说，公婆如有疾病痛痒，应该专心谨慎地为其按摩。《女教篇》说，媳妇对公婆要"侍其疾，丧事尽哀，祀事竭力"。《改良女儿经》云："公姑病，当殷勤。"封建社会里不少所谓孝妇就是以此博取好名的[2]。五代时兖州有一民家妇贺氏为妇20余年，其夫长年在外，亦不以一文钱接济家，"其姑已老且病，凛馁切骨，妇佣织以资

---

①　彭卫：《汉代婚姻形态》，三秦出版社1988年版，第185页。
②　李晓东：《中国封建家礼》，陕西人民出版社1986年版，第171页。

之。所得佣直（值），尽归其姑。已则寒馁。姑又不慈，日有凌辱。妇益加恭敬，下气怡声，以悦其意，终无怨叹"①。又，明代仪真周祥妻张氏，为了给婆婆治病，自"割左胁下，得膜如絮，以手探之没腕，取肝二寸许，无少痛，作羹以进姑……"② 任劳任怨，奉养婆婆，当然是可取的。但自残形体，剜肉熬汤，给婆婆治病，以恪守婆媳之礼的做法，则是封建礼教对广大人民进行道德蒙昧主义教育的表现。③

　　媳妇不得告发婆婆，是婆媳之礼的又一原则。《女论语》和骄柔章第十一说："从来家丑，不出外传。"《女教篇》指出，"惟宽"是保证"室家以宁"的四项原则之一，并进而对"宽"作了具体阐述："其宽维何？器量洪廓，不责小过，不念旧恶。"可见家礼是要媳妇隐瞒婆婆过错的。明代有一女子名叫王妙凤，嫁与吴奎为妻。她的婆婆淫乱。正统年间，吴奎经商于外。婆婆与其所宠爱的男子饮酒，那行为不端的男子打算乘机奸污妙凤。婆婆"命妙凤取酒，挈瓶不进。频促之，不得已而入。姑所私戏纱其臂。妙凤愤，拔刀斫臂不殊，再斫乃绝。父母欲讼之官，妙凤曰：'死则死耳，岂有妇讼姑理邪？'逾旬卒"④。妙凤在受侮辱、遭伤害的情况下，居然拒绝到官府诉讼，说什么死就死了，哪有媳妇同婆婆打官司的道理。不久便因伤势过重去世。真是可怜而又愚昧！又，明代贵池美貌少女唐贵梅，拒绝与婆婆的情夫奸宿。婆婆贪图情夫的重赂，就用皮鞭打她，用烧红的铁器烙她，她仍然不从。婆婆恼羞成怒，到官府告她不孝。官府的通判受婆婆之贿，把她打得数次昏死，但她为了不使婆婆吃苦遭罪，宁可置自己的名声于不顾，始终不向官府讲出真情。⑤ 同样是一个封建礼教下的

① 《太平广记》卷二七一《贤妇·贺氏》。
② 《明史·列传·列女一》。
③ 李晓东：《中国封建家礼》，陕西人民出版社1986年版，第171页。
④ 《明史·列传·列女一》。
⑤ 详见《明外史·唐贵梅传》。

可悲牺牲品！

公婆也要爱护媳妇，是婆媳之礼的一个侧面。《礼记·内则》说，公婆对于媳妇也要异常爱护，当媳妇服劳事的时候，虽然任其去做，但要时时让其休息。媳妇如果不孝敬，也不立刻生气，应该慢慢地教导她；如果不听教训，再责备她；实在不听管教，才让儿子把她休了，但也不明说她违犯礼义。这里有人情味，有同情心，合乎忠厚之道。

家政主持者不实行终身制，是婆媳之礼的又一个侧面。《礼记·内则》说，公公过世以后，按规矩婆婆不再主持家政，而把家政传给长子妇。人到老年，精力不充沛了，头脑也不灵活了，不适于主持家政了，自动退位，让年轻的晚辈去接替，是按自然规律办事，有积极意义，是可取的。

媳妇可以婉转地规劝婆婆的过失，是婆媳之礼的一个要素。据司马光《家范》卷十《舅姑》的记载，河南人乐羊子，在外求学七年不回家，他的妻子时常亲自奉养婆婆，曾经有别家的鸡误入园中，"姑盗杀而食之。妻对鸡不餐而泣。姑怪，问其故。妻曰：'自伤居贫，使食它肉。'姑竟弃之"。就是一例。

媳妇见公婆要举行仪式，也是婆媳之礼的一个内容。唐代礼部尚书王珪的儿子王敬直取南平公主为妻。王珪"与其妻就席而坐，令公主亲执笲（形制似筥，以竹或笔制成，饰以青缯，以盛枣、栗、腶、脩等礼物），行盥馈之道，礼成而退"①。从此以后公主下嫁，有公婆的，都备办妇礼。这种礼仪是从王珪开始实行的。

综上所述，可以看出：婆媳之礼尽管有积极的、合理的一面，如媳妇孝敬婆婆、婆婆爱护媳妇等，但其主导方面则是束缚压制媳妇的一种力量，尤其是宋明理学家所倡行的婆媳之礼，成为广

---

① 见《明外史·列女传》。

大媳妇精神上的桎梏。总的看来，婆媳之礼基本上是女性对女性的压迫，这使在夫权压迫下的媳妇们，颈上又套了一具沉重的枷锁，被压在社会的最底层。

（原载《中国妇女管理干部学院学报》1993 年第 4 期）

著作目录

一　专著

（一）独著

1. 《资治通鉴新注·资治通鉴大事编年》，张大可主持，陕西人民出版社 1998 年版。

2. 《中国通史图说·春秋战国卷》，李学勤名誉主编、朱大渭主编，九洲图书出版社 1999 年版。

3. 《中国风俗通史·两周卷》，陈高华、徐吉军主编，上海文艺出版社 2003 年版。插图本即将出版。

（二）合著或参编

1. 《中国古代建筑技术史》，中国科学院自然科学史研究所主编，科学出版社 1985 年版。后又在台湾出版。获 1986 年中国科学院科学进步奖（特等奖）和中国国家图书奖。

2. 《中华文明史》第三卷，河北教育出版社 1994 年版。同时在台湾出版。获 1994 年精神文明建设"五个一工程"一本好书奖（第四届）和中国图书奖（第九届）。我参与了撰稿、统稿和定稿。

3. 《中国礼仪全书》，钟敬文主编，安徽科技出版社 1995 年版。

4. 《中国宫殿史》，台湾文津出版社 1995 年版。其增订本由天津百花文艺出版社于 2008 年出版。2009 年 2 月马来西亚《东方日报》对本书作了篇幅较长的评介。该报记者房翠莹女士电话采访了我。

5. 《中国经济通史·秦汉经济卷》，林甘泉主编，经济日报出版社 1999 年版。其增订本由中国社会科学出版社 2007 年出版。同年收入中国社会科学院文库。获中国社会科学院历史所第四届专著一等奖、中国社会科学院第四届专著类二等奖、郭沫若中国历史学奖第二届二等奖。

6. 《中国饮食史》第二卷，徐海荣主编、徐吉军副主编，华夏出版社 1999 年版。获浙江省优秀专著一等奖。我任编委。

7. 《中国通史图说·秦汉卷》，李学勤名誉主编、朱大渭主编，九洲图书出版社 1999 年版。

8. 《中国服饰通史》，陈高华、徐吉军主编，宁波出版社 2002 年版。我任编委。

9. 《中国审计史》第一卷，李金华主编，中国时代经济出版社 2004 年版。有英译本。获第二届国家政府奖提名奖。我任编委。

10. 《大通史·秦汉卷》，岳庆平主编，已见清样，拟由学苑出版社出版。

二　文章

1. 《关于江苏铜山丘湾商代祭祀遗址》（合著），《文物》1973 年第 12 期。

2. 《试论中国古代科技由盛转衰的社会原因》（合著），《北方论丛》1980 年第 5 期。

3. 《明代油漆名匠介绍——兼及明代油漆技术的发展》，《中国生漆》1982 年第 1 卷第 2 期。

4. 《试论王莽改币》,《中国史研究》1983 年第 2 期。

5. 《明代杰出的建筑规划家阮安》,《学林漫录》第七集,中华书局 1983 年版。

6. 《先秦漆器概述》,《中国生漆》1983 年第 2 卷第 2 期。

7. 《古代题材的连环画要有新意》,《连环画论丛》第 5 辑,人民美术出版社 1983 年版。

8. 《试论明代从工匠中选拔工部官吏》,《科技史文集》第 11 辑,上海科学技术出版社 1984 年版。

9. 《论徐杲——兼及明代的匠官》,《史学月刊》1984 年第 2 期。

10. 《〈髹饰录〉作者生平笔籍贯考述》,《文史》第二十二辑,中华书局 1984 年版。

11. 《河南考古新发现展览笔谈》,《中国历史博物馆馆刊》总第 6 期,1983 年。

12. 《秦漆器试探》,《中国生漆》1984 年第 3 卷第 2 期。

13. 《明代"匠官"小议》,《安徽史学》1984 年第 4 期。

14. 《战国物质文明概说》,《中国史研究》1985 年第 4 期。

15. 《关于明代建筑发展的若干社会原因》,《中国古代史论丛》总第九辑,福建人民出版社 1985 年版。

16. 《王莽改制若干问题商榷》,《晋阳学刊》1985 年第 5 期。

17. 《中国古代髹漆名匠介绍 (上)》,《中国生漆》1982 年第 4 卷第 1 期。

18. 《中国歴史学者か"語る始皇帝の地下宮殿は実在する!"》,载《歴史読本》特集"秦始皇帝よ万里の长城",1985 年。(与《中国史研究》主编李祖德同日本作家尾崎秀树、早乙女贡座谈纪要)

19. 《简评〈铜鼓史话〉》,《江汉考古》1985 年第 1 期。

20. 《战国楚漆器述略》,《中原文物》1986 年第 1 期。

21. 《秦国重农政策简论——商鞅秦律与云梦出土秦律的比较研究

之一》，中国秦汉史研究编《秦汉史论丛》第三辑，陕西人民出版社 1986 年版。

22. 《文化史园地的一朵新花》，《社会科学评论》1986 年第 10 期。

23. 《战国楚都郢的几个问题》，《江汉论坛》1987 年第 2 期。

24. 《汉画所见汉代城市与政治、经济和军事的关系》，《汉画像石研究》，文物出版社 1987 年版。

25. 《登封王城岗城堡遗址试探》，《华夏文明》第一集，北京大学出版社 1987 年版；又载郑杰编《北京大学古代文明研究中心学术丛书之二·夏文化论集》，文物出版社 2002 年版。

26. 《略论战国城市与政治、经济、军事的关系》，《中国历史博物馆馆刊》总第十辑，1987 年。

27. 《光武帝刘秀》，李祖德主编《中国历代开国帝王传》，黄山书社 1987 年版。

28. 《读〈河南考古〉》，《社会科学评论》1987 年第 7 期。

29. 《他创造了治愈老年危重病人的奇迹》，《南阳日报》1987 年 7 月 22 日。

30. 《战国都城城防体系刍议》，《江汉论坛》1988 年第 9 期。

31. 《明代优秀的建筑蒯祥》，《北京史苑》第四辑，北京出版社 1988 年版。

32. 《东周秦国人殉、人性与社会风貌》，《中原文物》1989 年第 2 期。

33. 《应加强城市学和城市史的研究》，《中国史研究》1989 年第 3 期。

34. 《匈奴社会物质生活初探》，《西北民族研究》1989 年第 1 期。

35. 《夏史初探出书》，《中国史研究动态》1989 年第 3 期。署名唐白。

36. 《夏史初探问世》，《光明日报》1989 年 10 月 25 日。署名于任。

37. 《春秋战国的婚俗》，《百科知识》1990 年第 4 期。

38. 《秦孝公传》，《战国风云》，甘肃人民出版社 1990 年版。

39. 《杨希枚先生传略》，《中国史研究》1990 年第 3 期。

40. 《百越与匈奴社会物质生活比较研究》，《浙江学刊》1990 年第 6 期；又载《国际百越文化研究》，中国社会科学出版社 1991 年版。该文受到首届国际百越文化研究大会的表彰。

41. 《首届国际百越文化学术讨论会述略》，《中国史研究动态》1990 年第 12 期，署名金秋实。

42. 《读〈食道·官道·医道〉》，《中国史研究动态》1990 年第 7 期，署名郑平。

43. 《一代才女和史家——班昭》，《历史教学》1991 年第 8 期。

44. 《高俅其人》，中国社会科学院历史研究所宋辽金元史室编《宋辽金史论丛》第二辑，中华书局 1992 年版。

45. 《读洛阳——丝绸之路的起点》，《河洛史志》1991 年第 1、2 期合刊。

46. 《汉唐长安规划比较之我见》，《中国历史博物馆馆刊》总第 17 期，1992 年。

47. 《秦汉婚姻礼俗刍仪》，《中国妇女管理干部学报》1992 年第 1 期。

48. 《杨希枚与先秦文化史研究》，《文汇报》1992 年 12 月 2 日。

49. 《张衡城市学思想试探》，《秦汉史论丛》第五辑，法律出版社 1992 年版。

50. 《汉朝名臣晁错》，《百科知识》1992 年第 12 期。

51. 《秦汉社会器具文化概述》，《东南文化》1992 年第 5 期。

52 《〈盐铁论〉评析》，王宁主编《评析本白话〈盐铁论〉、〈潜夫论〉》，北京广播学院出版社 1992 年版。

53. 《〈中国丧葬礼俗〉评介》，《中国文物报》1992 年 9 月 13 日。

54.《一部填补空白的力作——〈河姆文化初探〉评介》,《中国史研究动态》1992 年第 11 期。

55.《〈贝加尔湖地区和黑龙江流域各族与中原的关系史〉评介》,《中国边疆史地研究》1993 年第 2 期。

56.《评〈汉民族发展史〉》,《中国史研究动态》1993 年第 9 期。

57.《深切怀念杨希枚先生》(合撰),《中国史研究动态》1993 年第 5 期。

58.《中国古代日常生活的一般行为准则》,《华夏文化》1994 年第 3 期。

59.《文源阁与〈四库全书〉》,《四库全书研究》,海南大学中国四库全书研究中心,1994 年。

60.《读〈偃师县志〉》,《〈偃师县志〉评论集》,中州古籍出版社 1994 年版。

61.《〈商代地理概论〉评介》,《中国史研究动态》1992 年第 2 期。

62.《读〈胡族习俗与隋唐风韵〉》,《中国史研究动态》1996 年第 2 期。

63.《〈良渚文化研究〉评介》,《中国史研究》1999 年第 2 期。

64.《秦汉时期边郡社会物质生活初探》,《秦汉史论丛》第八辑,云南大学出版社 2001 年版。

65.《诸葛亮与南阳之我见》,张晓刚、白万献主编《诸葛亮与南阳学术研究文集》,三秦出版社 2004 年版。

66.《商品经济影响下的战国世风》,葛志毅主编《中国古代社会与思想文化研究论集》,黑龙江人民出版社 2006 年版。

67.《项羽人格魅力成因试探》,曹秀明、岳庆平主编《项羽研究》第一辑,凤凰出版传媒集团、凤凰出版社 2011 年版。

68.《评〈中国古代疆域史〉》,《中国史研究》2011 年第 1 期。

69.《法师自然》,《中国社会科学报》2011 年 7 月 14 日。

70. 《跨湖桥文化内涵刍议》，杭州市萧山跨湖桥遗址博物馆编《跨湖桥文化国际学术研讨会论文集》，文物出版社 2012年版。

71. 《学林巨擘张政烺》，《中国社会科学报》2012 年 7 月 1 日。

72. 《梦回桃源》，《中国社会科学报》2012 年 7 月 2 日。

73. 《为人治学，皆称楷模——纪念尊师张政烺先生》，卜宪群、杨振红主编《简帛研究》2011，广西师大学出版社 2013 年版。

74. 《回眸燕园情满怀——忆北大的几位老师和同志》，《中国社会科学报》2014 年 10 月 31 日。

75. 《忆业师张政烺先生》，张世林主编《想念大师丛书系列之六——想念张政烺》，新世界出版社 2015 年版。

三　古籍今注今译

1. 今译《资治通鉴》第 36—43 卷，《文白对照〈资治通鉴〉全译》，改革出版社 1991 年版。

2. 今译《汉书·王莽传》（上、中、下），吴树平主编《白话二十五史精选》，国际文化出版公司 1991 年版。

3. 合译《译析本白话〈盐铁论〉》，北京广播学院出版社 1992年版。

4. 今译《明代六个人物传记》，《白话二十史精华》，中州古籍出版社 1992 年版。

5. 今译《汉代、三国八个人物传记》，《文白对照二十五史精华》，海南出版社 1993 年版。

6. 今注今译《史记》卷 38、卷 126，《史记全注全译》，天津古籍出版社、国际文化出版公司 1992 年版。

7. 今注今译《昭明文选·东京赋》《汉书·李广、苏建传》《汉书·霍光传》，张政烺主编《中国历代名著全译丛书·经史百家杂抄》，贵州人民出版社 1999 年版。《中国历代名著全译丛书》系国家 1991—1995 年出版规划重点项目，荣膺中宣部 1993 年精神文明建设五个一工程大奖。

四　资料

《秦汉货币考古资料辑录》，中国社会科学院历史研究所编《中国古代社会经济史资料》第二辑，福建人民出版社 1993 年版。

五　诗

1. 《献给您——陕西人民出版社》，载《陕西人民出版社建社五十周年纪念文集》，陕西人民出版社 2000 年版。
2. 《为历史所五十华诞放歌》《心声》《假如》《春鸟》，中国社会科学院秋韵诗社编《秋韵新咏》，社会科学文献出版社 2012 年版。
3. 《"中国梦"礼赞》，《中国社会科学报》2013 年 7 月 26 日。
4. 《友情咏》，《中国社会科学报》2014 年 4 月 18 日。
5. 《诗二首》：《咏诚信》《风扫乌云日鲜红——赞反腐》，《中国社会科学报》2015 年 7 月 24 日。
6. 《"牛"与"土地公公"——张政烺先生的为人为学》，《中国社会科学学报》2016 年 3 月 26 日。

六　连环画

1. 《井陉之战》，陈绍棣编、刘天炜绘，人民美术出版社 1980 年版。
2. 《张骞》，陈绍棣编、王弘力绘，人民美术出版社 1980 年版。

3. 《魏征和唐太宗》，陈绍棣编、高适绘，人民美术出版社 1980 年版。

4. 《昆阳之战》，陈绍棣改编，罗盘绘，人民美术出版社 1985 年版。

后　记

　　除前述业师张政烺先生对我科研工作精心指导外，我还从以下先生处获得教益，他们是：

　　中国社会科学院历史所研究员杨希枚先生；

　　西北大学名誉校长、清华大学教授张岂之先生；

　　北京大学教授吴荣曾先生；

　　河南大学教授朱绍侯先生。

　　曾经对我有帮助的，有中国社会科学院学部委员王震中先生、历史所资深研究员樊克政先生、二级教授彭卫先生等。

　　中国社会科学院文献中心、历史所图书馆、考古所图书馆的工作人员不辞辛苦，积极热情为我借阅图书、查找报刊服务。

　　中国社会科学院老干部局十分关心离退休老同志，积极创造条件，为老同志提供继续笔耕的园地，让夕照余热化作沉甸甸的金黄硕果。

　　中国社会科学出版社一向不计成本，不问利润，大力支持出版学术著作，为繁荣中国的哲学社会科学和弘扬优秀的传统文化而尽力。

　　责任编辑宋燕鹏博士具有敬业精神，一丝不苟审读文稿，为保证出版质量付出了辛勤劳动。

　　打字员李平同志认真细致，高度负责。

对上述单位的关照、诸位师友的厚爱，谨在此一并致以诚挚的谢意。

陈绍棣

2015 年 3 月

于北京劲松小区